CONTABILIDADE GERENCIAL

O GEN | Grupo Editorial Nacional – maior plataforma editorial brasileira no segmento científico, técnico e profissional – publica conteúdos nas áreas de ciências sociais aplicadas, exatas, humanas, jurídicas e da saúde, além de prover serviços direcionados à educação continuada e à preparação para concursos.

As editoras que integram o GEN, das mais respeitadas no mercado editorial, construíram catálogos inigualáveis, com obras decisivas para a formação acadêmica e o aperfeiçoamento de várias gerações de profissionais e estudantes, tendo se tornado sinônimo de qualidade e seriedade.

A missão do GEN e dos núcleos de conteúdo que o compõem é prover a melhor informação científica e distribuí-la de maneira flexível e conveniente, a preços justos, gerando benefícios e servindo a autores, docentes, livreiros, funcionários, colaboradores e acionistas.

Nosso comportamento ético incondicional e nossa responsabilidade social e ambiental são reforçados pela natureza educacional de nossa atividade e dão sustentabilidade ao crescimento contínuo e à rentabilidade do grupo.

SÉRGIO DE IUDÍCIBUS
Colaboração: Valdir Donizete Segato

CONTABILIDADE GERENCIAL

DA TEORIA À PRÁTICA

7ª edição

revista e

atualizada

O autor e a editora empenharam-se para citar adequadamente e dar o devido crédito a todos os detentores dos direitos autorais de qualquer material utilizado neste livro, dispondo-se a possíveis acertos caso, inadvertidamente, a identificação de algum deles tenha sido omitida.

Não é responsabilidade da editora nem do autor a ocorrência de eventuais perdas ou danos a pessoas ou bens que tenham origem no uso desta publicação.

Apesar dos melhores esforços do autor, do editor e dos revisores, é inevitável que surjam erros no texto. Assim, são bem-vindas as comunicações de usuários sobre correções ou sugestões referentes ao conteúdo ou ao nível pedagógico que auxiliem o aprimoramento de edições futuras. Os comentários dos leitores podem ser encaminhados à **Editora Atlas Ltda.** pelo e-mail faleconosco@grupogen.com.br.

Direitos exclusivos para a língua portuguesa
Copyright © 2020 by
Editora Atlas Ltda.
Uma editora integrante do GEN | Grupo Editorial Nacional

Reservados todos os direitos. É proibida a duplicação ou reprodução deste volume, no todo ou em parte, sob quaisquer formas ou por quaisquer meios (eletrônico, mecânico, gravação, fotocópia, distribuição na internet ou outros), sem permissão expressa da editora.

Rua Conselheiro Nébias, 1384
Campos Elísios, São Paulo, SP — CEP 01203-904
Tels.: 21-3543-0770/11-5080-0770
faleconosco@grupogen.com.br
www.grupogen.com.br

Designer de capa: Caio Cardoso

Editoração Eletrônica: Edel

CIP-BRASIL. CATALOGAÇÃO NA PUBLICAÇÃO
SINDICATO NACIONAL DOS EDITORES DE LIVROS, RJ

I87c
7. ed.

    Iudícibus, Sérgio de
    Contabilidade gerencial : da teoria à prática / Sérgio de Iudícibus ; colaboração Valdir Donizete Segato. - 7. ed. rev. e atual. - São Paulo : Atlas, 2020.

    ISBN 978-85-97-02332-9

    1. Contabilidade gerencial. 2. Contabilidade de custo. I. Segato, Valdir Donizete. II. Título.

19-61508   CDD: 658.1511
                                    CDU: 657.05

Leandra Felix da Cruz - Bibliotecária - CRB-7/6135

*Dedico esta edição
à memória do
Professor Atílio Amatuzzi*

Sobre o Autor

SÉRGIO DE IUDÍCIBUS

Professor titular aposentado do Departamento de Contabilidade e Atuária da Faculdade de Economia e Administração da Universidade de São Paulo (FEA/USP). Atualmente, é professor do Mestrado em Ciências Contábeis e Financeiras da Pontifícia Universidade Católica de São Paulo (PUC-SP) e membro do Conselho Curador da Fundação Instituto de Pesquisas Contábeis, Atuariais e Financeiras (Fipecafi).

Associou seu nome a uma importante etapa da evolução da Contabilidade no Brasil, quando, em 1962, juntamente com outros pioneiros, iniciou a mudança do ensino e da pesquisa em Contabilidade, lançando as bases de uma linha de pensamentos mais voltada para as necessidades do usuário da informação contábil. Exerceu, em várias gestões, a Chefia do Departamento de Contabilidade e Atuária da FEA/USP, e foi seu diretor entre 1979 e 1983. Também exerceu a função de Diretor de Fiscalização do Banco Central do Brasil.

Autor dos livros *Análise de balanços*, *Contabilidade gerencial* e *Teoria da contabilidade*. Coautor de *Análise de custos*, *Contabilidade comercial*, *Introdução à teoria da contabilidade* e *Teoria avançada da contabilidade*, todos publicados pelo GEN | Atlas.

Sobre o Atualizador

VALDIR DONIZETE SEGATO

Contador e empresário contábil. Mestre em Ciências Contábeis e Atuariais e pós-graduado (MBA) em Contabilidade Empresarial pela Pontifícia Universidade Católica de São Paulo (PUC/SP). Auditor, perito e membro do Instituto dos Auditores Independentes do Brasil (Ibracon). Diretor de Controladoria da Associação Nacional dos Executivos de Finanças, Administração e Contabilidade (Anefac). Professor de graduação e pós-graduação, palestrante e delegado CRC Regional Jundiaí (2007/2019).

Prefácio à Sétima Edição

Esta sétima edição foi atualizada em todos os capítulos e sofreu profunda revisão para incluir o que há de mais atual, considerando as principais mudanças da legislação do nosso país, tais como as Leis nos 11.638/2007 e 6.404/1976, das sociedades anônimas, e exemplos práticos que utilizam os dados e informações mais atuais.

O Capítulo 1 traz, de forma mais moderna e ampliada, as definições de Contabilidade Gerencial, sua utilidade específica e principais diferenças em relação à Contabilidade Financeira.

Foi incluído o Capítulo 2, que trata da estrutura das demonstrações contábeis e financeiras, destacando, além do Balanço Patrimonial e da Demonstração de Resultado do Período (DRE), a Demonstração do Fluxo de Caixa (DFC), a Demonstração de Mutações do Patrimônio Líquido (DMPL) e a Demonstração de Valor Adicionado (DVA), as quais trazem, da Contabilidade Financeira, informações que se conectam à Contabilidade Gerencial, contribuindo para a tomada de decisão dos gestores, de forma mais assertiva e eficaz.

Ao final de cada capítulo foram incluídos exercícios selecionados dos principais exames aplicados no país para que o leitor se sinta desafiado a ir além das páginas deste livro, na busca de seu aprendizado profissional.

Esta nova edição não teria sido possível sem a preciosa colaboração do Professor Valdir Donizete Segato, que não mediu esforços para sua atualização, apresentando e sugerindo encaminhamentos para que se tornasse mais didática, eficiente e prazerosa.

São Paulo, agosto de 2019.
Prof. Sérgio de Iudícibus

Prefácio à Primeira Edição

A Contabilidade tem experimentado muitas mudanças nos anos recentes. As pressões inflacionárias e seus efeitos nos relatórios contábeis têm sido muito discutidos, bem como maior ênfase tem sido colocada no tratamento da Contabilidade como instrumento do modelo preditivo e decisório da Administração.

Nossa intenção ao apresentar esta "Contabilidade Gerencial" foi a de amalgamar algumas das melhores técnicas apresentadas em textos estrangeiros com nossa realidade, bem como com experiências didáticas comprovadas.

Pretendemos escrever um trabalho compacto, e, para isso, tivemos que diminuir a extensão da abordagem em benefício de maior profundidade nos tópicos que julgamos essenciais.

Para conseguir essa finalidade, evitamos repisar assuntos já sobejamente tratados em outros trabalhos de vários autores, para atacar diretamente a Contabilidade Gerencial, a partir dos problemas das flutuações de preços.

O livro apresenta casos propostos ou resolvidos no fim dos capítulos. A explicação do texto, todavia, é sempre exaustivamente ilustrada por exercícios, alguns dos quais complexos.

Esperamos, assim, ter conseguido apresentar uma visão compacta, essencial, estrutural, da Contabilidade Gerencial, o todo num formato econômico e acessível a nossos estudantes e profissionais.

O campo da Contabilidade Gerencial em particular e da Contabilidade em geral está em contínua evolução. Consideramos gratificador poder viver este período de renovado florescer da Contabilidade no Brasil. Temos esperança de que este trabalho contribuirá para um melhor entendimento da Contabilidade a serviço da gerência.

INTRODUÇÃO À CONTABILIDADE GERENCIAL
São Paulo, junho de 1976.
Prof. Sérgio de Iudícibus

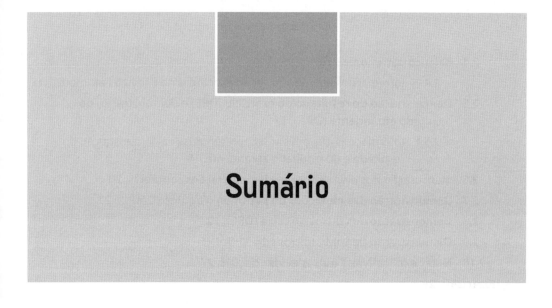

Sumário

Unidade I • INTRODUÇÃO À CONTABILIDADE GERENCIAL, 1

1 Noções Preliminares, 3
1.1 Informação contábil para tomada de decisão, 3
1.2 Caracterização da Contabilidade Gerencial, 4
    1.2.1 Noções preliminares, 5
1.3 Pontos de convergência e de inflexão entre a Contabilidade Financeira e a Gerencial, 5
1.4 Atitudes e características do contador gerencial como *controller*, 7
1.5 Plano do livro, 8
Exercícios, 8

2 Estrutura das Demonstrações Contábeis e Financeiras, 11
2.1 Finalidade das demonstrações contábeis e financeiras, 11
2.2 Elementos das demonstrações contábeis, 12
    2.2.1 Ativo, 12
    2.2.2 Passivo, 13
    2.2.3 Patrimônio líquido, 13
2.3 Demonstrações financeiras e contábeis, 14
    2.3.1 Regime de competência, 15
    2.3.2 Continuidade, 15
    2.3.3 Informação contábil-financeira útil, 15

2.4 Balanço patrimonial, 16
    2.4.1 Informações que devem ser apresentadas no Balanço Patrimonial, 17
2.5 Demonstração do resultado do exercício (DRE) e demonstração do resultado abrangente (DRA), 17
    2.5.1 Informações que devem ser apresentadas na demonstração do resultado e do resultado abrangente, 18
2.6 Mensuração dos elementos das demonstrações contábeis, 20
2.7 Demonstração das mutações do patrimônio líquido (DMPL), 21
2.8 Demonstração dos fluxos de caixa (DFC), 22
2.9 Demonstração de valor adicionado (DVA), 26
2.10 Notas explicativas e outras evidenciações, 27
Exercícios, 28

3 Lucro Empresarial e Variações de Preços, 37

3.1 Introdução, 37
3.2 O problema das variações de preços numa operação simples, 37
    3.2.1 A interpretação da Contabilidade a custos originais, 38
    3.2.2 A interpretação da Contabilidade a custos originais corrigidos pelas variações do poder aquisitivo médio da moeda, 39
    3.2.3 A interpretação da Contabilidade a custos de reposição, 40
    3.2.4 A interpretação da Contabilidade a preços diferenciais (Custos Correntes Corrigidos), 43
3.3 O problema das variações de preços nas demonstrações contábeis, 45
    3.3.1 A correção dos balanços, 46
        3.3.1.1 O Balanço de 31/12/2018 em Termos de Poder Aquisitivo de 31/12/2019, 48
        3.3.1.2 O Balanço de 31/12/2019, 49
        3.3.1.3 Lucro Apurado por Diferença entre Patrimônios Líquidos, 50
        3.3.1.4 Correção da Demonstração de Resultado – DR, 50
    3.3.2 Efeitos da inflação nos casos em que a distribuição de receitas, despesas, compras e vendas não é uniforme durante o exercício, 54
    3.3.3 Alguns quocientes de balanço antes e após a correção, 57
    3.3.4 Tentativas parciais de enfrentar as variações de preços, 58
    3.3.5 Breve histórico sobre a evolução da legislação brasileira relativa à correção monetária, 59
    3.3.6 Implicações gerenciais da correção de demonstrativos financeiros, 61
    3.3.7 A questão dos índices de preços, 66
3.4 Exercício proposto e resolvido – correção em bases mensais, 67
Exercícios, 70

4 A Análise de Balanços como Instrumento da Avaliação de Desempenho, 73

- 4.1 Introdução, 73
- 4.2 A análise horizontal, 80
- 4.3 A análise vertical, 83
- 4.4 O cálculo de quocientes, 85
  - 4.4.1 Principais quocientes de relacionamento estático, 86
    - *4.4.1.1 Liquidez imediata, 86*
    - *4.4.1.2 Quociente de liquidez corrente, 86*
    - *4.4.1.3 Quociente de liquidez geral, 87*
    - *4.4.1.4 Quociente de liquidez seca, 88*
    - *4.4.1.5 Quocientes de formação dos recursos globais (endividamento ou estrutura de capital), 89*
    - *4.4.1.6 Grau de imobilização do patrimônio líquido, 90*
  - 4.4.2 Quocientes de atividade, 90
  - 4.4.3 Quocientes de rentabilidade. O retorno sobre o investimento, 93
  - 4.4.4 Quocientes do ponto de vista do investidor, 101
  - 4.4.5 Comparação dos quocientes, 103
  - 4.4.6 Como interpretar "em conjunto" os quocientes?, 104
  - 4.4.7 Outras limitações da análise financeira, 106
  - 4.4.8 Exemplo simplificado de aplicação, 107

Exercícios, 113

Unidade II • CUSTOS PARA AVALIAÇÃO, CONTROLE E TOMADA DE DECISÕES, 121

5 Fundamentos de Contabilidade de Custos, 123

- 5.1 Significado da palavra *custos*, 123
- 5.2 Custo de produto e custo de período, 124
- 5.3 Ciclo da contabilidade de custos, 124
- 5.4 O problema da avaliação do estoque de produtos em processo, 126
- 5.5 Critérios de rateio na departamentalização, 131
  - 5.5.1 O problema da taxa única de custos indiretos de fabricação, 132
  - 5.5.2 O problema da departamentalização. Centros de custo principais (produtivos). Centros de custo auxiliares dos principais e centros de custo comuns (de serviço), 136

5.6 Ciclo de custos numa empresa de produção por encomenda, 142

5.7 Resumo do capítulo, 144

5.8 Exercício proposto, 145

Exercícios, 146

6 Relações Custo/Volume/Lucro, 155

6.1 Introdução, 155

6.2 A fórmula do equilíbrio com o lucro desejado, 161

6.3 O ponto de equilíbrio e as variações de custos fixos e custos variáveis, 162

6.4 O método dos mínimos quadrados, 175

6.5 Problemas de alavancagem operacional, 181

6.6 Resumo sobre relações custo/volume/lucro, 185

6.7 Exercício proposto e resolvido, 186

Exercícios, 187

7 Utilização de Informações de Custo para Decisões do Tipo: Qual Produto Cortar?, 195

7.1 Generalidades, 195

7.2 Exemplo, 196

7.3 Análise do caso, 197

7.4 Afinal, quem estará certo?, 198

7.5 Qual o melhor produto?, 199

7.6 Resumo sobre custos para tomada de decisões do tipo: qual produto cortar?, 201

7.7 Exercício proposto, 201

Exercícios, 203

8 Outras Aplicações do Custeio Variável (Direto), 215

8.1 Generalidades, 215

8.2 Exemplo, 216

8.3 Uma variante: venda menor que produção, 219

8.4 Análise de desempenho divisional, 224

8.5 Exercício proposto, 226

Exercícios, 227

9 Fundamentos de Custo-padrão, Inter-relação com Orçamentos e Análise de Variações, 235

- 9.1 Introdução, 235
- 9.2 Um ponto de contato importante entre orçamentos e custos-padrão, 236
- 9.3 Natureza e tipos de padrão, 237
- 9.4 O problema dos padrões e a inflação – considerações gerais, 238
- 9.5 São os padrões resultado de estudos científicos e de engenharia, de tempos, movimentos, rotinas etc.?, 242
- 9.6 Em que fase do processo são inseridos os padrões?, 242
- 9.7 Apuração e análise de variações entre padrão e real, 249
  - 9.7.1 Generalidades, 249
  - 9.7.2 As variações de matéria-prima, 251
  - 9.7.3 A representação gráfica das variações, 253
  - 9.7.4 Variação de mão de obra direta, 254
  - 9.7.5 Variações de custos indiretos de fabricação, 255
  - 9.7.6 Exemplo completo de cálculo e análise de variações, 265
  - 9.7.7 A análise de variações e a contabilidade gerencial, 270
- 9.8 Análise de variações — fórmulas alternativas, 270
- 9.9 Resumo sobre custo-padrão, orçamento e análise de variações, 275

Exercícios, 276

Unidade III • AS FRONTEIRAS DA CONTABILIDADE GERENCIAL, 283

10 Informações Contábeis para Decisões Especiais (Introdução), 285

- 10.1 Introdução, 285
- 10.2 Decisões do tipo: fabricar *versus* comprar, 286
  - 10.2.1 Introdução, 286
  - 10.2.2 Um exemplo, 286
- 10.3 Decisões sobre substituição de equipamentos, 288
  - 10.3.1 Introdução, 288
  - 10.3.2 Exemplo, 288
  - 10.3.3 Método do *payback*, 293
  - 10.3.4 Método da taxa contábil de retorno, 294

10.4 Avaliação de desempenho – do centro de custo ao centro de investimento, 294

    10.4.1 Introdução, 294

    10.4.2 Centro de custo, 295

    10.4.3 Custos controláveis e custos não controláveis, 295

    10.4.4 Centro de lucro, 297

    10.4.5 Centro de investimento, 297

    10.4.6 O problema da descentralização, 297

    10.4.7 Descentralização e preços de transferência – análise mais aprofundada, 299

10.5 Exercícios propostos, 304

Apêndice ao Capítulo 10: Relatórios para a Administração, 308

    1 Introdução, 308

    2 Importância atribuída à Contabilidade dentro da organização, 308

    3 Para cada nível de gerência, um tipo de relatório, 309

    4 As informações e os relatórios quanto à sua periodicidade, 310

    5 Conclusão, 311

Exercícios, 312

11 O Gerente em Face da Descontinuidade – Algumas Considerações, 319

    11.1 Introdução, 319

    11.2 O valor contábil como base para a avaliação, 319

    11.3 Patrimônio líquido corrente, 320

    11.4 Algumas considerações sobre o valor teórico da empresa (método da capitalização de lucros), 320

    11.5 Exemplo, 328

Exercícios, 330

12 Outras Técnicas e Conceitos de Custeio para Empresas em Busca da Qualidade Total, 333

    12.1 *Target costing* (custeio-alvo), 334

    12.2 *Lyfe-cycle costing* (custeio por ciclo de vida), 334

    12.3 *Abc costing* (custeio baseado em atividades), 335

Exercícios, 339

13 Conclusões e Horizontes da Contabilidade Gerencial, 343

Apêndice Especial: Ilustração do Uso de Métodos Quantitativos na Contabilidade Gerencial, 347

    1   Introdução, 347
    2   Testes suplementares ao uso de mínimos quadrados, 348
    3   Aplicação de programação linear na otimização da utilização de recursos escassos, 357
    4   Aplicação de amostragem acidental simples com amostra-piloto em estoques, 361

Gabarito dos Exercícios, 365

Bibliografia Básica, 371

Índice Remissivo, 373

UNIDADE I

INTRODUÇÃO À CONTABILIDADE GERENCIAL

1

Noções Preliminares

A Contabilidade, desde os primórdios do mundo, serve ao homem como fonte de informação. Como ciência social, está ligada à evolução da civilização desde a caça, passando pela organização da agricultura e do pastoreio, do mercantilismo da Antiguidade, da Revolução Industrial e a Era da Informação Digital e da Tecnologia, chegando até hoje à Era da Tecnologia e inovações disruptivas, que visam abandonar antigos padrões e modelos.

As necessidades sociais de proteção da posse, e de proteção e aumento do seu patrimônio como forma de poder e respeito, sempre exigiram o registro e a interpretação dos fatos ocorridos, buscando medir e comparar para analisar como se comportou sua riqueza em relação ao período passado. O passado fornece informações pretéritas que são fundamentais para se planejar o futuro e definir modelos e ações preditivas.

Assim podemos definir que a Contabilidade serve como um sistema de mensuração e informação.

1.1 INFORMAÇÃO CONTÁBIL PARA TOMADA DE DECISÃO

A Contabilidade tradicional como a conhecíamos, que servia para tomada de decisão dos donos e proprietários dos negócios, com o passar do tempo foi ampliando seu universo de interessados e usuários, tornou-se mais complexa e por muitas vezes não prestou seu verdadeiro valor a quem realmente interessa. Citamos como exemplo o governo, que define regras fiscais sobre as informações contábeis, bem como os financiadores, bancos e acionistas. Cada um deles estabelece regras de como a Contabilidade deve fornecer informações para eles. Os interesses pelas informações contábeis para estes usuários – governo, acionistas, bancos e fornecedores – não são os mesmos, cada um deles deseja um tipo de informação contábil. O governo para os tributos, os acionistas para avaliar suas remunerações, os bancos para os empréstimos e financiamentos, os fornecedores para concessão de crédito, sem se referir ainda aos empregados, sindicatos e comunidade, entre outras entidades.

Diante dessa "externalização", a Contabilidade foi compelida a padronizar suas informações, dando origem aos princípios de Contabilidade, e a seguir às regras dos órgãos reguladores.

Os sistemas tradicionais que geram informações contábeis baseiam-se na legislação comercial, que exige a aplicação dos princípios de Contabilidade, e os órgãos reguladores impõem regras e padrões rígidos; nota-se que essas informações não são as mesmas e quase nunca levam ao mesmo resultado. Para que os gestores responsáveis por proteger o patrimônio da entidade tomem decisões assertivas, garantindo sua continuidade e manutenção, é necessária a criação de um sistema de informação mais avançado, baseado nas necessidades internas e específicas de cada entidade, ao qual se dá o nome de Contabilidade Gerencial.

Em relação à qualidade da informação contábil, não podemos esquecer que a Contabilidade nasceu para atender às necessidades de gestão, controle e tomada de decisão. A informação na sua essência. A Contabilidade é gerencial.

São exemplos de procedimentos gerenciais contemplados pelas normas internacionais de Contabilidade: a) ajuste a valor presente de ativos e passivos; b) ativos a preço de mercado; c) ativos a preço de reposição; e d) valor presente dos fluxos de caixa de ativos.

Lembra-se que as normas internacionais de Contabilidade permitem a adoção desses conceitos, inclusive para fins comerciais, principalmente quando sua utilização resultar em redução do ativo ou aumento do passivo. No aumento do ativo ou diminuição do passivo, normalmente tais conceitos não são aceitos, pois ferem diretamente o princípio contábil da prudência.

É fato que a Contabilidade Societária, estruturada pela Lei nº 6.404/1976, não é suficiente para gerar as informações necessárias para as tomadas de decisão.

As empresas pequenas e médias que têm necessidade dessas informações (considerando que a maioria tem essa necessidade) podem adotar medidas simples, baratas e eficientes para atender a essa demanda.

Basicamente, a Contabilidade deverá estar estruturada para atender tanto às necessidades internas quanto às externas.

1.2 CARACTERIZAÇÃO DA CONTABILIDADE GERENCIAL

Podemos caracterizar a Contabilidade Gerencial como um enfoque especial conferido a vários procedimentos e técnicas contábeis já conhecidos e tratados na Contabilidade Financeira, na Contabilidade de Custos, na análise financeira e de balanços etc., colocados numa perspectiva diferente, num grau de detalhe mais analítico ou numa forma de apresentação e classificação diferenciada e específica, de maneira a atender às necessidades de informações dos gestores das entidades em seu processo decisório.

A Contabilidade Gerencial tem em seu cerne única e exclusivamente a finalidade interna de atender à administração da empresa, com informações úteis, tempestivas e confiáveis para um processo de decisão assertivo do gestor.

O foco principal da Contabilidade Gerencial é sempre sobre o presente e o futuro da entidade, adotando procedimentos gerenciais contemplados pelas normas internacionais de

Contabilidade: a) ajuste a valor presente de ativos e passivos; b) ativos a preço de mercado; c) ativos a preço de reposição; e d) valor presente dos fluxos de caixa de ativos.

A Contabilidade Gerencial também se vale, em suas aplicações, de outros campos de conhecimento não circunscritos à Contabilidade. Atinge e aproveita conceitos da administração da produção, da estrutura organizacional, bem como da administração financeira, campo mais amplo, no qual toda a Contabilidade empresarial se situa.

1.2.1 Noções preliminares

De maneira geral, portanto, pode-se afirmar que todo procedimento, técnica, informação ou relatório contábil preparados para que a administração os utilize na tomada de decisões entre alternativas conflitantes, ou na avaliação de desempenho, são assertivamente gerados pela Contabilidade Gerencial. Certos relatórios financeiros, todavia, são válidos tanto sob o ponto de vista do interessado externo à empresa quanto sob o ponto de vista da gerência.

1.3 PONTOS DE CONVERGÊNCIA E DE INFLEXÃO ENTRE A CONTABILIDADE FINANCEIRA E A GERENCIAL

Como ponto de convergência entre a Contabilidade Financeira e a Contabilidade Gerencial destaca-se a adoção pelo Brasil das normas internacionais de Contabilidade trazidas pela Lei nº 11.638/2007, que atribui ao órgão federal de fiscalização do exercício da profissão contábil ou instituto de pesquisa com reconhecida atuação na área contábil e de mercado de capitais, sendo respectivamente o Conselho Federal de Contabilidade (CFC) e o Comitê de Pronunciamentos Contábeis (CPC), a responsabilidade pelo estudo e divulgação de princípios, normas e padrões de Contabilidade. A partir de então a Contabilidade deixou de ser regulada por leis ao se basear na primazia da essência sobre a forma, encurtando a distância entre a Contabilidade Financeira e a Gerencial. Destacamos os pronunciamentos relativos ao ativo imobilizado, redução ao valor recuperável de ativos, ajuste a valor presente, estoques e ajuste a valor justo, entre outros, como pontos de convergência e aproximação entre ambas.

O ponto de inflexão, ainda assim, não é tão fácil de ser discernido. Alguns relatórios, cúpula do processo contábil-financeiro, a exemplo do balanço patrimonial, da demonstração de resultados e da demonstração de fluxo de caixa, representam de certa forma a fronteira entre a Contabilidade Financeira e a Gerencial.

Não se pode afirmar, todavia, que tais demonstrações contábeis, apenas por serem o último degrau ou a súmula do processo de Contabilidade Financeira, e por servirem preponderantemente aos usuários e interessados externos à empresa (bancos, agências governamentais e mesmo acionistas desligados da gerência), não sejam importantes, pelo menos como ponto de partida, para a Contabilidade Gerencial e para a administração. Serão importantes à medida que sirvam como indicador válido do desempenho, mesmo que em largos traços, da empresa, e desde que possam ser utilizados no modelo previsional da gerência, apesar de revelarem informações do passado que servem como fonte de informações para decisões preditivas.

A análise financeira e a de balanços, por exemplo, tanto podem servir para o emprestador de dinheiro na avaliação da segurança do retorno do empréstimo ou financiamento como para a gerência na avaliação de tendência da empresa. Provavelmente, ambas se utilizarão de um bom número de índices calculados da mesma forma, com ênfases diferenciadas.

A Contabilidade de Custos, por sua vez, e todos os procedimentos contábeis e financeiros ligados a orçamento empresarial, planejamento empresarial e fornecimento de informes contábeis e financeiros para decisão entre cursos de ação alternativos recaem, sem sombra de dúvida, no campo da Contabilidade Gerencial. Decisões do último tipo, como fabricar ou comprar, substituição de equipamentos, expansão de planta, redução ou aumento de volume, combinação de produtos etc. requerem informações contábeis (além das de outras disciplinas) que não são facilmente encontradas nos registros da Contabilidade Financeira. Na melhor das hipóteses, requerem um esforço extra de classificação, agregação e refinamento para serem utilizadas em tais decisões.

O Quadro 1.1 representa comparativamente as principais diferenças entre a Contabilidade Financeira e a Contabilidade Gerencial.

Quadro 1.1 Principais diferenças entre a Contabilidade Financeira e a Contabilidade Gerencial

Pontos de comparação	Contabilidade Financeira	Contabilidade Gerencial
Tipo de usuário	Externos.	Internos.
Interessados na informação	Acionistas, bancos, fornecedores, clientes, outros.	Gestores, *controllers* e demais responsáveis pela administração da entidade.
Tipos de relatório	Abrange a entidade como um todo.	Abrange parte da entidade: unidades, filiais, departamentos (produção).
Objetivos dos relatórios	Facilitar a análise financeira para as necessidades dos usuários externos.	Em especial, facilitar planejamento, controle, avaliação de desempenho e tomada de decisão internamente.
Forma dos relatórios	Balanço Patrimonial, Demonstração dos Resultados, Demonstração de Fluxo de Caixa e Demonstração das Mutações do Patrimônio Líquido.	Orçamentos, Contabilidade por responsabilidade, relatórios de desempenho, relatórios de custo, relatórios especiais não rotineiros para facilitar a tomada de decisão.
Frequência dos relatórios	Obrigações legais podem exigir por trimestre, semestre e ano.	Não há qualquer restrição, de acordo com a necessidade da entidade. Pode ser por dia.
Regras/Normas	Normas e Princípios contábeis. IFRS, USGAAP e NBC (Brasileira).	Nenhuma restrição, exceto as determinadas pela administração da entidade.
Característica da informação fornecida	Objetiva (sem viés), verificável, relevante, comparável e tempestiva.	Relevante e tempestiva, subjetiva sob a ótica do julgamento da finalidade do interesse, sem rigores de verificabilidade e precisão.
Horizonte de tempo considerado	Informações e dados são retrospectivos e históricos.	Histórica e preditiva – orientada para o futuro.

1.4 ATITUDES E CARACTERÍSTICAS DO CONTADOR GERENCIAL COMO *CONTROLLER*

Se nos perguntassem qual ou quais as características que distinguem o bom contador gerencial de outros profissionais ligados à área da Contabilidade, diríamos que a fundamental é saber "tratar", refinar e apresentar de maneira clara, resumida e operacional dados esparsos contidos nos registros da Contabilidade Financeira, de Custos etc., bem como juntar tais informes com outros conhecimentos não especificamente ligados à área contábil, para suprir a administração em seu processo decisório. Um contador de custos tradicional, por exemplo, que não tenha sido exposto à ênfase da Contabilidade Gerencial, ao apurar as variações entre custo orçado e real, limitar-se-ia a informar tais variações e a incluí-las ou não na demonstração de resultados. Um contador "com mentalidade gerencial" vai utilizar tais variações, até o extremo grau possível de detalhe, para tentar enveredar pelo início da Contabilidade por Responsabilidade ou, pelo menos, para discernir quais áreas merecem uma investigação maior, por causa das variações apuradas.

Em certas situações que exijam condições de otimização de resultados ou de minimização de custos, o contador gerencial deverá *superar-se* e derivar de conceitos de valor médio (usuais na Contabilidade), conceitos que mais se aproximem de custos e receitas marginais, necessários nos processos de otimização.

Nos dias atuais o mercado procura muito pelo *controller*, e define esse profissional como generalista com capacidade para interagir com as várias áreas tanto interna como externa, que tem a responsabilidade de extrair e consolidar informações relevantes, confiáveis e oportunas em relatórios que auxiliam a tomada de decisão, garantindo a execução dos recursos da empresa da forma mais rentável possível. É visto como um aliado dos interesses dos acionistas da companhia.

Mosimann (1999, p. 98) assegura que a Controladoria pode ser conceituada como o conjunto de princípios, procedimentos e métodos oriundos das ciências de Administração, Economia, Psicologia, Estatística e principalmente da Contabilidade, que se ocupam da gestão econômica das empresas, com o fim de orientá-las para a eficácia.

Com base nessa afirmação, pode-se inferir que a Controladoria pertence ao ramo especializado da Contabilidade Gerencial.

O conhecimento do contador certamente o qualifica como um profissional em condição de ocupar o cargo de *controller*, pois, como descrevemos aqui, seu perfil tem vasto conhecimento em:

- Planejar, organizar e desenvolver planos econômico-financeiros.
- Analisar informações contábeis e de *performance* para reduzir perdas, aumentar o lucro e acompanhar projeções de faturamento.
- Definir diretrizes que estejam alinhadas ao planejamento econômico e estratégico da empresa.
- Acompanhar e estudar o mercado em que a empresa está inserida.
- Avaliar os ciclos operacionais.
- Verificar onde é possível melhorar e definir ações corretivas.

Assim, este contador gerencial deve ter formação bastante ampla, com conhecimento em informática, tributos, inclusive conhecimento, senão das técnicas, pelo menos dos objetivos ou resultados que podem ser alcançados com métodos quantitativos. Deve estar cônscio de certos conceitos de microeconomia, e, acima de tudo, deve saber observar como os administradores reagem à forma e ao conteúdo dos relatórios contábeis. Cada administrador tem características próprias, mas uma grande maioria não apreciaria, por exemplo, um exemplar de balancete do Razão com 30 páginas para tomada de decisões. Também não visualiza bem um demonstrativo operacional apresentado na forma de débito-crédito; talvez entenda melhor um demonstrativo na forma dedutiva, e assim por diante.

Por outro lado, um gerente de formação não predominantemente contábil não se entusiasmará, propriamente, com certas expressões tão a gosto dos contadores, tais como: "reversão de provisão de crédito de liquidação duvidosa" ou "fato contábil misto". Se não puderem ser substituídas adequadamente, deverão pelo menos ser explicadas de forma simples.

1.5 PLANO DO LIVRO

Este livro, ao contrário de muitos outros sobre Contabilidade Gerencial, não se deterá na apresentação de resumos de Contabilidade Financeira, princípios de Contabilidade geralmente aceitos, preferindo entrar diretamente na Contabilidade Gerencial. A primeira atitude do contador gerencial é, normalmente, a de "limpar" os relatórios financeiros, colocá-los numa forma mais conveniente para a administração. Um dos problemas que prejudicam sensivelmente o uso dos relatórios contábeis tradicionais para a gerência e para a própria análise financeira e de desempenho é o constituído pela inflação. Numa economia como a nossa, apesar dos inegáveis avanços de nossa legislação no tocante à correção monetária, é inconcebível utilizar os relatórios publicados como ferramenta da Contabilidade Gerencial. Decisões sobre política de dividendos, reinvestimento, bem como comparação entre relatórios financeiros de vários anos, são altamente comprometidas se não atentarmos, primeiramente, para a depuração de tais relatórios da variável inflacionária, colocando-os todos em bases comparáveis. Seguindo um plano lógico e preconcebido, portanto, este livro de Contabilidade Gerencial inicia-se onde termina o livro "Contabilidade Introdutória", ou seja, na análise dos efeitos da inflação nos relatórios financeiros, formas de correção e vantagens advindas do uso de demonstrativos corrigidos para a gerência.

EXERCÍCIOS

1. (Inmetro) O sistema de contabilidade gerencial se preocupa com o fornecimento de informações úteis ao planejamento, controle e tomada de decisões pelos administradores da empresa, em contraposição ao sistema de contabilidade financeira, preocupado em fornecer informações aos usuários externos. Em razão desse objetivo, o sistema de contabilidade gerencial caracteriza-se

    a) pela obediência rigorosa dos princípios e normas contábeis.
    b) pela ênfase em decisões voltadas para o futuro.

c) pela precisão na mensuração dos custos e resultados.
d) por ser voltada aos administradores, acionistas e órgãos reguladores.
e) por priorizar a objetividade sobre a relevância.

2. (UFRP) A consolidação de balanços é uma ferramenta da contabilidade gerencial utilizada quando o grupo empresarial é constituído de empresas distintas juridicamente. A consolidação se faz necessária gerencialmente para diversos aspectos de suma importância, elencados abaixo, EXCETO:

a) Apuração do patrimônio do grupo empresarial.
b) Apuração da receita operacional do grupo empresarial.
c) Eliminação de vendas intercompanhias, visando mensurar corretamente o volume da receita operacional da companhia exclusivamente para terceiros.
d) Apuração do lucro líquido e da rentabilidade efetiva do grupo empresarial.
e) Eliminação das operações entre as pessoas físicas e jurídicas do mesmo grupo.

3. O campo da Contabilidade Gerencial está em contínua evolução, sendo sua aplicação voltada especificamente para determinada função dentro da empresa.

Considerando-se as características da Contabilidade Gerencial, assinale a alternativa INCORRETA.

a) A Contabilidade Gerencial pode ser caracterizada pela utilização das várias técnicas e procedimentos contábeis em um grau de detalhamento menos analítico do que a Contabilidade Financeira.
b) Por meio da utilização das várias técnicas e procedimentos contábeis, a Contabilidade Gerencial busca auxiliar os gerentes das entidades em seu processo decisório.
c) A Contabilidade Gerencial está voltada única e exclusivamente para a administração da empresa, procurando gerar informações válidas para o processo decisório do administrador.
d) A Contabilidade Gerencial também se vale, em suas aplicações, de outros campos de conhecimento não circunscritos à Contabilidade, tais como: administração da produção, da estrutura organizacional, bem como da administração financeira.
e) A Contabilidade Financeira passou por recente flexibilização, de tal forma que suas normas consideram acima de tudo a primazia sobre a forma, assim diminuindo as diferenças entre ambas.

4. A Contabilidade Gerencial permite planejar o futuro e estabelecer metas, assim compara o desempenho que pode ser verificado entre o que foi orçado e realizado comumente por meio de dois atributos, que são:

a) quantidade e preço.
b) lucro obtido e despesas realizadas.

c) eficácia e eficiência.
d) custo incorrido e volume de vendas.
e) receitas e lucro líquido.

5. (CESGRANRIO – Adaptada) Ações tomadas pela administração para aumentar a probabilidade de que os objetivos fixados no estágio de planejamento sejam atingidos e que todas as partes da organização estejam trabalhando juntas para atingir esses objetivos.

    Tal definição é a de:

    a) planejamento.
    b) controle.
    c) orçamento.
    d) plano de ação.
    e) *budget* financeiro.

6. (CESPE – INMETRO) O sistema de contabilidade gerencial se preocupa com o fornecimento de informações úteis ao planejamento, controle e tomada de decisões pelos administradores da empresa, em contraposição ao sistema de contabilidade financeira, preocupado em fornecer informações aos usuários externos. Em razão desse objetivo, o sistema de contabilidade gerencial caracteriza-se

    a) pela obediência rigorosa dos princípios e normas contábeis.
    b) pela precisão na mensuração dos custos e resultados.
    c) por ser voltada aos administradores, acionistas e órgãos reguladores.
    d) por priorizar a objetividade sobre a relevância.
    e) pela ênfase em decisões voltadas para o futuro.

2

Estrutura das Demonstrações Contábeis e Financeiras

2.1 FINALIDADE DAS DEMONSTRAÇÕES CONTÁBEIS E FINANCEIRAS

As demonstrações contábeis são elaboradas e apresentadas para usuários externos em geral, com finalidades distintas e necessidades diversas. Governo, órgãos reguladores, autoridades tributárias, bancos, fornecedores, clientes, por exemplo, os quais podem determinar especificamente exigências para atender a seus próprios interesses. Assim as demonstrações contábeis devem fornecer informações que sejam úteis na tomada de decisões econômicas e avaliações por parte de usuários em geral, sem a pretensão e o propósito de atender especificamente a determinado grupo de usuários.

As demonstrações financeiras e contábeis devem fazer uma exposição resumida e ordenada dos principais fatos registrados na Contabilidade e representar apropriadamente a posição financeira e patrimonial, o desempenho e os fluxos de caixa da entidade que satisfazem as necessidades comuns da maioria de seus usuários para a tomada de decisões econômicas, tais como:

- Decidir quando comprar, manter ou vender instrumentos patrimoniais.
- Avaliar a administração da entidade quanto à responsabilidade que lhe tenha sido conferida e quanto à qualidade de seu desempenho e de sua prestação de contas.
- Avaliar a capacidade de a entidade pagar seus empregados e proporcionar-lhes outros benefícios.
- Avaliar a segurança quanto à recuperação dos recursos financeiros emprestados à entidade.
- Determinar políticas tributárias e de distribuição de lucros e dividendos.
- Elaborar e usar a estatística da renda nacional (PIB).

De forma geral, as demonstrações contábeis registram os fatos do passado, retrato neutro da realidade econômica, que modificaram o patrimônio e revelam informações que servem para avaliar as perspectivas da entidade em termos de entrada de fluxos de caixa futuros, fundamentais para que investidores existentes e em potencial, credores por empréstimo e outros credores tenham conhecimento das informações acerca de recursos da entidade, reivindicações contra a entidade e respostas efetivas dos administradores quanto ao cumprimento de suas responsabilidades no uso dos recursos da entidade. Exemplos de referidas responsabilidades incluem a proteção de recursos da entidade de efeitos desfavoráveis advindos de fatos econômicos, como, por exemplo, mudanças de preço e de tecnologia, e a garantia de que a entidade tem cumprido as leis, com a regulação e as disposições contratuais vigentes.

Para as sociedades por ações e empresas de grande porte, as demonstrações são denominadas financeiras por serem obrigadas a publicar a prestação de suas contas (principalmente para seus acionistas); para as demais empresas, as demonstrações são denominadas contábeis. Entretanto, relatórios contábil-financeiros de propósito geral não atendem e não podem atender a todas as informações que seus usuários necessitam, e a entidade está também interessada em informação contábil-financeira, contudo, não precisa apoiar-se nesses relatórios de propósito geral, uma vez que é capaz de obter a informação contábil-financeira de que precisa internamente.

2.2 ELEMENTOS DAS DEMONSTRAÇÕES CONTÁBEIS

As demonstrações contábeis retratam os efeitos patrimoniais e financeiros das transações e outros eventos por meio de seu grupamento em classes amplas de acordo com as suas características econômicas, denominadas elementos das demonstrações contábeis.

Os elementos diretamente relacionados com a mensuração da posição patrimonial e financeira são os ativos, passivos e patrimônio líquido, e assim são definidos:

- **Ativo**: recurso controlado pela entidade como resultado de eventos passados e do qual se espera que fluam futuros benefícios econômicos para a entidade.
- **Passivo**: obrigação presente da entidade, decorrente de eventos passados, cuja liquidação se espera que resulte na saída de recursos capazes de gerar benefícios econômicos à entidade.
- **Patrimônio líquido**: interesse residual nos ativos da entidade depois de deduzidos todos os seus passivos.

2.2.1 Ativo

Os ativos da entidade resultam de transações passadas ou de outros eventos passados, representam todos os bens e direitos de propriedade e controle da entidade que são avaliáveis em dinheiro e que representam benefícios presentes ou futuros. Normalmente são obtidos por meio de sua compra ou produção, mas outras transações podem gerar ativos. Por exemplo, um imóvel recebido de ente governamental como parte de programa para fomentar o crescimento econômico de dada região. Transações ou eventos previstos para ocorrer no futuro não dão origem ao surgimento de ativos, por exemplo, a intenção de adquirir estoques não atende a definição de ativo.

O benefício econômico futuro incorporado a um ativo é o seu potencial em contribuir, direta ou indiretamente, para o fluxo de caixa ou equivalentes de caixa para a entidade e pode fluir de diversas maneiras:

- Usado isoladamente ou em conjunto com outros ativos na produção de bens ou na prestação de serviços a serem vendidos pela entidade.
- Trocado por outros ativos.
- Usado para liquidar um passivo.
- Distribuído aos proprietários da entidade.

Muitos ativos têm formas físicas, como, por exemplo, itens do imobilizado. No entanto, as patentes e os direitos autorais são considerados ativos mesmo não apresentando formas físicas, desde que deles sejam esperados que benefícios econômicos futuros fluam para a entidade. Da mesma forma, contas a receber e imóveis estão associados a direitos legais e de propriedade, por exemplo, um imóvel objeto de arrendamento mercantil será um ativo desde que a entidade controle os benefícios econômicos que são esperados que fluam de sua propriedade.

2.2.2 Passivo

Uma característica essencial para a existência do passivo é que a entidade tenha uma obrigação presente que geralmente implica a utilização, pela entidade, de recursos incorporados de benefícios econômicos a fim de satisfazer a demanda da outra parte, e pode ocorrer de diversas maneiras:

a) pagamento em caixa;
b) transferência de outros ativos;
c) prestação de serviços;
d) substituição da obrigação por outra; ou
e) conversão da obrigação em item do patrimônio líquido.

Passivos resultam de transações ou eventos passados, por exemplo, a aquisição de bens e o uso de serviços dão origem a contas a pagar e o recebimento de empréstimos bancários resulta de uma obrigação de honrá-los no vencimento. Outros passivos somente podem ser mensurados por estimativa, são os passivos de provisões, como os de provisões para pagamentos a serem feitos para satisfazer acordos com garantias em vigor e as provisões para fazer face a obrigações de aposentadoria ou processos judiciais.

2.2.3 Patrimônio líquido

Definido como um valor residual, ativo deduzido de todos os passivos, evidencia o capital próprio. No entanto, no balanço patrimonial pode ter subclassificações de acordo com o tipo da entidade, por exemplo, as sociedades por ações devem constituir reservas de capital e de lucros exigidas pelo estatuto ou por lei, para dar à entidade e aos seus credores uma margem maior de proteção contra os efeitos de prejuízos.

A existência e o tamanho de tais reservas legais, estatutárias e fiscais representam informações que podem ser importantes para a tomada de decisão. Destaque-se que as transferências para tais reservas são apropriações dos lucros acumulados e não constituem despesas. Tais exigências não se aplicam às demais entidades, por exemplo, as firmas individuais, sociedades limitadas, entidades estatais e outras organizações cujas estruturas legais são diferentes das sociedades por ações, nas quais não há restrições sobre a distribuição aos proprietários de montantes incluídos no patrimônio. Exceção para as entidades do terceiro setor.

2.3 DEMONSTRAÇÕES FINANCEIRAS E CONTÁBEIS

São elaboradas em conformidade com as práticas contábeis brasileiras, emanadas pelo Conselho Federal de Contabilidade (CFC) em consonância com o Comitê de Pronunciamento Contábil (CPC), entidade responsável pelo estudo, preparo e emissão de Pronunciamentos Técnicos sobre os procedimentos de Contabilidade e a divulgação de informações dessa natureza, levando sempre em conta a convergência da Contabilidade Brasileira aos padrões internacionais, e incluem:

- Balanço Patrimonial;
- Demonstração do Resultado do período (DRE);
- Demonstração do Resultado Abrangente do período (DRA);
- Demonstração de Mutação do Patrimônio Líquido (DMPL);
- Demonstração de Fluxo de Caixa do período (DFC);
- Demonstração do Valor Adicionado do período (DVA), se companhia aberta, ou mesmo se apresentada voluntariamente;
- Notas explicativas compreendendo as políticas contábeis significativas e outras informações úteis e elucidativas.

Essas demonstrações deverão ser publicadas comparativamente com a indicação dos valores correspondentes das demonstrações do exercício anterior.

A Lei nº 11.638/2007 igualmente exigiu a publicação das demonstrações financeiras para as Empresas de Grande Porte (EGP), definidas como aquela entidade ou conjunto de entidades (sociedades) sob controle comum que tiver no exercício anterior ativo total superior a R$ 240 milhões, ou receita bruta anual superior a R$ 300 milhões. Dessa forma, são entidades que têm obrigação pública de prestação de suas contas.

Sobre a Demonstração dos Fluxos de Caixa no caso de companhias fechadas com patrimônio líquido inferior a R$ 2 milhões, na data do balanço, a Lei nº 6.404/1976, art. 177, no § 6º, dispensa sua elaboração e publicação.

As práticas contábeis aplicam-se apenas às demonstrações contábeis e não necessariamente às informações apresentadas em outro relatório anual, como, por exemplo, os relatórios gerenciais, de desempenho e de índices de *performance*. Por isso é importante que os usuários possam distinguir informações contábeis exigidas para elaboração das demonstrações contábeis e financeiras de qualquer outra informação que lhe possa ser útil.

2.3.1 Regime de competência

A *performance* financeira é refletida pelo regime de competência que melhor fornece base de avaliação da *performance* passada e futura da entidade do que a informação puramente baseada em recebimentos e pagamentos em caixa e retrata com propriedade os efeitos das transações e outros eventos e circunstâncias sobre os recursos econômicos e reivindicações da entidade, ainda que os recebimentos e pagamentos em caixa derivados ocorram em períodos distintos.

Assim, a entidade deve elaborar as suas demonstrações contábeis conforme o regime de competência, que reconhece os efeitos das transações e outros eventos quando ocorrem (e não quando caixa ou outros recursos financeiros são recebidos ou pagos).

2.3.2 Continuidade

As demonstrações contábeis normalmente são elaboradas tendo como premissa que a entidade está em atividade (*going concern assumption*) e irá manter-se em operação por um futuro previsível, e que não tem a intenção, nem tampouco a necessidade, de entrar em processo de liquidação ou de reduzir materialmente suas operações.

2.3.3 Informação contábil-financeira útil

As características qualitativas da informação contábil-financeira útil devem ser aplicadas à informação contábil-financeira fornecida pelas demonstrações contábeis, e assim precisam ser relevantes e representar com fidedignidade o que se propõem a representar, devendo ser comparáveis, verificáveis, tempestivas e compreensíveis, assim definidas:

- **Compreensibilidade**: qualidade que torna as informações claras e prontamente entendidas pelos usuários.
- **Relevância**: relevantes às necessidades dos usuários na tomada de decisões.
- **Materialidade**: a informação é material se a sua omissão ou divulgação distorcida puder influenciar decisões que os usuários tomam com base na informação contábil-financeira.
- **Representação fidedigna**: tem que ser completa, neutra e livre de erros.
- **Comparabilidade**: comparada com informação similar sobre outras entidades e com informação similar sobre a mesma entidade para outro período ou para outra data, a fim de que os usuários possam identificar tendências na sua posição financeira e no seu desempenho, possibilitando alternativas, como, por exemplo, vender ou comprar um investimento.
- **Tempestividade**: significa ter informação disponível para os tomadores de decisão a tempo de poder influenciá-los em suas decisões.
- **Verificabilidade**: ajuda a assegurar aos usuários que a informação representa fidedignamente o fenômeno que se propõe representar.

2.4 BALANÇO PATRIMONIAL

Reflete a posição das contas patrimoniais em determinado período, normalmente mensal ou no fim de seu exercício financeiro. Trata-se de uma fotografia estática que revela a situação financeira e patrimonial naquele determinado momento.

O Balanço Patrimonial é a representação gráfica constituída de duas colunas: a coluna do lado direito é denominada *Passivo e Patrimônio Líquido* – são as fontes e origens dos financiamentos, na qual estão representadas as obrigações que serão reinvidicadas pelos terceiros e pelos proprietários do capital (capital próprio). A coluna do lado esquerdo é denominada *Ativo*, na qual são efetuados os investimentos e a aplicação dos recursos originados do passivo e do patrimônio líquido. Veja esta representação do Quadro 2.1:

Quadro 2.1 Balanço patrimonial

\multicolumn{6}{c}{Brasil – Indústria e Comércio Ltda.}
\multicolumn{6}{c}{Balanço Patrimonial em 31/12/2018 e 31/12/2019}
\multicolumn{6}{c}{Expresso em milhares de R$}
ATIVO	31/12/2018	31/12/2019	PASSIVO	31/12/2018	31/12/2019
CIRCULANTE			CIRCULANTE		
Caixa e Equivalente de Caixa			Fornecedores		
Contas a Receber			Empréstimos e Financiamentos		
Estoques			Obrigações Fiscais		
Outros Créditos			Obrigações Trabalhistas e Sociais		
			Contas a Pagar		
			Provisões Contingenciais		
NÃO CIRCULANTE			NÃO CIRCULANTE		
Contas a pagar			Financiamentos		
Investimentos					
Imobilizados			PATRIMÔNIO LÍQUIDO		
Intangível			Capital Social		
(–) Depreciações e Amortizações Acumuladas			Reservas de Capital		
			Reservas de Lucros		
			Lucros (Prejuízos) Acumulados		
TOTAL			TOTAL		

2.4.1 Informações que devem ser apresentadas no Balanço Patrimonial

O Balanço Patrimonial deve apresentar, no mínimo, informações constituídas nas seguintes, dentro de cada elemento:

a) caixa e equivalentes de caixa;
b) clientes e outros recebíveis;
c) estoques;
d) ativos financeiros;
e) ativo não circulante – ativos classificados como disponíveis para venda;
f) ativos biológicos;
g) investimentos avaliados pelo método de equivalência patrimonial;
h) propriedade para investimentos;
i) imobilizado;
j) intangível;
k) contas a pagar comerciais e outras;
l) provisões;
m) obrigações financeiras;
n) impostos diferidos ativos e passivos;
o) participação de não controladores apresentada de forma destacada dentro no patrimônio líquido; e
p) capital integralizado, reservas e outras contas atribuíveis aos proprietários da entidade.

2.5 DEMONSTRAÇÃO DO RESULTADO DO EXERCÍCIO (DRE) E DEMONSTRAÇÃO DO RESULTADO ABRANGENTE (DRA)

A DRE e a DRA são utilizadas para apresentar o resultado, que é utilizado como medida de *performance* (desempenho) ou como base para retorno dos investimentos ou resultado por ação.

O Pronunciamento Técnico CPC 26 determina que as empresas devem apresentar todas as mutações do PL reconhecidas em cada exercício que não representem transações entre a empresa e seus sócios em duas demonstrações: a DRE e a DRA do período.

Os elementos diretamente relacionados com a mensuração do resultado são as receitas e as despesas e são apurados na DRE.

Receitas são aumentos nos benefícios econômicos durante o período contábil, sob a forma de entrada de recursos ou do aumento de ativos ou diminuição de passivos que resultam no aumento do patrimônio líquido. Abrange tanto receitas propriamente ditas quanto os ganhos, designada por uma variedade de nomes, tais como vendas, honorários, juros, dividendos, *royalties*, aluguéis.

Despesas são decréscimos nos benefícios econômicos durante o período contábil, sob a forma de saída de recursos ou redução de ativos ou assunção de passivos, que resultam em decréscimos do patrimônio liquido. Abrange tanto as perdas quanto as despesas propriamente ditas, por exemplo, custo das vendas, salários e depreciação.

As despesas devem ser reconhecidas na demonstração contábil com base na associação direta entre elas e os correspondentes itens de receitas, ou seja, reconhecimento simultâneo ou combinado das receitas e despesas que resultem diretamente ou conjuntamente das mesmas transações ou eventos. Esse processo usualmente é chamado confrontação entre despesas e receitas (regime de competência).

Já a demonstração do resultado abrangente é composta de modificações ocorridas no patrimônio líquido não decorrentes de transações com sócios (aumento do capital, dividendos) e com receitas e despesas do DRE. Comumente registra ajustes ocorridos na conta de ajustes de avaliação patrimonial, por exemplo:

a) variação cambial de investimentos no exterior;
b) variação em provisões e reservas atuariais;
c) variação no valor de instrumentos financeiros destinados à venda, avaliados pelo valor justo;
d) custo atribuído de imobilizado (*deemed cost*).

2.5.1 Informações que devem ser apresentadas na demonstração do resultado e do resultado abrangente

A demonstração do resultado do período deve incluir as seguintes rubricas:

a) receitas;
b) custo dos produtos, das mercadorias ou dos serviços vendidos;
c) lucro bruto;
d) despesas com vendas, gerais, administrativas e outras despesas e receitas operacionais;
e) parcela dos resultados de empresas investidas reconhecida por meio do método de equivalência patrimonial;
f) resultado antes das receitas e despesas financeiras;
g) despesas e receitas financeiras;
h) resultado antes dos tributos sobre o lucro;
i) despesa com tributos sobre o lucro;
j) resultado líquido das operações continuadas;
k) valor líquido dos seguintes itens:
    k.1) resultado líquido após os tributos das atividades descontinuadas;
    k.2) resultado após os tributos decorrentes da mensuração ao valor justo menos despesas de venda ou na baixa dos ativos ou do grupo de ativos à disposição para venda que constituem a unidade operacional descontinuada;
l) resultado líquido do período.

Quadro 2.2 Representação gráfica da DRE

DEMONSTRAÇÃO DO RESULTADO DO EXERCÍCIO			
VALORES EM $ MIL			
DESCRIÇÃO		2019	2018
RECEITAS			
(–) CUSTO DAS VENDAS – CMV – CPV – CSP			
(=) LUCRO BRUTO			
(–) DESPESAS OPERACIONAIS			
Despesas com vendas, administrativas, gerais, outras despesas e receitas operacionais			
(+/–) Resultado de equivalência patrimonial			
(=) RESULTADO ANTES DAS DESP. E REC. FINANCEIRAS			
(+/–) Receitas e despesas financeiras			
(=) RESULTADO ANTES DOS TRIBUTOS SOBRE O LUCRO			
(–) Despesa com tributos sobre o lucro			
(=) Resultado líquido das operações em continuidade			
(+/–) Resultado das operações descontinuadas			
(=) Resultado líquido do período			
(=) LUCRO OU PREJUÍZO POR AÇÃO			

A DRA pode ser elaborada conforme modelo a seguir:

Quadro 2.3 Representação gráfica da DRA

DRA	Nota	2019	2018
(+/–) Outros resultados abrangentes da empresa: • Variações na reserva de realização • Ajustes acumulados de conversão – variação cambial de investimento societário no exterior • Ganhos e perdas com parcela efetiva de *hedge* de fluxo de caixa • Ganhos e perdas com ativos financeiros disponíveis para venda • Ganhos e perdas atuariais com planos de pensão com benefício definido			
(+/–) Outros resultados abrangentes de participação societária para equivalência patrimonial			
Resultado abrangente do período			
Resultado abrangente atribuível aos acionistas controladores			
Resultado abrangente atribuível aos acionistas não controladores			

2.6 MENSURAÇÃO DOS ELEMENTOS DAS DEMONSTRAÇÕES CONTÁBEIS

Mensuração é o processo que consiste em determinar os montantes monetários por meio dos quais os elementos das demonstrações contábeis devem ser reconhecidos e apresentados no balanço patrimonial e na demonstração do resultado. Um número variado de bases de mensuração é empregado em diferentes graus e em variadas combinações nas demonstrações contábeis. Essas bases incluem:

- **Custo histórico**: os ativos são registrados pelos montantes pagos em caixa ou equivalentes de caixa. Os passivos são registrados pelos montantes dos recursos recebidos em troca da obrigação, por exemplo, imposto de renda.
- **Custo corrente**: os ativos são mantidos pelos montantes de caixa que teriam de ser pagos se esses mesmos ativos fossem adquiridos na data do balanço. Os passivos são reconhecidos pelos montantes de caixa não descontados, que se espera seriam necessários para liquidar a obrigação na data do balanço.
- **Valor realizável**: os ativos são mantidos pelos montantes de caixa que poderiam ser obtidos pela sua venda em forma ordenada. Os passivos são mantidos pelos seus montantes de liquidação, isto é, pelos montantes em caixa não descontados, que se espera serão pagos para liquidar as correspondentes obrigações no curso normal das operações.
- **Valor presente**: os ativos são mantidos pelo valor presente, descontados dos fluxos de caixa futuros de entradas líquidas de caixa que se espera sejam gerados pelo item no curso normal das operações. Os passivos são mantidos pelo valor presente, descontados dos fluxos futuros de saídas líquidas de caixa que se espera serão necessários para liquidar o passivo no curso normal das operações.

A base de mensuração mais comumente adotada pelas entidades na elaboração de suas demonstrações contábeis é o custo histórico, que combinado com outras bases de mensuração, por exemplo, os estoques, são geralmente mantidos pelo menor valor entre o custo e o valor líquido de realização. Os títulos mobiliários negociáveis podem em determinadas circunstâncias ser mantidos a valor de mercado e os passivos decorrentes de pensões são mantidos pelo seu valor presente. Em algumas situações determinadas entidades usam a base de custo corrente como resposta à incapacidade de o modelo contábil de custo histórico enfrentar os efeitos das mudanças de preços de ativos não monetários.

O conceito de capital financeiro considera que o lucro é auferido somente se o montante financeiro dos ativos líquidos no fim do período exceder o seu montante financeiro no começo do período. É adotado pela maioria das entidades na elaboração das demonstrações contábeis e não depende de base específica de mensuração. Já o conceito de capital físico considera o lucro auferido somente se a capacidade física produtiva da entidade no fim do período exceder a capacidade física produtiva no início e requer a adoção do custo corrente como base de mensuração.

2.7 DEMONSTRAÇÃO DAS MUTAÇÕES DO PATRIMÔNIO LÍQUIDO (DMPL)

A DMPL evidencia as variações ocorridas em todas as contas que compõem o patrimônio líquido da empresa em determinado período.

O patrimônio líquido deve apresentar o capital social, os ajustes de avaliações patrimoniais, as reservas de lucros, as ações ou quotas em tesouraria, os prejuízos acumulados, se legalmente admitidos os lucros acumulados e as demais contas exigidas pelos pronunciamentos técnicos emitidos pelo CFC.

As contas que formam o patrimônio líquido podem sofrer variações por inúmeros motivos, tais como:

a) acréscimo pelo lucro ou redução pelo prejuízo líquido do exercício;
b) redução por dividendos;
c) redução por pagamento ou crédito de juros sobre o capital próprio;
d) acréscimo por doação e subvenções para investimentos recebidos (após transitarem pelo resultado);
e) acréscimo por subscrição e integralização de capital;
f) acréscimo pelo recebimento de valor que exceda o valor nominal das ações integralizadas ou o preço de emissão das ações sem valor nominal;
g) acréscimo pelo valor da alienação de partes beneficiárias e bônus de subscrição;
h) acréscimo por prêmio recebido na emissão de debêntures (após transitar pelo resultado);
i) redução por ações próprias adquiridas ou acréscimo por sua venda;
j) acréscimo ou redução por ajustes de exercícios anteriores;
k) redução por reversão da reserva de lucros a realizar para a conta de dividendos a pagar;
l) acréscimo ou redução por outros resultados abrangentes;
m) redução por gastos na emissão de ações;
n) ajuste de avaliação patrimonial;
o) ganhos ou perdas acumuladas na conversão;
p) aumento de capital com utilização de lucros e reservas;
q) apropriações do lucro líquido do exercício, por meio da conta de Lucros Acumulados, para a formação de reservas, como Reserva Legal, Reserva de Lucros a Realizar, Reserva para Contingência e outras;
r) reversões de reservas patrimoniais para a conta de Lucros ou Prejuízos Acumulados (conta transitória);
s) compensação de prejuízos com reservas; etc.

Assim a entidade deve apresentar todas as modificações que impactaram o patrimônio líquido na DMPL, considerando:

(a) O resultado abrangente do período, apresentando separadamente o montante atribuível aos proprietários da entidade.

(b) Para cada componente do patrimônio líquido, os efeitos das alterações nas políticas contábeis e as correções e erros.

(c) Para cada componente do patrimônio líquido, a conciliação do saldo no início e no final do período, demonstrando-se separadamente as mutações decorrentes:

c.1) do resultado líquido;

c.2) de cada item de outros resultados abrangentes; e

c.3) de transações com proprietários realizadas na condição de proprietário, demonstrando separadamente suas integralizações e as distribuição realizadas, bem como modificações nas participações em controladas que não implicaram perda do controle.

Quadro 2.4 Representação gráfica da DMPL

Patrimônio Líquido	Capital Social	Reservas de Lucro			Lucros Acumulados	Total
		Expansão	Legal	Estatutária		
Saldo em 31/12/2019	10.000		1.000	2.000		13.000
Lucro Período					1.000	1.000
Reserva Expansão		550			(550)	
Reserva Legal			100		(100)	
Reserva Estatutária				150	(150)	
Dividendos					(200)	(200)
Saldo em 31/12/2018	10.000	550	1.100	2.150	–	13.800

2.8 DEMONSTRAÇÃO DOS FLUXOS DE CAIXA (DFC)

A informação sobre os fluxos de caixa proporciona aos usuários das demonstrações contábeis uma base para avaliar a capacidade da entidade para gerar caixa e seus equivalentes e as necessidades da entidade para utilizar esses fluxos de caixa.

A demonstração dos fluxos de caixa representa o fluxo financeiro das empresas. Sua elaboração proporciona um exercício de administração financeira que contribuirá eficazmente na gestão.

Indica a origem de toda a entrada e saída de dinheiro no caixa em determinado período, direcionando para o resultado do fluxo financeiro, constituindo-se em ferramenta importante para os usuários das informações contábeis na análise da capacidade da empresa para gerar caixa e equivalentes de caixa. A DFC articula a conexão de duas demonstrações contábeis, o balanço patrimonial e a demonstração de resultado do exercício, usando o dinheiro disponível como medida objetiva, isenta de absurdos, e verificável, se comparada ao saldo bancário.

Em uma entidade o "caixa" deve ser entendido como o total de recursos de disponibilidades imediatas, "fluxos", a princípio, são as entradas e saídas desses recursos. O fluxo de caixa é fundamental para compreender como o dinheiro disponível está sendo administrado.

A DFC pode ser elaborada através de um de dois métodos:

a) **Método direto**: deve evidenciar as classes de recebimento e desembolsos brutos das atividades operacionais, dividindo-as por sua natureza contábil (recebimentos de clientes, pagamentos de fornecedores, dentre outros). Esse método começa a partir da demonstração das entradas e saídas que passaram pelo caixa e equivalentes de caixa.

Considerado um método mais caro e mais difícil que o indireto, tem a vantagem de criar condições favoráveis para desenvolver a classificação das entradas e saídas de acordo com critérios técnicos e não fiscais, permitindo, ainda, que as informações de caixa possam estar disponíveis diariamente. É, atualmente, o método mais utilizado.

Pelo método direto, o fluxo de caixa líquido das atividades operacionais é apresentado por meio da divulgação das principais classes de recebimentos e pagamentos brutos de caixa, conforme modelo do Quadro 2.5:

Quadro 2.5 Representação gráfica da DFC – método direto

DEMONSTRAÇÃO DO FLUXO DE CAIXA – MÉTODO DIRETO		
	2019	2018
Fluxos de Caixa das Atividades Operacionais		
Recebimentos de Clientes e Cooperados	–	–
Pagamentos a Fornecedores e Cooperados	–	–
Pagamentos a Empregados	–	–
Caixa Gerado pelas Operações	–	–
Juros Pagos	–	–
Pagamento de Tributos	–	–
Outros	–	–
Caixa Líquido das Atividades Operacionais	–	–
Fluxos de Caixa das Atividades de Investimento		
Recebimento da Venda do Imobilizado	–	–
Pagamento pela Compra de Imobilizado e Intangível	–	–
Aquisição de Investimentos	–	–
Caixa Líquido das Atividades de Investimentos	–	–
Fluxos de Caixa das Atividades de Financiamento		
Empréstimos Contraídos	–	–
Amortizações de Empréstimos	–	–
Aumento de Capital pelos Sócios		
Devolução de Capital aos Sócios		
Distribuição de Sobras	–	–
Outras Origens/Aplicações		
Caixa Líquido das Atividades de Financiamento	–	–

(continua)

Quadro 2.5 Representação gráfica da DFC – método direto (*continuação*)

DEMONSTRAÇÃO DO FLUXO DE CAIXA – MÉTODO DIRETO		
	2019	2018
Variação Líquida de Caixa e Equivalentes de Caixa	–	–
Caixa e Equivalentes de Caixa no Início do Exercício	–	–
Caixa e Equivalentes de Caixa no Final do Exercício	–	–
Variação Líquida de Caixa e Equivalentes de Caixa	–	–

b) **Método indireto**: baseia-se nos lucros ou prejuízos do exercício (DRE), que devem ser ajustados pelos itens econômicos, como a depreciação e a amortização, além de variações nas contas patrimoniais.

Por este método o fluxo de caixa líquido das atividades operacionais é determinado ajustando-se o resultado quanto aos efeitos de:

- Mudanças ocorridas nos estoques e nas contas operacionais a receber e a pagar durante o período.
- Itens que não afetam o caixa, tais como depreciação, provisões, tributos diferidos, receitas (despesas) contabilizadas pela competência, mas ainda não recebidas (pagas), ganhos e perdas de variações cambiais não realizadas, lucros de coligadas e controladas não distribuídos, participação de não controladores.
- Todos os outros itens cujos efeitos sobre o caixa sejam decorrentes das atividades de investimento ou de financiamento.

E mais, com a vantagem de oferecer baixo custo, uma vez que basta a utilização dos balanços patrimoniais referentes ao início e ao final do período, a DRE e algumas informações extras obtidas na Contabilidade. A seguir, o modelo da DFC pelo método indireto.

Quadro 2.6 Representação gráfica da DFC – método indireto

DEMONSTRAÇÃO DO FLUXO DE CAIXA – MÉTODO INDIRETO		
	2019	2018
Fluxos de Caixa das Atividades Operacionais		
Resultado Líquido do Exercício	–	–
Ajustes ao Resultado Líquido		
Depreciação e Amortização	–	–
Juros Transcorridos e Não Pagos	–	–
Reversão de Provisões	–	–
Provisão p/ Créditos de Liquidação Duvidosa	–	–
Resultado de Equivalência Patrimonial	–	–
Outros Ajustes	–	–
Resultado Líquido Ajustado	–	–

(*continua*)

Quadro 2.6 Representação gráfica da DFC – método indireto (*continuação*)

DEMONSTRAÇÃO DO FLUXO DE CAIXA – MÉTODO INDIRETO		
	2019	2018
Variações das Contas de Ativo e Passivo Operacional		
Créditos com Associados	–	–
Créditos com Clientes	–	–
Créditos Tributários	–	–
Adiantamentos	–	–
Outros Créditos	–	–
Estoques	–	–
Dispêndios Antecipados	–	–
Fornecedores	–	–
Obrigações com Associados	–	–
Obrigações Sociais	–	–
Obrigações Tributárias	–	–
Obrigações Trabalhistas	–	–
Outras Obrigações	–	–
Caixa Líquido das Atividades Operacionais	–	–
Fluxos de Caixa das Atividades de Investimento	–	–
Recebimento da Venda do Imobilizado	–	–
Pagamento pela Compra de Imobilizado e Intangível	–	–
Aquisição de Investimentos	–	–
Caixa Líquido das Atividades de Investimentos	–	–
Fluxos de Caixa das Atividades de Financiamento		
Empréstimos Contraídos	–	–
Amortizações de Empréstimos	–	–
Aumento de Capital pelos Sócios	–	–
Devolução de Capital aos Sócios	–	–
Distribuição de Sobras	–	–
Outras Variações	–	–
Caixa Líquido das Atividades de Financiamento	–	–
Variação Líquida de Caixa e Equivalentes de Caixa	–	–
Caixa e Equivalentes de Caixa no Início do Exercício	–	–
Caixa e Equivalentes de Caixa no Final do Exercício	–	–
Variação Líquida de Caixa e Equivalentes de Caixa	–	–

2.9 DEMONSTRAÇÃO DE VALOR ADICIONADO (DVA)

Demonstração obrigatória apenas para as companhias abertas, tem como finalidade evidenciar a geração do valor econômico agregado pelos produtos e serviços oferecidos pela entidade e a sua respectiva distribuição para os salários de empregados, impostos com governo, juros incorridos com instituição financeira, e lucros e dividendos com os proprietários. Compõe-se basicamente de duas partes:

a) evidenciação do valor adicionado gerado; e
b) evidenciação do valor adicionado distribuído.

Essa demonstração revela a estrutura básica de custos das entidades, incorridos com consumo de materiais, energia elétrica, despesas industriais, administrativas e comerciais, as depreciações, as despesas com salários e encargos sociais, os impostos e os juros pagos sobre os financiamentos e/ou empréstimos. Isto posto, é certo afirmar que se trata de uma demonstração de grande valor para os administradores na tomada de decisão.

O Quadro 2.7 apresenta um modelo da DVA amplamente utilizado pelas entidades:

Quadro 2.7 Representação gráfica da DVA

DEMONSTRAÇÃO DO VALOR ADICIONADO	2019	2018
1. Ingressos e Receitas	–	–
Ingressos/Receita Bruta dos Serviços Prestados	–	–
Outros Ingressos/Receitas	–	–
2. Insumos Adquiridos	–	–
Custos de Mercadorias e Serviços Prestados	–	–
Material, Energia Elétrica e Serviços de Terceiros	–	–
Outras (especificar)	–	–
3. Valor Adicionado Bruto (1 – 2)	–	–
4. Depreciação e Amortização	–	–
5. Valor Adicionado Líquido (3 – 4)	–	–
6. Valor Adicionado Transferido	–	–
Resultado de Equivalência Patrimonial	–	–
Receitas Financeiras	–	–
Outras	–	–
7. Valor Adicionado a Distribuir (5 + 6)	–	–
8. Distribuição do Valor Adicionado		
8.1. Pessoal (Empregados)	–	–
Salários e Encargos (exceto INSS)	–	–
Remunerações de Diretores e Conselheiros	–	–
Participações de Empregados no Resultado	–	–
8.2. Impostos, Taxas e Contribuições		
Federais	–	–
Estaduais	–	–
Municipais	–	–

(continua)

Quadro 2.7 Representação gráfica da DVA (*continuação*)

DEMONSTRAÇÃO DO VALOR ADICIONADO	2019	2018
8.3. Remuneração do Capital de Terceiros	–	–
Encargos Financeiros	–	–
Aluguéis	–	–
Outros	–	–
8.4. Remuneração do Capital Próprio	–	–
Juros s/ o Capital Próprio	–	–
8.5. Resultado Líquido	–	–
8.6. Reversão de Reservas	–	–
8.7. Resultado Líquido Ajustado	–	–

2.10 NOTAS EXPLICATIVAS E OUTRAS EVIDENCIAÇÕES

As demonstrações contábeis deverão estar acompanhadas de Notas Explicativas, com informações de caráter relevantes, complementares ou suplementares àquelas não suficientemente evidenciadas ou não constantes nas demonstrações contábeis.

Notas explicativas é o conjunto de informações contábeis, financeiras que, somadas às intenções dos gestores para o período seguinte – "relatório da administração" –, complementam a análise econômica e financeira por meio da revelação de práticas contábeis, tais como: avaliação de ativos, estoques, imobilizados, passivos, perfil da dívida a curto e a longo prazos, forma de financiamento, arrendamento mercantil, ciclo operacional, enfim, informações relevantes e importantes para a interpretação das demonstrações contábeis.

Assim, as notas explicativas devem:

I. Apresentar informações sobre a base de preparação das demonstrações financeiras e das práticas contábeis específicas selecionadas e aplicadas para negócios e eventos significativos.

II. Divulgar informações exigidas pelas práticas contábeis adotadas no Brasil que não estejam apresentadas em nenhuma outra parte das demonstrações financeiras.

III. Fornecer informações adicionais não indicadas nas próprias demonstrações financeiras e consideradas necessárias para uma apresentação adequada.

IV. Indicar:
  a. Os principais critérios de avaliação dos elementos patrimoniais, especialmente estoques, dos cálculos de depreciação, amortização e exaustão, de constituição de provisão para encargos ou riscos, e dos ajustes para atender a perdas prováveis na realização de elementos do ativo.
  b. Os investimentos em outras sociedades, quando relevantes.
  c. O aumento de valor de elementos do ativo resultante de novas avaliações.
  d. Os ônus reais constituídos sobre elementos do ativo, as garantias prestadas a terceiros e outras responsabilidades eventuais ou contingenciais.

e. A taxa de juros, as datas de vencimento e as garantias das obrigações a longo prazo.
f. O número, as espécies e as classes das ações do capital social.
g. As opções de compra de ações outorgadas e exercidas no exercício.
h. Os ajustes de exercícios anteriores.
i. Os eventos subsequentes à data de encerramento do exercício que tenham, ou possam vir a ter, efeito relevante sobre a situação financeira e os resultados futuros da companhia.

Assim, as notas explicativas incluem os critérios utilizados na elaboração das demonstrações contábeis, das informações de naturezas patrimonial, orçamentária, econômica, financeira, legal, física, social e de desempenho, bem como eventos subsequentes ao encerramento do período a que se refere.

EXERCÍCIOS

1. **(SEJUS-DF – 2010) Acerca da elaboração de demonstrações contábeis pela legislação societária e pelos princípios fundamentais de Contabilidade, assinale a alternativa incorreta.**

    a) De acordo com a Lei nº 6.404/1976, ao fim de cada exercício social, a administração fará elaborar, com base na escrituração mercantil da companhia, entre outras demonstrações contábeis, o balanço patrimonial e, posteriormente, irá publicá-lo juntamente com as demais demonstrações contábeis.
    b) Na demonstração do resultado do exercício (DRE), as receitas e despesas apresentadas lá figuram porque seus fatos geradores ocorreram, independentemente de ter havido pagamento ou recebimento, ou seja, de acordo com o regime de competência.
    c) As demonstrações contábeis de cada exercício serão publicadas com a indicação dos valores correspondentes das demonstrações do exercício anterior.
    d) O resultado apurado pelo regime de caixa pode ser diferente do resultado apurado pelo regime de competência. Por exemplo, a empresa pode apurar lucro financeiro (apresentado na DR) e prejuízo econômico (evidenciado na demonstração dos fluxos de caixa).
    e) Nas demonstrações contábeis, as contas semelhantes poderão ser agrupadas, e os pequenos saldos poderão ser agregados, desde que indicada a sua natureza e não ultrapassem um décimo do valor do respectivo grupo.

2. **(SESACRE – 2013) A preparação das (DCs) Demonstrações Contábeis parte do pressuposto que a entidade não tem a intenção de reduzir materialmente a escala de suas operações. Se esse fosse o caso, seriam adotados critérios alternativos de mensuração dos componentes patrimoniais, bem como requeridas as divulgações**

pertinentes. Identifique em uma das alternativas abaixo o princípio contábil que deverá ser adotado na preparação das DCs sobre condições normais.

a) Prudência.
b) Oportunidade.
c) Relevância.
d) Competência.
e) Continuidade

3. (AL-MA – 2013) A informação acerca da elaboração das demonstrações contábeis e das políticas contábeis específicas utilizadas pela Contabilidade, bem como a divulgação da informação requerida pelas normas, interpretações e comunicados técnicos, que não tenha sido apresentada nas demonstrações contábeis, consta

a) dos pareceres de auditoria.
b) das notas explicativas.
c) dos relatórios da diretoria.
d) dos relatórios da auditoria interna.
e) das notas de rodapé às demonstrações.

4. (SEFAZ-PE – 2015 – Adaptado) A empresa Brasil Vencedor S.A. apresentou as seguintes demonstrações contábeis (valores em reais):

Balanço Patrimonial

Ativo	31/12/13	31/12/14	Passivo	31/12/13	31/12/14
Ativo Circulante	**260.000**	**135.000**	**Passivo Circulante**	**155.000**	**80.000**
Caixa e equivalentes	140.000	80.000	Fornecedores	125.000	30.000
Duplicatas a receber	50.000	20.000	Imposto de Renda e		
Estoques	60.000	30.000	CSLL a pagar	15.000	20.000
Seguros antecipados	10.000	5.000	Adiantamento de		
			clientes	15.000	10.000
Ativo Não Circulante	**140.000**	**225.000**	Dividendos a pagar	–	20.000
Imobilizado		–			
Terreno	140.000	250.000	**Passivo Não Circulante**	**100.000**	**110.000**
Equipamentos	–	(25.000)	Empréstimos	100.000	110.000
Depreciação acumulada					
Total do Ativo	**400.000**	**360.000**	**Patrimônio Líquido**	**145.000**	**170.000**
			Capital Social	130.000	130.000
			Reservas de Lucro	15.000	40.000
			Total do Passivo + PL	**400.000**	**360.000**

Demonstração do Resultado
Período: 01/01/2014 a 31/12/2014

Receita de Vendas	420.000
(–) Custo dos Produtos Vendidos	(273.000)
(=) Lucro Bruto	**147.000**
(–) Despesas Operacionais	
Despesa de salários	(50.000)
Despesa de aluguel	(20.000)
Despesa de seguros	(5.000)
Despesa de depreciação	(25.000)
(+) Outras Receitas Operacionais	
Lucro na venda do terreno	14.000
(=) Resultado antes do Resultado Financeiro	**61.000**
(–) Despesa financeira (juros)	(10.000)
(=) Resultado antes do IR e CSLL	**51.000**
(–) Despesa com Imposto de Renda e CSLL	(6.000)
(=) Lucro Líquido	**45.000**

Considerando as demonstrações contábeis acima, e sabendo que os juros não foram pagos, o valor da venda do terreno foi recebido e os equipamentos foram adquiridos à vista, o fluxo de caixa gerado pelas Atividades Operacionais no ano de 2014 foi, em reais,

a) 36.000,00.
b) 66.000,00.
c) 50.000,00.
d) 80.000,00.
e) 56.000.00.

5. (CVM – 2010) As demonstrações contábeis, quando corretamente elaboradas, satisfazem as necessidades comuns da maioria dos seus usuários, uma vez que quase todos eles as utilizam para a tomada de decisões de ordem econômica.

Sob esse aspecto, pode-se dizer que, entre outras finalidades, os usuários baseiam-se nas demonstrações contábeis para praticar as seguintes ações, exceto:

a) decidir quando comprar, manter ou vender um investimento em ações.
b) avaliar a capacidade da entidade de pagar seus empregados e proporcionar-lhes outros benefícios.
c) determinar a distribuição de lucros e dividendos.
d) regulamentar as atividades das entidades.
e) fiscalizar a lisura dos atos administrativos.

6. (CVM – 2010) As demonstrações contábeis são uma representação estruturada da posição patrimonial e financeira e do desempenho da entidade. Para satisfazer a seus objetivos, as demonstrações contábeis proporcionam informação da entidade acerca do seguinte:

   a) ativos, passivos, patrimônio líquido, receitas e despesas, alterações no capital próprio e fluxos de caixa.
   b) ativos, passivos, patrimônio líquido, receitas e despesas, alterações no capital próprio e valor adicionado.
   c) ativos, passivos, patrimônio líquido, receitas e despesas, alterações no capital de giro e fluxos de caixa.
   d) ativos, passivos, patrimônio líquido, resultados do período, alterações no capital de giro, fluxos de caixa e valor adicionado.
   e) ativos, circulantes e não circulantes, passivos, circulantes e não circulantes, patrimônio líquido, resultados do período, ganhos e perdas, alterações no capital de giro próprio, fluxos de caixa e valor adicionado.

7. (CFC – 2011 – adaptado) Sobre as Demonstrações Contábeis os conceitos que fundamentam a sua preparação e a apresentação destinadas a usuários externos determinam que:

   ( ) Estão fora do alcance do conceito as informações financeiras elaboradas para fins exclusivamente fiscais.
   ( ) Uma qualidade essencial das informações apresentadas nas demonstrações contábeis é que elas sejam prontamente entendidas pelos usuários. Por esta razão, informações sobre assuntos complexos devem ser excluídas por serem de difícil entendimento para usuários que não conheçam as particularidades do negócio.
   ( ) Regime de Competência e Continuidade são pressupostos básicos para Elaboração e Apresentação das Demonstrações Contábeis.
   ( ) Compreensibilidade, relevância, confiabilidade e comparabilidade são apresentadas como pressupostos básicos para Elaboração e Apresentação das Demonstrações Contábeis.

   Julgue os itens acima Verdadeiros (V) ou Falsos (F) e, em seguida, assinale a opção CORRETA.

   a) F, F, F, F.
   b) F, F, V, F.
   c) V, F, V, F.
   d) V, V, V, F.
   e) V, F, V, V.

8. (FADESP – 2018 – BANPARÁ) Sobre a Demonstração do Resultado do Exercício (DRE), que fornece aos usuários informações sobre como o resultado do período (lucro ou prejuízo) foi formado, não é correto afirmar o seguinte:

a) O primeiro item da DRE elaborada e divulgada pelas sociedades anônimas de capital aberto é a receita bruta de vendas, em que, após as deduções de impostos incidentes, descontos incondicionais e devoluções, apura-se a receita líquida de vendas.

b) Computa-se na DRE a parcela dos resultados de empresas investidas cujo reconhecimento é por meio do método de equivalência patrimonial.

c) As despesas operacionais são segregadas por subtotais em: despesas com vendas, despesas financeiras deduzidas das receitas financeiras, despesas gerais e administrativas e outras despesas e receitas operacionais.

d) O ganho com a venda de um ativo não circulante imobilizado deve estar demonstrado como outras receitas, antes da Contribuição Social Sobre o Lucro Líquido (CSLL) e do Imposto de Renda das Pessoas Jurídicas (IRPJ).

e) A DRE é elaborada em estrita obediência ao regime de competência, embora a legislação tributária aceite a tributação da receita pelo regime de caixa em algumas modalidades de tributação ou situações especiais.

9. (FGV – 2018 – BANESTES) Um analista sentiu-se numa encruzilhada quando, ao pesquisar sobre o desempenho obtido por uma empresa em um determinado ano, encontrou resultados diferentes a depender de qual relatório ele utilizava. Tomando por base a Demonstração de Resultado do Exercício – DRE, ele observou um desempenho positivo; mas, ao tomar por base a Demonstração dos Fluxos de Caixa – DFC, ele observou um desempenho negativo.

Dessa maneira, ele pôde concluir que no ano em análise a referida empresa obteve:

a) lucro, logo não teve dificuldades de caixa.

b) lucro, ainda que possa ter lidado com dificuldades de caixa.

c) lucro, sem poder inferir nada sobre riscos financeiros.

d) prejuízo, logo teve dificuldades de caixa.

e) prejuízo, ainda que possa não ter tido dificuldades de caixa.

10. (FADESP – 2018 – BANPARÁ) A Demonstração do Resultado Abrangente (DRA) apresenta receitas, despesas e outras mutações que afetam o patrimônio líquido, mas que ainda não foram reconhecidas na Demonstração do Resultado do Exercício (DRE). Não deve(m) ser reconhecido(s) na DRA o/a(s):

a) ganhos e perdas originados da conversão de demonstrações contábeis de empresas com operações com o exterior.

b) ajustes originados de avaliação patrimonial relativos aos ganhos e perdas na mensuração de ativos financeiros disponíveis para venda.

c) ajuste de avaliação patrimonial relativo à efetiva parcela de ganhos e perdas de instrumentos de *hedge* em *hedge* de fluxo de caixa.

d) ganhos e perdas atuariais em planos de pensão que geram benefícios a empregados.

e) despesas antecipadas contabilizadas no ativo circulante e reconhecidas à medida que o tempo transcorre e em estrita obediência ao regime de competência.

11. (IADES – 2019 – AL-GO)

Data-base	Capital Social	Reservas de Capital	Reservas de Lucros	Lucro/ Prejuízo	TOTAL
Saldos em 31/12/20X1	180.000	30.000	0	–10.000	200.000
Saldos em 31/12/20X2	236.000	6.000	3.000	0	245.000

A Demonstração das Mutações do Patrimônio Líquido (DMPL) de uma entidade evidenciava, em 31/12/20X2, os seguintes saldos:

Considere que, no período, ocorreram os seguintes lançamentos:

a) Aumento de capital com lucros R$ 32.000.
b) Aumento de capital com reservas R$ 24.000.
c) Dividendos distribuídos R$ 25.000.
d) Constituição de reservas de lucros R$ 3.000.

Com base apenas nas informações apresentadas, o lucro líquido do exercício encerrado em 20X2 foi:

a) R$ 69.000,00.
b) R$ 94.000,00.
c) R$ 81.000,00.
d) R$ 84.000,00.
e) R$ 70.000,00.

12. (CESGRANRIO – 2018 – TRANSPETRO) A Demonstração das Mutações do Patrimônio Líquido (DMPL) tem como objetivo fundamental apresentar as variações ocorridas nas contas que transitam pelo patrimônio líquido. No contexto das variações do patrimônio líquido, uma variação evidenciada na DMPL que reduz a capacidade operacional da empresa é a

a) destinação de lucros para remuneração dos acionistas.
b) incorporação do lucro líquido do exercício social.
c) nova reserva constituída pela alienação de bônus de subscrição.
d) reversão de lucros a realizar para lucros acumulados.
e) subscrição e integralização de capital em bens.

13. (FUMARC – 2018 – Cemig-MG) A Demonstração das Mutações do Patrimônio Líquido – DMPL – possibilita ao analista ou usuário das demonstrações contábeis conhecer toda a movimentação ocorrida nas diversas contas do Patrimônio Líquido durante o exercício. Trata-se, portanto, de informações que complementam as demais demonstrações, notadamente o Balanço Patrimonial e a Demonstração

do Resultado do Exercício. Acerca dessa temática, associe a primeira coluna com a segunda, numerando os parênteses:

(1) Movimentações que elevam o Patrimônio Líquido
(2) Movimentações que diminuem o Patrimônio Líquido
(3) Movimentações que não afetam o Patrimônio Líquido

( ) lucro líquido do exercício; aumento de capital por subscrição e integralização de novas ações; ágio cobrado na subscrição de ações e prêmio de debêntures.
( ) aumento de capital por incorporação de reservas; apropriação do lucro líquido da conta de lucros ou prejuízos acumulados para outras reservas; compensação de prejuízos através de reservas etc.
( ) prejuízo líquido do exercício; aquisições de ações da própria sociedade (ações em tesouraria); dividendos etc.

A sequência CORRETA, de cima para baixo, é:

a) 1; 3; 2.
b) 1; 2; 3.
c) 2; 1; 3.
d) 3; 2; 1.
e) 2; 3 ;1.

14. (IADES – 2019 – AL-GO) A demonstração do valor adicionado (DVA) de uma entidade evidenciou que a riqueza gerada no exercício, no montante de R$ 2,5 milhões, foi distribuída na seguinte proporção:

– Pessoal 40%;
– Impostos, taxas e contribuições 25%;
– Remuneração de capitais de terceiros 20%; e
– Remuneração de capitais próprios 15%.

Sabendo-se que o valor adicionado líquido produzido pela entidade, isto é, as receitas de vendas menos os insumos adquiridos de terceiros e a depreciação, a amortização e a exaustão, totalizou R$ 1,9 milhão, o valor adicionado recebido em transferência foi

a) R$ 375 mil.
b) R$ 600 mil.
c) R$ 500 mil.
d) R$ 2,5 milhões.
e) R$ 4,4 milhões.

15. (CESGRANRIO – 2018 – TRANSPETRO) As empresas brasileiras, em atendimento às Normas Brasileiras de Contabilidade e em cumprimento à Lei das Sociedades por Ações, devem apresentar suas informações patrimoniais, econômicas e

financeiras nas demonstrações contábeis, determinadas pelos citados diplomas. Nesse contexto, uma empresa com a obrigação legal de emitir a demonstração, que representa um dos elementos componentes do Balanço Social e, que tem, entre seus objetivos básicos, apresentar quanto a entidade agrega de valor aos insumos adquiridos, tem que elaborar a demonstração do(a)

a) fluxo de caixa.
b) lucro ou prejuízo acumulado.
c) mutação do patrimônio líquido.
d) resultado abrangente.
e) valor adicionado.

3

Lucro Empresarial e Variações de Preços[1]

3.1 INTRODUÇÃO

Tão perturbadoras quanto as variações de preços, para a Contabilidade, têm sido certas tentativas parciais de resolver o problema. Este recai na natureza dos que precisam ser enfrentados com decisão, determinação e detalhe. Embora não se possa pretender, num capítulo de Contabilidade Gerencial, tratar de todos os problemas ligados à inflação e às variações de preços na Contabilidade, é preciso, pelo menos, apresentar um modelo abrangente de correção e análise, mesmo que numa simulação simplista de relatórios contábeis reais, num grau de detalhe possível de ser tratado dentro dos limites de um livro-texto.

3.2 O PROBLEMA DAS VARIAÇÕES DE PREÇOS NUMA OPERAÇÃO SIMPLES

Numa simples enunciação de uma operação de compra e venda de mercadorias ou de materiais, com condições variáveis de preço, já se pode caracterizar dramaticamente a limitação da Contabilidade a custos originais, para finalidades informativas. Suponha a seguinte situação simplificada: Certa empresa, dispondo de um patrimônio líquido de R$ 100.000, em 31/12/2018, inteiramente aplicado em caixa e equivalentes de caixa, adquire certa mercadoria, à vista, por R$ 100.000. Nesta primeira data, o índice geral de preços (escolhido como melhor indicador das flutuações do poder aquisitivo médio da moeda) está no nível de 100 (hipotético). Em 31/03/2019, primeiro período de relatório, a mercadoria não foi vendida, mas sabe-se que o mesmo índice geral de preços acusa agora 107 e que, se quiséssemos comprar a mercadoria agora, teríamos de gastar

---

[1] Este capítulo é de leitura facultativa, mas aconselhável, principalmente o item 3.2.

R$ 112.000. Em 30/06/2019, 60% do lote físico da mercadoria foram vendidos à vista por R$ 105.000. Sabe-se que, nesta última data, o índice geral de preços está no nível de 116 e que, se quiséssemos repor os 100% do lote físico inicialmente adquirido, teríamos de gastar R$ 125.000.

Você, como "contador gerencial" da empresa, está convidado a apresentar uma "versão" correta sobre as variações efetivas, decorrentes das operações descritas, do patrimônio líquido da empresa. Provavelmente, como ponto de referência, você iniciaria sua análise utilizando os conceitos da Contabilidade tradicional geralmente aceitos.

3.2.1 A interpretação da Contabilidade a custos originais

	PERÍODOS DE APURAÇÃO		
	31/12/2018 a 31/03/2019	31/03/2019 a 30/06/2019	31/12/2018 a 30/06/2019
VENDAS (–) CMV = LUCRO*		105.000 60.000 45.000	105.000 60.000 45.000

* Note-se que, nas premissas simplistas do caso, este lucro é, ao mesmo tempo, lucro bruto, lucro operacional (não distingue a componente propriamente operacional da especulativa), lucro "realizado" (no sentido de que a mercadoria foi vendida) e lucro líquido antes do IR (LAIR).

O contador gerencial não se sentiu à vontade para apresentar esses resultados ao diretor financeiro. Afinal, sabia que, já por várias vezes, ele havia expendido críticas aos conceitos contábeis históricos em períodos de flutuações de preços. Além do mais, que diabo de "contador gerencial" seria ele se não elaborasse ulteriormente os dados, tendo em vista as outras variáveis mencionadas? Um fato era destacado imediatamente dos dados. Se quiséssemos pelo menos manter inalterado o poder de compra do patrimônio líquido inicial (não ter lucro nem prejuízo), este deveria ser no fim do período pelo menos igual a R$ 100.000 × 116/100, a preços de 30/06/2019, isto é, R$ 116.000. Ora, se levantássemos um balanço simplificado em 30/06/2019, teríamos:

a) em caixa	105.000	Decorrentes de vendas à vista
b) em mercadoria	40.000	(em valores de custos de aquisição)
PATRIMÔNIO LÍQUIDO	145.000	

Daí o lucro de R$ 45.000, apurado por critérios ortodoxos. Entretanto, se para manter igual (em termos de poder aquisitivo constante) o patrimônio líquido inicial, precisaríamos ter alcançado R$ 116.000, qual seria o verdadeiro lucro? Talvez R$ 45.000 − (R$ 116.000 − R$ 100.000) = R$ 29.000? Mas, se levássemos em conta o valor de reposição da mercadoria, como ficaria a situação? Nessa altura dos acontecimentos, o contador gerencial ficou algo perturbado e, por via das dúvidas, resolveu atacar os problemas da inflação e das variações nos preços específicos, um de cada vez. Primeiro, supôs inexistirem (ou desprezou) as variações nos preços de reposição. Simplesmente, procurou achar a resposta à seguinte pergunta: Quais teriam sido as alterações no patrimônio líquido se eu tivesse trabalhado com dados expressos em poder aquisitivo de uma mesma data? Escolheu, como data de conversão, 30/06/2019.

3.2.2 A interpretação da Contabilidade a custos originais corrigidos pelas variações do poder aquisitivo médio da moeda

	PERÍODOS DE APURAÇÃO		
	31/12/2018 a 31/03/2019	31/03/2019 a 30/06/2019	31/12/2018 a 30/06/2019
VENDAS		105.000	105.000
(–) CMV		69.600	69.600
= LUCRO*		35.400	35.400

* Note-se que, nas premissas simplistas do caso, esse lucro é, ao mesmo tempo, lucro bruto, lucro operacional (não distingue a componente propriamente operacional da especulativa), lucro "realizado" (no sentido de que a mercadoria foi vendida) e lucro líquido antes do IR (LAIR).

O valor das vendas foi multiplicado por 116/116, isto é, por 1, pelo fato de as vendas terem ocorrido exatamente em 30/06/2019, quando o índice geral de preços era 116. Por outro lado, a data-base de homogeneização monetária foi também escolhida como sendo 30/06. Se as vendas tivessem ocorrido, digamos, em 15/06, ao índice de 114, teríamos corrigido pelo quociente 116/114.

O custo das vendas, por sua vez, é representado por 60% do lote de mercadorias anteriormente adquirido. Supondo que a mercadoria seja homogênea, o custo histórico a ser atribuído como custo de período é de R$ 60.000. Como o lote, todavia, foi adquirido em 31/12/2018, quando o índice geral era 100, para corrigir o custo de mercadorias vendidas, em termos de poder aquisitivo de 30/06, temos de multiplicar o valor histórico por 116/100 (ou multiplicá-lo pelo coeficiente 1,16).

Observe-se que nessa interpretação o lucro também é, ao mesmo tempo, bruto, operacional, realizado e líquido, da mesma forma que no custo histórico. A única mudança foi ter admitido a variação do poder aquisitivo da moeda e ter expressado os resultados numa moeda de poder aquisitivo da mesma data, isto é, 30/06.

O contador ainda não se deu por satisfeito e especula agora sobre a possibilidade de levar em conta os custos de reposição, desprezando a inflação.

3.2.3 A interpretação da Contabilidade a custos de reposição

		PERÍODOS DE APURAÇÃO			
		31/03/2019 a 30/06/2019	31/12/2018 a 30/06/2019	31/12/2018 a 31/03/2019	
	"Valorização do estoque"	12.000		10.000	(1)
	Vendas		105.000	105.000	
(−)	Custo das Vendas		75.000	75.000	
=	Lucro Operacional em Vendas				
+	"Ganho realizado de estocagem"		30.000	30.000	
=	Lucro Realizado		15.000	15.000	
	"Diminuição no montante das		45.000	45.000	(2)
(−)	valorizações de estoque"		(2.000)		
=	Lucro Líquido		43.000	55.000	= (1) + (2)

Verifica-se que o lucro líquido apontado para o período total, de R$ 55.000, é igual ao atribuído ao primeiro trimestre, R$ 12.000, mais o do segundo, R$ 43.000.

Esse demonstrativo pareceu bastante complexo e não ortodoxo ao contador, que achando que deveria explicar detalhadamente cada item, fez o seguinte relato:

Valorização do Estoque – Na verdade, o título correto deste item seria: "Ganho não realizado" no estoque. Representa apenas a diferença entre os valores históricos e de reposição do estoque em 31/03/2019, isto é, R$ 112.000 – R$100.000. Sob o conceito de custo de reposição, embora essa valorização não tenha ainda sido "realizada" pela venda, afeta o patrimônio líquido da entidade; logo, é um elemento do demonstrativo de resultados.

Por outro lado, no balanço em 31/03/2019, o estoque constaria pelo preço de reposição, isto é, R$ 112.000.

	BALANÇOS A CUSTOS DE REPOSIÇÃO		
	31/12/2018	31/03/2019	30/06/2019
Estoque	100.000	112.000	50.000
Caixa	0,00	0,00	105.000
Patrimônio Líquido	100.000	112.000	155.000

Em 31/12/2018, o custo histórico coincide com o de reposição; em 31/03/2019, passa a R$ 112.000, como vimos; em 30/06/2019, o valor total de reposição do estoque seria de R$ 125.000, conforme os dados do problema. Pelo fato de terem sido vendidos 60%, sobraram 40% de R$ 125.000, isto é, R$ 50.000.

É fácil verificar, ao apurar o lucro dos períodos por diferença entre os patrimônios líquidos, que o lucro do primeiro trimestre foi de R$ 112.000 – R$ 100.000 = R$ 12.000, exatamente como consta no demonstrativo de resultados. O lucro do segundo trimestre foi de R$ 155.000 − R$ 112.000 = R$ 43.000, também coincidindo com o apurado no demonstrativo de resultados. O lucro do semestre foi de R$ 155.000 − R$ 100.000 = R$ 55.000.

Portanto, os R$ 12.000 nada mais são que a "valorização" do estoque entre 31/12/2018 e 31/03/2019.

Por outro lado, esse item do demonstrativo, que apontou R$ 12.000 para o primeiro trimestre, não consta no segundo trimestre. Vejamos qual o motivo: em 30/06/2019, o valor do remanescente do estoque a preços de reposição é, como vimos, de R$ 50.000. O correspondente valor histórico seria de R$ 40.000 (40% de R$ 100.000). Logo, se tomarmos a data de 30/06/2019 instantaneamente, o item "Valorização do Estoque" em 30/06/2019 seria igual a R$ 50.000 (reposição) − R$ 40.000 (histórico), isto é, R$ 10.000. É esse valor que constaria isoladamente no Patrimônio Líquido como "Ganho Não Realizado" no balanço de 30/06/2019 (de fato, esse item aparece no relatório semestral, terceira coluna). Entretanto, se nos ativermos ao período que vai de 31/03/2019 a 30/06/2019, apenas, isto é, ao segundo trimestre, verificaremos que o saldo na conta figurativa "Ganhos não realizados" passou de R$ 12.000 para R$ 10.000, isto é, houve um decréscimo nesse saldo. É esse decréscimo que, na falta de melhor denominação, foi apropriado negativamente ao período, sob o item "Diminuição no montante das valorizações de estoque", após a linha de Lucro Realizado.

Para melhor visualização do que ocorre entre os períodos, vamos voltar aos balanços, porém, detalhando mais o patrimônio líquido:

	BALANÇOS A CUSTOS DE REPOSIÇÃO		
	Em 31/12/2018	Em 31/03/2019	Em 30/06/2019
Patrimônio Líquido Inicial	100.000	100.000	100.000
Ganho "Não Realizado"	0,00	12.000	10.000
"Lucro Realizado"	0,00	0,00	45.000
Patrimônio Líquido Final	100.000	112.000	155.000

Os totais coincidem com os balanços do demonstrativo anterior. Entretanto, se classificarmos os diferenciais por linhas, teremos:

	ACRÉSCIMO (DECRÉSCIMO) NOS PERÍODOS		
	31/12/2018 a 31/03/2019	31/03/2019 a 30/06/2019	No Semestre
Ganhos Não Realizados	12.000	(2.000)	10.000
Lucros Realizados	0,00	45.000	45.000
Lucro Líquido	12.000	43.000	55.000

Voltando à descrição dos itens do demonstrativo, falta explicar o Lucro Operacional em Vendas e o "Ganho realizado de estocagem". O lucro operacional é o resultado da diferença entre valor corrente das vendas e custo corrente de reposição das mercadorias, na base de 60% do lote inicial. Representa, em muitos casos, um indicador melhor para avaliação de desempenho de gerentes e empresas do que o lucro bruto do conceito histórico. Representa o excesso do valor corrente de vendas sobre o custo dos fatores, a preços correntes de reposição.[2] Além do mais, não inclui a parte do lucro realizada por ter a mercadoria subido de preço entre a data da aquisição e a da venda. "Operacional", portanto, é empregado no sentido mais restrito do termo. Poderiam ser utilizadas variantes para o cálculo do custo corrente de reposição. No caso, utilizamos o preço corrente de *reposição na data*. Poderíamos, porém, em situações reais, utilizar preços *correntes médios de período*. Os estoques remanescentes, todavia, sempre deveriam ser valorados pelo preço de *reposição na data*.

Finalmente, o "Ganho realizado de estocagem", mais propriamente denominado "Economia de custo realizada", representa a diferença entre o custo das vendas a preços de reposição e a preços originais (R$ 75.000 – R$ 60.000). É lucro legítimo, realizado pela venda, e representa quanto lucramos por termos adquirido as mercadorias em 31/12/2018, em lugar de 30/06/2019 (neste último caso, teríamos de desembolsar R$ 75.000), mas não é considerado operacional. Como se vê, o "lucro realizado" do demonstrativo a custos de reposição coincide com o lucro total do demonstrativo a custos históricos. Entretanto, enquanto no conceito histórico lucro operacional e de estocagem estão englobados, no conceito de custo de reposição separa-se a componente operacional da de estocagem.

Após a feitura do demonstrativo, o contador orgulhosamente apresentou os quadros ao Diretor Financeiro, que efetuou os seguintes comentários:

1. Se aceitar os demonstrativos puramente inflacionados (3.2.2), fico basicamente com os mesmos problemas informativos da Contabilidade a custos históricos. Misturando a variável operacional com a de estocagem, não acompanho a evolução dos custos de reposição.
2. Se aceitar os demonstrativos correntes (3.2.3), tenho melhoria acentuada na qualidade conceitual do demonstrativo, mas e os efeitos da inflação durante os períodos?

Para focalizar bem o assunto, apresentou o seguinte exemplo simples ao contador: suponha que você seja dono de um imóvel, cujo valor de venda agora é de R$ 200.000. Um ano após, poderia vender o imóvel por R$ 280.000. Entretanto, a taxa de inflação no período foi de 30%. Qual a valorização "real" do imóvel?

O contador responde: bem, se vendesse o imóvel no momento inicial, compraria no mercado certa quantidade de bens e serviços por R$ 200.000. Se vendesse o imóvel no momento posterior por R$ 280.000, provavelmente não conseguiria comprar 40% a mais de bens e serviços:

$$\left(\frac{280.000 - 200.000}{200.000}\right) \times 100\% = 40\%$$

---

[2] Para um tratamento teórico rigoroso das vantagens do lucro operacional corrente, bem como de vários conceitos teóricos ligados às variações de preços, consulte a obra *The theory and measurement of business income*, de O. E. Edwards e P. W. Bell, Berkeley: University of California Press, 1961.

Na verdade, R$ 200.000, no momento inicial, comprariam, em termos de poder aquisitivo do fim do período, R$ 200.000 × 1,30 = R$ 260.000. Logo, o que ganhei, efetivamente, é apenas a diferença entre R$ 280.000 e R$ 260.000, isto é, R$ 20.000.

Muito bem, afirmou o Diretor. Por que você não aplica o mesmo raciocínio no problema mais complexo? Afinal, o que interessa a todos, pessoas, empresas etc., não é ter ganhos nominais, mas acréscimos efetivos de poder aquisitivo. Ora, certos ativos variam de preço em proporções diferentes, quando não em sentido inverso ao da variação do índice geral de preços, que, afinal, é uma espécie de média ponderada de todos os preços dos bens e serviços da economia.

O contador voltou acabrunhado à sua mesa de trabalho. Após uma noite mal dormida, resolveu o dilema: era só seguir o mesmo esquema do custo de reposição, levando em conta, todavia, a variação dos índices gerais de preços.

3.2.4 A interpretação da Contabilidade a preços diferenciais (Custos Correntes Corrigidos)

		PERÍODOS DE APURAÇÃO		
		31/12/2018 a 31/03/2019	31/03/2019 a 30/06/2019	No semestre
	Ganho Não Realizado			
	Vendas	5.420,56		3.600
	Custo das Vendas		105.000	105.000
(−) =	Lucro Operacional em Vendas		75.000	75.000
+	Economia de Custo Realizada		30.000	30.000
	Lucro Realizado		5.400	5.400
= (−)	Diminuição no Saldo dos Ganhos Não Realizados		35.400 (1.820)	35.400
=	Lucro Líquido		33.580	39.000

Note-se, de saída, que o lucro realizado de R$ 35.400 é igual ao lucro líquido do conceito exposto em 3.2.2. Entretanto, o lucro líquido global para o semestre como um todo, de R$ 39.000, é maior nesse conceito do que em 3.2.2. A diferença é constituída pela parte "não realizada" de R$ 3.600, que no conceito anterior não é considerada por respeitar aquela abordagem o princípio da realização, geralmente aceito na Contabilidade ortodoxa.

Alguns itens merecem uma explicação mais detalhada. Senão, vejamos: os ganhos não realizados representam, por definição, a diferença entre custo de reposição e histórico, em cada data. Ora, os R$ 12.000 representam a diferença entre R$ 112.000 (custo de reposição do estoque em 31/03/2019) e R$ 100.000 (custo histórico na mesma data). A fim de calcularmos qual a parte "real" do ganho corrente de R$ 12.000 (ver item 3.2.3), é preciso transformar os dois valores em termos de poder aquisitivo da data-base.

Assim, R$ 112.000 é um valor formado em 31/03/2019, quando o índice geral de preços era 107. Para expressá-lo em termos de 30/06/2019, basta multiplicá-lo por 116/107, resultando em R$ 121.420. Os R$ 100.000, por sua vez, são um valor formado em 31/12/2018; logo, serão corrigidos por 116/100, ou por 1,16, resultando em R$ 116.000. Assim, R$ 121.420,56 – 116.000 = R$ 5.420.

Por outro lado, em 30/06/2019, o valor do remanescente do estoque, a preço de reposição, era de R$ 50.000 (40% de R$ 125.000). Esse é um valor já ajustado ao nível de 30/06/2019, pois é um preço de reposição em 30/06/2019. O correspondente valor histórico é de R$ 40.000. Este último, sendo originário do início do período, é corrigido por 1,16, resultando em R$ 46.400. A parte "real" do ganho, portanto, é de R$ 50.000 – 46.400 = R$ 3.600. Assim, entre 31/03/2019 e 30/06/2019, houve decréscimo dessa conta de R$ 5.420 para R$ 3.600, ou de R$ 1.820, conforme consta no período de 31/03/2019 a 30/06/2019, demonstrado no quadro anterior.

Observe-se que, para o semestre como um todo, temos um ganho de R$ 3.600. Todavia, dividindo esse resultado em dois trimestres, temos um ganho de R$ 5.420 para o primeiro trimestre e uma perda de R$ 1.820 para o segundo trimestre. De fato, R$ 5.420 – 1.820 = R$ 3.600. Termos tido uma perda no segundo trimestre, nesse componente "não realizado", é explicado inclusive pelo fato de que parte dos ganhos não realizados no primeiro trimestre foi "realizada" pela venda, no segundo. Transferiram-se ganhos da parte "não realizada" para a "realizada".

No que se refere à economia de custo realizada, como vimos, por definição é a diferença entre custo das vendas a preços de reposição e custo histórico. No demonstrativo tratado em 3.2.3 era igual a R$ 75.000 – R$ 60.000. Os R$ 75.000 já estão corrigidos, pois representam 60% do valor de reposição do estoque em 30/06/2019. Os R$ 60.000, por serem valor formado em 31/12/2018, são corrigidos por 1,16, resultando em R$ 69.600. Assim, R$ 75.000 – 69.600 = R$ 5.400, conforme consta no demonstrativo de 3.2.4. Separamos, portanto, a parte real da economia realizada da parcela fictícia devido apenas à inflação.

Para resumir, o contador preparou um quadro geral comparativo dos quatro critérios, abrangendo o período de 31/12/2018 a 30/06/2019:

	A Histórico	B Hist. × Infl.	C Reposição	D Rep. × Infl.
Lucro Operacional em Vendas	45.000	35.400	30.000	30.000
Lucro Realizado	45.000	35.400	45.000	35.400
Lucro Líquido	45.000	35.400	55.000	39.000
Lucro Não Realizado	0,00	0,00	10.000	3.600

Vamos retomar agora o cálculo do lucro por diferença entre patrimônios líquidos. Para manter intacto o patrimônio líquido inicial, em termos atualizados de valor, o máximo que poderíamos distribuir de lucro é um X tal que, somado ao patrimônio líquido inicial corrigido, resulte igual ao patrimônio líquido final a preços de reposição (o qual já está, por definição, corrigido).

$$\left(\begin{array}{l} \text{PL } 31/12/2018 \text{ corrigido} + X = 30/06/2019 \\ 100.000 \times 1,16 + X = 155.000 \end{array} \right)$$

X = R$ 39.000, exatamente igual ao lucro líquido do conceito exposto em 3.2.4!

Entretanto, algumas precauções deveriam ser tomadas, adicionalmente. Embora num sentido econômico este seja o lucro mais correto, contém uma parte "não realizada" de R$ 3.600. Logo, o valor mais adequado para consideração de distribuição seria R$ 39.000 – 3.600 = R$ 35.400. Mas este último é exatamente o lucro líquido do conceito exposto em 3.2.2!

Existem simetrias entre os conceitos *A* e *C* e *B* e *D*. De fato, o lucro líquido em *C* é R$ 10.000 maior que em *A*, pois aquele inclui a parte não realizada, e este não. Por outro lado, o lucro líquido em *D* é R$ 3.600 maior que em *B*, pelo mesmo motivo.

Poder-se-ia arguir que o conceito *B*, por ter apresentado o valor para o lucro líquido mais razoável para efeito de distribuição, é o mais correto, levando-se em conta também a maior praticabilidade de sua aplicação, quando comparado com *D*. Entretanto, o grau de análise apresentado por *B* é precário, pois, embora chegue a um número correto para o lucro líquido, não separa a componente operacional da especulativa.

Do ponto de vista teórico, o conceito *D* é claramente superior aos demais, pois leva em conta tanto a inflação (deflação) como as variações individuais dos preços nos ativos. Entretanto, uma investigação ainda precisa ser realizada a fim de examinar formas de se apurarem preços correntes que se revelem praticáveis, a custos razoáveis, e rapidamente. Pesquisas foram desenvolvidas em todo o mundo, inclusive na Universidade de São Paulo, para que se tornasse mais praticável a aplicação do conceito *D*. Porém nos parece que a forma mais praticável de correção ainda seja a *B*, que é utilizada pelo governo brasileiro, embora usando uma metodologia aproximada, como veremos mais adiante.

De qualquer maneira, o exemplo apresentado serviu para demonstrar a notável variedade de enfoques pelos quais pode ser abordado o problema do lucro. O empresário, o gerente para o qual nosso livro está voltado, deverá estar em condições de escolher uma linha de raciocínio que o leve a decisões melhores, tendo-se sempre em conta, todavia, os aspectos *praticabilidade, e tempo e custo, ou seja, da eficiência e eficácia*. Não podemos esquecer-nos, também, das aplicações de valores correntes *de saída* (valores de realizações), adequados em certas situações especiais.

3.3 O PROBLEMA DAS VARIAÇÕES DE PREÇOS NAS DEMONSTRAÇÕES CONTÁBEIS

Nossa análise estender-se-á, agora, a exemplo integrado de uma empresa, limitando-se, porém, ao emprego da metodologia indicada em 3.2.2. Até o ano de 1995, as empresas brasileiras normalmente corrigiam os ativos não financeiros. Iremos supor, por enquanto, que os efeitos de tais correções foram retirados dos demonstrativos financeiros.[3] Isto é, para aplicar a metodologia do nível geral de preço de maneira completa, a melhor providência é reconstituir os balanços em termos históricos, como se não tivessem sido realizadas as correções legais. Em outro tópico, analisaremos alguns aspectos da correção oficial e a compararemos ao processo teórico de correção. Por outro lado, nossos balanços apresentarão, apenas, de maneira sumária, os itens de ativo e passivo mais importantes para efeito de explicação da metodologia. Os leitores poderão, com esforço, imaginação e simplificação, estender perfeitamente a metodologia a casos reais, mais detalhados.

A empresa Brasil Vencedor S.A. apresentou, para os exercícios encerrados em 31/12/2018 e 31/12/2019, os demonstrativos a seguir, bem como o demonstrativo de resultados que medeia as duas datas. Os balanços já foram depurados dos efeitos das correções monetárias oficiais e o diretor financeiro quer ter uma ideia completa dos resultados reais do ano, para efeito de distribuição de dividendos e política de reinvestimento.

3.3.1 A correção dos balanços

Para a correção dos balanços, é suficiente colocá-los ou transformá-los em moeda da mesma data. Poderemos escolher como base 31/12/2018, 31/12/2019, ou mesmo outra data qualquer.

Vamos utilizar 31/12/2019 pelo simples motivo de que as decisões sobre distribuição de lucro, reinvestimento etc. serão facilitadas pela obtenção de cifras mais próximas de nossa "sensibilidade".

BRASIL VENCEDOR S.A. – BALANÇOS PATRIMONIAIS

Em milhares de reais R$

	Em 31/12/2018		Em 31/12/2019	
ATIVO				
Caixa e Equivalentes de Caixa		50		110
Valores a Receber (curto e longo)				
Intangível		520		600
Estoques (PEPS)		50	800	40
Imobilizado		430	(340)	450
(–) Depreciação Acumulada		420		460
Despesas Antecipadas	700			
Total do Ativo	(280)	5		3
		1.475		1.663

---

[3] Utilizamos *demonstrativos financeiros e demonstrações contábeis*, intercambiavelmente, neste livro, embora a segunda expressão seja mais precisa.

	Em 31/12/2018		Em 31/12/2019	
PASSIVO E PATRIMÔNIO LÍQUIDO				
Passivo				
Fornecedores e Contas a Pagar	200		280	
Dívidas em Moeda Estrangeira	300	500	330	610
(à taxa do dia)				
Patrimônio Líquido				
Capital	500		520	
Reservas e Lucros	475	975	533	1.053
Acumulados				
Total do Passivo e PL		1.475		1.663

DEMONSTRAÇÃO DE RESULTADOS PARA O PERÍODO DE 31/12/2018 a 31/12/2019

Em milhares de reais R$

VENDAS	1.520
(–) CMV	**980**
Estoque Inicial	430
(+) Compras	1.000
(–) Estoque Final	450
= Resultado Líquido de Vendas	**540**
(–) Despesas Operacionais	180
(–) Depreciação	60
(–) Amortização Intangível	10
(–/+) Resultado Financeiro	15
(–/+) Variação Cambial	30
(+) Outras Receitas	40
= Lucro Líquido antes do Imposto de Renda (LAIR)	**285**
(–) IRPJ e CSLL*	60
= Lucro Líquido	**225**

* Mantido o valor obtido após as correções oficiais.

Algumas informações adicionais devem ser pesquisadas nos registros da empresa a fim de permitir a correção:

a) *Data de aquisição do imobilizado técnico*
   R$ 700 mil no início de 2014
   R$ 100 mil em meados de 2019

b) *Data do aumento de capital*
   Início de 2019
c) *Houve distribuição de lucros?*
   Sim; em fins de 2019 foram distribuídos R$ 167 mil.
d) *Data de aquisição dos estoques*
   Os estoques foram adquiridos próximo das datas dos balanços.
e) *Data de aquisição do fundo de comércio*
   Início de 2014
f) *Índices gerais de preços nas datas importantes* (hipotéticos)

Início de 2014	R$ 3.200
31/12/2018	R$ 6.420
Meados de 2019	R$ 7.511
31/12/2019	R$ 8.474

g) *Coeficientes em termos de 31/12/2019*

Início de 2014	R$ 8.474/R$ 3.200 = 2,65
31/12/2018	R$ 8.474/R$ 6.420 = 1,32
Meados de 2019	R$ 8.474/R$ 7.511 = 1,13
Fim de 2019	R$ 8.474/R$ 8.474 = 1,00

3.3.1.1 O balanço de 31/12/2018 em termos de poder aquisitivo de 31/12/2019

a) *Caixa e Equivalentes de Caixa:* esse é um valor corrente em 31/12/2018; logo, será multiplicado pelo coeficiente 1,32, resultando em R$ 66 mil (R$ 50 mil × 1,32).
b) *Valores a Receber:* admitindo-se que o valor dessa conta já tenha sido descontado pelos prazos de vencimentos (a rigor, para afirmarmos que esse é o valor corrente, na data, precisaríamos calcular o valor atual dos valores a receber) ou desprezando esse detalhe técnico, podemos admitir que essa conta, basicamente, recai na mesma natureza de Disponibilidades. Assim, será multiplicada por 1,32, resultando em R$ 686,4 mil (R$ 520 mil × 1,32).
c) *Intangível:* adquirido no início de 2014, deverá ser corrigido por 2,65, resultando em R$ 132,5 mil (R$ 50 mil × 1,32). Essa conta é tratada como se fosse um imobilizado técnico, para efeito de correção.
d) *Estoques:* por terem sido adquiridos próximo da data do balanço, são valores correntes em 31/12/2018; logo, aplicamos o coeficiente 1,32, resultando em R$ 567,6 mil (430 mil × 1,32).

e) *Imobilizado:* os R$ 700 mil adquiridos no início de 2014 são corrigidos por 2,65, resultando em R$ 1,855 milhão. Os R$ 100 mil adicionais adquiridos em meados de 2019 são corrigidos por 1,13, resultando em R$ 113. Este último valor, todavia, somente será adicionado ao balanço final.

f) *Depreciação Acumulada:* são decorridos cinco exercícios desde o início de 2014. Foram depreciados R$ 280 mil de R$ 700 mil, ou seja, 40%, o que faz supor uma taxa média de 8% a.a. A depreciação acumulada é corrigida da mesma forma que é corrigido o ativo ao qual se refere. Não importa que as depreciações tenham sido contabilizadas em 2014, 2015 e 2016 e assim por diante. Todas elas são parcelas dos mesmos R$ 700 mil; logo, terão de ser corrigidas por 2,65, independentemente do ano em que serão contabilizadas. Assim, R$ 280 mil × 2,65 = R$ 742 mil.

g) *Despesas Antecipadas:* supostamente verificadas bem próximo da data do balanço, podem ser corrigidas por 1,32, resultando em R$ 6,6 mil (R$ 5 mil × 1,32).

h) *Fornecedores e Contas a Pagar:* conta análoga a Valores a Receber, valem as mesmas premissas. Corrigida por 1,32, resulta em R$ 264 mil (R$ 200 × 1,32).

i) *Dívidas em Moeda Estrangeira:* apesar de originariamente contraídas em moeda estrangeira, estão expressas em reais à taxa cambial vigorante no dia. É conta perfeitamente análoga à anterior, lembrando-se sempre as considerações sobre valor atual. É corrigida por 1,32, alcançando R$ 396 mil (R$ 300 mil × 1,32).[4]

j) *Patrimônio Líquido:* no caso, pode ser calculado por diferença entre Ativo e Passivo, não interessando qual o valor corrigido de Capital e Lucros, individualmente. Resulta igual a R$ 1.912.100,00 (um milhão novecentos e doze mil e cem reais).

3.3.1.2 O balanço de 31/12/2019

a) *Caixa e Equivalentes de Caixa:* permanece o próprio valor histórico, pois é um valor perfeitamente corrente em 31/12/2019: R$ 110 mil.

b) *Valores a Receber:* idem, idem, R$ 600 mil.

c) *Intangível:* por serem originários do início de 2014, os R$ 40 mil remanescentes ainda são multiplicados por 2,65, resultando em R$ 106 mil (40 mil × 2,65).

d) *Estoques:* por ser corrente na data, não precisa de correção. Permanece o valor histórico de R$ 450 mil.

e) *Imobilizado:* de 31/12/2018, carregamos R$ 1.855 mil, já corrigidos. Foram comprados mais R$ 100 mil em meados de 2019, os quais são corrigidos por 1,13, resultando em R$ 113. Assim, o valor dessa conta é de R$ 1.855 mil mais R$ 113 mil = R$ 1.968 mil.

f) *Depreciação acumulada:* de 31/12/2018, carregamos R$ 742 mil já corrigidos. É preciso adicionar a depreciação de 8% sobre os R$ 700 mil, e corrigi-la, e mais a depreciação de 4% (para 1 semestre) dos R$ 100 mil, corrigindo-a também.

---

[4] Em esquemas mais complexos, as dívidas dessa natureza poderiam ser corrigidas pela data de sua formação. Aqui foram consideradas correntes em cada data.

Os 4% (para 1 semestre) de R$ 100 mil = R$ 4 mil serão corrigidos por 1,13, resultando em R$ 4,52 mil.

Assim, a depreciação histórica de 2019 + 1 = R$ 56 mil mais R$ 4 mil = R$ 60 mil, e a depreciação corrigida igual a R$ 148,4 mil mais R$ 4,52 mil = R$ 152,92 mil.

Observe-se, mais uma vez, que a depreciação de R$ 56 mil, embora contabilizada em 2019, foi corrigida pelo coeficiente 2,65 de 2014, pois a depreciação tem a mesma idade dos equipamentos aos quais se refere, e não a idade de quando é contabilizada.

g) *Despesas Antecipadas:* presumivelmente, os R$ 3 mil referem-se ao mesmo estoque constante do balanço anterior, apenas que R$ 2 mil já foram transferidos para despesa.[5] Os R$ 3 mil, sendo originários do balanço anterior, foram criados em 31/12/2018; logo, terão de ser corrigidos por 1,32, resultando em R$ 3,96 mil. Ao corrigirmos a despesa, teremos de levar na devida conta os R$ 2 mil alocados. Estes não poderão ser corrigidos por outro coeficiente, a não ser 1,32. Alguns autores consideram estas contas Caixa e Equivalentes de Caixa, e Valores a Receber e a Pagar. Entretanto, o tratamento apresentado aqui é mais rigoroso.

h) *Passivo:* vistas as considerações para o balanço inicial, podemos considerar os R$ 610 mil totais já devidamente corrigidos, pois representam o valor corrente das dívidas em 31/12/2019.

i) *Patrimônio Líquido:* por diferença, resulta em R$ 1.733,04 mil.

3.3.1.3 Lucro apurado por diferença entre patrimônios líquidos

Lucro de 2019 = R$ 1.733,04 mil (PL 2019) − R$ 1.912,10 mil (PL 2018) + R$ 167 mil (dividendos) − R$ 20 mil × 1,32 (aumento de capital no início de 2019) =
= R$ 1.733,04 mil − R$ 1.912,10 mil + R$ 167 mil − 26,40 mil =
= R$ 38,46 mil (prejuízo).

Agora, teremos de corrigir a demonstração de resultados e alcançar o mesmo resultado. A primeira suposição que faremos, nesse aspecto, é que Receitas, Despesas, Compras e Vendas se distribuem tão uniformemente durante o exercício que, para efeito de correção, é como se tivessem verificado em meados de 2019.

Após corrigirmos o DR segundo essa premissa, iremos imaginar uma distribuição não uniforme, variando trimestralmente, e verificar o que acontece em tais casos.

3.3.1.4 Correção da Demonstração de Resultado – DR

a) *Vendas:* na hipótese assumida, é suficiente corrigirmos pelo coeficiente médio de 1,13, resultando em R$ 1.717,60 mil.

---

[5] É possível também, ou até mais provável, que todos os R$ 5 milhões tenham sido alocados para despesa em X + 1 e surgidos mais R$ 3 milhões. Nesse caso, corrigiríamos os R$ 3 milhões pelo coeficiente da sua data.

b) *Estoque Inicial* e *Estoque Final*: veja correções efetuadas em 3.3.1.2.
c) *Compras*: mesma forma de correção de Vendas. Resulta em R$ 1.130 mil.
d) *Despesas*

   d.1 – *Operacionais*: dos R$ 180 mil, devemos excluir R$ 2 mil que resultaram da alocação de despesas diferidas. Assim, R$ 178 mil, nas premissas do problema, são corrigidos por 1,13, resultando em R$ 201,14 mil. Os R$ 2 mil são corrigidos por 1,32, resultando em R$ 2,64 mil.

   d.2 – *Depreciação*: já temos o valor corrigido de R$ 152,92 mil, apurado por ocasião da correção dos balanços.

   d.3 – *Amortização dos intangíveis*: adquirido em 2014, a quota de R$ 10 mil, alocada como despesa de 2019, é corrigida por 2,65, resultando em R$ 26,50 mil na DR corrigida.

   d.4 – *Financeiras*: corrigidas normalmente pelo índice médio, resultando em R$ 16,95 mil.

   d.5 – *Variação Cambial*: esta despesa é apurada no último dia do exercício, porém pode-se presumir que se verificou uniformemente durante o período, podendo ser corrigida por 1,13, resultando em R$ 33,90 mil.

   d.6 – *Outras Receitas*: R$ 40 mil × 1,13 = R$ 45,20 mil.

   d.7 – *Imposto de Renda*: valor formado em 2019, permanece inalterado em R$ 60 mil.[6] Os efeitos de d.5 e d.7 no passivo terão de ser levados em conta no ajustamento dos chamados "itens monetários".

Levando-se em conta todos os itens já corrigidos da demonstração, chegamos ao resultado de R$ 21,15 mil. Entretanto, o resultado apurado por diferença entre patrimônios líquidos foi de R$ 38,46 mil.

É preciso verificar o efeito de termos trabalhado com mais ou menos saldo de caixa e equivalentes de caixa e valores a receber sobre os valores a pagar, em período inflacionário, como foi o caso.

   d.8 *As perdas (ganhos) nos itens monetários*

Intuitivamente, é fácil entendermos que, em períodos de inflação, quanto mais tempo ficarmos com saldos em caixa ou equivalentes de caixa, sem investir em outros ativos, mais estaremos perdendo poder aquisitivo na proporção direta da taxa de inflação durante o período de espera. Diga-se o mesmo de contas a receber. Receberemos valores constantes, de poder aquisitivo cada vez menor. Exatamente o contrário ocorre com os valores a pagar, isto é, em vez de perdas, obtemos ganhos pela inflação.

Uma forma coerente e fácil de calcular os efeitos da inflação no caixa e equivalentes de caixa, nos valores a receber e nos valores a pagar é considerar a soma algébrica de tais itens (caixa e equivalentes de caixa mais valores a receber menos valores a pagar)

---

[6] A rigor, também poderia ser corrigido por um coeficiente médio.

como uma *conta figurativa* e verificar o que ocorreu com os saldos dessa conta fictícia durante o exercício. Numa coluna à parte, colocamos as taxas de inflação de um período a outro (de um saldo a outro) e na última coluna multiplicamos as taxas pelos saldos e obtemos perdas (se os saldos forem devedores) ou ganhos (se os saldos forem credores). Somando algebricamente a última coluna, teremos o montante das perdas (ganhos) nos itens monetários.

Em nosso caso específico, teremos perdas. Vamos, portanto, elaborar nossa tabela. Após o cálculo, serão fornecidas explicações de alguns itens mais difíceis.

CONTA "SALDO DOS ITENS MONETÁRIOS"

Data	Débito	Crédito	A Saldo	Coeficientes	B Δ Coeficiente (Taxa)	A × B
31/12/2018			70	1,32	0,00	0,00
Início de 2019	20		90	1,32	0,19	17,10
Meados de 2019	237		327	1,13	0,13	42,51
Fim de 2019		227	1,00	1	0,00	Perda 59,61

Tivemos, portanto, uma perda nos itens monetários de R$ 59,61 mil. Subtraindo-se desse valor R$ 21,15 mil (resultado positivo alcançado até calcularmos a perda nos itens monetários), chegamos a um prejuízo real de R$ 38,46 mil, exatamente igual ao obtido por diferença entre patrimônios líquidos.

Note-se, portanto, que, de um lucro histórico de R$ 225 mil, atingimos um prejuízo "real" de R$ 38,46 mil. A análise de balanços e financeira ficaria completamente alterada, conforme utilizemos dados históricos ou corrigidos. Da mesma maneira, mesmo tendo considerado R$ 60 mil de imposto de renda no balanço histórico (resultado, dentre outros cálculos, de termos deduzido do lucro histórico o saldo devedor da correção monetária), se fôssemos distribuir o lucro histórico líquido (teríamos ainda de corrigir as depreciações), estaríamos claramente descapitalizando a empresa.

Vamos a partir da página seguinte, para efeito de clareza, reproduzir, na íntegra, os demonstrativos após as correções.

Agora iremos explicar a composição do quadro dos itens monetários.

O valor do saldo em 31/12/2018 é exatamente o saldo dos itens monetários na data do balanço, isto é, Caixa e Equivalentes de Caixa mais Valores a Receber menos Valores a Pagar, inclusive em moeda estrangeira.

No início de 2019, verifica-se o aumento no capital da empresa, por subscrição, o que aumenta o "ativo monetário" e, portanto, o saldo nos itens monetários.

BRASIL VENCEDOR S.A. – BALANÇOS PATRIMONIAIS CORRIGIDOS
(EM REAIS DE 31/12/2019)

Em milhares de Reais R$

	31/12/2018		31/12/2019	
ATIVO (A)				
Caixa e Equivalentes de Caixa				
Valores a Receber		66		110
Intangíveis		686,40		600
Estoques		132,50		106
Imobilizado Técnico		567,60		450
(–) Depreciação Acumulada	1.855		1.968	
Despesas Antecipadas	(742)	1.113	(894,92)	1.073,08
Total do Ativo		6,60		3,96
		2.572,10		2.343,04
PASSIVO E PATRIM. LÍQUIDO				
Passivo (P)				
Fornecedores, Contas a Pagar e Outros				
Dívidas em Moeda Estrangeira	264		280	
Patrimônio Líquido = (A – P) =	396	(660)	330	(610)
		R$ 1.912,10		R$ 1.733,04

BRASIL VENCEDOR S.A. – DEMONSTRAÇÃO DE RESULTADOS CORRIGIDA
(EM REAIS DE 31/12/2019)

Em milhares de Reais R$

VENDAS	1.717,60
(–) CMV	**1.247,60**
Estoque Inicial	567,60
(+) Compras	1.130,00
(–) Estoque Final	450,00
= Resultado Líquido de Vendas	**470,00**
(–) Despesas Operacionais	203,78
(–) Depreciação	152,92
(–) Amortização Intangível	26,50
(–/+) Resultado Financeiro	16,95
(–/+) Variação Cambial	33,90
(+) Outras Receitas	45,20
= Lucro Líquido antes do Imposto de Renda (LAIR)	**81,15**
(–) IRPJ e CSLL	60,00
= Lucro antes das Perdas nos Itens Monetários	**21,15**
(–) Perdas Líquidas nos Itens Monetários	–59,61
= Prejuízo Líquido Real	**–38,46**

Em meados de 2019, acontece grande parte dos eventos que afetam os itens monetários, nesse exemplo. Assim, poderíamos demonstrar os eventos que afetam o saldo dos itens monetários, em meados do ano:

a) para mais	Milhares de R$
Vendas	1.520
Outras Receitas	40
	1.560
b) para menos	
Variação Cambial	30
Compras	1.000
Despesas Operacionais	178
Despesas Financeiras	15
Compra de Equipamentos	100
	1.323
c) diferença para mais (débito) (a – b)	**237**

Considerando apenas R$ 178 mil dos R$ 180 mil de despesas operacionais, pois os R$ 2 mil restantes referem-se à alocação de despesas antecipadas como despesas de 2019, não influenciando, portanto, o saldo dos itens monetários.

Finalmente, em fins de 2019 temos a distribuição de dividendos no valor de R$ 167 mil, o que diminui o saldo dos itens monetários. Note-se, ainda, imposto de renda, no valor de R$ 60 mil, que se acresceu ao exigível em 2019. Temos, portanto, R$ 167 mil mais R$ 60 mil, perfazendo um total de R$ 227 mil a serem creditados na conta figurativa "Saldo dos Itens Monetários".

Computados os saldos, já sabemos que, em sendo devedores, teremos perdas pela inflação e, em sendo credores, teremos ganhos. Em nosso caso, o saldo sempre tem sido devedor, isto é, Caixa e Equivalentes de Caixa mais Valores a Receber superam Valores a Pagar. O passo seguinte é relacionar os coeficientes que expressam a relação entre os índices gerais de 2019 (data-base) e do evento que estamos corrigindo. Taxas de inflação entre os períodos em que os saldos mudam são calculadas fazendo-se a diferença entre os coeficientes. Assim, a taxa de inflação do início de 2019 (é a final de 2018) até meados de 2019 é igual a (1,32 – 2,13), isto é, = 0,19 ou 19%, e assim por diante.

Agora resta somente multiplicar os saldos pelas taxas de inflação e obtemos as perdas (no caso) de data a data, totalizando para todo o período, R$ 59,61 mil.

3.3.2 Efeitos da inflação nos casos em que a distribuição de receitas, despesas, compras e vendas não é uniforme durante o exercício

Muito importante, sob o ponto de vista gerencial, é saber o que aconteceria se Receitas, Despesas, Compras e Vendas não tivessem uma distribuição uniforme durante o ano comercial, caso muito mais comum na prática do que a uniformidade assumida até o momento.

Aproveitaremos o mesmo exemplo, alterando apenas a distribuição dos itens da demonstração de Resultados, num ritmo trimestral, alterando também a ordem de apresentação dos itens no demonstrativo, a fim de facilitar o posterior cálculo das perdas (ganhos) nos itens monetários. (Ver página seguinte.)

É preciso apenas obter os coeficientes para os trimestres (meados de trimestres). Suponhamos que sejam os seguintes:

Meados do 1º trimestre: 1,25
Meados do 2º trimestre: 1,18
Meados do 3º trimestre: 1,09
Meados do 4º trimestre: 1,04

Para corrigirmos o demonstrativo, basta iniciarmos pelos valores após a dedução das despesas financeiras e multiplicarmos pelos coeficientes (com exceção do 4º trimestre, no qual a compra da mercadoria não se verificou em meados do trimestre, mas no fim).[7]

DEMONSTRATIVO RESULTADO – 2019	31/03/2019	30/06/2019	30/09/2019	31/12/2019	TOTAL
Receitas com Vendas	380	420	200	520	1.520
Compras Líquidas	−200	−150	−200	−450	−1.000
	180	270	0	70	520
Despesas Operacionais	−40	−43	−45	−50	−178
	140	227	−45	20	342
Despesas Financeiras	−3,75	−3,75	−3,75	−3,75	−15
Lucro	136,25	223,25	−48,75	16,25	327
Estoque Inicial					−430
					−103
Estoque final					450
					347
Despesas Operacionais = soma (R$ 2, Depreciação R$ 60 Amortização de Intangível R$ 10 e Variação Cambial R$ 30)					−102
					245
Outras Receitas					40
Lucro Líquido antes do Imposto de Renda (LAJIR)					285
IRPJ e CSSL					−60
Lucro Líquido após o IR					**225**

---

[7] O quarto trimestre está separado em duas partes. Vendas menos Despesas Operacionais, menos Despesas Financeiras, tudo multiplicado pelo coeficiente médio. E as Compras, multiplicadas pelo coeficiente do fim do trimestre.

Destacamos que vendas e compras, como outras despesas e demais itens, distribuíram-se mais ou menos uniformemente dentro do trimestre. Todavia, a compra do 4º trimestre no valor de R$ 450 recaiu nos últimos dias do ano.

Temos, então:

$$\frac{R\$\ 136,25 \times 1,25 + R\$\ 223,25 \times 1,18 + R\$\ 48,75 \times 1,09 + R\$\ 466,25 \times 1,04 + R\$\ 450 \times 1\ (1) =}{} \quad R\$\ 415,51$$

(–) Estoque Inicial	430 × 1,32 = (567,60)	
+ Estoque Final	450 × 1 = 450	
(–) Despesas Operacionais	2 × 1,32 = (2,64)	
(–) Depreciação	= (152,92)	
(–) Amortizações	10 × 2,65 = (26,50)	
(–) Variações Cambiais	30 × 1,13 = (33,90)	
+ Outras Receitas	40 × 1,13 = 45,20	(288,36)
= Lucro antes das Perdas nos Itens Monetários 127,15		
(–) Perdas nos Itens Monetários		?
= Lucro Líquido		?

Verifica-se que, para o item Outras Receitas, continuamos considerando que se verificaram uniformemente durante o exercício. As outras despesas que não tiveram distribuição trimestral são "contas com data marcada", pois se referem a amortizações de ativos preexistentes e, portanto, a amortização é corrigida da mesma forma que a conta principal (conta mãe).

Estamos em condições de elaborar a tabela para os Itens Monetários:

Data	Débito	Crédito	Saldo	Coeficiente	Taxa	Perda
31/12/2018			90	1,32	0,07	6,3000
31/03/2019	136,25		226,25	1,25	0,07	15,8375
30/06/2019	223,25		449,50	1,18	0,05	22,4750
Meados de 2019		90	359,50	1,13	0,04	14,3800
30/09/2019		48,75	310,75	1,09	0,05	15,5375
31/12/2019	466,25		777	1,04	0,04	31,0800
Ano 2019		677	100	1	—	—
PERDA TOTAL						**105,6100**

Retomemos, portanto, a DR corrigida:

Lucro antes das Perdas nos Itens Monetários		R$ 127,15
(−) Perdas nos Itens Monetários:	105,61	
e Provisão para Imposto de Renda:	60	(165,61)
= Prejuízo Líquido Real		R$ (38,46)

É notável a coincidência de resultados. Tanto no caso de distribuição uniforme quanto no de distribuição trimestral, o resultado líquido final é o mesmo, ou seja, um prejuízo de R$ 38,46 mil. Acontece que, embora chegando a um resultado líquido igual, a distribuição desse resultado entre "lucro antes dos itens monetários" e "perdas nos itens monetários" é diferente.

No demonstrativo dos itens monetários, juntamos, sob a data de 31/12/2018, dois itens que no demonstrativo anterior estavam desdobrados, a saber: saldo inicial e aumento de capital. Entretanto, o acréscimo de capital ocorreu no início de 2019 + 1, o que equivale, para efeito de correção, nesse exemplo, a 31/12/2018.

Em meados de 2019, apesar da distribuição trimestral da maior parte dos itens, ainda ocorreram a compra dos equipamentos no valor de R$ 100 mil e a variação cambial (menos saldo dos itens monetários) e entraram as receitas de R$ 40 mil (mais saldo dos itens monetários), resultando num crédito líquido de R$ 90 mil. No final de 2019, houve a saída líquida de R$ 227 mil já apontada no demonstrativo de distribuição uniforme e mais os R$ 450 mil da última compra de mercadorias que, pela hipótese PEPS do problema, ocorreu no fim de 2019: R$ 450 mil mais R$ 227 mil = R$ 677 mil. De resto, observamos os valores trimestrais já apontados na demonstração de resultados apresentada anteriormente dentro deste item 3.3.2, numa forma não usual, justamente para facilitar o cálculo das perdas nos itens monetários. É, portanto, extremamente rigoroso o processo de correção, funcionando em qualquer hipótese.

3.3.3 Alguns quocientes de balanço antes e após a correção

Uma das formas de apreciar a profunda diferença de significação entre demonstrativo corrigido e histórico é calcular e avaliar alguns quocientes, dentre os mais conhecidos. Vejamos o que ocorre no exemplo da página seguinte.

Este quadro já demonstra alguns parâmetros básicos de diferenciação. Os quocientes financeiros mantiveram-se inalterados, pois os valores que os formam normalmente são corrigidos pelo mesmo coeficiente, tanto no ativo quanto no passivo. Entretanto, daí para frente (não foi possível calcular certos quocientes por falta de informação do caso), as diferenças e divergências são totais. Rotatividade é diferente, embora em alguns casos esse índice tenha valor relativo. Os índices de rentabilidade calculados (*C* e *D*) apresentaram diferenças brutais. Enquanto *C* revelou 19% em valores históricos, apresenta apenas 1% em valores corrigidos. Já *D* passa de 22% para *menos* 2%! Os relacionamentos verticais, dos quais apenas alguns foram calculados, variam muito.

A. Índice de Liquidez		2018		2019	
		Histórico	Corrigido	Histórico	Corrigido
	A1 – Imediato	0,25	0,25	0,39	0,39
	A2 – Corrente				
	A3 – Geral	2,01	2,01	1,91	1,91
B.	Rotatividade de Estoque			2,23	2,45
C.	Lucro Líquido (AIR) / Vendas			0,19	0,01*
D.	Lucro Líquido / Patrimônio Líquido Médio			0,22	(0,02)
E.	Custo das Vendas / Vendas			0,64	0,73
F.	Capital Próprio / Capital de Terceiros	1,95	2,90	1,73	2,84
G.	Patrimônio Líquido / Imobilizado (Líquido)	2,32	1,72	2,29	1,62

* Deduzidas as perdas nos itens monetários.

Considerando que uma análise financeira correta precisa amalgamar, de alguma maneira, todos os principais quocientes a fim de se chegar a alguma conclusão, segue-se que a análise financeira realizada com balanços não corrigidos perde completamente sua finalidade, quando não vai prejudicar o analista, com exceção dos índices financeiros de liquidez. O maior desvio ocorre nos índices de rentabilidade. A análise vertical percentual também apresenta grandes distorções.

3.3.4 Tentativas parciais de enfrentar as variações de preços

Historicamente, várias tentativas têm sido realizadas, pelos contadores e pelos governos, para amenizar o impacto da inflação nos relatórios financeiros.

Uma das mais antigas tentativas foi a constituída pela "Reserva para Reposição de Equipamentos", também denominada, às vezes, Reserva Adicional para Reposição de Equipamentos. Consiste, basicamente, em constituir uma reserva calculada pela diferença entre o valor da quota de depreciação a preços de reposição (ou a custos históricos corrigidos pela variação do IGP) e a custos históricos. Claramente, essa reserva resolvia apenas parcialmente o problema e era tributada pelo imposto de renda. Todavia, nas empresas em que a influência do ativo fixo na composição de custo é extremamente relevante, quando houver equilíbrio entre ativo e passivo monetário (não há nem perdas nem ganhos nos itens monetários), essa forma pode resolver temporariamente o problema, pelo menos se desprezarmos a influência no custo das mercadorias vendidas.

Outra forma clássica de amenizar o problema do impacto da inflação nos custos foi a fórmula UEPS de avaliação de estoque. Consistindo em alocar às saídas de mercadorias os preços dos lotes mais recentes, tende a apurar um custo das vendas mais próximo do custo corrente. Todavia, o estoque remanescente fica subavaliado no balanço. Essa forma é muito parcial e somente pode oferecer resultados razoáveis em circunstâncias especialíssimas. Além do mais, se a movimentação de compras e vendas durante o período não for grande, o método UEPS desvirtua-se em sua própria aplicação, nem sempre resultando naquilo que se desejava. O UEPS também não é aceito pela legislação do imposto de renda de muitos países, dentre os quais o Brasil.

Um problema adicional das abordagens parciais, das quais citamos apenas duas das principais, é a consistência em sua aplicação. Mesmo que pudéssemos aplicar as abordagens parciais (digamos, reserva adicional para reposição e UEPS), ao mesmo tempo, haveria uma tendência de alterar as bases de cálculo de ano para ano, às vezes por falta de documentação e orientação. Além disso, efetivamente, os relatórios não ficam corrigidos completamente e perde-se a possibilidade de uma análise financeira adequada. O controle dos ajustes e correções, de ano para ano, fica mais difícil de ser obtido e, ainda, o lucro corrigido resultante apenas em circunstâncias raras se iguala ao lucro calculado por um processo completo de correção, como vimos no item anterior. Analisaremos rapidamente, a seguir, algumas características fundamentais da legislação brasileira, tão discutida nesse aspecto.

3.3.5 Breve histórico sobre a evolução da legislação brasileira relativa à correção monetária

A inflação sempre foi um grande problema no Brasil, por exemplo, o período compreendido entre a democratização (1989) e o Plano Real (1994), foi caracterizado por alta e desenfreada inflação superior a 2.700%, exigindo do governo grande experimentação econômica na tentativa de mudar o cenário de insegurança econômica e instabilidade política que depreciava rapidamente o poder aquisitivo do brasileiro.

O Plano Real foi eficaz, estabilizou a insegurança econômica e trouxe esperança de um ambiente mais propício aos investimentos em capitais que geram renda e emprego. Em 1996, a correção monetária foi extinta inclusive das demonstrações financeiras (balanço patrimonial), o que não invalida a necessidade de reconhecer seus efeitos na Contabilidade.

A Figura 3.1 mostra que a inflação não deixou de existir, apenas ficou moderada e de certo ponto controlada, a patamares médios de 7,5% ao ano.

Estudos demonstram que, mesmo taxas de inflação baixas, em médio prazo, principalmente para empresas que têm imobilizado tangível antigo e itens monetários de grande valor, trazem distorções apreciáveis no cálculo do lucro por ação e efeitos não desprezíveis no próprio resultado. Deveria ser obrigação do contador/administrador refletir isso, em quadros suplementares, no Balanço, ou no Relatório da Administração, pelo menos (ou levar em conta nos relatórios puramente gerenciais).

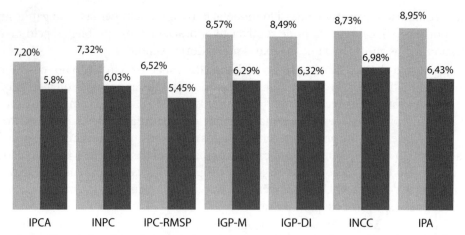

Fonte: *Exame*. Disponível em: https://exame.abril.com.br/economia/veja-no-grafico-o-sobe-e-desce-da-inflacao-nos-ultimos-20-anos. Acesso em: 23 set. 2019.

Figura 3.1 – Gráfico demonstrativo da média da inflação comparativa dos últimos 22 anos com os últimos 10 anos.

Registramos no quadro a seguir as informações que demonstram comparativamente o comportamento de forma acumulada da inflação e dos retornos de investimento na poupança e/ou Selic no período de 2003 a 2018, para servir de reflexão sobre o que discutimos ao longo deste capítulo.

Ano	Poupança/Ano	Inflação Acumulada – IGPM (FGV)	SELIC Acumulada
2018	6,17%	7,55%	8,26%
2017	13,66%	6,98%	17,79%
2016	22,66%	14,67%	30,99%
2015	31,35%	26,76%	43,53%
2014	39,01%	31,42%	53,93%
2013	45,84%	38,68%	61,85%
2012	52,90%	49,52%	70,02%
2011	60,96%	57,14%	81,06%
2010	68,35%	74,93%	90,43%
2009	75,99%	71,94%	99,93%
2008	84,35%	88,79%	111,75%
2007	92,83%	103,42%	123,00%
2006	101,98%	111,25%	137,13%
2005	112,02%	113,78%	154,69%
2004	120,90%	140,33%	169,83%
2003	133,18%	161,22%	190,99%

Fonte: Portal de Finanças e Banco Central do Brasil. Disponível em: http://www.portaldefinancas.com/igp_m_fgv.htm e https://www.bcb.gov.br/acessoinformacao/calculadoradocidadao. Acesso em: 23 set. 2019.

3.3.6 Implicações gerenciais da correção de demonstrativos financeiros

As considerações dos itens anteriores, inclusive a ligeira comparação entre os resultados obtidos pela correção oficial dos demonstrativos e pela correção completa, mostram apenas uma das facetas da luta que se trava entre empresários e inflação, já há longos anos.

O empresário e, por consequência, o controlador e todos os que lidam com Contabilidade Gerencial estão envolvidos numa série de aspectos ligados ao problema da inflação. O que acabamos de analisar, com bastante detalhe para um capítulo de um livro de Contabilidade Gerencial, representa apenas a avaliação do efeito da inflação sobre os demonstrativos financeiros após o encerramento do período contábil. Para o empresário, mais importante do que isto é: o que fazer no presente e no futuro para mitigar, pelo menos, os efeitos da inflação e até, se for possível, beneficiar-se dela?

O estudo da técnica de correção foi extremamente importante, primeiro porque um contador com mentalidade e aptidões gerenciais deve estar a par dessas técnicas e, em segundo lugar, porque, através dos efeitos e resultados observados, algumas indicações úteis podem ser extraídas. Isso sem contar os inegáveis benefícios, em termos de decisão, de utilizar valores corrigidos para efeito de distribuição de dividendos e política de reinvestimento.

Uma das indicações óbvias que podemos extrair dos demonstrativos analisados é que devemos investir em imobilizações, principalmente as técnicas (bens imóveis e móveis), apenas o necessário. A influência de um ativo de longa vida média sobre os resultados é muito grande, em virtude da correção maciça das despesas de depreciação. Além do mais, um superinvestimento em imobilizado vai aumentar desnecessariamente as despesas de manutenção e os riscos de obsoletismo.

Obviamente, um rígido equilíbrio entre Caixa e Equivalentes de Caixa, e Investimentos em Recebíveis e Valores a Pagar deve ser observado. Acreditamos que os índices de liquidez devem ser "esticados" até o limite além do qual se torna arriscado descer. Se a empresa está acostumada, por comodismo gerencial e conservadorismo, a trabalhar com um índice de liquidez corrente de 2 para 1, digamos, e se a média para o tipo de empreendimento em que se situa a empresa é de 1,5 para 1, não vemos por que, levando-se em conta as peculiaridades da empresa, não se possa tender até o limite de 1,5, em períodos de inflação principalmente.

A afirmativa muitas vezes feita de que só vale a pena tomar empréstimos sem variação cambial também deve ser devidamente comprovada. Principalmente empréstimos estrangeiros sujeitos à variação cambial ainda muitas vezes revelam-se favoráveis, em termos de comparação, com a desvalorização interna da moeda.

Se a taxa de variação cambial for, por exemplo, de 15%, a de inflação de 25% e a de juros de 8%, a empresa que obtiver empréstimos nessas condições terá um ganho residual de 1,25 − 15 × 1,08 = 0,8% nessa operação, em termos de poder aquisitivo constante, isso levando em conta o efeito cumulativo e composto de juros e taxa de variação cambial.

É claro que, no relacionamento entre recursos de terceiros e próprios, a perda ou ganho econômico devido à inflação é apenas uma parte das preocupações. Toda empresa tem uma estrutura teórica ótima de capital e deve fazer parte das preocupações constantes da empresa tender a otimizá-la, em termos financeiros e de rentabilidade. Endividamento crescente com a única finalidade de demonstrar "ganhos nos itens monetários" não tem sentido, mesmo porque, a partir de certo ponto, esses ganhos serão mais do que anulados pelas despesas financeiras relativas ao maior endividamento, as quais também fazem parte da Demonstração de Resultados, seja corrigida, seja a custos históricos.

O problema do estoque, outro item básico relativo à Demonstração de Resultados, não é dos mais fáceis de ser equacionado, tendo-se em vista o problema da inflação. Se, por um lado, ao aumentar os estoques num balanço inicial estamos piorando o resultado corrigido do período (por causa do grande acréscimo ocorrido no patrimônio líquido inicial devido à correção, quando comparado ao patrimônio líquido final), por outro lado, não acumulando estoques prévios em períodos de inflação, iremos pagar, no futuro, cada vez mais caro pelas mercadorias. Mais uma vez, o empresário deve fazer uma opção consciente, levando em conta todos os fatores. Uma boa arma contra a inflação, dentre outras, é uma rápida rotatividade dos ativos (recuperados rapidamente pelas vendas). O empresário sempre deverá comparar a perda por ter saído com estoque inicial muito alto (também levando em conta custo de estocagem, custo financeiro da imobilização e risco maior de obsoletismo) com a alternativa de comprar *menos mais vezes* durante o exercício, a preços mais altos (supondo-se que a fonte abastecedora não ofereça riscos maiores). De qualquer maneira, se o empresário estiver em dúvida entre deixar dinheiro em caixa ou bancos, ou mesmo aplicar em títulos, ou aplicar em estoques, poderá ser melhor, em períodos de inflação, aplicar nestes últimos, desde que a intensidade da variação dos preços específicos das mercadorias seja maior do que a do índice geral de preços.

Verifica-se, no fundo, que sair-se bem em períodos de inflação acarreta medidas não muito diferentes das que são exigidas, sempre, para uma boa administração financeira e de rentabilidade. Nem poderia ser diferente, pois os modelos válidos de boa administração o são em quaisquer circunstâncias. É claro que certas evidências aparecem mais dramaticamente em períodos de inflação; por exemplo, a que se refere a perdas ou ganhos nos itens monetários.

Como "incorporar" a inflação nas previsões gerenciais (uma introdução)

De grande valia para o administrador é um "modelo" simples que lhe permita, uma vez admitida certa expectativa inflacionária, "construir" o orçamento para o período seguinte.

Esse modelo também deveria incorporar certa taxa de desenvolvimento necessária (por exemplo, uma empresa de autopeças poderia esperar crescer pelo menos à mesma taxa de expansão da indústria automobilística). O modelo deveria contemplar, afinal, qual o orçamento de resultados e qual o balanço (balanços e demonstrativos projetados) que resultariam num retorno mínimo desejado, calculado sobre o patrimônio líquido inicial investido, atualizado em termos de poder aquisitivo para a data-base.

O modelo, claramente, poderia transformar-se numa ótima oportunidade para a aplicação de técnicas matemáticas mais sofisticadas e, em alguns casos, isso é necessário. Mas acreditamos que contabilmente podemos atingir a versão mais simples e ainda assim alcançar os resultados desejados. Em outras palavras, a questão seria a seguinte: Quais valores históricos obter no próprio exercício (valores nominais) a fim de que, admitida certa taxa de inflação e outras variáveis, consigamos certo lucro mínimo com relação ao patrimônio inicialmente investido?

Apenas para exemplificar, suponhamos que certa empresa, no momento, apresente o balanço a seguir, em valores de reposição:

ATIVO	
Caixa e Equivalente de caixa	50
Recebíveis e Estoques	800
TOTAL DO ATIVO	850
PASSIVO	
Valores a Pagar	350
Patrimônio Líquido	500
TOTAL DO PASSIVO + PATRIMÔNIO LÍQUIDO	850

Na opinião do empresário, a empresa deveria obter no período seguinte um lucro nominal suficiente para:

1. Distribuir 10% do patrimônio líquido inicial corrigido como dividendos.
2. Reinvestir 20% do patrimônio líquido inicial corrigido.
3. O remanescente, após as distribuições supra, deveria representar, sobre o patrimônio líquido inicial corrigido, pelo menos 15% em termos reais.

A taxa de inflação previsível estaria em torno dos 25%. Desejamos, em resumo, um lucro de 45% sobre o patrimônio líquido inicial corrigido.

Uma tentativa de solução

O lucro deveria ser suficiente para, se adicionado ao patrimônio líquido inicial corrigido, resultar num acréscimo de 10% mais 20% mais 15% em termos reais sobre o mesmo patrimônio. Isto é, o patrimônio líquido final deveria ser de R$ 500 × 1,25 × 1,45 = R$ 906,25. Esse seria o patrimônio final, antes das distribuições, é claro.

Para isso, todo o esquema de previsão orçamentária deveria ser adaptado em bases realistas. Deveríamos construir, finalmente, os balanços projetados e o Demonstrativo de Resultados projetado.

Um dos fatores limitativos do orçamento é o máximo que poderemos vender, em termos nominais. Entretanto, será melhor construir o Demonstrativo de Resultados projetado de baixo para cima.

Vimos que o lucro nominal deverá ser de R$ 406,25 durante o período (não se levando em conta o imposto de renda).

Temos, portanto, dois parâmetros iniciais: Vendas Nominais Máximas e Lucro Desejado. É preciso "encher" o miolo do demonstrativo da forma mais razoável possível e tomar todas as medidas administrativas para que alcancemos ou nos aproximemos das metas previstas. Isso é o que se chama planejamento de lucro.

Suponhamos que o orçamento máximo de vendas nominais aponte R$ 2.700. É preciso agora planejar o orçamento de produção, custos e compras.

Vamos supor que, dos "Recebíveis e Estoques" existentes no balanço inicial, apenas 20 se refiram a estoque de mercadorias. O estoque, efetivamente, está baixo e o volume de compras no período deverá ser substancial. É necessário planejar o volume do estoque final. O gerente do empreendimento sempre gostou de manter estoques no volume mínimo possível. As fontes de suprimento de mercadorias são relativamente seguras, de maneira que se planejou um estoque final de aproximadamente 50. Para conseguir vender R$ 2.700, é necessário um volume físico de mercadorias cujo valor aproximado de custo é de R$ 1.900. Com os dados de estoque disponíveis, é agora bastante fácil derivar as compras. Sabendo-se que Custo das Vendas = Estoque Inicial + Compras − Estoque Final, derivamos que Compras = Custo das Vendas − Estoque Inicial + Estoque Final, isto é, Compras = R$ 1.900 − R$ 20 + R$ 50 = R$ 1.930.[8] O lucro bruto planejado, portanto, seria de R$ 2.700 − R$ 1.900 = R$ 800.

Torna-se claro que, a fim de obter um lucro nominal de R$ 406,25, tendo-se obtido um lucro bruto de R$ 800, o máximo de *despesas* que poderemos deduzir será de R$ 393,75.

É neste último item que reside, talvez, o problema mais importante. Para podermos resolver os quebra-cabeças, as premissas sobre retorno desejado, reinvestimento empresarial etc. devem ser razoáveis e não utópicas. Ainda assim, muito provavelmente, teremos de impor programas de redução de despesas a fim de podermos alcançar as metas previstas de lucratividade.

Se a meta de despesas for razoável, poderemos projetar nosso balanço final e o respectivo Demonstrativo de Resultados. Assim, poderíamos ter, *dentre várias alternativas*, uma composição conforme segue:

BALANÇOS

	ATIVO	Em 2018	Em 2019
	Caixa e Equivalente de Caixa	50	90,63
	Recebíveis e Estoques	800	1.450
	Total do Ativo	850	1.540,63
(−)	**PASSIVO**		
=	Valores a Pagar	(350)	(643,38)
	Patrimônio Líquido	500	906,25

---

[8] Claramente, estamos simplificando sobremaneira o processo. Todavia, a finalidade deste tópico não é ensinar orçamento, mas levar mais explicitamente em conta o problema inflacionário. Os cálculos realizados teriam como base, antes de mais nada, criteriosa previsão em quantidades, para somente depois transformarem-se em estimativas de gastos e custos.

DEMONSTRATIVO DE RESULTADO DO PERÍODO 2018 – 2019

VENDAS	2.700
(–) CUSTO DAS VENDAS	1.900
= RESULTADO COM MERCADORIAS	800
(–) DESPESAS OPERACIONAIS	393,75
= LUCRO LÍQUIDO	406,25

A verificação do acerto de nossa previsão orçamentária, tendo-se em vista as premissas estabelecidas, poderia ser feita agora inflacionando-se os balanços e a Demonstração de Resultados, enfim, realizando o tipo de correção visto em itens anteriores.

Vamos supor que a taxa de inflação de meados até o fim do exercício seja de 15%.

Os balanços corrigidos de uma forma simplificada apareceriam na forma abaixo:

Em moeda de 2019

	2018 R$	2019 R$
ATIVO		
Caixa e Equivalentes de Caixa	62,50	90,63
Recebíveis e Estoques	1.000	1.450
Total do Ativo	1.062,50	1.540,63
PASSIVO		
Valores a Pagar	437,50	634,38
Patrimônio Líquido	625	906,25
Total do Passivo + Patrimônio Líquido	1.062,50	1.540,63

DEMONSTRAÇÃO DE RESULTADOS
PERÍODO 2018 – 2019

Moeda de t_1

VENDAS		3.105
(–) CUSTO DAS VENDAS		
Estoque Inicial	25	
mais Compras	2.219,50	
	2.244,50	
(–) Est. Final	(50)	(2.194,50)
		910,50 = RCM (Resultado c/ Mercadorias)
(–) Desp. Operacionais	452,8125	
= Lucro antes das Perdas Monetárias	457,6875	
(–) Perda nos Itens Monetários	176,4375	
= Lucro Líquido	R$ 281,25	

Agora, se dividirmos o lucro líquido pelo patrimônio líquido inicial corrigido, obteremos a porcentagem de 45%, exatamente igual à soma dos 10% de dividendos, 20% de reinvestimento e 15% de lucro real disponível.

Note-se que não seria necessário efetuar as correções dos demonstrativos. Basta apenas incluir as estimativas de inflação e os retornos desejados como multiplicador do patrimônio líquido inicial. O resto evidencia-se pelo esforço em atingir as metas de lucro traçadas. Claro que o exemplo apresentado é extremamente simplificado e as técnicas orçamentárias muito simples e subavaliadas em seu grau de dificuldade e viabilidade. O fato é, todavia, que a lucratividade desejada deve ser colocada em termos de algum parâmetro importante, sendo o patrimônio líquido inicialmente investido, devidamente corrigido, um dos mais importantes. Em cada caso, teremos maior ou menor margem de ação neste ou naquele item do demonstrativo de resultados. É óbvio também que raramente atingiremos a meta de lucro prevista de maneira exata. Porém, não podemos construir previsões orçamentárias sem levar em conta um conceito de obtenção de um lucro real sobre um patrimônio ou outro conceito de investimento devidamente atualizado em sua perspectiva de valor.

Outras vezes, a meta será absolutamente inatingível, a curto prazo, mas sua visualização pode ensejar ações efetivas para que seja alcançada gradualmente.

3.3.7   A questão dos índices de preços

O emprego deste ou daquele índice de preços como o mais adequado para a correção dos demonstrativos tem sido um assunto amplamente discutido, mas pouco se tem conseguido em termos de uniformidade de critérios.

Pensamos que o ideal consistiria em construir um índice interno de perda de poder aquisitivo da moeda, para a empresa. Para isso, seria necessário construir uma verdadeira escala de demanda de bens e serviços da empresa e avaliar as flutuações na composição média dos preços de um período a outro. Essa tarefa, todavia, exige a formação de alguns estoques básicos de informação, tais como: valor de cada compra de matéria-prima, em cada data, relacionada com sua quantidade; valor da taxa horária média de mão de obra direta e suas variações no tempo; variação dos custos unitários dos insumos contidos nos custos indiretos de fabricação, e assim por diante.

Frequentemente, a taxa de inflação para a empresa poderia ser avaliada pela flutuação de preços específicos dos ativos particulares que compõem a parte positiva do patrimônio da empresa. Entretanto, esse processo, bem como o anterior, possui a desvantagem de mensurar a variação do poder aquisitivo apenas para a empresa, como entidade completamente à parte, desvinculada dos interesses residuais dos sócios que a compõem.

Entretanto, o que interessa aos sócios das empresas, enquanto pessoas, é, no fundo, que a empresa na qual investiram lhes proporcione um acréscimo de poder aquisitivo real, acréscimo que se traduza num maior poder de compra generalizado nos mercados. Esse poder é mais razoavelmente mensurado por um índice geral de preços. Após essas considerações, torna-se ainda mais clara a superioridade conceitual do processo que, em primeiro lugar, reajusta os demonstrativos em termos de preços específicos dos ativos, para em seguida aplicar um índice geral de preços. Dessa forma, estamos atendendo de maneira adequada tanto aos interesses da "entidade" quanto da "propriedade".

Para finalidades gerenciais, cada empresa deverá construir o índice mais adequado para sua estrutura de custos e composição patrimonial.

3.4 EXERCÍCIO PROPOSTO E RESOLVIDO – CORREÇÃO EM BASES MENSAIS

A empresa Companhia Brasil Novo, após retirar de seus balanços os efeitos das correções oficiais parciais, apresentou os demonstrativos conforme segue:

A. Balanços patrimoniais

Em milhares de Reais R$

	Em 31/12/2018		Em 31/12/2019	
ATIVO				
Caixa e Equivalentes de Caixa		180		230
Contas a Receber (líq.)		350		480
Estoques (PEPS)		400		410
Imobilizações Técnicas	600		630	
Depreciação Acumulada	(60)	540	(123)	507
Total do Ativo		**1.470**		**1.627**
Exigibilidades		350		370
Patrimônio Líquido		1.120		
Total do Passivo + Patrimônio Líquido		**1.470**		**1.257**

B. As vendas da empresa tiveram o comportamento abaixo:

Janeiro	420
Fevereiro	340
Março	500
Abril	300
Maio	712
Junho	540
Julho	300
Agosto	120
Setembro	180
Outubro	230
Novembro	350
Dezembro	520
Total	4.512

C. As compras totalizaram R$ 2.500 para o ano e a distribuição percentual mensal sobre o total é aproximadamente a mesma que ocorreu em vendas.

D. As Despesas Operacionais, exceto Depreciação, totalizaram R$ 1.800 e distribuíram-se mais ou menos uniformemente durante os 12 meses, isto é, R$ 150 por mês.

E. A empresa foi criada no início de 2018, quando foram adquiridos os imobilizados de R$ 600. Os R$ 30 adicionais foram adquiridos no início de 2019 (índice 130). Não houve aumento de capital e distribuição de dividendos durante o ano de 2019.

F. Índices Gerais de Preços (Hipotéticos).

Início de 2018	100
31/12/2018	130
Janeiro 2019	131
Fevereiro 2019	133
Março 2019	134
Abril 2019	141
Maio 2019	146
Junho 2019	150
Julho 2019	152
Agosto 2019	154
Setembro 2019	158
Outubro 2019	159
Novembro 2019	163
Dezembro 2019	166
2019	175

G. A provisão para imposto de renda totalizou R$ 22 mil.

Pede-se:

Com base nas informações apresentadas, calcular o resultado corrigido, tomando-se como data-base 31/12/2019. O demonstrativo de resultados, bem como os reflexos sobre os itens monetários, deverão ser corrigidos mensalmente nos itens em que isso for necessário, na mesma sequência do exemplo do texto.

Solução Sumarizada

A. Coeficientes em termos de 31/12/2019

175/100 = 1,75;
175/130 = 1,35;
175/131 = 1,34;
175/133 = 1,32;
175/134 = 1,31;
175/141 = 1,24;
175/146 = 1,20;
175/150 = 1,17;
175/152 = 1,15;
175/154 = 1,14;
175/158 = 1,11;
175/159 = 1,10;

175/163 = 1,07;
175/166 = 1,05;
175/175 = 1,00.

B. Balanço em 31/12/2018 em termos de poder aquisitivo de 31/12/2019

   (Caixa e Equivalentes de Caixa + Contas a Receber + Estoques) − Exigibilidades =
   = R$ 580; R$ 580 × 1,35 =   783
   + Imobilizações Técnicas Líquidas = R$ 540 × 1,75 =   945
   = Patrimônio Líquido em 31/12/2018, Corrigido   R$ 1.728

C. Balanço em 31/12/2019 em termos de poder aquisitivo de 31/12/2019

   (Caixa e Equivalentes de Caixa + Contas a Receber + Estoques) − Exigibilidades =
   = R$ 750; 750 × 1 =   R$ 750
   + Imobilizações Técnicas Líquidas =   R$ 945 +
   + R$ 30 × 1,35 − R$ 60 × 1,75 − R$ 3 × 1,35 =   R$ 876,45
   = Patrimônio Líquido em 31/12/2019 corrigido   R$ 1.626,45

D. Resultado por Diferença Patrimonial = R$ 1.626,45 − 1.728 = (101,55), Prejuízo Líquido
E. Demonstração de Resultados corrigida

	Jan.	Fev.	Mar.	Abr.	Maio	Jun.	Jul.	Ago.	Set.	Out.	Nov.	Dez.	Total
VENDAS	420	340	500	300	712	540	300	120	180	230	350	520	4.512
(−) Compras	(233)	(188)	(277)	(166)	(395)	(299)	(166)	(66)	(100)	(127)	(194)	(289)	(2.500)
(−) Despesas Operacionais de Desembolso	(150)	(150)	(150)	(150)	(150)	(150)	(150)	(150)	(150)	(150)	(150)	(150)	(1.800)
= Efeito sobre os Itens Monetários	37	2	73	(16)	167	91	(16)	(96)	(70)	(47)	6	81	212
	× 1,34	× 1,32	× 1,31	× 1,24	× 1,20	× 1,17	× 1,15	× 1,14	× 1,11	× 1,10	× 1,07	× 1,05	
	= 49,58	= 2,64	= 95,63	= (19,84)	= 200,4	= 106,47	= (18,40)	= (109,44)	= (77,7)	= (51,7)	= 6,42	= 85,05	269,11

(−) Estoque Inicial .... 400 × 1,35 = (540)
+ Estoque Final .... 410 × 1 = 410
(−) Depreciação .... 60 × 1,75 + 3 × 1, 35 = (109,05)
(−) Imposto sobre a Renda .... 22 × 1 = (22) (261,05)
= RESULTADO ANTES DAS PERDAS
NOS ITENS MONETÁRIOS .... R$ 8,06

F. Cálculo das perdas nos itens monetários

Data	Acréscimo	Decréscimo	A Saldo	Coeficiente	B Taxa	A × B Perda
31/12/2018			180	1,35	0	–
Início de 2019		30	150	1,35	0,01	1,50
Jan. 2019	37		187	1,34	0,02	3,74
Fev. 2019	2		189	1,32	0,01	1,89
Mar. 2019	73		262	1,31	0,07	18,34
Abr. 2019		16	246	1,24	0,04	9,84
Maio 2019	167		413	1,20	0,03	12,39
Jun. 2019	91		504	1,17	0,02	10,08
Jul. 2019		16	488	1,15	0,01	4,88
Ago. 2019		96	392	1,14	0,03	11,76
Set. 2019		70	322	1,11	0,01	3,22
Out. 2019		47	275	1,10	0,03	8,25
Nov. 2019	6		281	1,07	0,02	5,62
Dez. 2019	81		362	1,05	0,05	18,10
31/12/2019		22	340	1	0	–
PERDAS NOS ITENS MONETÁRIOS						109,61

RESULTADOS ANTES DOS ITENS MONETÁRIOS   R$ 8,06
(–) PERDAS NOS ITENS MONETÁRIOS   R$ (109,61)
= PREJUÍZO LÍQUIDO   R$ (101,55)

Questão Adicional: Resolver tomando como data-base 31/12/2018.

EXERCÍCIOS

1. **(FCC – 2009 – TJ-AP)** São considerados itens monetários e geram perdas ou ganhos monetários em períodos de inflação crescente os

    a) estoques mantidos entre dois períodos contábeis e o saldo dos valores a receber.
    b) saldos dos valores a receber e das disponibilidades no período.
    c) resultados de equivalência patrimonial e o saldo dos imobilizados.
    d) passivos de curto prazo e os estoques mantidos no período.
    e) imobilizados e os saldos de valores a receber.

2. **(INMETRO – 2010)** Em ambientes inflacionários, é relevante proceder a ajustes nos valores nominais, para dar melhor representatividade aos valores contábeis.

Suponha, por exemplo, que o patrimônio líquido de uma empresa tenha variado de R$ 1.000.000,00 para R$ 1.100.000,00 entre o início e o final de um período, em que a inflação foi de 5%. Com base nessas informações, assinale a opção correta.

a) O crescimento real do patrimônio líquido foi de 5%.
b) Para comparar os dois valores no início do período, será preciso indexar o valor nominal do patrimônio líquido ao final desse período.
c) Houve crescimento real do patrimônio líquido de R$ 50.000,00.
d) O crescimento seria de 100%, caso fosse adotado o critério linear.
e) Os valores reais do patrimônio líquido no início e no final do período em questão são, respectivamente, R$ 1.050.000,00 e R$ 1.047.619,00.

3. (Polícia Federal – 2004) Com base na legislação vigente e nos ensinamentos dos autores de Contabilidade e de Finanças, julgue os seguintes itens.

Quanto aos efeitos inflacionários sobre o patrimônio das empresas, os ganhos e perdas verificados não devem ser tratados em conjunto, mas isoladamente, uma vez que a inflação não costuma produzir resultados compensáveis. Assim, eventuais perdas inflacionárias só são compensadas por ganhos da mesma natureza em situações puramente casuais.

( ) Certo
( ) Errado

4. (EPE – 2014) Uma indústria apresentou as seguintes anotações sobre a matéria--prima utilizada na fabricação de um dos produtos da sua linha, num determinado período produtivo:

Matéria-prima consumida	Percentual de participação no total de matéria-prima consumida	Aumento de preço dos materiais
AA	75,0%	4%
BB	17,5%	2%
CC	7,5%	6%
Total	100,0%	12%

Considerando exclusivamente as informações apresentadas, verifica-se que a inflação na empresa, exclusivamente para esse produto, decorrente da matéria consumida é de

a) 3,39%.
b) 3,80%.
c) 4,00%.
d) 12,00%.
e) 12,44.

5. (TCE-ES – 2012) Com relação ao ambiente em que são realizados os procedimentos contábeis, julgue os itens a seguir.

a) A inflação afeta, principalmente, a expressão monetária dos itens não monetários.
b) Em um mesmo período, o efeito líquido das variações provocadas pela inflação sobre a expressão monetária dos itens patrimoniais é uniforme entre as diversas empresas de um mesmo segmento econômico.
c) Quanto aos efeitos inflacionários sobre o patrimônio das empresas, os ganhos e perdas verificados não devem ser tratados em conjunto, mas isoladamente, uma vez que a inflação não costuma produzir resultados compensáveis. Assim, eventuais perdas inflacionárias só são compensadas por ganhos da mesma natureza em situações puramente casuais.
d) Os ativos monetários que dispõem de algum tipo de mecanismo de defesa contra os efeitos da inflação são denominados ativos monetários puros.

Julgue a sequência correta:
a) V, V, F, F.
b) V, F, F, V.
c) F, F, V, F.
d) V, F, V, F.
e) F, V, F, V.

6. (FUNIVERSA – 2010) A respeito dos efeitos inflacionários sobre o patrimônio das empresas, assinale a alternativa correta.

a) Um ativo monetário aumenta seu valor nominal ao longo do tempo e mantém seu valor real.
b) Os passivos monetários são aqueles sobre os quais a empresa tem ganhos.
c) Quando há deflação, disponibilidades em dinheiro perdem poder aquisitivo.
d) Um imobilizado adquirido por R$ 5.000,00, com uma inflação de 5% no período, deverá estar registrado por R$ 5.000,00 ao final desse período, para que sua representação contábil preserve o valor original.
e) Uma dívida contraída por R$ 3.000,00, sem cláusula de correção, decorridos três meses com uma inflação acumulada de 15%, terá perdido 15% de seu valor real.

7. (TJ-PR – 2009) No exercício de 2008, a empresa Alfa tem um valor de Receita Bruta no montante de R$ 300.000,00. No exercício de 2009 o valor da Receita Bruta foi de R$ 400.000,00. Considerando uma inflação, no exercício de 2008, ao final do ano, de 12%, qual é o valor real do acréscimo na Receita do exercício de 2008 para 2009?

a) 33,33%.
b) 18,40%.
c) 25%.
d) 19,05%.
e) 11,61%.

4

A Análise de Balanços como Instrumento da Avaliação de Desempenho[1]

4.1 INTRODUÇÃO

A Contabilidade, como toda metodologia que trata de operações altamente repetitivas, tem sido mais eficiente para oferecer a saída de relatórios para interessados externos à empresa, emanados da Contabilidade Financeira, do que para oferecer dados e informações para tomadas de decisões especiais, ou mesmo para oferecer subsídios para a "arte" de analisar e interpretar os demonstrativos financeiros.

Sempre temos considerado que a análise financeira e de balanços é um dos aspectos mais difíceis e que exigem mais maturidade por parte do contador gerencial. Frequentemente, escrevem-se livros que mais têm confundido do que elucidado o leitor, afogando-o em centenas de índices sem uma ideia de relevância e, principalmente, sem relacionar entre si todos os quocientes principais.

É muito mais útil calcular certo número selecionado de índices e quocientes, de forma consistente, de período para período, e compará-los com padrões preestabelecidos e tentar, a partir daí, tirar uma ideia de quais problemas merecem uma investigação maior, do que apurar dezenas e dezenas de índices, sem correlação entre si, sem comparações e, ainda, pretender dar um enfoque e uma significação absolutos a tais índices e quocientes.

A análise financeira e de balanços deve ser entendida dentro de suas possibilidades e limitações. Por um lado, aponta mais problemas do que soluções; por outro lado, convenientemente manuseada, pode transformar-se num poderoso "painel de controle" da administração.

A análise financeira traz em seu bojo as limitações da própria natureza essencialmente financeira de suas investigações e aplicações. Por isso é que não devemos, *a priori*, depositar excessiva confiança nessa análise. Por outro lado, tratando, trabalhando e elaborando

---

[1] Este capítulo é de leitura facultativa, mas aconselhável como revisão de matéria, para quem já tenha cursado esta disciplina.

sobre demonstrativos financeiros sumarizados, incorpora e amplia todas as eventuais imperfeições dos relatórios financeiros.

No capítulo anterior, por exemplo, vimos que principalmente a análise da parte de rentabilidade sofre demasiado em precisão e significância se utilizarmos demonstrativos históricos.

Mas não é esse o único fator que pode, de saída, prejudicar uma análise financeira e de balanços. Há relatórios que em cuja elaboração ocorrem excessivos zelos de "conservadorismo", no sentido do abuso dessa convenção contábil que, em tais casos, transforma-se em algo muito próximo da manipulação, já que distorcem qualquer possibilidade de análise mais significativa. Existem, portanto, algumas condições para que uma análise de balanços seja efetiva, a saber:

a) a Contabilidade da empresa deve ser mantida com perfeição e sem interferências "manipuladoras" ou "normalizantes" de resultados;
b) ainda que, presumivelmente, o Departamento de Contabilidade tudo faça para realizar os serviços contábeis de forma correta, ainda assim é necessário, nas empresas médias e grandes, o parecer do auditor independente ou pelo menos o acompanhamento da auditoria interna;
c) na medida do possível, os demonstrativos objeto de análise por meio de índices devem ser corrigidos detalhadamente, levando-se em conta as variações do poder aquisitivo da moeda.

Outras providências se fazem necessárias para uma análise mais correta e adequada. A nosso ver, as formas de classificação de balanços utilizadas entre nós, embora apreciáveis sob outras condições e sob outros pontos de vista, não são as que mais favorecem a disposição de dados para análise.

Além do mais, os valores devem ser arredondados e, desde que a empresa não faça questão de uma análise horizontal e vertical extremamente detalhada, certas contas podem ser fundidas dentro de outras denominações mais genéricas.

Para esse efeito, apresentamos a seguir um balanço e demonstrativo de resultados de exercício típico, publicado em nossa imprensa.

Balanço Patrimonial Comparativo	2019	2018
ATIVO		
Ativo circulante		
Caixa e equivalentes de caixa	599.087	412.707
Títulos e valores mobiliários e outros ativos financeiros	409.111	1.259.553
Contas a receber	2.051.557	1.241.290
Estoques	2.810.248	1.969.333
Contas a receber de partes relacionadas	190.190	96.766
Tributos a recuperar	303.691	200.678
Outros ativos	48.506	77.290
Total do ativo circulante	**6.412.390**	**5.257.617**

Balanço Patrimonial Comparativo	2019	2018
ATIVO		
Não circulante		
Títulos e valores mobiliários e outros ativos financeiros	214	
Contas a receber	7.571	4.741
Tributos a recuperar	150.624	166.033
Imposto de renda e contribuição social diferidos	181.012	223.100
Depósitos judiciais	349.239	310.901
Outros ativos	34.154	44.387
Investimentos em controladas em conjunto	**308.462**	311.347
Imobilizado	**754.253**	569.027
Intangível	**598.822**	**532.360**
Total do ativo não circulante	2.384.351	2.161.896
TOTAL DO ATIVO	**8.796.741**	**7.419.513**

Balanço Patrimonial Comparativo	2019	2018
PASSIVO		
Passivo circulante		
Fornecedores	4.105.244	2.919.541
Empréstimos e financiamentos	130.743	434.294
Salários, férias e encargos sociais	258.983	236.584
Tributos a recolher	140.979	84.451
Contas a pagar a partes relacionadas	125.383	89.521
Receita diferida	39.157	41.566
Dividendos a pagar	182.000	64.273
Outras contas a pagar	406.109	265.806
Total do passivo circulante	**5.388.598**	**4.136.036**
Não circulante		
Empréstimos e financiamentos	325.224	437.204
Provisão para riscos tributários, cíveis e trabalhistas	387.355	301.534
Receita diferida	390.980	468.837
Outras contas a pagar	1.712	1.925
Total do passivo não circulante	**1.105.271**	**1.209.500**
Total do passivo	**6.493.869**	**5.345.536**
Patrimônio líquido		
Capital social	1.719.886	1719886
Reserva de capital	52.175	37094
Ações em tesouraria	−87.015	−13.955
Reserva legal	65.644	39.922
Reservas de lucros	546.851	288.371
Ajuste de avaliação patrimonial	5.331	2.659
Total do patrimônio líquido	**2.302.872**	**2.073.977**
TOTAL DO PASSIVO E PATRIMÔNIO LÍQUIDO	**8.796.741**	**7.419.513**

DEMONSTRAÇÃO DE RESULTADO DO EXERCÍCIO – DRE	2019	2018
Receita líquida de vendas	15.590.444	11.984.250
Custo das mercadorias revendidas e das prestações de serviços	-11.053.022	-8.378.239
Lucro bruto	4.537.422	3.606.011
Receitas (despesas) operacionais com vendas	-2.747.447	-2.119.953
Gerais e administrativas	-596.143	-536.026
Perdas com créditos de liquidação duvidosa	-59.737	-41.921
Depreciação e amortização	-163.690	-143.059
Resultado de equivalência patrimonial	57.757	86.156
Outras receitas operacionais líquidas	53.389	36.486
Lucro operacional antes do resultado financeiro	**1.081.551**	**887.694**
Receitas financeiras	133.929	110.107
Despesas financeiras	-428.617	-520.928
Resultado financeiro	-294.688	-410.821
Lucro operacional antes do imposto de renda e da contribuição social	**786.863**	**476.873**
Imposto de renda e contribuição social correntes e diferidos	-189.434	-87.851
Lucro líquido do exercício	**597.429**	**389.022**
Lucro atribuível a acionistas controladores	597.429	389.022
Lucro por ação		
Básico (reais por ação)	3,162	2,203
Diluído (reais por ação)	3,137	2,186

Demonstrações dos Resultados Abrangentes – DRA

(Valores expressos em milhares de R$)

	2019	2018
Lucro líquido do exercício	**597.429**	**389.022**
Itens que podem ser subsequentemente reclassificados para o resultado:		
Investimentos avaliados pelo método de equivalência patrimonial – participação nos outros resultados abrangentes (ORA)	18	2.649
Efeito dos impostos	227	(1.192)
Total	**265**	**1.457**
Ativos financeiros mensurados ao valor justo (VJORA)	3.648	–
Efeito dos impostos	(1.241)	–
Total	**2.407**	–
Total de itens que podem ser subsequentemente reclassificados para o resultado	**2.672**	**1.457**
Total dos resultados abrangentes do exercício, líquidos de impostos	600.101	390.479
Atribuível a:		
acionistas controladores	**600.101**	**390.479**

Demonstrações das mutações do patrimônio líquido – Exercícios findos em 31 de dezembro de 2019 e 2018
(Valores expressos em milhares de R$)

	Nota explicativa	Capital social	Reserva de capital	Ações em tesouraria	Reserva legal	Reservas de reforço de capital de giro	Reservas de incentivos fiscais	Lucros ou prejuízos acumulados	Ajuste de avaliação patrimonial	Total
Saldos em 01/01/2018		606.505	19.030	(28.729)	20.471	3.107	–	–	1.202	621.586
Emissão de ações ordinárias		1.144.000	–	–	–	–	–	–	–	1.144.000
Gastos com emissão de ações, líquidas de impostos		(30.619)	–	–	–	–	–	–	–	(30.619)
Plano de ações		–	9.836	–	–	–	–	–	–	9.836
Venda de ações em tesouraria para pagamento de plano de compra de ações		–	8.228	14.774	–	–	–	–	–	23.002
Lucro líquido do exercício		–	–	–	–	–	–	389.022	–	389.022
Destinações:										
Reserva legal		–	–	–	19.451	–	–	(19.451)	–	–
Dividendos obrigatórios		–	–	–	–	(3.107)	–	(6.200)	–	(9.307)
Juros sobre o capital próprio		–	–	–	–	–	–	(75.000)	–	(75.000)
Reservas de lucros		–	–	–	–	220.072	68.299	(288.371)	–	–
Outros resultados abrangentes		–	–	–	–	–	–	–	1.202	2.072.520
Ajuste de avaliação patrimonial		–	–	–	–	–	–	–	1.457	1.457
Saldos em 31/12/2018		1.719.886	37.094	(13.955)	–	220.072	68.299	–	2.659	2.073.977
Dividendos declarados	22	–	–	–	–	(50.000)	–	–	–	(50.000)
Plano de ações	22	–	17.673	–	–	–	–	–	–	17.673
Ações em tesouraria	22	–	–	(87.984)	–	–	–	–	–	(87.984)
Venda de ações em tesouraria para pagamento de plano de ações	22	–	(2.592)	14.924	–	–	–	–	–	12.332
Adoção inicial IFRS 9 e 15 na controladoria	5	–	–	–	–	(24.411)	–	–	–	(24.411)
Adoção inicial IFRS 9 em controlada em conjunto	5/15	–	–	–	–	(58.816)	–	–	–	(58.816)
Lucro líquido do exercício	22	–	–	–	–	–	–	597.429	–	597.429
Destinações:										
Reserva legal		–	–	–	25.722	–	–	(25.722)	–	–
Dividendos e juros sobre capital próprio		–	–	–	–	–	–	(182.000)	–	(182.000)
Reservas de lucros		–	–	–	–	306.716	82.991	(389.707)	–	–
Outros resultados abrangentes		–	–	–	–	–	–	–	2.659	2.300.200
Ajuste de avaliação patrimonial		–	–	–	–	–	–	–	2.672	2.672
Saldos em 31/12/2019		1.719.886	52.175	(87.015)	65.644	395.561	151.290	–	5.331	2.302.872

O balanço patrimonial poderia ser, para efeito de análise, reproduzido mais convenientemente na forma resumida, em um nível de grupo de contas mais sintético que destacasse os valores totais por sua natureza de classificação, como segue:

Brasil Vencedor S.A. Balanço Patrimonial Comparativo	2019	2018
ATIVO		
Caixa e equivalentes de caixa	599.087	412.707
Valores a receber líquidos	2.650.858	2.597.609
Estoques	2.810.248	1.969.333
Outros ativos	352.197	277.968
Total do ativo circulante	**6.412.390**	**5.257.617**
Valores a receber	7.785	4.741
Outros ativos não circulantes	714.669	744.421
Investimentos em controladas em conjunto	308.462	311.347
Imobilizado	754.253	569.027
Intangível	598.822	532.360
Total do ativo não circulante	**2.384.351**	**2.161.896**
TOTAL DO ATIVO	**8.796.741**	**7.419.513**

PASSIVO		
Passivo circulante	5.388.598	4.136.036
Passivo não circulante	1.105.271	1.209.500
Total do passivo	**6.493.869**	**5.345.536**
Total do patrimônio líquido	2.302.872	2.073.977
TOTAL DO PASSIVO E PATRIMÔNIO LÍQUIDO	**8.796.741**	**7.419.513**

Evidentemente, esse é apenas um dos formatos que seria possível apresentar, no grau de detalhe que, presumivelmente, interessa à análise, no caso particular. Poderíamos apresentar algo mais resumido ou mais detalhado. Também não foram questionadas, quanto ao mérito da colocação nesse ou naquele grupo, certas contas, o que na prática fatalmente ocorreria.

Nesse caso específico, englobamos sob o título "passivo corrente" todas as exigibilidades de curto prazo, não achando necessário discriminar as contas. Em outros casos poderia ter sido interessante maior grau de detalhe.

Se quiséssemos um demonstrativo mais resumido ainda, relacionando um grupo com outro, poderíamos fazer o seguinte quadro:

	2019	2018
Ativo Circulante	6.412.390	5.257.617
(–) Passivo Circulante	5.388.598	4.136.036
Capital de Giro Líquido	1.023.792	1.121.581
+ Ativo Não Circulante	2.384.351	2.161.896
= Passivo Não Circulante + Patrimônio Líquido	3.408.143	3.283.477

Em muitos casos, será interessante reportar as depreciações acumuladas e as provisões para crédito de liquidação duvidosa (PCLD), bem como duplicatas descontadas.

Em algumas situações, poderemos querer reportar todas as contas, ou quase todas. O que importa é classificá-las nos grupos *circulante* e *não circulante*, para maior facilidade de análise.

Do nosso ponto de vista, os balanços, principalmente em se tratando de uma análise para avaliação de tendência, devem ser os mais resumidos possível. Se alguma área de problemas for diagnosticada, a análise pode ser aprofundada a qualquer momento. Um critério para seleção das contas a serem ou não incluídas nos demonstrativos, para efeitos de análise, talvez seja o de ultrapassar ou não certa porcentagem do total do grupo a que pertençam, do ativo etc. Entretanto, a administração pode ter interesse em acompanhar a evolução de itens que ainda não são representativos no total, mas que retratam algum plano de expansão, cuja evolução, por exemplo, desejamos investigar nos relatórios financeiros.

O mais correto seria fazer a primeira análise com grupos os mais resumidos possível e, nas áreas-problema, efetivar uma análise detalhada. Frequentemente, para um demonstrativo publicado como o que apresentamos, um demonstrativo agrupado da forma vista é mais do que suficiente.

A classificação em ativo e passivo circulantes possibilita visualizar imediatamente o capital de giro líquido da empresa. Poderíamos, no ativo circulante, separar dois subgrupos, um antes e outro após os estoques. Isso visualizaria imediatamente o índice de liquidez seca, um dos índices mais importantes, como veremos mais adiante.

No que se refere à DRE, delinearíamos algo como segue:

DRE – Elaborado para Decisões da Administração	2019	2018
Receitas de Vendas	18.896.513	14.321.104
(–) Deduções de Vendas – Impostos e Devoluções	–3.306.069	–2.336.854
= Vendas Líquidas	15.590.444	11.984.250
(–) Custos dos Produtos/Serviços Vendidos	–11.053.022	–8.378.239
Lucro Bruto de Vendas	4.537.422	3.606.011
(–) Despesas Operacionais	–3.455.871	–2.718.317
= Lucro Operacional	1.081.551	887.694
(+/–) Resultado Financeiro	–294.688	–410.821
= Lucro antes do Imposto de Renda	786.863	476.873
(–) Imposto de Renda e Contr. Social correntes e diferidos	–189.434	–87.851
= Lucro Líquido do Exercício	597.429	389.022

Observe-se que no item "Deduções de Vendas" incluímos não apenas o Imposto Faturado, como também Comissões sobre Vendas, Imposto de Circulação de Mercadorias e Outras Despesas. Não incluímos Propaganda e Publicidade, pois o montante desse item não está diretamente relacionado com o acréscimo ou decréscimo de receita de vendas.[2]

Quanto ao subgrupo "Despesas Operacionais", é claro que seria necessária, em muitos casos, uma análise mais detalhada.

Destaca-se pela informação demonstrada que o imposto de renda e a contribuição social respectivamente foram de 24,07% em 2019 e 18,42% em 2018, crescimento de mais de 30% de carga tributária. Essa informação é importante e revela aos administradores que possivelmente seja necessário um melhor planejamento e controle tributário, visando de forma lícita reduzi-los. Uma das obrigações dos administradores é sempre a busca da maximização do lucro da entidade, e uma possibilidade reside sempre na economia com impostos, contudo nos limites legais da elisão fiscal.

4.2 A ANÁLISE HORIZONTAL

Uma vez que os balanços e demonstrações de resultados estejam expressos em moeda de poder aquisitivo da mesma data, a análise horizontal assume certa significância e pode acusar imediatamente áreas de maior interesse para investigação. Suponha a evolução a seguir para os itens de *Vendas* e *Custo das Vendas* numa empresa qualquer:

Brasil Vencedor S.A.					
Evolução de Vendas e CMV em milhões de R$	2019	2018	2017	2016	2015
VENDAS	393	367	343	321	300
(–) CPV/CMV/CSP	272	252	233	216	200
= LUCRO LÍQUIDO DE VENDAS	121	115	110	105	100

Um observador menos atento certamente ficaria satisfeito com a evolução crescente dos lucros. Entretanto, uma análise mais específica e detalhada revelaria os seguintes crescimentos compostos para Receitas e Custos:

$300 \times (1 + i)^4 = 393$, para as receitas.

$200 \times (1 + i)^4 = 272$, para as despesas.

As taxas que proporcionam tais montantes são, respectiva e aproximadamente, de 7% para as receitas, e de 8% para os custos das vendas. Os custos estão crescendo a uma taxa maior, portanto.

---

[2] Ou, pelo menos, é muito difícil a interferência dos efeitos de tais despesas sobre as vendas.

Uma análise horizontal clássica, partindo do índice 100 para 2015, assim teria acompanhado ou apontado a evolução dos itens:

Brasil Vencedor S.A.						Crescimento
	2019	2018	2017	2016	2015	Ano
VENDAS	131	122	114	107	100	7%
(–) CPV/CMV/CSP	136	126	117	108	100	8%
= LUCRO LÍQUIDO DE VENDAS	121	115	110	105	100	5%

Resultaria imediatamente a tendência de crescimento das séries. De fato, enquanto as receitas crescem 7% cumulativamente, a cada ano, as despesas crescem 8% e o lucro apenas 5%. A partir do ponto em que as despesas alcançarem as receitas, todavia, iniciar-se-á histórico dos prejuízos. Por outro lado, o reflexo da evolução dos itens em seu sentido horizontal também condiciona a análise vertical. De fato, o lucro representa 33,3% das vendas em 2015, 32,7% em 2016, 32,1% em 2017, 31,3% em 2018 e 30,8% em 2019. Um decréscimo lento, mas "seguro", portanto.

Evidentemente, se tais cálculos forem realizados com valores históricos, a análise será de duvidosa valia.

Suponhamos a série seguinte:

	2019	2018	2017
VENDAS	1300	800	500
(–) CPV/CMV/CSP	900	500	300
= LUCRO LÍQUIDO DE VENDAS	400	300	200

Suponha ainda que o índice geral de preços acuse 100, 140 e 190 respectivamente em 2017, 2018 e 2019.

Na prática de muitas empresas, teria sido utilizada uma de duas abordagens distintas: ou a evolução a preços históricos, ou corrigidos de maneira simplista. Vejamos no que resultaria:

a) *Índices Horizontais* (*a Preços Nominais*)

DRE – Preços Normais	2019	2018	2017
VENDAS	260	160	100
(–) CPV/CMV/CSP	300	167	100
= LUCRO LÍQUIDO DE VENDAS	200	150	100

b) *Demonstrativos Expressos em Moeda Constante (2017)*

DRE – Moeda Constante	2019	2018	2017
VENDAS	689	568	500
(–) CPV/CMV/CSP	477	355	300
= LUCRO LÍQUIDO DE VENDAS	212	213	200

c) *Índices Horizontais com Base em B*

DRE – com Base em B	2019	2018	2017
VENDAS	138	114	100
(–) CPV/CMV/CSP	159	118	100
= LUCRO LÍQUIDO DE VENDAS	106	107	100

É bem possível, todavia, que o efeito da inflação nas vendas e nos custos não seja igual. Suponhamos que, após a correção efetiva das Demonstrações de Resultados, chegássemos ao Demonstrativo e aos índices abaixo:

DRE – Moeda Constante	Evolução em Moeda Constante			Análise Horizontal		
	2019	2018	2017	2019	2018	2017
VENDAS	689	568	500	100%	114%	138%
(–) CPV/CMV/CSP	499	360	300	100%	120%	166%
= LUCRO LÍQUIDO DE VENDAS	190	208	200	100%	104%	95%

Obviamente, a evolução supra nos daria a visão mais correta. Todavia, apesar das falhas, o demonstrativo (c) quando comparado ao (a) é melhor, pois de alguma forma, mesmo um tanto simplista, o demonstrativo (c) procura corrigir através da atualização dos valores pelo poder da moeda constante.

A evolução apontada pelo relatório histórico é absolutamente inafiançável, pois o índice de lucro em 2019 é o dobro do de 2017. Nos demonstrativos corrigidos é, respectivamente, 6% maior comparando 2019 com 2017 e 5% menor quando comparado 2019 com 2018.

A análise horizontal é bastante importante, também, nos balanços. Valem sempre os mesmos comentários sobre relatórios históricos e corrigidos.

À primeira vista, a análise horizontal pode detectar itens cujo crescimento está acima ou abaixo do desejado, crescimento esse que pode passar despercebido quando analisamos diretamente os valores, principalmente se o valor inicial for pequeno. Uma análise horizontal do item Caixa e Equivalentes de Caixa, por exemplo, pode revelar pequeno crescimento anual desse item. Esse pequeno crescimento, entretanto, pode ser significativo se a política da empresa for evitar Caixa e Equivalentes de Caixa excedente. É claro, todavia, que Caixa e Equivalentes de Caixa pode ter crescido porque toda a empresa cresceu. Isto é, pode ser que a participação percentual se tenha mantido constante sobre o ativo ou até diminuído. Por isso, apenas a análise horizontal não resolve, em muitos casos, como indicador de áreas a serem investigadas com maior profundidade. É preciso fazer conexão da análise horizontal para que possa interagir com a análise vertical.

4.3 A ANÁLISE VERTICAL

Este tipo de análise é importante para denotar a estrutura de composição de itens e sua evolução no tempo. Suponha que determinado estado apresente a seguinte evolução de Despesas Públicas:

DESPESAS PÚBLICAS	2019	2018	2017
DESPESAS CORRENTES	1.300	1.000	800
DESPESAS DE CAPITAL	2.250	1.800	1.500
DESPESAS TOTAIS	**3.550**	**2.800**	**2.300**

A política gerencial desse estado tinha sido declarada como a de aumentar a participação da despesa de capital (basicamente investimentos) sobre a despesa total. Terá sido bem-sucedida?

Pelo que os números indicam, claramente não, pois, em 2017, a despesa de capital representava 65% da despesa total. Em 2018, passou a representar 64% e, em 2019, 63%. Embora, em verdade, tivesse declinado lentamente, a participação percentual da despesa de capital representa algo desfavorável no que se refere ao objetivo supramencionado.[3]

A Empresa Brasil Vencedor S.A. assim apresentava a evolução dos grupos do Ativo, em relação ao Ativo Total:

CONTAS PARA ANÁLISE	2019 – R$	Análise Vertical	2018 – R$	Análise Vertical	2017 – R$	Análise Vertical	2016 – R$	Análise Vertical
Caixa e Equivalentes de Caixa	8	1,5%	10	2,3%	15	3,6%	20	5,9%
Recebíveis a Curto Prazo	22	4,1%	20	4,5%	85	20,2%	90	26,6%
Estoques	130	24,4%	110	25,0%	80	19,0%	60	17,8%
Recebíveis a Longo Prazo	30	5,6%	25	5,7%	20	4,8%	10	3,0%
Investimentos	300	56,4%	250	56,8%	200	47,6%	150	44,4%
Imobilizado	30	5,6%	15	3,4%	15	3,6%	5	1,5%
Intangível	12	2,3%	10	2,3%	5	1,2%	3	0,9%
TOTAL R$	**532**	**100,0%**	**440**	**100,0%**	**420**	**100,0%**	**338**	**100,0%**

---

[3] Aliás, em matéria de administração pública, é extremamente difícil e doloroso mudar a representatividade percentual desses dois itens sobre a despesa total. Muitas vezes, um acréscimo desmesurado de investimentos, não devidamente acompanhado pela adequada manutenção dos serviços (que exige pessoal, materiais, e, portanto, despesas correntes), resulta em deterioração dos serviços prestados à população.

Observe-se que o ativo total teve acréscimos de 24% entre 2016 e 2017; de 5% de 2017 a 2018; de 21% de 2018 a 2019.

Dentre os grandes itens, nota-se diminuição da participação do Caixa e Equivalentes de Caixa sobre o Ativo Total, o que pode ser ótimo indício. Os estoques sofrem acréscimo de 18% para 19%, e para 25% em 2018, decrescendo ligeiramente sua participação em 2019 ao nível de 24%, porém acima do nível inicial. Seria preciso investigar as razões disso e com quais fundos foi aumentada a participação do estoque. Em parte, talvez isso tenha sido possível pela melhor administração de Caixa e Equivalentes de Caixa.

Vejamos o que ocorre com os Recebíveis a Curto Prazo: diminuem bastante de 2016 para 2017, passando de 27% para 20%. Sofrem forte decréscimo em 2018, o qual deverá ser investigado quanto às verdadeiras causas; e mantêm-se baixos em 2019. Estes dois últimos valores podem ser indicativos de que a empresa praticamente não vendeu a prazo. De qualquer forma, pode ser altamente positiva a diminuição percentual de Caixa e Equivalentes de Caixa e Recebíveis sobre o Ativo Total.

Em compensação, a empresa conseguiu transferir recursos maciços para investimento em imobilizado. Este aumentou sua participação de 44%, em 2016, para 48%, em 2017, e 57%, em 2018, mantendo-se praticamente estável em 2019. A empresa está "queimando" investimentos em dinheiro e recebíveis para investir em estoques e imobilizado. Seria, por outro lado, necessário analisar a composição das fontes de recursos para se ter uma ideia melhor do que ocorreu. Se essa análise revelar, por exemplo, que o endividamento de longo prazo não se alterou muito e que não houve acréscimos de capital por subscrição, efetivamente o aumento do imobilizado foi obtido às custas do dinheiro que estava disponível em Caixa e Equivalentes de Caixa, ou seja, usando o capital de giro líquido. É necessário, todavia, analisar como se comporta o Passivo Circulante (exigível a longo). É provável que tenha, pelo menos, mantido, senão aumentado a sua participação (dadas as hipóteses de não crescimento do endividamento a longo prazo e do capital). Será necessário analisar então, mais adequadamente, a situação de liquidez e sua tendência. Verificamos, portanto, que a análise vertical, bem como a horizontal, permitem-nos suscitar indagações, a maior parte das quais somente será totalmente respondida num estágio mais avançado da análise.

No Demonstrativo Operacional, a análise vertical pode ser, talvez, de maior utilidade. Observe o seguinte exemplo:

BRASIL VENCEDOR S.A.				
DEMONSTRAÇÃO RESULTADO EXERCÍCIO (DRE)	2019 R$	Análise Vertical	2018 R$	Análise Vertical
RECEITAS DE VENDAS	520	100%	385	100%
(–) CPV/CMV/CSP	244	47%	193	50%
LUCRO COM RECEITAS DE VENDAS	276	53%	192	50%
(–) DESPESAS OPERACIONAIS	178	34%	123	32%
Salários	115	22%	80	21%
Depreciações	15	3%	10	3%
Impostos	12	2%	8	2%

BRASIL VENCEDOR S.A.				
DEMONSTRAÇÃO RESULTADO EXERCÍCIO (DRE)	2019 R$	Análise Vertical	2018 R$	Análise Vertical
Outras Despesas Operacionais	36	7%	25	6%
= LUCRO OPERACIONAL	98	19%	69	18%
(–) Resultado Financeiro	36	7%	10	3%
Lucro antes do Imposto de Renda	62	12%	59	15%
Imposto de Renda e Contribuição Social	12	2%	9	2%
Lucro Líquido	50	10%	50	13%

A análise vertical é extremamente reveladora, nesse caso. Verifica-se que até o item "Lucro Operacional" a empresa manteve e até melhorou o desempenho, em relação a 2018. De fato, o custo das vendas que representava 50% das mesmas diminuiu para 47%, aumentando, portanto, a participação do lucro em vendas. Entretanto, verifica-se acréscimo percentual das Despesas Operacionais, as quais passam de 32% para 34%. Interessante notar que, dentro do grupo Despesas Operacionais, seus componentes mantêm as participações com relação ao total. Por algum motivo, a empresa não conseguiu controlar as despesas operacionais globais ao mesmo nível percentual de 2018. Isso foi quase o suficiente para anular a vantagem obtida no custo das vendas.

No item Despesas Financeiras, verifica-se o fator primordial que fará o desempenho da empresa empobrecer, pelo menos no que se refere ao DRE. Passaram de 3%, porcentagem razoável, para 7% das vendas, bastante alta, embora não alarmante. Quais os motivos dessa mudança? É preciso investigar em profundidade, tentando alterar o comportamento. Em consequência da piora no item Despesas Financeiras, todos os demais relacionamentos se deterioraram. De um lucro líquido de 13% sobre as vendas passamos para 10%, embora em valores absolutos permaneçam iguais.

Essa deterioração da margem, entretanto, talvez possa ser recuperada pelo ganho, se houver, na rotação do ativo, como veremos mais adiante. Não é altamente provável, todavia, que a rotação tenha aumentado a ponto de cancelar a perda na margem. Isso porque, por ter tido uma despesa financeira tão alta, provavelmente a empresa obteve empréstimos, os quais devem ter aumentado as aplicações no ativo. Todavia, será necessária uma análise mais detida para uma conclusão melhor.

Como vimos, a análise de balanços revela mais áreas de problemas a serem investigados do que soluções. Isso no que se refere à análise completa. O que dizer, então, de uma pequena parte da análise, agora vista, qual seja, o cálculo das porcentagens verticais? Entretanto, o "contador com mentalidade gerencial" poderá discernir uma série de fatores que motivaram certo comportamento e apontá-los ao diretor financeiro. Não se devem esperar, todavia, resultados imediatos, como consequência de uma análise, a não ser em casos extremamente evidentes.

4.4 O CÁLCULO DE QUOCIENTES

Tradicionalmente, a análise e a interpretação de balanços têm-se valido do expediente de calcular uma série de quocientes, relacionando as mais variadas contas do balanço e do demonstrativo de resultado exercício (DRE), procurando atribuir um significado aos resultados de tais cálculos. Conquanto tais quocientes sejam muito úteis, selecionaremos neste trabalho apenas os principais, do ponto de vista da gerência da empresa, enunciando brevemente o que significam, sem maiores presunções. No próximo tópico apresentaremos os resultados de algumas pesquisas que são realizadas no sentido de correlacionar, de alguma forma operativa, os vários quocientes calculados, a fim de dar uma interpretação global, mesmo que preliminar, da "saúde financeira" da empresa.

4.4.1 Principais quocientes de relacionamento estático

Sob este título algo singular, queremos retratar os principais quocientes que representam o relacionamento de uma conta com determinado saldo, em certo momento, com outra apresentando outro saldo, porém no mesmo momento. Não deixa de ser uma análise vertical, somente que não limitada a contas dentro do mesmo "lado" do balanço patrimonial, podendo inter-relacionar contas do passivo com ativo e vice-versa.

4.4.1.1 Liquidez imediata

Este quociente relaciona o disponível em determinado momento com o passivo corrente.

$$\text{Quociente de Liquidez Imediata} = \frac{\text{Disponibilidade (Caixa e Equivalentes de Caixa)}}{\text{Passivo Circulante}}$$

No passado, quando se atribuía exagerada importância à segurança imediata do empreendimento, esse quociente tinha maior importância. Hoje tem sido de certa forma desprezado seu uso como quociente importante. Representa, basicamente, de quanto dinheiro podemos dispor imediatamente para liquidar as dívidas de curto prazo. Não tem muito sentido de rigorismo, pois compara um item imediatamente disponível com outro que tem um *aging*, isto é, tem vários vencimentos, nos 30 dias seguintes. Seria mais adequado se relacionássemos o disponível com o valor atual do passivo corrente, utilizando uma taxa de desconto para trazer para o "agora" os vencimentos futuros.

É claro, todavia, que, embora não deva ser atribuída exagerada ênfase a esse quociente, como significativo de iminente desastre financeiro para a empresa, no sentido inverso, isto é, no limite superior, indaga-se frequentemente sobre sua adequação. A evolução desse quociente normalmente preocupa mais se, a cada ano, a porcentagem de disponível com relação ao passivo corrente aumentar, em vez de diminuir, devido ao estado inflacionário crônico de nossa economia (ver Capítulo 3).

4.4.1.2 Quociente de liquidez corrente

$$\text{Quociente de Liquidez Corrente} = \frac{\text{Ativo Circulante}}{\text{Passivo Circulante}}$$

Certamente o mais popular dos quocientes de liquidez, relaciona reais prontamente disponíveis e rapidamente realizáveis com dívidas de curto prazo. Isto é, de quantos reais dispomos, no curto prazo, para pagar cada real de dívida de curto prazo.[4]

---

[4] Ativo e Passivo *correntes* equivalentes a Ativo e Passivo *circulantes*.

De novo, aqui existe o problema dos prazos, que podem ser diferenciados, devendo ser homogeneizados através do processo de desconto.

Consideramos que excessiva importância tem sido atribuída a esse quociente. Em alguns casos, a inclusão dos estoques no numerador pode diminuir a aderência do quociente, como teste de liquidez. Quando a empresa e a economia se encontrarem em períodos de recessão ou de "desaquecimento", e os investimentos em estoques forem sensíveis, não se podem considerar "igualmente realizáveis" itens tão diferentes como Estoques e Contas a Receber. Aqueles têm de ser vendidos primeiro, o que nem sempre é fácil num período de queda dos negócios.

Por outro lado, falar-se no quanto deveria resultar esse quociente, de *dois* para *um* ou de *um e meio* para *um* etc., é prematuro neste ponto. O que vale mais não é o valor de *um* ou *dois* quocientes, embora possam ser indicativos, mas o relacionamento entre todos os principais quocientes.

4.4.1.3 Quociente de liquidez geral

$$\text{Quociente de Liquidez Geral} = \left(\frac{\text{Ativo Circulante + Realizável a Longo Prazo (do ativo não circulante)}}{\text{Passivo Circulante + Exigível a Longo Prazo (do passivo não circulante)}} \right)$$

Esse quociente pretende retratar a saúde financeira de longo prazo do empreendimento. Mais uma vez, o problema dos prazos empobrece o sentido de utilidade desse quociente. Os prazos de liquidação do ativo e de pagamento do passivo podem ser bastante diferenciados, de forma que somente o cálculo do valor atual melhoraria a qualidade dos dados, para efeito de análise. Incluiríamos no numerador certas contas classificadas, às vezes, no Ativo Permanente, subgrupo Investimentos, mas que são praticamente equivalentes a recebíveis, embora a longo prazo, desde que o risco do recebimento não seja grande e o valor a ser recebido seja razoavelmente determinável.

Retornamos ao Balanço Patrimonial da empresa Brasil Vencedor S.A., conforme recorte abaixo, para analisarmos o índice de liquidez geral.

ATIVO		
	2019	2018
Total do ativo circulante	6.412.390	5.257.617
Valores a receber	7.785	4.741
Outros ativos não circulantes (Realizável a Longo Prazo)	714.669	744.421
Estoques	2.810.248	1.969.333

PASSIVO		
	2019	2018
Passivo circulante	5.388.598	4.136.036
Passivo não circulante (Exigível a Longo Prazo)	1.105.271	1.209.500
Total do passivo	6.493.869	5.345.536

A situação de liquidez global é de 1,10. Isto é, para cada R$ 1,00 de endividamento a curto e a longo prazos, a empresa dispõe, em média, de R$ 1,10 para fazer face a tais compromissos. Diga-se de passagem, todavia, que o grau de "urgência" dos valores a pagar é quase sempre maior do que dos ativos recebíveis e realizáveis. Em alguns casos, mesmo que se quisesse receber hoje certas contas a receber, estando dispostos até a conceder um desconto apreciável, isso não seria possível. Em outras palavras, a facilidade de "realização" do ativo é algo mais problemático do que a necessidade de pagar as dívidas. Por isso, tanto o Quociente de Liquidez Geral quanto o de Liquidez Corrente podem distorcer a verdadeira situação. Um avaliador mais seguro será o denominado Quociente de Liquidez Seca, que veremos a seguir.

4.4.1.4   Quociente de liquidez seca

$$\text{Quociente de Liquidez Seca} = \frac{(\text{Ativo Circulante} - \text{Estoques})}{\text{Passivo Circulante}}$$

Este é um quociente mais significativo, num bom número de casos, da posição de liquidez da empresa, contanto que os prazos médios de contas a receber e a pagar sejam assemelhados. Eliminando os estoques do numerador, estamos anulando um fator de incerteza, isto é, somente consideramos os recursos disponíveis para fazer face às exigibilidades correntes: dinheiro, caixa em bancos e contas a receber de curto prazo. Claro que, em algumas situações, pode-se traduzir um quociente bastante conservador, pois os estoques seriam "realizáveis" com certa facilidade. O fato é, todavia, que tais estoques ainda não foram vendidos, e, ao fazê-lo, teremos de incorrer em despesas que farão com que o "ativo monetário" diminua. Logo, é bastante aceitável a forma pela qual esse quociente encara a liquidez. No caso da Brasil Vencedor S.A., tal quociente seria de 0,67, o que indica que para cada real que deve a curto prazo, a empresa tem disponível em caixa e equivalentes de caixa apenas R$ 0,67, o que se poderia julgar, na altura das considerações em que nos encontramos, um tanto preocupante.

Note-se, todavia, que os quocientes de liquidez corrente e de liquidez geral são bastante influenciados pela variante adotada na avaliação de estoque. Os que adotam o método PEPS (Primeiro que Entra Primeiro que Sai) tenderão a apresentar no ativo uma avaliação próxima do custo corrente de reposição, ou mais próxima da de outros métodos.

Já o UEPS (não permitido no Brasil) e a Média Ponderada (o método mais adotado entre nós) tendem, principalmente o primeiro, a subavaliar os estoques.[5] De maneira geral, portanto, nossos quocientes são bastante conservadores, considerando-se ainda que, a rigor, dever-se-ia adotar a regra "custo ou mercado", o que for mais baixo nos casos (raros entre nós) em que o preço de reposição fosse menor que o de custo.

Já se falou, por outro lado, embora de passagem, nos problemas de "embonecamento" que surgem em algumas empresas, no reconhecimento de vendas ao final dos períodos

---

[5] Em períodos de alta de preços.

e que afetam os recebíveis.[6] Essas manobras são corrigidas ou apontadas pelos auditores independentes e, caso não existam tais auditores na empresa, deveremos sempre ter em mente tais circunstâncias e "ajustar" ou "limpar" os demonstrativos financeiros, antes da análise, principalmente se ela estiver sendo aplicada a um ou poucos exercícios e se pretendermos tirar bons ensinamentos dela (o que é muito difícil, na falta de uma tendência, como veremos mais adiante).

4.4.1.5 Quocientes de formação dos recursos globais (endividamento ou estrutura de capital)

a) $\dfrac{\text{Passivo Circulante} + \text{Exigibilidades Não Circulantes}}{\text{Passivo Total (Passivo} + \text{Patrimônio Líquido)}}$

b) $\dfrac{\text{Patrimônio Líquido}}{\text{Passivo Total}}$

c) $\dfrac{\text{Passivo Circulante} + \text{Exigibilidades Não Circulantes}}{\text{Patrimônio Líquido}}$

d) $\dfrac{\text{Passivo Circulante}}{\text{Passivo Exigível Total}}$

e) $\dfrac{\text{Passivo Exigível Não Circulante}}{\text{Passivo Exigível Total}}$

Consideramos bastante importantes tais quocientes, principalmente *a*, *b* e *c*.

O primeiro relaciona o exigível total (de curto e longo prazos) com os recursos globais à disposição da empresa, procurando averiguar a dependência de recursos externos (capitais de terceiros) que a empresa tem com relação à formação do capital total.

O segundo representa a participação dos recursos próprios sobre os recursos totais.

O terceiro relaciona os dois grandes blocos componentes das fontes de recursos: capital de terceiros *versus* capital próprio.

O quarto e quinto são apenas detalhes da composição do endividamento, procurando ressaltar a porcentagem de curto prazo da de longo prazo sobre as exigibilidades globais.

No que se refere aos três primeiros, é muito difícil apontar quais deveriam ser os valores considerados razoáveis para os quocientes.

Cada empreendimento possui uma estrutura ótima de composição de recursos; não existem regras fixas. A natureza do endividamento, as taxas de juros e as despesas reais de financiamento, quando comparadas com o retorno que tais recursos têm, uma vez investidos no ativo, em confronto com os custos alternativos e retornos da captação de novo capital, são fatores mais importantes a analisar (veremos uma abordagem simplificada mais adiante) do que o nível absoluto de tais quocientes em determinados momentos.

---

[6] Mais explicitamente, consistem, dentre outros, em considerar venda efetuada os pedidos em carteira, aumentando recebíveis, receitas e lucro.

Seguramente, todavia, a desproporção de recursos de terceiros sobre os próprios não poderá ser muito acentuada, por muito tempo, caso contrário acabará afetando a rentabilidade da empresa, que, até certo ponto, se beneficiou pelo efeito de "alavancagem" dos recursos de terceiros (veja sobre quociente de "alavancagem", mais adiante).

Fora dessas considerações práticas e das que veremos mais adiante, entra-se no campo muito discutido das abordagens mais sofisticadas dos modelos Modigliani-Miller e Myron Gordon, tratadas nos mais avançados livros sobre Administração Financeira. Procuram retratar tais modelos a irrelevância ou não das políticas de distribuição de dividendos sobre o valor de mercado da ação e, para fazê-lo, entram no campo de hipóteses sobre comportamento dos agentes no mercado, das taxas e das despesas, da racionalidade do investidor etc. Segundo o modelo de Modigliani-Miller, é irrelevante a política de dividendos e, portanto, a natureza e a porcentagem de participação entre recursos próprios e de terceiros sobre as fontes globais de recursos. A experiência das empresas, todavia, autoriza a afirmar que, pelo menos até o momento, a não ser em mercados extremamente sofisticados, a composição é relevante e influencia a própria rentabilidade presente e futura.

4.4.1.6 Grau de imobilização do patrimônio líquido

$$\frac{\text{Imobilizado}[7]}{\text{Patrimônio Líquido}}$$

Este quociente, muito citado, pretende retratar a porcentagem dos recursos próprios que está imobilizada ou que não está "em giro". Alega-se que tal quociente não deveria se aproximar demais e muito menos ultrapassar 1. Isso somente seria válido, de qualquer forma, em período plenamente operacional. Conquanto seja um quociente muito "em moda", não reconhecemos nele grande utilidade, mesmo porque não é válido relacionar (e, em certo sentido, vincular) fontes de recursos com aplicações específicas. Nesse caso, seria muito mais importante relacionar o Imobilizado com os recursos totais (ou ativo total, como é feito na análise vertical).

4.4.2 Quocientes de atividade

Denominamos "quocientes de atividade" alguns relacionamentos de grupos que acabam expressando resultados em dias, meses ou anos. Alguns, denominados "rotação", apresentam determinados destaques, a saber:

a) Prazo médio de recebimentos = $\dfrac{\text{Valor médio das contas a receber durante o período}}{\dfrac{\text{Vendas a prazo}}{360 \text{ dias}}}$

---

[7] Seria interessante, em alguns casos, colocar no numerador o valor do Ativo Permanente, com o conteúdo atribuído pela Lei das S.A.

b) Prazo médio de pagamentos = $\dfrac{\text{Valor médio das contas a receber durante o período}}{\dfrac{\text{Compras a prazo}}{360 \text{ dias}}}$

c) Posição relativa = $\dfrac{\text{Prazo médio de recebimentos}}{\text{Prazo médio de pagamentos}}$

d) Rotação do estoque = $\dfrac{\text{Custos das Mercadorias Vendidas}\left(\dfrac{\text{CMV}}{\text{CPV}}\right)}{\text{Estoque médio do período}}$

Não obstante possam referir-se a todos os tipos de compras e vendas, os quocientes *a* e *b* foram idealizados em função das compras de fornecedores para os insumos normalmente vendidos ou utilizados na fabricação e das vendas a clientes de produtos, bens ou serviços normalmente transacionados pela entidade.

Na construção dos dois primeiros, defrontamo-nos com problemas simétricos. Idealmente, deveríamos calcular, para o numerador, um valor médio do saldo de contas a receber e a pagar representativo de todo o período. A rigor, deveríamos somar os saldos diários dessa conta e dividir pelo número de observações. Normalmente, será suficiente a média dos 12 meses. Evitaremos saldos iniciais e finais, sempre que possível.

Usualmente, os resultados são fornecidos em número de dias. Assim, supondo-se que o saldo médio de contas a receber comerciais seja de R$ 500.000 e as vendas a prazo, de R$ 3.500.00, o quociente seria calculado da forma a seguir.

$$\text{Prazo médio de recebimento} = \dfrac{\text{R\$ 500.000}}{\dfrac{\text{R\$ 3.500.000}}{360 \text{ dias}}} = \dfrac{\text{R\$ 500.000}}{\text{R\$ 9.722,22}} = 51,4 \text{ dias}$$

Prazo Médio de Recebimento = 51,4 dias, e R$ 9.722,22 representam as vendas médias diárias a prazo.

Indica o resultado que a empresa tem de esperar, em média, 51,4 dias para que sejam recebidas as contas a receber oriundas de suas vendas a prazo.

Consideramos esse quociente, bem como seu simétrico de contas a pagar, de grande relevância, principalmente se os relacionarmos com a evolução no tempo.

Suponhamos que, para o mesmo exemplo, o quociente de prazo médio de pagamentos aponte 35 dias.

O quociente de posição relativa, *c*, citado, seria de:

Quociente de Posição Relativa = 51,4/35 = **1,47**

A situação da empresa é bastante desfavorável nesse ponto, pois, praticamente, leva 1,5 dia para receber uma conta e é obrigada a levar apenas 1 dia para pagar. Isso pode revelar tanto a uma posição de mercado desvantajosa, na relação cliente-fornecedor, contra a qual não há muito a fazer, quanto a uma política inadequada de extensão e controle de crédito, ou às duas coisas ao mesmo tempo. Providências devem ser tomadas para encurtar o prazo médio de recebimentos e/ou esticar o de pagamentos.

Note que o relacionamento ou posicionamento relativo da empresa no que se refere aos dois quocientes influencia fortemente a posição presente e futura efetiva de liquidez.

Suponha que os recebíveis de uma empresa demorem, em média, 60 dias para serem recebidos e seu saldo seja de R$ 1.500.000. O disponível da empresa, por outro lado, é de R$ 150.000. Os exigíveis, no valor de R$ 825.000, são pagos, em média, em apenas 30 dias.

Aparentemente, o quociente de liquidez seca seria muito bom. De fato, seria igual a 2. Entretanto, os R$ 825.000 de dívidas representam, em potencialidade de risco de liquidez, mais que o dobro em relação aos recebíveis. Portanto, o quociente real seria, efetivamente, de pouco mais de 1,00 e não 2, conforme o cálculo inicial.

A Rotação do Estoque, por sua vez, é um dos quocientes mais populares. Pode referir-se a qualquer tipo de estoque; todavia, sua ênfase recai no estoque de mercadorias ou produtos vendidos. E procura representar quantas vezes se "renovou" o estoque por causa das vendas (mensuradas pelo seu custo).

Se trabalharmos esse quociente em quantidades, ficará mais fácil de ser exatamente entendido seu escopo. Suponha que certa empresa mantivesse em estoque, no início do ano, 100.000 unidades físicas da mercadoria. Comprou durante o ano mais 100.000 unidades e ficou, no fim, com as mesmas 100.000 unidades. É intuitivo entender, nesse caso simples, que a empresa vendeu o estoque apenas uma vez. De fato, se utilizássemos o quociente conforme indicado, teríamos:

$$\frac{100.000 \text{ (número de unidades vendidas)}}{100.000 \text{ (estoque médio)}} = 1$$

Este é, exatamente, o sentido que se deseja atribuir ao quociente, utilizando valores em vez de quantidades, o que é justificável apenas quando trabalhamos com mais de um tipo de mercadoria.

Alega-se que, quanto maior o quociente de rotatividade, tanto melhor; e isso certamente é verdade, desde que a margem de lucro sobre vendas se mantenha ou não diminua na proporção em que aumentou a rotatividade.

Suponha que certa empresa mantivesse uma rotatividade de:

$$\frac{\text{R\$ 3.000 (custo das mercadorias vendidas)}}{\text{R\$ 500.000 (custo médio)}} = 6 \text{ vezes}$$

Os R$ 3.000.000 de custo representavam aproximadamente R$ 4.500.000 em preço de venda, sobre os quais a empresa obtinha uma margem de lucro bruto de 33,33%. Suponha, agora, que a empresa, num grande esforço de vendas, mantendo o estoque a um mínimo possível, consiga vender R$ 6.000.000, mantendo o estoque médio em torno de R$ 700.000. Todavia, o custo dos produtos vendidos por causa do esforço realizado, redundando em menor eficiência etc., alterou-se de 66,67% das vendas para 75%, isto é, passou a R$ 4.500.000. A rotatividade seria maior = 6,4 vezes, mas o lucro manter-se-ia igual ao anterior, isto é, R$ 1.500.000 em valores absolutos, e diminuiria em valores percentuais. Portanto, um acréscimo de rotatividade de estoque não significa, necessariamente, lucro maior.

Além disso, o coeficiente de rotatividade está muito influenciado pelo método de avaliação de estoques adotado. No PEPS poderemos ter um numerador subavaliado (em termos de custos de reposição) e um denominador relativamente corrente. No UEPS, um numerador relativamente próximo do custo de reposição e um denominador subavaliado.

O fato a reiterar é que o método de avaliação dos estoques influencia fortemente o quociente. Logo, é preciso tomar cuidado com as interpretações dadas a esse coeficiente. Uma vez adotado certo critério de avaliação, porém, o quociente pode ser apreciado em sua variação no tempo. Se tender a aumentar, poderemos dizer que a lucratividade da empresa, no que se refere ao resultado com mercadorias ou produtos, aumentará, desde que a margem de lucro não se altere para menos ou, pelo menos, diminua menos do que o acréscimo de rotação. Por outro lado, a fim de avaliar exatamente o efeito no lucro final, deveríamos imputar certas despesas adicionais que podem ocorrer como consequência do aumento das vendas (e da rotação), como, por exemplo, despesas com empréstimos para capital de giro realizados para financiar um volume maior de vendas. Tais despesas seriam, normalmente, debitadas a Resultados, após o resultado com mercadorias. Por isso, talvez fosse mais conveniente, para avaliar os efeitos do acréscimo da rotação, trabalhar com outro conceito de lucro que não o bruto.

4.4.3 Quocientes de rentabilidade. O retorno sobre o investimento

Expressar a rentabilidade em termos absolutos tem uma utilidade informativa bastante reduzida. Afirmar que a General Motors teve um lucro de, digamos, US$ 5 bilhões em 2018 ou que a Brasil Vencedor S.A. teve um lucro de US$ 1 mil, no mesmo período, pode impressionar no sentido de que todo mundo vai perceber que a General Motors é uma empresa grande e a Brasil Vencedor S.A. pequena, e só.

De maneira geral, portanto, devemos relacionar o lucro de um empreendimento com algum valor que expresse a sua "dimensão" relativa, para analisar o quanto bem se saiu a empresa em determinado período. O melhor conceito de "dimensão" poderá ser ora volume de vendas, ora valor do ativo total, ora valor do ativo operacional, ora valor do patrimônio líquido, ora valor do capital social etc. Todos têm suas vantagens e desvantagens.

No que se refere ao lucro, por sua vez, muitas variantes podem ser adotadas: operacional, líquido, antes ou após o imposto de renda etc.

O fato é que, para determinadas finalidades, certos conceitos são melhores. Se quisermos calcular o retorno para efeito preditivo do que possa ocorrer no futuro, como tendência, será melhor tirar do numerador e do denominador valores não repetitivos ou não operacionais. Se desejarmos ter uma ideia da lucratividade, como um todo, do empreendimento, venham de onde vierem os recursos e admitindo-se as aplicações realizadas, o lucro líquido dividido pelo ativo total será o melhor indicador. Se estivermos interessados em saber o que representa, para o acionista, em termos de reais adicionais ao seu investimento inicial, o lucro, o melhor será relacionar esse lucro (possivelmente após o IR) com o patrimônio líquido ou, de forma mais conservadora, com o capital social mais reservas incorporáveis a qualquer momento ao capital.

A *Margem Operacional*, assim denominada por muitos autores, trata de relacionar o lucro líquido com as vendas. Mais corretamente relacionaríamos o lucro operacional com as vendas líquidas.

Esse quociente, no fundo, já é calculado por ocasião da análise vertical da Demonstração de Resultados e, analisado quanto à sua evolução no tempo, já fornece, por si só, subsídios valiosos de informação. Agora, ele é usado para compor o que se poderia chamar "retorno" sobre o investimento.

Nesse sentido,

$$\text{Margem operacional} = \frac{\text{Resultado operacional}}{\text{Vendas (ou receitas operacionais)}}$$

O quociente, apesar do grande esforço para melhorá-lo, eliminando despesas e aumentando a eficiência, apresenta-se, normalmente, baixo em certas atividades e mais alto em outras, como consequência do tipo de empreendimento. Normalmente, por exemplo, a indústria automobilística ou a refinaria de petróleo tem margens pequenas, mas vendas muito altas. O inverso pode ocorrer para pequenos comércios, indústrias de móveis sob encomenda etc.

O outro aspecto do retorno está intimamente associado a quantas vezes o ativo (preferencialmente operacional) "girou" como resultado ou efeito das vendas. É expresso assim:

$$\text{Giro do Ativo} = \frac{\text{Vendas (ou receitas operacionais)}}{\text{Ativo operacional médio}}$$

A taxa de retorno operacional será expressa, portanto, da seguinte forma:

Quociente de Retorno sobre o Investimento Operacional (QRIO) ou ROI =

QRIO (ROI) = Margem operacional × Giro do Ativo Operacional

Decorre do resultado da seguinte expressão que combina o primeiro quociente com o segundo, ou seja:

$$\frac{\text{Resultado Operacional}}{\cancel{\text{Vendas}}} \times \frac{\cancel{\text{Vendas}}}{\text{Ativo Operacional Médio}}$$

Simplificando-se a expressão, ficaria

$$\text{QRIO (ROI)} = \frac{\text{Resultado Operacional}}{\text{Ativo Operacional Médio}}$$

Sobre a utilização da taxa de retorno sobre o investimento operacional: apesar de essa fórmula ser citada em todos os livros que tratam do assunto, muito pouco de sua potencialidade informativa para a administração é utilizado pelas empresas, em geral.

Ela representa a relação entre a lucratividade de um negócio e o giro de seus estoques. Como a Margem Operacional é igual ao Lucro Líquido sobre a Receita de Vendas e o Giro de Ativo é igual à Receita de Vendas sobre o investimento líquido em estoques, podemos concluir que, nesse caso, a empresa pode aumentar seu QRIO/ROI de duas formas: gerando mais vendas para cada quantidade de estoque comprado, ou ainda procurando aumentar de alguma forma a taxa de lucro sobre o valor praticado nas vendas.

Diríamos que, se tivéssemos de escolher um único quociente para espelhar a situação da empresa, escolheríamos, sem dúvida, o de retorno operacional. As empresas não têm utilizado tal quociente com a eficiência gerencial que seria recomendável. De fato, justifica-se a "quebra" da taxa em duas componentes, para melhor visualização inicial de onde está situado o problema, na margem ou no giro.[8]

Isso ganha mais realce à medida que metas podem ter sido fixadas quanto à margem e quanto ao giro pela administração da empresa. Aliás, N. H. Thung, em seu livro, *Controladoria financeira das empresas*, editado pela EUE Ltda., explora muito bem a utilização da taxa para avaliar o desempenho mensal de uma empresa. Embora o método tenha sido criticado, em certas circunstâncias, à luz de considerações teóricas, o fato é que tem dado ótimos resultados, na prática. A metodologia envolve a correção monetária de alguns itens do ativo e a apresentação de uma grande sequência de gráficos superpostos, cada vez retratando um item mais detalhado da margem ou do giro, até se individualizar o ponto de estrangulamento no desempenho do mês.

Achamos, portanto, que essa taxa não deveria ser utilizada somente no fim do ano, mas, em conjunto com alguns outros quocientes já vistos (rotação, prazo médio de pagamento e recebimento), fazer parte do "painel" de indicadores da administração, em caráter permanente.

A composição dessa taxa de retorno, portanto, é influenciada pela *margem de lucro em relação às vendas* e pelo *giro do ativo*.

Suponha duas empresas com as seguintes condições:

	Empresa *A*	Empresa *B*
Vendas (Líquidas)	R$ 50.000.000	R$ 187.500.00
Ativo Médio Operacional	R$ 60.000.000	R$ 93.750.000
Lucro Líquido Operacional	**R$ 15.000.000**	**R$ 23.437.500**

---

[8] A variante mais utilizada de retorno sobre o investimento global, isto é: $\dfrac{\text{Lucro Liquido (DIR)}}{\text{Ativo Total Médio}}$, também é de grande interesse para a empresa.

Para a empresa A, a Taxa de Retorno será igual a:

$$\text{Margem operacional} = \frac{R\$\,15.000.000}{R\$\,150.000.000} = 0,10$$

$$\times$$

$$\text{Giro do ativo} = \frac{R\$\,150.000.000}{R\$\,60.000.000} = 2,5$$

$$\text{QRIO/ROI} = 25\%$$

Para a empresa B, a Taxa de Retorno será igual a:

$$\text{Margem operacional} = \frac{R\$\,23.437.500}{R\$\,187.500.000} = 0,125$$

$$\times$$

$$\text{Giro do ativo} = \frac{R\$\,187.500.000}{R\$\,93.750.000} = 2,0$$

$$\text{QRIO/ROI} = 25\%\ \text{também.}$$

Assim, duas empresas com valores diferentes para a margem e o giro obtiveram o mesmo retorno.

Entretanto, dependendo da estrutura de custos fixos, podem existir graus diferentes de dificuldade para atingir o lucro necessário. Suponha que a empresa A tenha 50% de seus custos totais fixos, e a empresa B apenas 25%. Nesse caso, a empresa A atingiria o ponto de equilíbrio com faturamento de R$ 123 milhões, aproximadamente, enquanto a B com apenas R$ 119 milhões, apesar de a empresa B ter dimensões razoavelmente maiores (ver Capítulo 6).

Em algumas circunstâncias, é perfeitamente válida uma mensuração alternativa desse quociente. O lucro total seria o numerador e o ativo total médio, o denominador.

Essa variante é significativa quando se analisa a evolução de extenso número de períodos e dá uma ideia da taxa de retorno global obtida pelo uso e aplicação do ativo. A maior parte dos livros de Contabilidade e Finanças refere-se à taxa de retorno sobre o investimento como: **Taxa = Lucro Líquido/Ativo Total.**[9]

---

[9] $\text{Taxa} = \dfrac{\text{Lucro antes das despesas financeiras e do imposto sobre a renda}}{\text{Ativo total médio}}$; esta é outra variante, parecida, no fundo, com a fórmula operacional, no numerador. Apresenta o retorno "puro" proporcionado pelo Ativo, se tivesse sido totalmente suprido pelos acionistas e se não houvesse encargos tributários. Outra fórmula interessante:

$$\frac{\text{Lucro antes das despesas financeiras e ajustado pela diferença de i. renda}}{\text{Ativo total médio}}$$

O lucro em relação ao patrimônio líquido

Podemos dizer que este é um quociente de maior interesse primário para os acionistas do que para a gerência. Entretanto, a gerência deve preocupar-se com os acionistas, sendo que alguns autores ligados à área financeira consideram responsabilidade primária da administração financeira tomar todas as medidas necessárias para propiciar aos possuidores das ações o maior valor de mercado possível para suas ações (maximização do lucro).

Embora a gerência, quanto à sintomatologia empresarial, esteja mais interessada em observar a evolução da empresa como entidade distinta da dos sócios, o fim último de sua ação é propiciar mais lucro unitário por ação aos possuidores de tais ações, respeitadas as restrições institucionais, sociais, legais e até éticas e morais existentes.

Nesse aspecto, a evolução do lucro em relação ao patrimônio líquido investido é de alguma valia, porque procura retratar quanto vai para os acionistas do lucro gerado pelo uso do ativo, quaisquer que tenham sido as fontes de recursos, próprias ou de terceiros. É claro que para isso temos de descontar do lucro todos os encargos de juros e despesas financeiras devidas aos emprestadores de dinheiro.

Esse quociente pode ser calculado antes ou após o imposto sobre a renda, embora acreditemos que, após o imposto, seria uma medida mais exata de efetivo retorno (presente ou potencial) aos sócios.

Essa taxa é influenciada pelo rendimento que a gerência consegue obter através do uso dos ativos, bem como pelo nível de relacionamento percentual entre capital próprio e de terceiros, com a respectiva estrutura de despesas financeiras.

Suponha, de novo, duas empresas: a empresa *A* somente utiliza capital próprio para financiar o ativo. O retorno sobre o ativo é de 20%. O retorno sobre o patrimônio líquido será de 20% também.

A empresa *B*, por sua vez, consegue obter o mesmo retorno de 20% sobre o ativo, mas, recorrendo a recursos de terceiros, consegue dobrar os recursos totais. Se os custos financeiros que incorrer nos empréstimos forem iguais a 20%, vejamos o que seguiria.

É preciso considerar, todavia, que, em condições inflacionárias, e admitindo-se os efeitos das correções oficiais de nossa legislação, algumas adaptações devem ser feitas às fórmulas tradicionais. Isso também é válido para a alavancagem. É preciso decidir, para podermos ajustar, se o resultado da correção monetária, por exemplo, é operacional ou não, ou parcialmente operacional e parcialmente não. Essa questão é controvertida. A análise somente será completa, de qualquer forma, se dispusermos da Demonstração de Resultados corrigida em todos os seus elementos componentes. É preciso, mesmo assim, tomar as seguintes decisões: Despesas Financeiras: operacionais ou não? (Pela Lei nº 6.404, Operacionais). Perdas ou Ganhos nos Itens Monetários: operacionais ou não? A maioria dos autores consideraria não operacionais, entretanto, há opiniões discordantes. O impasse deverá ser solucionado em cada caso, atentando-se às peculiaridades da empresa e, a partir da decisão, mantendo um cálculo coerente e consistente de ano para ano. Para mais detalhes sobre cálculos mais complexos e detalhados da alavancagem, consulte, de nossa autoria, *Análise de balanços*, Atlas, 1995; e de Eliseu Martins, "Aspectos do lucro e da alavancagem financeira no Brasil", Tese de Livre-docência, FEA-USP, 1979.

A empresa A, supostamente investindo R$ 100, obteria R$ 20 de retorno, sem despesas financeiras. O retorno sobre o patrimônio líquido seria de 20%, portanto.

A empresa B conseguiria aplicar R$ 200 (por causa dos R$ 100 obtidos do empréstimo) e o ativo geraria R$ 40. Teria de pagar R$ 20 de despesas financeiras; todavia, assim o lucro líquido seria de apenas R$ 20. E a taxa de retorno sobre o patrimônio líquido continuaria sendo de 20%. Nenhum benefício líquido tiveram os proprietários pela obtenção do financiamento. Pelo contrário, provavelmente o financiamento aumentou a complexidade gerencial do empreendimento, os riscos financeiros etc.

Se, todavia, a empresa B, mantendo iguais as outras condições, conseguisse o empréstimo a um custo de, digamos, 15%, e não de 20%, o lucro líquido seria de R$ 25. O retorno sobre o patrimônio líquido seria de 25% e não de 20%. Nesse caso, valeu a pena para os acionistas que a gerência financeira tivesse recorrido aos recursos externos para aumentar as aplicações.

Poder-se-ia dizer que vale a pena obter recursos de terceiros, desde que a taxa de retorno do ativo obtida com o uso de tais recursos adicionais seja maior que a taxa de despesas financeiras. Entretanto, esse raciocínio, embora válido, encontra restrições no problema da geração de caixa. Em certos momentos, para fazer face aos desembolsos financeiros do principal e encargos dos financiamentos, pode ser que o lucro não tenha gerado o suficiente saldo de caixa, por diversas circunstâncias. Todavia, considerando que o retorno sobre o ativo também gera caixa ou pode ser "realizado" em dinheiro com maior ou menor dificuldade, pode-se afirmar que, se a empresa conseguir girar o ativo sempre a taxas maiores do que os custos financeiros dos empréstimos, poderá expandir-se na base de empréstimos. Mas, se os índices financeiros ficarem desequilibrados como consequência dessa política, é possível que, no médio e longo prazos, as taxas de juros para os empréstimos aumentem, como consequência do maior risco atribuído pelos emprestadores ao empreendimento, tornando reversível aquela vantagem ou condicionando seu limite final.

O fato incontestável, todavia, é que grande parte do sucesso da administração financeira consiste em um hábil equilíbrio entre recursos próprios e de terceiros. Ao considerar planos de expansão, nem sempre o acréscimo de capital resulta mais vantajoso que o acréscimo de endividamento. Principalmente se uma das metas for maximizar o retorno por ação, ou lucro por ação. Quanto maior o número de ações, menor tenderá a ser o lucro por ação, e isso não deixará propriamente entusiasmados os possuidores das ações, principalmente os mais antigos.

Essas condições de projeção sobre a melhor alternativa, capital próprio ou de terceiros, para uma expansão, fazem parte do arsenal de análise da administração financeira e, embora estejamos tratando de dados contábeis que auxiliam a administração financeira, não pretendemos invadir, neste livro, essa disciplina.

Todavia, fica evidente que, de acordo com o grau e intensidade com que são utilizados, os recursos de terceiros têm um efeito importante no retorno para os acionistas. Esse efeito é denominado "alavancagem" – *leverage*, em inglês. Bem utilizados, os recursos de terceiros podem "propulsionar" maiores lucros em benefício do acionista. Como mensurar essa "alavancagem"?

O *leverage* (alavancagem) financeiro

As considerações vistas no item anterior já antecipam a forma mais adequada de cálculo para esse *leverage*.

No fundo, o que o grau de *leverage* procura mensurar é, para cada real ganho no giro ou emprego do ativo, quantos reais vão em benefício do patrimônio líquido. Em linguagem mais popular, quanto vai para o bolso (atual ou potencialmente) dos proprietários para cada real ganho pela administração nas aplicações em ativo?

Pelas considerações já vistas, isso pode ser calculado por meio de uma simples comparação entre taxas de despesas financeiras e taxa de retorno do ativo.

Suponha que certa empresa consiga aplicar recursos em ativo de forma tal que essas aplicações gerem um retorno de 30%. Por outro lado, a porcentagem de despesas financeiras sobre o saldo médio da dívida é de 25%. Rapidamente, pode-se afirmar que a empresa tem uma "alavancagem" positiva, isto é, o efeito da aplicação dos recursos de financiamento e empréstimos sobre o patrimônio líquido é positivo.

Suponha os seguintes demonstrativos simplificados:

Balanço em milhões de R$	Em 31/12/2019		Em 31/12/2018	
ATIVO				
Disponibilidades		80		140
Estoques		150		220
Recebíveis		240		280
Imobilizado (líquido)		410		492
Outros		1		1
TOTAL DO ATIVO		881		1.133
PASSIVO E PATRIMÔNIO LÍQUIDO				
Valores a Pagar	100		120	
Empréstimos	200	300	250	370
Patrimônio Líquido		581		763
TOTAL DO PASSIVO E PATRIMÔNIO LÍQUIDO		881		1.133

O Demonstrativo de Resultados sumarizado é o seguinte:

DEMONSTRAÇÃO DE RESULTADOS DO EXERCÍCIO	31/12/2018 – em milhões de R$
RECEITAS DE VENDAS	1.500
(–) CPV/CMV/CSP	1.100
LUCRO COM RECEITAS DE VENDAS	400
(–) DESPESAS OPERACIONAIS	184
Despesas operacionais e gerais	184
= LUCRO OPERACIONAL	216
(–) Resultado Financeiro	34
Lucro antes do Imposto de Renda	182
Imposto de Renda e Contribuição Social	0
Lucro Líquido	182

O processo de investimento e reinvestimento empresarial é contínuo, como sabemos. Para cada mercadoria ou produto vendido com lucro, esse lucro, de alguma forma, é reinvestido na aquisição de outros insumos (ativos), que, por sua vez, gerarão mais lucro, e assim por diante. Por isso, não é rigoroso calcularmos quocientes de rentabilidade dividindo valores que representam fluxos de período, tais como o lucro, por saldo de contas em determinado momento, como seriam o ativo inicial, final ou o patrimônio líquido inicial ou final. Realizemos alguns cálculos aproximados:

Assim, o retorno líquido sobre o investimento médio no ativo seria de 182/1.007 = **0,18**.
Da mesma forma, o retorno sobre o patrimônio líquido médio é de 182/672 = **0,27**.
Se tivéssemos trabalhado apenas com recursos próprios, o lucro teria sido de R$ 182 mais R$ 34 (despesas de juro que teriam sido evitadas) = R$ 216.
O retorno sobre o patrimônio líquido médio teria sido de R$ 216/R$ 897 = 0,24. (Os R$ 200 e R$ 250 de empréstimos comporiam o patrimônio líquido, nesse caso.)
O retorno sobre o ativo médio seria de R$ 216/R$ 1.024 = 0,21.

Com as relações admitidas supra, várias alternativas de cálculo do *leverage* se nos afiguram. A melhor é a seguinte:

Grau de leverage = comparação entre o retorno sobre o patrimônio líquido obtido, na realidade, e o que teria sido obtido se os valores de empréstimos (sobre os quais pagamos juros) tivessem sido supridos por acionistas.
Grau de alavancagem = 0,27/0,24 = 1,125.

Isso significa que, para cada real ganho pela aplicação realizada no ativo (independentemente da composição de recursos), a administração consegue fazer com que R$ 1,125 vá para o patrimônio líquido, isto é, para os bolsos dos acionistas.
A alavancagem, como é óbvio, para ser favorável, precisa ser maior do que 1. Se for igual a 1, o endividamento terá sido irrelevante ou, talvez, a forma possível escolhida pela impossibilidade de empregar ou captar mais recursos de risco. Se for menor que 1, independentemente do motivo que levou a empresa a endividar-se, o uso do endividamento não foi favorável aos acionistas, em termos unitários.
A forma para expressar o quociente de alavancagem é, portanto,

$$\text{Grau de alavancagem} = \frac{\dfrac{\text{Patrimônio líquido}}{\text{Patrimônio líquido médio}}}{\dfrac{\text{Lucro líquido mais despesas financeiras}}{\text{Patrimônio líquido médio} + \text{Dívida média (que acarreta despesas de juros)}}}$$

Alguns calculam o segundo quociente como Lucro Líquido mais despesas de juros sobre ativo total médio (ou recursos totais médios).

Isso é aproximado, pois assim estaremos incluindo recursos (certos passivos de funcionamento) sobre os quais não incorremos em despesas de juros (pelo menos nominalmente).[10]

A comparação, rigorosa, deve ser entre o que obtivemos, na realidade, de retorno sobre o patrimônio líquido e o que teríamos obtido se, em vez de recursos captados com despesas financeiras, pudéssemos ter contado com mais recursos dos acionistas, admitindo-se que, tanto num caso como em outro, a empresa teria sabido obter o mesmo grau de créditos de funcionamento (fornecedores etc.). Nos cálculos anteriores, deveremos levar em conta o Imposto de Renda e, de alguma forma lógica, o resultado da correção monetária (para manter o poder da moeda constante). O mais importante, para efeito de análise, será a consistência de critérios, de período a período.

Se tivermos aumentos de capital durante o período abrangido, o cálculo do patrimônio líquido médio deverá vir graduado ou ponderado de acordo com a data da ocorrência de tais aumentos e da porcentagem que representavam em relação ao patrimônio líquido imediatamente anterior ao aumento.

Vimos, portanto, como é importante a composição dos recursos entre os recursos próprios e os de terceiros, sobretudo entre os que incorrem em custos financeiros explícitos. (A rigor, como vimos, também os créditos de funcionamento têm um custo, isto é, o desconto que deixamos de aproveitar por não termos comprado à vista.) Por outro lado, é importante o que conseguimos ganhar com tais recursos, quando comparado com o que nos custam.

Esses são alguns dos principais quocientes e índices que interessam, do ponto de vista gerencial. Teríamos outros que interessam mais do ponto de vista do investidor (acionista), mas que não são tão importantes do ponto de vista da administração. Apresentaremos apenas os três mais comumente citados.

4.4.4 Quocientes do ponto de vista do investidor

O que interessa, basicamente, ao investidor é alguma medida do retorno obtido (em fluxo de lucro ou de caixa) sobre as aplicações realizadas.

Um quociente frequentemente citado é o do valor patrimonial da ação.

$$\text{Valor patrimonial médio da ação} = \frac{\text{Patrimônio líquido}}{\text{N}^{\underline{o}} \text{ de ações em circulação}}$$

Esse quociente pode ser importante em algumas circunstâncias (tais como possibilidade de retirada da empresa, fusão, incorporação etc.), mas frequentemente pouca relação guarda com o valor venal da ação, em nosso mercado.

Poderia ser comparado com o valor pago unitariamente para adquirir as ações. Nesse caso, porém, deveríamos corrigir monetariamente o último valor unitário. Para muitos acionistas minoritários, todavia, mais relevante será comparar o valor de mercado da ação

---

[10] Poder-se-ia admitir que o custo financeiro de tais créditos seja o desconto que deixamos de aproveitar por não termos pago a vista ou em prazos mais curtos.

quando foi adquirida e no momento da avaliação. Mesmo assim, a comparação com o valor patrimonial pode ser de alguma valia como indicador de potencialidade ou tendência.

O Quociente Preço/Lucro é outro clássico indicador para o investidor. Poderia ser calculado assim:

$$\text{Quociente P/L} = \frac{\text{Valor de mercado da ação}}{\text{Lucro por ação}}$$

Se esse quociente for utilizado no ato de se decidir se vale a pena ou não adquirir ações de certa empresa, significaria quantos exercícios seriam necessários para "recuperar" o valor gasto para comprar a ação.

Suponha que determinada empresa tivesse um lucro líquido (após IR) de R$ 250.000 em determinado período e que dispõe de 250.000 ações ordinárias, e que o lucro unitário por ação é de R$ 1. Se o valor venal da ação for, por exemplo, de R$ 5, diremos que o Quociente Preço/Lucro = 5/1 = 5, isto é, em cinco anos recuperaríamos (com os lucros) o investimento realizado, prevalecendo as mesmas condições do passado.[11]

Seria teoricamente interessante acompanhar a evolução, no tempo, desse quociente. Entretanto, no Brasil, tem sido praticamente de utilidade muito reduzida essa análise, senão até enganadora, dada a enviesada relação que tem existido entre comportamento da empresa em termos de rentabilidade e valor de mercado.

O tipo de análise aqui tratado é extremamente difícil, pois nosso mercado de ações tem tido comportamentos muito mais ligados a fatores emocionais, psicológicos e à influência das ações governamentais no setor, do que propriamente à influência da evolução efetiva da rentabilidade da empresa no tempo.

Outros quocientes utilizados pelo investidor

$$\text{Lucro ganho pelas ações ordinárias} = \frac{\text{Lucro líquido (DIR)} - \text{Dividendos atribuídos às ações preferenciais}}{\text{N}^\underline{o} \text{ de ações ordinárias}}$$

$$\text{Quociente P/L} = \frac{\text{Valor de mercado da ação}}{\text{Lucro por ação}}$$

Esse quociente expressa o lucro unitário remanescente para cada ação ordinária, após o pagamento dos dividendos preferenciais. Sua utilidade e limites são óbvios.

$$\text{Garantia de pagamento de dividendos preferenciais} = \frac{\text{Lucro líquido (IR)}}{\$ \text{ Dividendos preferenciais}}$$

---

[11] Quando trabalharmos com número de ações ou com conceitos que envolvam essa quantidade, poderemos, às vezes, introduzir alguns ajustes nas fórmulas, dependendo da existência ou não de ações preferenciais, de terem estas dividendo fixo ou mínimo, e de outras condições. Veja, para mais detalhes, *Análise de balanços e teoria da contabilidade*, deste autor.

Esse quociente visa calcular a margem de segurança para pagamento dos dividendos preferenciais e quantas vezes os dividendos preferenciais são "cobertos" pela geração de lucro.

4.4.5 Comparação dos quocientes

Qualquer análise de demonstrativos financeiros, para ter utilidade, deveria ser comparada pelo menos com uma das alternativas a seguir:

a) série histórica da mesma empresa;
b) padrões previamente estabelecidos pela administração da empresa;
c) quocientes das empresas pertencentes ao mesmo ramo de atividade, médias, modas e quartis de tais quocientes;
d) certos parâmetros de interesse regional, nacional ou internacional.

Dissemos pelo menos uma das alternativas, pois julgamos que a série histórica evolutiva da empresa deveria ser construída, de qualquer maneira. Certa empresa pode estar ligeiramente abaixo, em matéria de desempenho, da média da indústria. Se, todavia, a evolução ou tendência de evolução for positiva, num grau maior do que o da média da indústria, fatalmente a empresa alcançará e até superará seus concorrentes.

É muito comum, por outro lado, querer-se comparar certos quocientes com os quocientes análogos dos concorrentes, ou escolhendo-se a média, ou os que tiveram comportamento melhor.

Esse desejo é mais do que natural, pois sempre queremos saber qual é a posição relativa de nossa empresa no conjunto. Infelizmente, a não ser que a empresa colecione os balanços de todas as demais e calcule os quocientes (aplicando muito trabalho e, ainda, não tendo muitas condições de "tratar" os balanços antes da análise), poucas são as possibilidades de a empresa poder comparar-se às demais do grupo. Um dos trabalhos mais sérios realizados até o momento, nesse sentido, é o publicado pela revista *Exame*, intitulado "Melhores e Maiores". Esperamos que, efetivamente, essa análise seja atualizada todo ano e corrigidos pequenos senões.

Talvez o melhor tipo de comparação seja efetuado com padrões previamente estabelecidos pela própria administração ou direção da empresa. Esse tipo de comparação favorece uma melhor análise dos desvios e o conjunto de providências para saná-los. Além do mais, não exclui a comparação com quocientes de outras empresas. A gerência, por exemplo, ao fixar a meta básica da empresa, digamos, um retorno de X% sobre o ativo ou patrimônio líquido, estará sempre, de partida, de "olho" no desempenho do setor. Somente que, a partir da taxa desejada (que pode ser compatível com a da média do setor), constrói-se uma série de quocientes, de acordo com as características da empresa, expressando desempenhos que tendam a alcançar a meta prevista. Mesmo que os quocientes-padrão sejam estabelecidos pela gerência sem detalhadas consultas aos quocientes da concorrência (desde que os quocientes sejam "factíveis" e não utópicos), esse tipo de comparação, para efeito gerencial, é dos melhores.

Além disso, algumas empresas desejarão comparar certas tendências internas com tendências de caráter regional, nacional ou até internacional. Empresas de grande porte, principalmente, podem estabelecer como uma de suas metas o crescimento a uma taxa de X%, pelo menos igual à taxa de desenvolvimento da região, da Nação, como tendência de longo prazo. Uma grande empresa geradora e distribuidora de energia elétrica, por exemplo, quererá comparar-se com congêneres até internacionais, no que se refere a custos unitários de geração, transformação etc. Existem empresas tão grandes e tão características que somente podem ser comparadas com empresas do mesmo porte de outros países. Uma refinaria de petróleo, obviamente, deverá buscar padrões comparativos com as correspondentes refinarias americanas e canadenses etc.

A gerência deve utilizar-se de todas essas comparações na medida e na dose certa. Se investirmos um tempo exagerado, quase que numa atitude patológica, para sabermos onde estamos em relação aos demais, muitas vezes estaremos subtraindo tempo da tarefa mais importante, que é melhorar nossa posição. Por outro lado, entrar de "cabeça baixa" no esforço de melhorar uma posição, sem nenhum quadro de referência ou coordenadas de onde nos encontramos e quanto falta caminhar, pode nos desorientar e até nos levar por caminhos perigosos.

Insistimos no fato de que cada minuto gasto no cálculo de quocientes deve ser gasto em dobro para analisar os desvios com relação às metas ou outro padrão comparativo. Que não se transforme, como muitas vezes acontece, a arte de analisar balanços em um cálculo meramente repetitivo e mecânico, como muitos acabam fazendo!

4.4.6 Como interpretar "em conjunto" os quocientes?

Esse é o verdadeiro núcleo da questão. Nenhuma fórmula, "receita de bolo", conselho ou quadro tipo painel irá substituir o julgamento e a "arte" de cada analista, em cada caso. Da mesma forma que nenhum computador poderá substituir o médico na interpretação de um conjunto de sintomas aparentemente desconexos ou mesmo aparentemente ligados. Cada paciente é um paciente diferente, mesmo que os sintomas sejam os mesmos. Cada empresa é uma individualidade e como tal deve ser analisada.

O que se pode formar é uma opinião de conjunto, mais do que um "veredicto", em muitas circunstâncias. O equilíbrio deve ser a característica principal. Suponha que uma empresa que, num lapso de tempo considerável, venha apresentando quocientes de rentabilidade ótimos e de liquidez péssimos ou maus. Essa empresa está, possivelmente, numa situação muito pior que outra que apresente quocientes de rentabilidade e de liquidez apenas razoáveis. A distorção entre rentabilidade e liquidez pode ser admitida em períodos curtos, nunca numa tendência, sob pena de pontos de estrangulamento fatais para a empresa.

O Professor Stephen C. Kanitz, da Universidade de São Paulo, apresentou, em artigo publicado na revista *Exame*, de dezembro de 1974, uma abordagem interessante para um estudo e interpretação de alguns quocientes principais, em conjunto.

Por meio do tratamento quantitativo de dados de algumas empresas que foram à falência, ele conseguiu montar o que denominou "fator de insolvência", que consiste em relacionar alguns quocientes, atribuindo-lhes pesos (derivantes da análise quantitativa realizada na amostra) e somando os valores assim obtidos. Se a soma recair entre certos valores, a empresa estará na faixa de "insolvência" e, se recair em outros intervalos, estará na faixa de "penumbra" ou de "solvência".

Adverte muito adequadamente o Professor Stephen que o simples fato de uma empresa estar na faixa de "insolvência" não quer dizer que, de fato, irá falir. Mas todas as empresas do grupo analisado que realmente faliram apresentaram, anos antes da falência, valores que se enquadrariam na faixa de insolvência.

A metodologia está sendo sempre atualizada, abrangendo maior número de quocientes. Conforme relatado no artigo, o "fator de insolvência" é calculado da seguinte forma:

$$X1 = \left(\frac{\text{Lucro líquido}}{\text{Patrimônio líquido}}\right) \times 0{,}05$$

$$X2 = \left(\frac{\text{Ativo corrente mais realizável a longo prazo}}{\text{Exigível total}}\right) \times 1{,}65$$

$$X3 = \left(\frac{\text{Ativo corrente} - \text{Estoques}}{\text{Passivo corrente}}\right) \times 3{,}55$$

$$X4 = \left(\frac{\text{Ativo corrente}}{\text{Passivo corrente}}\right) \times 1{,}06$$

$$X5 = \left(\frac{\text{Exigível total}}{\text{Patrimônio líquido}}\right) \times 0{,}33$$

"Fator de Insolvência" = X1 + X2 + X3 + X4 + X5.

Se a soma resultar num valor entre 0 e 7, a empresa estará na faixa de "solvência". Entre 0 e –3, na de "penumbra", e entre –3 e –7, na faixa de "insolvência".

Embora o trabalho seja bastante interessante e possa, em algumas circunstâncias, ser utilizado com confiança, ainda não dispensaríamos uma análise qualitativa em moldes clássicos. Essa metodologia está sendo testada e ampliada no que se refere ao número de quocientes, a fim de torná-la mais segura.

O método, todavia, poderia ser utilizado conjuntamente com a análise tradicional, para maior segurança.

Todos os quocientes utilizados estão entre os apresentados neste capítulo. Curiosamente, na análise das empresas que faliram, o quociente de liquidez corrente de tais empresas não se diferenciava muito do das empresas que não faliram. Segundo o mesmo estudo, a média das empresas que faliram apresentava uma relação Capital de Terceiros/ Capital Próprio de 791%, ao passo que a média das empresas que continuam operando apresentava para esse quociente, 130%. Os quocientes de liquidez apresentam poucas diferenças no grupo das empresas que faliram. Entretanto, na ponderação do "fator de insolvência", o quociente de liquidez seca é bastante importante. Por outro lado, a relação entre lucro líquido e patrimônio líquido era três vezes maior nas empresas solventes do que nas insolventes.

Verifica-se, portanto, a influência da rentabilidade na solvência ou insolvência e como pode ser desastrosa a médio e longo prazos uma dependência exageradamente grande do capital de terceiros em relação aos recursos globais.

4.4.7 Outras limitações da análise financeira

Além das já citadas, a análise, levando-se em conta apenas valores de balanços e demonstrativos financeiros (ou de fluxos de fundos), ainda há uma limitação adicional, que é não utilizar quantidades ou unidades físicas, juntamente com valores.

Na análise de produtividade, bem como de certas relações que envolvem valores e quantidades, muitas informações úteis podem ser extraídas.

Os bancos americanos, por exemplo, costumam publicar relações entre volume de depósitos e número de empregados, entre valor dos empréstimos concedidos e número de mutuários, e assim por diante. Certos padrões comparativos de eficiência podem ser daí retirados. Por exemplo, sabe-se que, em média, um banco de certo tamanho não deveria ter mais do que x empregados por milhão de dólares de depósitos etc.

Essas estatísticas estão disseminadas e espalhadas pelas várias associações patronais e são atualizadas anualmente, de forma que qualquer empresa dispõe de um verdadeiro "painel" de comparação entre seus dados financeiros e de produtividade e os do setor. Atualmente as empresas estão sendo incentivadas pelo próprio mercado a publicar o Balanço Social, ou a Demonstração de Valor Adicionado (DVA), muitas delas, principalmente as maiores, estão indo além e publicando o Relato Integrado. O relato integrado é uma abordagem nova, mais concisa e adequada às empresas na elaboração de relatórios corporativos, e possibilita que a empresa use seus relatórios para incentivar a criação de valor em longo prazo para o próprio negócio, considerando o mundo interconectado e multicapital do qual as empresas hoje fazem parte.

Reiteramos que informações quantitativas, em unidades físicas, são frequentemente tão importantes ou mais do que apenas valores e realçam em utilidade quando relacionamos uns com os outros.

Adicionalmente, uma área que deve merecer uma análise à parte é o fluxo de fundos e o fluxo de caixa.

A análise quantitativa e qualitativa das fontes e usos de fundos pode fornecer muitas indicações úteis à administração para otimizar a estrutura de recursos e minimizar seus custos. Da mesma maneira, uma análise dos fluxos de caixa auxilia a desvendar os períodos em que, apesar da boa rentabilidade, a empresa precisa de financiamentos, ou em que haverá excesso de disponibilidades.

4.4.8 Exemplo simplificado de aplicação

A Companhia Brasil do Futuro, cujos demonstrativos financeiros eram auditados por Segato Auditores Independentes, após os necessários ajustes, correções pela variação do poder aquisitivo da moeda e agrupamento de contas de forma a simplificar a análise, apresenta a evolução mostrada a seguir.

Os acréscimos de capital foram realizados com novas chamadas, sempre próximo do fim dos respectivos exercícios.

COMPANHIA BRASIL DO FUTURO		Δ Vertical		Δ Vertical		Δ Vertical		Δ Vertical	Δ = Análise Horizontal			
BALANÇO PATRIMONIAL	2019 R$	%	2018 R$	%	2017 R$	%	2016 R$	%	2019	2018	2017	2016
ATIVO												
Circulantes	859		636		571		485					
Caixa e Equivalentes de Caixa	125		120		90		80					
Valores a Receber Líquidos	500		320		290		250					
Estoques	230		191		180		150					
Despesas Antecipadas	4		5		11		5					
Não Circulante	1.151		753		610		509					
Valores a Receber Líquidos	60		60		95		93					
Imobilizado (Líquido)	1.050		660		490		399					
Investimentos	41		33		25		17					
TOTAL DO ATIVO	2.010		1.389		1.181		994					

		Δ Vertical		Δ Vertical		Δ Vertical		Δ Vertical	Δ = Análise Horizontal			
PASSIVO	2019 R$	%	2018 R$	%	2017 R$	%	2016 R$	%	2019	2018	2017	2016
Circulantes	550		480		420		350					
Não Circulante (Exigibilidade de Longo Prazo)	800		400		300		250					
Patrimônio Líquido	660		509		461		394					
Capital	400		280		250		200					
Reservas de Lucros	260		229		211		194					
TOTAL DO PASSIVO + PATRIMÔNIO LÍQUIDO	2.010		1.389		1.181		994					

DEMONSTRATIVO RESULTADO DO EXERCÍCIO – DRE	2019 R$	Δ Vertical %	2018 R$	Δ Vertical %	2017 R$	Δ Vertical %	Δ = Análise Horizontal 2019	2018	2017
Vendas Líquidas	1830		1495		1509				
(–) CMV/CPV/CSP	1300		1150		1200				
= Lucro em Vendas	530		345		309				
(–) Despesas Operacionais	280		201		200				
= Lucro Operacional	250		144		109				
(+/–) Resultado Financeiro	136		103		51				
= Lucro Líquido antes do IR (LAIR)	114		41		58				
(–) IRPJ e Contribuição Social	23		8		11				
= Lucro Líquido após o IR	91		33		47				

DEMONSTRATIVO DE FONTES E USOS DE CAPITAL DE GIRO LÍQUIDO (em milhões de R$)	Fontes R$	Usos R$	Capital de Giro R$
CAPITAL DE GIRO LÍQUIDO INICIAL			135
Lucro Líquido após o IR	171		
Aumento de Capital por Subscrição	200		
Acréscimos de Endividamento de Longo Prazo	550		
Liquidação de Valores a Receber de Longo Prazo	33		
Distribuição de Dividendos/Lucros		105	
Acréscimos por Aquisição de Imobilizado		651	
Acréscimos por Aquisição de Investimentos		24	
Total de Fontes e Usos	954	780	
+ Acréscimos de Fundos no Período			174
= CAPITAL DE GIRO LÍQUIDO FINAL			309

- O cálculo das porcentagens verticais e dos índices horizontais poderá ser feito pelo leitor. O quadro completo com os resultados é apresentado no Gabarito, ao final do livro.

Informações Adicionais:

a) Cerca de 65% das vendas da empresa são a prazo.

b) Do total do passivo corrente, 70% referem-se a créditos de fornecedores e as compras de mercadorias são todas a prazo.

Cálculo simplificado dos principais quocientes
(O aluno deverá testar todos os quocientes calculados, como exercício.)

A. *Quocientes de Relacionamento Estático*[12]

A – Quocientes de Relacionamento Estático	2019	2018	2017	2016
A1) Quociente de Liquidez Imediata				
Disponibilidades	0,23	0,25	0,21	0,23
Passivo Circulante				

A2) Quociente de Liquidez Corrente				
Ativo Circulante	1,56	1,33	1,36	1,39
Passivo Circulante				

A3) Quociente de Liquidez Seca				
Ativo Circulante – Estoques	1,14	0,93	0,93	0,96
Passivo Circulante				

A4) Quociente de Liquidez Geral*				
Ativo Circulante + Ativo Não Circulante – Imobilizado – Intangível – Invest. (Partic. Permanente)	0,71	0,83	0,96	0,99
Passivo Exigível Total				

A5) Capital de Terceiros sobre Capital Próprio				
Passivo Exigível Total	2,05	1,73	1,56	1,52
Patrimônio Líquido				

A6) Grau de Imobilização do Patrimônio Líquido				
Imobilizado	1,59	1,30	1,06	1,01
Patrimônio Líquido				

B – Quocientes de Reprodução	2018	2017	2016
B1) Prazo Médio de Recebimento			
Saldo Médio de Valores a Receber	124 dias	113 dias	99 dias
Vendas a Prazo/360			

---

[12] Nesse quociente, os investimentos financeiros foram considerados equivalentes. Valores a receber a Longo Prazo e incluídos no numerador.

B2) Prazo Médio de Pagamento			
Saldo Médio de Fornecedores (a)	97 dias	98 dias	79 dias
Compras a Prazo/360 (b)			

a) 70% do Passivo Circulante é Fornecedor
b) Compras = CMV − Estoque Inicial + Estoque Final

B3) Quociente de Posição Relativa			
Prazo Médio de Recebimentos	1,28	1,15	1,25
Prazo Médio de Pagamentos			

B4) Quociente de Rotação de Estoques			
Custo das Mercadorias Vendidas	6,18 (vezes no ano)	6,20 (vezes no ano)	7,27 (vezes no ano)
Estoques Médios			

C – Quocientes de Rentabilidade e de Retorno sobre o Investimento	2018	2017	2016
C1) Margem[13]			
Lucro Líquido após o IR (DIR)	0,05	0,02	0,03
Vendas			

C2) Giro do Ativo			
Vendas	1,08	1,16	1,39
Ativo Médio			

C3) Giro do Ativo			
Retorno sobre o Investimento	0,05	0,02	0,04
Margem × Giro			

C4) Lucro Líquido e Patrimônio Líquido			
Lucro Líquido após o IR (DIR)	0,16	0,07	0,11
Patrimônio Líquido Ajustado			

C5) Grau de Alavancagem Financeira (Variante AIR Simplificada)			
Lucro Líquido antes do IR (AIR)	1,27	0,73	1,4
Patrimônio Líquido Médio			
Lucro Líquido (IAR) + Despesas Financeiras			
Ativo Médio			

---

[13] Utilizamos, neste exemplo, apenas uma das variantes de retorno: a global, após o imposto de renda.

Observações:

- não calcularemos os quocientes do ponto de vista do investidor;
- preferiu-se neste exemplo um conceito de retorno sobre o ativo total, tomando-se o lucro após o imposto de renda;
- na falta de maior número de informações, toda vez que se utilizou saldo médio, este foi calculado como média aritmética de saldo inicial e final;
- o cálculo do grau de alavancagem foi bastante grosseiro (estude as considerações teóricas sobre o assunto).

Algumas indicações extraídas dos quocientes calculados

Os quocientes de liquidez parecem apontar situação apenas regular. De fato, embora se observe tendência de melhora no quociente de liquidez corrente, o quociente de liquidez seca permanece praticamente estagnado e o quociente de liquidez geral piora ano a ano, significando um comprometimento da situação financeira. Por outro lado, a empresa depende cada vez mais de capitais de terceiros para compor os recursos globais aplicados no ativo. O grau de imobilização do patrimônio líquido também é crescente, deixando menos recursos para o giro, o que, por sua vez, acaba redundando na necessidade de mais empréstimos, formando-se um círculo vicioso.

A posição de pagamentos e recebimentos, em dias, também é desfavorável para a empresa, pois demora mais para receber suas vendas a prazo do que para pagar suas compras a prazo, desequilibrando, de saída, a posição de solvência.

O quociente de rotação de estoques apresenta-se bastante alto, um dos poucos sintomas positivos da empresa, juntamente com o giro operacional.

Os quocientes de rentabilidade são sofríveis, com exceção do retorno sobre o patrimônio líquido, o qual, por ser em valores corrigidos, não é de todo desprezível.

A aplicação do termômetro da insolvência

Aplicando-se aos quocientes calculados a metodologia do "termômetro da insolvência" (apenas para o último período), observamos os seguintes resultados:[14]

$$X1 = \left(\frac{\text{Lucro líquido após o IR (DIR)}}{\text{Patrimônio líquido médio}}\right) \times 0{,}05 = \mathbf{0{,}16} \times \mathbf{0{,}05} = \mathbf{0{,}008}$$

$$X2 = \left(\frac{\text{Ativo circulante} + \text{Realizável a longo prazo}}{\text{Passivo exigível total}}\right) \times 1{,}65 = 0{,}71 \times 1{,}65 = 1{,}1715$$

$$X3 = \left(\frac{\text{Ativo circulante} - \text{Estoques}}{\text{Passivo circulante}}\right) \times 3{,}55 = 1{,}14 \times 3{,}55 = 4{,}047$$

---

[14] Corresponde ao nosso quociente de liquidez global.

$$X4 = \left(\frac{\text{Ativo circulante}}{\text{Passivo circulante}}\right) \times 1{,}06 = 1{,}56 \times 1{,}06 = 1{,}6536$$

$$X5 = \left(\frac{\text{Passivo exigível total}}{\text{Patrimônio líquido}}\right) \times 0{,}33 = 2{,}05 \times 0{,}33 = 0{,}6765$$

$$\text{FATOR DE INSOLVÊNCIA} = X1 + X2 + X3 - X4 - X5 = 2{,}89641$$

Segundo a escala do "termômetro", a empresa ainda estaria na faixa de "solvência".

Um perigo da aplicação indiscriminada dos resultados do "termômetro" é tender a aceitar a leitura atual como indicador de que nada de mau poderá acontecer. De fato, embora nossa empresa hipotética, segundo aquela metodologia, esteja na "solvência", tudo indica que deveria esforçar-se para melhorar essa tendência temporária de solvência, caso contrário poderá logo entrar na zona de "penumbra".

Desde que utilizados apenas como métodos auxiliares da análise "clínica" dos sintomas da empresa, tais instrumentos podem efetivamente ser de grande utilidade.

Nesse caso, seria importante, como sempre, a análise comparativa com quocientes de empresas pertencentes ao mesmo ramo e, se possível, a comparação com padrões previamente fixados pela administração.

Como alguém já colocou certa vez, a análise de balanços fornece mais perguntas inteligentes do que respostas, todavia, todo instrumento que propicie perguntas inteligentes é de grande utilidade para a empresa.

Outra visão interessante da situação financeira da empresa é fornecida pelo Demonstrativo de Fontes e Usos de Capital de Giro.

Apesar de demonstrar que cerca de 58% do total de fontes de recursos são fornecidos por acréscimo de endividamento (apenas 21% de subscrições de capital e 18% de lucros), verifica-se também que 83% das aplicações de fundos destinaram-se a acréscimo de imobilizado. Embora possa ter sido superenfatizada além da medida ótima, causando certa situação de aperto na parte financeira, esta última faceta é extremamente interessante. É bem possível que grande parte ou o todo do endividamento a longo prazo tenha sido assumido para adquirir equipamentos e outros imobilizados. De qualquer forma, as fontes de fundos superaram os usos em R$ 174 milhões, permitindo que o capital de giro, no fim do período, superasse os R$ 300 milhões.

A análise inteligente desse demonstrativo revela aspectos importantes da gestão financeira da empresa. O montante absoluto das fontes e dos recursos não é tão importante quanto a participação percentual de cada tipo de fonte ou uso no total de fontes ou usos.

Esse demonstrativo, tão frequentemente ignorado pelos nossos administradores e contadores, pode ser utilizado em caráter previsional também, da mesma forma que o fluxo de caixa previsto, ou orçamento de caixa.

Apesar de reconhecermos a importância de tais demonstrativos, tanto reais como orçados, para a administração, não trataremos deles especificamente neste livro, por terem sido exaustiva e efetivamente tratados em inúmeros trabalhos já à disposição de nossos estudiosos. Além do mais, não existe dificuldade sensível na construção dos demonstrativos, mas sua potencialidade é inerente à forma como são usados. Trataremos, a partir de agora, com certa profundidade, dos aspectos gerenciais envolvidos na Contabilidade de Custos. Esta última não tem sido utilizada em toda a sua potencialidade, pelo menos com a frequência desejada, para finalidades gerenciais. A Contabilidade de Custos representa, sem dúvida, a melhor expressão da potência do raciocínio contábil, em qualquer área. Infelizmente, alguns livros especializados em custos disseminam tantos detalhes de apuração, como norma geral, que a potencialidade gerencial das informações de custos acaba sendo quase que perdida ou camuflada debaixo de montes de relatórios, rateios e cálculos.

Neste livro estamos interessados em custos para *controle, planejamento* e *decisão*. Embora certas técnicas tradicionais de apuração devam ser repassadas, de forma extremamente resumida (outras importantes para o contador de custos serão deixadas de lado), a ênfase dos próximos capítulos será em *custos para a gerência*.

EXERCÍCIOS

1. **(IBFC – 2013 – PC-RJ) Com base nas informações abaixo, responda às questões.**

BALANÇO PATRIMONIAL Empresa de Transportes Dá no Pé	31/12/X1		31/12/X1
Circulante		Passivo Circulante	
Disponível	2.200,00	Fornecedor	19.000,00
Duplicatas a Receber	8.800,00		
Estoques	1.200,00		
Total do Circulante	12.200,00	Patrimônio Líquido	
Imobilizado	27.000,00	Capital Social	20.200,00
Total do Ativo	39.200,00	Total do Passivo	39.200,00

As vendas líquidas da empresa somaram $ 65.000,00, sendo o custo das mercadorias vendidas e as despesas operacionais no montante de $ 50.000,00.

Os índices de Liquidez Geral e Liquidez Seca são, respectivamente:

a) 0,53 e 0,66.
b) 1 e 0,64.
c) 0,45 e 1.
d) 0,25 e 2,1.
e) 0,64 e 0,58.

2. (IBFC – 2013 – PC-RJ) O grau de alavancagem financeira (GAF) representa a capacidade que os recursos de terceiros apresentam de elevar os resultados líquidos dos proprietários do capital. Nesse sentido, determinada empresa apresentava os seguintes índices entre o ano X1 e o ano X3, GAF: X1 = 1; X2 = 1,1, e X3 = 1,2.

Assim, analisando os índices de alavancagem financeira compreendida entre esses anos, pode-se afirmar que:

a) O retorno de investimento do capital emprestado, ao longo do período, excede o seu custo de captação, alavancando a rentabilidade dos acionistas.
b) O retorno de investimento do capital emprestado, ao longo do período, é menor do que o custo de captação, impedindo que a rentabilidade dos acionistas seja alavancada.
c) Em X1, o retorno do investimento corresponde a um acréscimo de 100% sobre o custo da dívida, alavancando a rentabilidade dos acionistas.
d) Em X1, o retorno do investimento corresponde a um decréscimo de 100% sobre o custo da dívida, impedindo que a rentabilidade dos acionistas seja alavancada.
e) Os índices de alavancagem financeira apresentados são insuficientes para afirmar se há impacto do capital de terceiros sobre os resultados líquidos dos acionistas.

3. (CESGRANRIO – 2013 – BNDES) Uma empresa possui em seu Balanço Patrimonial, mais especificamente em seu Ativo Circulante, registros de valores financeiros maiores que zero em cada uma das seguintes contas: Disponível, Clientes e Estoque. Em seu Passivo Circulante, encontram-se valores financeiros maiores que zero nas contas: Salários e Encargos Sociais, Fornecedores e Obrigações Fiscais.

Sendo assim, a relação entre o seu índice de liquidez corrente (ILC), o seu índice de liquidez seca (ILS) e o seu índice de liquidez imediata (ILI) será

a) ILC > ILS > ILI
b) ILC = ILS = ILI
c) ILI > ILS > ILC
d) ILI = ILS = ILC
e) ILS > ILC > ILI

4. (FCC – 2012 – TCE-AP) Para responder às questões de números 4 e 5, utilize as contas fornecidas a seguir e considere apenas duas casas decimais

Contas	Valor
Contas a receber – curto prazo	R$ 30.000,00
Capital social	R$ 235.000,00
Empréstimos contraídos – curto prazo	R$ 50.000,00
Fornecedores	R$ 35.000,00
Adiantamentos fornecedores – longo prazo	R$ 80.000,00

Contas	Valor
Empréstimos concedidos – curto prazo	R$ 80.000,00
Estoques	R$ 120.000,00
Bancos	R$ 40.000,00
Duplicatas descontadas – curto prazo	R$ 10.000,00
Receitas diferidas – curto prazo	R$ 40.000,00
Imobilizado	R$ 20.000,00

Com base nos dados é correto afirmar que o índice de liquidez

a) geral é 2,64.
b) seca é 1,35
c) corrente é 2,00.
d) absoluta é 1,74.
e) imediata é 0,80.

5. Com relação ao endividamento é correto afirmar que

a) a participação do capital de terceiros sobre os recursos totais é igual a 0,63.
b) o nível de endividamento de curto prazo possui valor igual ao de longo prazo.
c) o quociente de endividamento geral é igual a 0,63.
d) a participação do capital próprio é igual a 0,37.
e) o quociente de endividamento de longo prazo é igual a 0.

6. (CESGRANRIO – 2012) O índice que evidencia se os recursos financeiros aplicados no Ativo Circulante e no Ativo Realizável a Longo Prazo são suficientes para cobrir as obrigações totais é denominado Índice de Liquidez

a) Corrente.
b) Geral.
c) Imediata.
d) Não Corrente.
e) Seca.

7. (FCC – 2012 – TRE-PR) Considere os índices de liquidez da empresa ABC calculados com base no Balanço Patrimonial dos exercícios findos em 31/12/X1 e 31/12/X2:

Índice	21/12/X1	31/12/X2
Liquidez geral	1,02	1,08
Liquidez corrente	0,90	1,02
Liquidez seca	0,50	0,80
Liquidez imediata	0,01	0,02

Com base nos índices de liquidez apresentados, a

a) empresa, no final dos dois exercícios, possuía ativos que já eram dinheiro ou se transformariam em dinheiro, no curto e longo prazos, insuficientes para cobrir a dívida total.
b) empresa, em 31/12/X2, possuía ativos que já eram dinheiro ou se transformariam em dinheiro, no curto prazo, suficientes para cobrir despesas de curto prazo.
c) capacidade de a empresa, no final dos dois exercícios, pagar dívidas de curto prazo não se altera quando são excluídos os ativos de conversibilidade mais difícil.
d) empresa possuía, em 31/12/X2, para cada R$ 1,00 de dívida com vencimento no curto prazo, R$ 1,02 de ativos que já eram dinheiro ou se transformariam em dinheiro no curto prazo.
e) empresa possuía, em 31/12/X2, R$ 0,02 para cada R$ 1,00 de despesas operacionais incorridas durante o exercício.

8. **(TCE-PR – 2011) Sobre alavancagem financeira, considere:**

   I. Quanto maior o grau de alavancagem financeira de uma companhia, o investidor estará exposto a um maior risco diversificável na aquisição de suas ações.
   II. Uma empresa que financie um projeto de investimento que renderá 20% ao ano por meio do lançamento de debêntures no mercado de capitais cuja remuneração será de 15% ao ano, aumentará seu lucro por ação anualmente caso o retorno do projeto se confirme.
   III. Quando a taxa de juros para se obter empréstimos no mercado de capitais é maior que a taxa de retorno que a companhia obtém sobre seus ativos, ela deve optar por utilizar mais capital de terceiros em sua estrutura de capital.
   IV. O efeito da alavancagem financeira sobre o lucro de uma companhia independe da taxa de retorno que ela obtém sobre o total de seus ativos.

   Está correto o que se afirma APENAS em

   a) I e II.
   b) I, II e III.
   c) II, III e IV.
   d) II e IV.
   e) III e IV.

9. **(TRANSPETRO – 2011) Dados extraídos da contabilidade de uma empresa.**

Itens	R$
Lucro operacional antes de encargos financeiros	125.000,00
Encargos financeiros (14% × R$ 250.000,00)	35.000,00
Total dos ativos	500.000,00
Patrimônio líquido	250.000,00

Considerando-se exclusivamente as informações acima, a alavancagem financeira da empresa, no período, foi

a) 1,18
b) 1,22
c) 1,33
d) 1,44
e) 1,56

10. (SUSEP – 2010) Se o prazo médio de rotação de estoques de uma empresa é de apenas 45 dias, pode-se afirmar que:

a) para um CMV (Custo das Mercadorias Vendidas) de R$ 5.000,00, o estoque médio necessário é de R$ 1.000,00.
b) o coeficiente de rotação de estoques é igual a 7 (sete).
c) para um estoque médio de R$ 300,00, o CMV (Custo das Mercadorias Vendidas) é de R$ 2.400,00.
d) o estoque inicial de mercadorias tem valor idêntico ao valor final do mesmo estoque.
e) para um CMV (Custo das Mercadorias Vendidas) de qualquer valor, é necessário um estoque médio 1/3 (um terço) maior.

11. (UNIPAMPA – 2009) – Analise os quadros abaixo:

Estrutura A

Ativo financeiro R$ 40	Positivo financeiro R$ 20
Ativo cíclico R$ 60	Passivo cíclico R$ 100
Ativo não circulante R$ 180	Passivo não circulante R$ 160

Estrutura B

Ativo financeiro R$ 60	Positivo financeiro R$ 20
Ativo cíclico R$ 80	Passivo cíclico R$ 100
Ativo não circulante R$ 140	Passivo não circulante R$ 160

Estrutura C

Ativo financeiro R$ 60	Positivo financeiro R$ 40
Ativo cíclico R$ 120	Passivo cíclico R$ 80
Ativo não circulante R$ 100	Passivo não circulante R$ 160

Estrutura D

Ativo financeiro R$ 60	Positivo financeiro R$ 100
Ativo cíclico R$ 70	Passivo cíclico R$ 60
Ativo não circulante R$ 150	Passivo não circulante R$ 120

Considerando as estruturas patrimoniais A, B, C e D acima, julgue os itens seguintes.

As estruturas A e B representam empresas que apresentam risco de insolvência mais baixo do que as empresas representadas pelas estruturas C e D.

( ) Certo
( ) Errado

12. (INMETRO – 2010) – Informações contábeis da empresa X

Vendas	R$ 100.000,00
Custos e despesas operacionais	R$ 90.000,00
Ativos operacionais médios	R$ 50.000,00
Custo de oportunidade do capital próprio	15%

Considere que a empresa X resolva incorporar às suas operações atuais um novo investimento com as seguintes características: lucro operacional esperado: R$ 2.500,00; ativos operacionais médios necessários: R$ 15.000,00.

Nessa situação, o ROI resultante dessa incorporação será

a) negativo.
b) igual a 19,50%.
c) 16% maior que o atual.
d) inferior ao custo de oportunidade do capital próprio.
e) menor que o atual, mas superior ao custo de oportunidade do capital próprio.

13. (SEPLAG-DF – 2009) A empresa X possui um ativo total de R$ 2.400,00, o qual proporcionou um lucro operacional no exercício de R$ 600,00. Considerando o valor do capital próprio de R$ 400,00 e a taxa de empréstimos de 20%, é correto afirmar que a rentabilidade sobre o investimento e o grau de alavancagem financeira, desprezando-se os centavos, são, respectivamente,

a) 0,16 e 0,25.
b) 0,16 e 3.
c) 0,25 e 0,16.
d) 0,25 e 3.
e) 0,30 e 0,16.

14. (MF – 2013 – Secretaria do Tesouro Nacional) Levando-se em consideração o quadro a seguir, a alavancagem operacional, financeira e combinada são, respectivamente:

DRE		Nível base	1,5	1,2
Vendas em unidades		20.000	30.000	24.000
Receitas de vendas	R$ 5,00 unit.	R$ 100.000	R$ 150.000	R$ 120.000
Menos: Custo operacional variável	R$ 2,00 unit.	R$ 40.000	R$ 60.000	R$ 48.000
Menos: Custo operacional fixo		R$ 10.000	R$ 10.000	R$ 10.000
Lucro antes do IR (Lajir)		R$ 50.000	R$ 80.000	R$ 62.000
Juros		R$ 20.000	R$ 20.000	R$ 20.000
Lucro líquido antes do IR		R$ 30.000	R$ 60.000	R$ 42.000
IR	40%	R$ 12.000	R$ 24.000	R$ 16.800
Lucro líquido após o IR		R$ 18.000	R$ 36.000	R$ 25.000
Dividendos ações preferenciais		R$ 12.000	R$ 12.000	R$ 12.000
Lucro disponível ações ordinárias		R$ 6.000	R$ 24.000	R$ 13.200
Lucro p/ação (5.000 ações ordin.)	5.000	R$ 1,20	R$ 4,80	R$ 2,64

a) 4,00; 1,50; 5,50
b) 5,00; 1,30; 5,00
c) 6,00; 3,00; 4,50
d) 1,20; 5,00; 6,00
e) 4,50; 3,00; 6,00

15. (TRT – 23ª REGIÃO (MT) – 2011) Foram extraídas as seguintes informações do Balanço Patrimonial de 31-12-2010 da Cia. Hortênsias (em R$):

Patrimônio Líquido 488.000,00
Ativo Circulante 520.000,00
Ativo Não Circulante... 680.000,00
Passivo Não Circulante 270.000,00

Calculado o valor do Passivo Circulante e efetuada a análise vertical e por indicadores do Balanço Patrimonial da companhia, esse grupo representou

a) quase 37% do valor do Ativo Total da companhia.
b) 85% do valor do Ativo Não Circulante da companhia.
c) 65% do valor do Ativo Circulante da companhia.
d) aproximadamente 75% do Passivo Não Circulante da companhia.
e) cerca de 110% do Patrimônio Líquido da companhia.

UNIDADE II

CUSTOS PARA AVALIAÇÃO, CONTROLE E TOMADA DE DECISÕES

5

Fundamentos de Contabilidade de Custos

5.1 SIGNIFICADO DA PALAVRA *CUSTOS*

Na linguagem comercial, custo significa quanto foi gasto para adquirir certo bem, objeto, propriedade ou serviço. A noção de custo, portanto, está ligada à consideração que se dá em troca de um bem recebido. Na linguagem comum, não ligada a compras, vendas etc., a palavra *custo* pode estar associada à noção de sacrifício... Custou-me muitas noites de sono realizar aquele curso...

Nota-se claramente, todavia, que a todo custo corresponde uma vantagem, ora é o bem ou serviço adquirido, ora é o conhecimento proporcionado por um curso etc.

Na verdade, o sentido popular de custo é o que contabilmente talvez chamaremos "gasto". Compra de ativos, com cessão de outros, presente ou futura.

Em Contabilidade, a palavra *custo* é utilizada com muita amplitude:

... este imóvel, avaliado pelo *custo histórico,* está representado por R$ .... no balanço. Ou .... *custo da produção* do mês foi de R$ .... Também é frequente... "*os custos administrativos* ..... neste ano foram exageradamente altos*".

Embora os estudiosos sempre encontrem explicações para suas "crenças científicas", mesmo que não necessariamente corretas, devemos esclarecer que o sentido original da palavra *custo*, aplicada à Contabilidade, refere-se claramente à fase em que os fatores de produção são retirados do estoque e colocados no processo produtivo. Possivelmente, não seríamos obrigados a utilizar o termo *custo* a não ser para: o custo de fabricação deste produto foi de... Pois, ao adquirir-se o fator primário de produção, poderíamos dizer: gastei x reais para adquirir esse ativo, ou então, o valor do estoque é de... Ao comparar receitas com despesas, podemos perfeitamente dizer (devemos, aliás, sob nosso ponto de vista): *despesas administrativas, despesas financeiras* ou mesmo *despesa dos produtos vendidos*. No que se refere ao valor dos ativos, é compreensível, ainda, a expressão *custo*, desde que incorporados, pois o termo *valor* pode ser muito ambíguo em Contabilidade. Todavia, quando ativos são consumidos no afã de produzir receita, havendo, portanto, o "confronto" entre receita e despesa, o termo correto é *despesa*, e não custo. Sob um ponto de vista rigorosamente teórico, portanto, não é correto dizer-se *custos administrativos*, a não ser que tenham sido incorporados ao produto e desde que este não tenha sido vendido.

Como muito bem afirmou o professor Stephen C. Kanitz, "a contabilidade financeira preocupa-se com o regime de competência de receitas e despesas, a de custo, sem ferir o regime de competência, preocupa-se com o custeio da produção".

Num sentido gerencial, entretanto, custo pode ter outras conotações, tais como a de ser a receita da alternativa desprezada (custo de oportunidade).

Certamente que não vamos nos ater a excessivas preocupações teóricas, em Contabilidade Gerencial, em usar esta ou aquela expressão. Todavia, a base de qualquer Contabilidade específica é a teoria da Contabilidade, e esta deve ser, sempre que possível, observada.

5.2 CUSTO DE PRODUTO E CUSTO DE PERÍODO

O que acabamos de afirmar consubstancia-se na distinção entre custo de produto e custo de período. Custo de produto é o valor atribuído aos insumos contidos na produção terminada, porém mantida em estoque. Custo de período é quando, pela venda, a receita é realizada. É a produção transferida ou colocada à disposição do cliente pela venda. No fundo, custo de período é despesa do período.

O que pode ou não estar contido no custo do período ou de produto, todavia, é muito variável e depende do uso alternativo deste ou daquele critério de rateio ou norma de avaliação, sem falarmos, ainda, em custeio direto e custeio por absorção.

5.3 CICLO DA CONTABILIDADE DE CUSTOS

As técnicas de custeio por processo são utilizadas quando existe uma continuidade de produção de produtos ou unidades de produtos iguais ou bastante semelhantes, ao contrário do que ocorre com produção sob encomenda.

É claro que existem empresas cujo processo de produção é intermediário entre o por processo puro e por encomenda pura. Entretanto, os dois citados são os parâmetros básicos tradicionais entre os quais uma série de variantes pode ocorrer.

O ponto fundamental para o custeamento de empresas de produção por processo é a departamentalização de custos. Não quer dizer, entretanto, que a departamentalização não possa ser empregada num sistema por encomenda.

O processo de departamentalização e o ciclo geral da Contabilidade de Custos são inicialmente mais bem compreendidos através de sumarizada apresentação em razonetes. Suponha que uma empresa por processo utilize três departamentos produtivos: *A*, *B* e *C*. Abriremos uma conta em T para cada um dos departamentos, representando a conta Produção de cada fase. Utilizaremos apenas uma conta de Matéria-prima e de Mão de Obra, bem como de Custos Indiretos.

Matéria-prima		Depto. A		Fornecedores	
(1) 300.000	120.000 (2)	Estoque inicial 2.000			300.000 (1)
		(2) 100.000			
		(3) 50.000			
		(6) 10.000	159.000 (8)		
180.000		**3.000**			

Mão de Obra		Depto. B		Salários a Pagar	
		Estoque inicial 500			75.000 (4)
(4) 75.000	80.000 (3)	(8) 159.000			
		(2) 20.000			
		(3) 20.000			
(5) 5.000		(6) 10.000	209.000 (9)		
		500			

Controle de CIF*		Depto. C		Prov. p/ Mão de Obra	
48.000 (7)	50.000 (6)	Estoque inicial 300			5.000 (5)
		(9) 209.000			
		(3) 10.000			
2.000 (12)		(6) 30.000	248.000 (10)		
		1.300			

*CIF = Custos Indiretos de Fabricação.

Produtos Acabados		Contas a Pagar		Custo das Vendas	
(10) 248.000			48.000 (7)	(11) 212.000	
	212.000 (11)				2.000 (12)
36.000				**210.000**	

O esquema, conquanto extremamente simplificado, apresenta uma visão de conjunto do ciclo contábil de custos. Identificando as operações e lançamentos por números, temos:

(1) Aquisição de matéria-prima por R$ 300.000.

(2) Requisição, pelo departamento *A*, de R$ 100.000 de matéria-prima; e R$ 20.000 pelo departamento *B*.

Note que tanto o departamento *A* quanto o *B* e o *C* têm o saldo inicial, isto é, estoque de produtos em processo no início do período. É claro que a ordem, no tempo, das requisições de matéria-prima seria diferente, mas, para simplificação, realizamo-las no mesmo lançamento.

(3) Mão de obra direta apropriada aos três departamentos.

Note que a quantia apropriada ao custo é diferente da quantia lançada a débito da conta, pela Contabilidade Financeira. Isso ocorre devido à diferença entre taxas nominais e reais de mão de obra direta. Entretanto, nesse sistema, a Contabilidade Financeira provisionou a diferença numa conta especial de provisão. Exemplos típicos de eventos que podem caracterizar as diferenças supramencionadas são décimo terceiro salário, férias etc.

(4) Lançamento da folha no valor de R$ 75.000.
(5) Lançamento da provisão para excesso de custo de mão de obra no valor de R$ 5.000,00.
(6) Custos indiretos apropriados, segundo uma taxa predeterminada, aos três departamentos.
(7) Lançamento dos custos indiretos reais.
(8) Transferência da produção do departamento A para o B.
(9) Transferência da produção do departamento B para o C.
(10) Transferência da produção terminada no departamento C para o depósito de produtos acabados.
(11) Venda de produtos que custaram R$ 212.000.
(12) Encerramento da conta "Controle de Custos Indiretos de Fabricação" (simplificadamente, nesse exemplo, a ajuste de custo das vendas).

Observe-se que os saldos remanescentes nas Contas Departamentais representam o estoque final de produtos em processo em cada departamento. Assim, o departamento A tinha R$ 2.000 em processo no início do período, alocou fatores ao custo de R$ 160.000 e transferiu a produção ao departamento B no valor de R$ 159.000. Logo, o máximo que poderia ter transferido seria R$ 160.000 mais R$ 2.000 = R$ 162.000. Por ter transferido apenas R$ 159.000, ficou com produção em andamento no valor de R$ 3.000. Aplicando-se o mesmo raciocínio aos demais departamentos, os estoques finais de produtos em elaboração seriam, respectivamente, de: departamento B, R$ 500; e departamento C, R$ 1.300.

O estoque inicial de produtos em processo, na verdade, foi "incorporado" ao custo dos insumos adicionais inseridos durante o período e contribuiu para a formação da produção do período, para cada departamento. A produção do último departamento, que não recebeu matéria-prima, engloba o produto terminado da empresa, o qual vai para o depósito de produtos acabados. Esse custo somente se transforma em despesa quando, pela venda, colocarmos à disposição do cliente certo volume físico de produtos, avaliado pelo custo, que será creditado na conta de Produtos Acabados e debitado na conta de *custo de período*, chamada Custo das Vendas ou Custo dos Produtos Vendidos.

5.4 O PROBLEMA DA AVALIAÇÃO DO ESTOQUE DE PRODUTOS EM PROCESSO

Para resolver esse problema, o cálculo das *unidades equivalentes* fornece a melhor alternativa.

Suponha o seguinte exemplo:

Estoque inicial de produtos em processo	0
Unidades colocadas no processo	200.000
Unidades terminadas	190.000
Unidades em processo, no fim do período, 50% acabadas	10.000
Custo total do período	R$ 195.000

Esse exemplo, que não apresenta estoque inicial de produtos em processo, presume que os custos se acumulem de maneira contínua e uniforme durante o período de avaliação.

O método de unidades equivalentes poderia ser assim utilizado, neste exemplo simplificado:

UNIDADES EQUIVALENTES

Terminadas = 190.000 × 1,00 = 190.000 unidades equivalentes
Em processo = 10.000 × 0,50 =   5.000 unidades equivalentes
Total   = 195.000 unidades equivalentes

Custo da unidade equivalente $\frac{R\$ 195.000,00}{195.000}$ = R$ 1,00 por unidade

Custo a ser aplicado =
a) para as unidades terminadas   = 190.000 × R$ 1,00 = R$ 190.000,00
b) para o estoque de produtos em processo =   5.000 × R$ 1,00 = R$ 5.000,00
   Total dos custos do período   R$ 195.000,00

O problema das unidades equivalentes complica-se em certas circunstâncias. Suponha o seguinte exemplo adicional:

- Estoque inicial de produtos em processo 15.000
  unidades (1/3 acabadas quanto à matéria-prima; 1/4, quanto à mão de obra direta; e 1/2, quanto aos custos indiretos de fabricação)
- Custos: matéria-prima, R$ 50.000,00; mão de obra direta, R$ 30.000,00; e CIF, R$ 13.000,00.
- Unidades completadas durante o mês 36.000
- Unidades iniciadas durante o mês 25.000
- Unidades em processo no fim do mês 4.000
  3/8 completadas (no que se refere aos custos de conversão) e 100% quanto à matéria-prima
- Custos de matéria-prima adicionada durante o mês .... R$ 270.000,00
- Custos de conversão adicionados (MOD[1] e CIF) .... R$ 200.000,00

---
[1] MOD = Mão de obra direta.

Modelo de Cálculo

Custos	MP[2]	MOD + CIF	(Conversão)
Estoque Inicial	50.000,00	43.000,00	
Custos Adicionados	270.000,00	200.000,00	
Custos Totais	**320.000,00**	**243.000,00**	= 563.000,00

Unidades Equivalentes	Fluxo físico	MP	MOD + CIF	
Estoque Inicial	15.000			
Unidades Iniciadas	25.000			
Unidades a Serem Controladas	40.000			
(–) Unidades Completadas	36.000	36.000	36.000	
= Unidades em Processo (3/8)	4.000	4.000	1.500	$\left(4.000 \times \frac{3}{8}\right)$
	40.000	40.000	37.500	

Custo por Unidade Equivalente	MP	MOD + CIF	TOTAL
	R$ 8	**R$ 6,48**	**R$ 14,48**

Os R$ 8,00 foram obtidos dividindo-se R$ 320.000,00 de matéria-prima pelas 40.000 unidades equivalentes. E os R$ 6,48 foram derivados dividindo-se os R$ 243.000,00 de custos de conversão pelas 37.500 unidades equivalentes, no que se refere a esses itens de custo.

Com esses dados, podemos construir o *Sumário de Custos*, da seguinte forma:

Estoque Inicial de Produtos em Processo	R$ 93.000,00
mais custos adicionados	R$ 470.000,00
Custos Máximos Transferíveis	R$ 563.000,00
(–) *Estoque Final de Produtos em Processo*	
$\begin{pmatrix} 4.000 \times \text{R\$ } 8,00 = \text{R\$ } 32.000,00 \\ 1.500 \times \text{R\$ } 6,48 = \text{R\$ } 9.720,00 \end{pmatrix}$	R$ (41.720,00)
= Custo da Produção Completada	R$ 521.280,00

De fato, **36.000 unidades × R$ 14,48 = R$ 521.280,00**

Verifique-se que, no processo utilizado, adicionamos o valor do estoque inicial de produtos em processo com o dos custos adicionais. É como se o estoque inicial fosse parte da produção corrente. Isso equivale a presumir que o trabalho realizado em períodos passados está sendo feito no período corrente. Esse processo é o da média ponderada.

Se adotarmos uma hipótese PEPS (**P**rimeiro que **E**ntra **P**rimeiro que **S**ai), as unidades em processo no início do período, terminadas durante o período, terão um custo

---

[2] MP = Matéria-prima.

diferente das unidades iniciadas e terminadas dentro do mesmo período. Conquanto mais rigoroso sob o ponto de vista teórico (custos desse período não se confundem com custos de períodos passados), esse processo pode ser muito trabalhoso em algumas circunstâncias e talvez seja mais apropriado para produção por encomenda do que por processo.

Quando existir mais de um departamento, caso mais comum na produção por processo, surge o problema de um departamento receber cargas de produção de outro departamento. Para o departamento que recebe, essa transferência poderia ser imaginada como se fosse matéria-prima adicionada e a ser trabalhada no departamento receptor. Eventualmente, o departamento que recebe a carga pode ainda adicionar matéria-prima, mas isso não tem problema algum. Basta ter colunas separadas para:

a) custos transferidos;
b) custos de matéria-prima;
c) custos de conversão (mão de obra direta mais custos indiretos).

Uma vez calculadas as unidades equivalentes e os custos a serem absorvidos, o processo é exatamente análogo ao visto anteriormente.

Vamos, para ilustrar, resolver o seguinte caso:

Departamento A		R$ MP	R$ MOD mais CIF	
Estoque Inicial	5.000 un.		40.000,00	81.000,00
Unidades Iniciadas no Período	45.000 un.			
Custos Adicionados		300.000,00	460.000,00	
Unidades Terminadas e Transferidas para Departamento B	40.000 un.			
Estoque Final	10.000 un.		100%[3]	50%*
Departamento B				
Estoque Inicial	500 un.		31.000,00	45.000,00
Custos Transferidos de A	40.000 un.		?	?
Custos Adicionais			60.000,00	90.000,00
Unidades Terminadas e Transferidas para o Depósito de Produtos Terminados	35.000 un.			
Estoque Final de Produtos em Processo	5.500 un.		100%*	70%*

---

[3] Porcentagens de Acabamento.

Como seriam calculados os custos departamentais?

Departamento A

Custos Totais do Período	= R$ 881.000,00
Matéria-prima	= R$ 340.000,00
Custos de Conversão	= R$ 541.000,00
Estoque Inicial	5.000 unidades
Unidades Iniciadas	45.000

Número máximo de unidades transferíveis	50.000
(–) Unidades Transferidas para Departamento B	40.000
= **Estoque Final**	10.000

Avaliação do Estoque Final

$$MP = \frac{\$\,340.000,00}{50.000} \times 10.000 = \mathbf{68.000,00}$$

+

$$MOD = \frac{\$\,541.000,00}{45.000} \times 5.000 = \frac{\$\,60.111,11}{\$\,128.111,11}$$

Se o estoque final estiver avaliado por R$ 128.111,11, as unidades terminadas e transferidas para B custarão R$ 881.000,00 – R$ 128.111,11 = R$ 752.888,89. Expliquemos individualmente esse item.

De fato, as 40.000 unidades transferidas são completamente acabadas. Portanto, o custo será igual a:

$$\frac{R\$\,340.000,00}{50.000} \times \mathbf{40.000} + \left(\frac{541.000,00 \times 40.000}{45.000}\right) =$$

$$= R\$\,6,80 \times 40.000 + R\$\,12,02222 \times 40.000 =$$
$$= R\$\,272.000,00 + R\$\,480.888,89 = R\$\,752.888,89$$

Por outro lado, o departamento *B* recebe a produção transferida como se fosse matéria-prima do próprio departamento *B*. O custeamento poderia ser realizado conforme a seguir:

Custos a Serem Apropriados	Matéria-prima	Custos de Conversão
Estoque Inicial	R$ 31.000,00	R$ 45.000,00
Custos Transferidos de *A*	R$ 752.888,89	
Custos Adicionais	R$ 60.000,00	R$ 90.000,00
Custos Totais	**R$ 843.888,89**	**R$ 135.000,00**

Unidades Equivalentes   40.500   38.850[4]
Custo Unitário   ≅ $ 20,84 ≅ R$ 3,47

- *Custo da Produção Transferida para o Estoque de Produtos Acabados* = (20,84 mais 3,47) × 35.000 = R$ 850.850,00
- *Custo do Estoque Final* = 5.500 × 20,84 mais 3,47 × 3.85[5] = R$ 114.620,00 mais R$ 13.359,50 = R$ 127.979,50.

Se somarmos o valor dos saldos das contas, teremos:

Produtos acabados = R$ 850.850,00
Departamento A   = R$ 128.111,11
Departamento B   = R$ 127.979,50
Total   = **R$ 1.106.940,61**

Esse valor é praticamente igual à soma dos custos totais incorridos. De fato, estes últimos somam R$ 40.000,00 + R$ 81.000,00 + R$ 300.000,00 + R$ 460.000,00 + R$ 31.000,00 + R$ 45.000,00 + R$ 60.000,00 + R$ 90.000,00 = R$ 1.107.000,00, sendo a pequena diferença devido à aproximação de cálculos no departamento B. Essa verificação sempre deve ser realizada, para maior segurança do processo de custeio. Se utilizarmos mais casas decimais no cálculo do custo unitário das unidades equivalentes, do departamento B, o resultado final da soma dos saldos supra será R$ 1.107.000,00.

5.5 CRITÉRIOS DE RATEIO NA DEPARTAMENTALIZAÇÃO

Analisados os problemas dos equivalentes de produção e dos custos unitários a serem atribuídos à produção transferida e ao estoque de produtos em processo, passamos a estudar o ponto mais importante desse tipo de custeamento de produção, ou seja, os critérios e os processos de departamentalização. No fundo, o custeamento da produção por processo pode ser visto como uma sequência de fases ou operações, em cada departamento, as quais são aplicadas à matéria-prima, originando-se, finalmente, o produto terminado. O custeamento final é o resultado de uma multiplicação de um custo unitário pelo número de unidades produzidas ou pelo número de unidades equivalentes produzidas.

Para que isso seja realizado de forma correta, é preciso que não apenas as unidades equivalentes sejam calculadas de forma rigorosa, mas que os custos acumulados em cada departamento sejam os que realmente traduzem o esforço ou a contribuição dada pelo departamento à produção geral da empresa.

Em primeiro lugar, temos os chamados "custos primários" dos departamentos. Em sentido restrito, tais custos referem-se apenas aos custos indiretos de fabricação diretamente alocáveis ou diretamente incorridos no departamento ou por ele. Embora tais custos, por definição, não sejam reconhecíveis na unidade de produto (ou não convenham o trabalho, o tempo e o custo de reconhecê-los), são atribuíveis aos departamentos e, portanto, de forma indireta, à produção, segundo algum critério.

---

[4] 38,850 = (40.500 − 0,30 × 5.500) = (35.000 + 0,70 × 5.500).
[5] 38,850 = 0,70 × 5.500.

Durante o período produtivo, um mês, uma semana etc., não podemos esperar que os custos indiretos reais se materializem a fim de custear a produção. Por isso, tais custos sempre possuem em seu cálculo um elemento previsional. Resultam de uma estimativa, realizada no início do período orçamentário, levando-se em conta vários fatores, dentre eles os níveis de ocupação da capacidade instalada da empresa que se prevê sejam alcançados, dados os volumes de venda e de produção previstos. Claro que essa taxa (resultado do quociente entre custos previstos e unidade de volume prevista) pode ser calculada de forma única ou para cada departamento.

5.5.1 O problema da taxa única de custos indiretos de fabricação

Esse problema pode ser mais bem visualizado com um exemplo.

Suponha que certa empresa manufature três produtos, que passam por três departamentos. Suponha ainda que, para o período orçamentário X, os custos indiretos previstos sejam, no total, R$ 1.500.000,00; e que, medindo-se a unidade de volume em horas de mão de obra direta, espera-se trabalhar 10.000 horas.

A matriz de produto × departamento × hora é a seguinte:

Produto	Depto. Z	Depto. W	Depto. Y	
A	100 h	200 h	120 h	420 h
B	250 h	100 h	—	350 h
C	—	50 h	500 h	550 h
TOTAL	350 h	350 h	620 h	1.320 h

Se usarmos o critério da taxa única, esta será igual a:

$$\frac{R\$\ 1.500.000,00}{1.320\ h} = R\$\ 1.136,36/h$$

O Produto A, portanto,

será custeado	em R$ 1.136,36 × 420 =	R$	477.271,20
O Produto B	em R$ 1.136,36 × 350 =	R$	397.726,00
O Produto C	em R$ 1.136,36 × 550 =	R$	625.002,80
Total		R$	1.500.000,00

Estariam absorvidos, assim, os R$ 1.500.000,00 de custos indiretos. Esse critério da taxa única, todavia, pode acarretar distorções sérias. Suponha, no exemplo apresentado, que o departamento Z seja responsável por R$ 390.000,00 de custos indiretos. O departamento W, por R$ 800.000,00, e o departamento Y, por R$ 310.000,00.

Dessa forma, poderíamos calcular *taxas departamentais* de custos indiretos da seguinte maneira:

$$\text{Taxa do departamento } Z = \frac{\$\ 390.000,00}{350\ h} = R\$\ 1.114,29 \text{ por hora.}$$

$$\text{Taxa do departamento } W = \frac{\$\ 800.000,00}{350\ h} = R\$\ 2.285,71 \text{ por hora.}$$

$$\text{Taxa do departamento } Y = \frac{\$\ 310.000,00}{620\ h} = 500,00 \text{ por hora.}$$

O produto *A* seria, agora, custeado em:

R$ 1.114,29 × 100 + R$ 2.285,71 × 200 + R$ 500,00 × 120 =
= R$ 111.429,00 + R$ 457.142,00 + R$ 60.000,00 =
= R$ 628.571,00.

O Produto *B* receberia as seguintes cargas:

R$ 1.114,29 × 250 + R$ 2.285,71 × 100 =
= R$ 278.572,50 + R$ 228.571,00 =
= R$ 507.143,50.

O Produto *C* levaria:

R$ 2.285,71 × 50 + R$ 500,00 × 500 =
= R$ 114.285,50 + R$ 250.000,00 =
= R$ 364.285,50.

Comparando-se os custos alocados aos produtos conforme utilizemos a taxa única ou diferenciada, teríamos:

Produto	Taxa Única	Taxa Diferenciada	Desvio %
A	R$ 477.271,20	R$ 628.571,00	24
B	R$ 397.726,00	R$ 507.143,50	22
C	R$ 625.002,80	R$ 364.285,50	(72)
	R$ 1.500.000,00	R$ 1.500.000,00	0%

Num caso como esse, verifica-se que a distorção acarretada, utilizando-se a taxa única em vez da diferenciada, por departamento, seria acentuadíssima. O processo da taxa única subavaliou os produtos *A* e *B* e superavaliou drasticamente o produto *C*.

É claro que nem sempre a distorção seria tão acentuada. Mas, a não ser que existam fortes indícios de que a taxa única seja um bom estimador da taxa diferenciada, é arriscado utilizá-la.

Frequentemente, a taxa predeterminada de custos indiretos de fabricação é aplicada à produção, durante os períodos, multiplicando-a por alguma medida *real* de produção. Assim, embora ela seja calculada, basicamente, por:

$$\text{Taxa de CIF} = \frac{\$ \text{ parte fixa dos custos indiretos, mais} \times \$ \text{ por unidade prevista de volume}}{\text{unidades previstas de volume}}$$

é aplicada à produção multiplicando-se a taxa assim obtida por *unidade real de volume*.[6]

De qualquer forma, os custos indiretos de fabricação constituem a principal preocupação na departamentalização, pois, no que se refere à matéria-prima e à mão de obra direta, tais custos são facilmente calculáveis e podem ser introduzidos no processo de cálculo a qualquer momento. A rigor, poderíamos tratar da departamentalização apenas no que se refere aos custos indiretos, que constituem o problema central, pois são os sujeitos a rateios, mais ou menos arbitrários.

Outra questão que preocupa os contadores de custo é saber qual padrão de volume adotar como base de previsão dos custos indiretos de fabricação. As duas tendências dominantes referem os custos indiretos a dois níveis de atividade:

a) capacidade normal da empresa;
b) capacidade prevista para o período futuro (mesmo período a que se refere a previsão de custos indiretos).

Embora alguns teóricos dos custos apontem a capacidade normal como preferível (no caso de ter de optar por uma das duas alternativas), do ponto de vista prático, gerencial, afirmamos que existe uma tendência em prever os custos indiretos *ao nível de atividade que se espera atingir no período orçamentário*. Portanto, a não ser que esse nível coincida com a capacidade normal, a questão é mais teórica do que de efetiva importância, na Contabilidade Gerencial.

Efetuar todas as previsões ao nível da capacidade normal tem a vantagem de verificarmos quanto nos desviamos dessa capacidade. Todavia, nem sempre é fácil definir com precisão o que venha a ser capacidade *normal*. Para efeitos práticos, poderíamos apenas tentar conceituá-la como aquele nível em que aproveitamos bem nossa capacidade instalada, um período em que não se verificam flutuações dramáticas nos níveis de eficiência, um período ou nível em que aproveitamos a capacidade instalada até o limite dos custos fixos (custos que representam uma das melhores maneiras de mensurar a capacidade instalada).

Mesmo que o limite estabelecido para a capacidade normal seja o ponto a partir do qual o total de custos fixos se altera (o que não é uma definição correntemente aceita), existe a dificuldade de variação de preços envolvida na história. Embora certos custos possam ser considerados, para efeitos de definição, como fixos, existe uma tendência para que variem, pelo menos na proporção da variação da taxa de inflação no período. Entretanto, essa é uma dificuldade com que nos deparamos em todo o processo orçamentário, quando

---

[6] A unidade de volume pode estar expressa em horas, em número de unidades de produto, em quilos de certo material, em m² etc., mais frequentemente em horas (de mão de obra direta).

orçamos a preços da data da leitura orçamentária e não a preços nominais do período ao qual o orçamento se refere (que seria o mais rigoroso, embora mais complexo).

Na verdade, poucas vezes se consegue superar a *capacidade normal*, a não ser que turnos extras de trabalho sejam impostos. Esse caso, todavia, tende a aumentar os reflexos do custo da mão de obra direta e indireta (por serem as taxas unitárias de hora extra frequentemente maiores do que as normais) e a deterioração do controle (por cansaço, e outros fatores que podem aumentar, além do normal, o desperdício, as perdas e a ociosidade).

Na prática, o que se faz é verificar o volume máximo de vendas que poderemos obter e as consequências no que se refere à produção desse volume de vendas. A partir das necessidades de produção e dos estoques preexistentes é que iremos estudar se temos condições de alcançar a produção necessária. Podemos dizer que o limite de nossa capacidade de produzir está associado a dois fatores: em primeiro lugar, não produziremos além do ponto em que o custo unitário variável supere o preço unitário de venda; em segundo lugar, produziremos até o limite de nosso *fator limitativo de capacidade*. Esse conceito é de importância crítica. De nada adianta sabermos, por exemplo, que poderemos vender 10.000.000 de unidades de nosso produto e que para isso precisamos de 20.000.000 de quilos de certa matéria-prima, se os fornecedores conseguem, no máximo, fornecer-nos a metade do volume necessário. O máximo que poderemos produzir nos é dado pelo máximo de matéria-prima que, concebivelmente, poderemos adquirir e converter. Assim, em outros exemplos, o fator limitativo pode variar, sendo de horas-máquinas, de materiais secundários etc.

Essencialmente, portanto, somos levados a admitir que o volume para o qual deveremos, na prática, estimar os custos indiretos será o limite necessário para vender o que orçamos, condicionado ao fator limitativo de capacidade. É claro que o próprio orçamento de vendas não pode ser utópico ou admitir condições superideais, embora deva ser suficientemente ambicioso para permitir um esforço maior, sem deixar de ser realista. O orçamento de vendas é, portanto, um parâmetro de validade essencial dentro de toda a problemática empresarial, admitindo-se que o orçamento seja a base da administração científica e racional, como acreditamos.

Aceitamos, todavia, os argumentos de quem estabelece a capacidade normal como padrão de estimativa de custos indiretos, desde que todo o processo orçamentário esteja ligado à capacidade normal, a não ser que orçamento e custos sejam dois instrumentos comparáveis mas distintos. A maior parte dos autores, de fato, considera o *custo-padrão* mais uma técnica de controle, e o orçamento, mais uma etapa do planejamento. Respeitamos essa colocação, mas pensamos que, em Contabilidade Gerencial, *orçamentos* e *custos-padrão* estão indissoluvelmente ligados, ou melhor, podemos aproveitar os conceitos de custo-padrão como: a) detalhamento, ao nível dos custos de fabricação, do processo orçamentário mais amplo; b) ao mesmo tempo, aproveitamos para custeamento da produção e controle.

De qualquer forma, podemos ter duas situações:

a) orçamento expresso num certo volume (diferente do normal) e taxa de custos indiretos de fabricação calculada ao nível normal;

b) orçamento expresso num certo volume e taxa de custos indiretos de fabricação calculada no mesmo volume.

O grau e a significância das variações entre orçado (custo-padrão) e real vão depender também do que aconteceu na realidade.

O mais provável é que o nível real alcançado se aproxime do nível admitido no orçamento, mas outras situações podem ocorrer. Também a sub ou superabsorção de custos indiretos vai depender, em parte, do critério utilizado para absorver tais custos: ou em bases de unidades de volume previstas ou, como é mais usual, em bases de volume reais.

5.5.2 O problema da departamentalização. Centros de custo principais (produtivos). Centros de custo auxiliares dos principais e centros de custo comuns (de serviços)

Departamentos ou centros de custo principais são os responsáveis pelo trabalho de conversão da matéria-prima em produto, através da incorporação de mão de obra e pela utilização da capacidade instalada, mensurada pelos custos indiretos. É onde o produto é fabricado, mais especificamente.

Por outro lado, existem departamentos ou centros de custo que auxiliam diretamente os centros de custo principais em sua tarefa, embora não manufaturem produção, diretamente. São os denominados "auxiliares dos produtivos". Um exemplo de centro de custo auxiliar seria um almoxarifado exclusivo de fábrica, um depósito de suprimentos especiais, uma oficina mecânica de moldes etc.

Surgem, ainda, departamentos que prestam serviços, não só aos departamentos produtivos, como também aos auxiliares. São departamentos que executam serviços gerais para a empresa. Tais centros de custo são denominados "centros comuns". Um exemplo clássico de tal centro de custo é o Departamento Médico da Fábrica, que está à disposição de todos os departamentos, inclusive de *outros comuns*, se existirem. Note, todavia, que estamos tratando de *custos de fabricação*. Não se trata de alocar despesas administrativas ou financeiras à produção, mas de "estocar" custos em centros de custo que podem ou não obedecer à estrutura departamental, e alocar parcelas razoáveis para os departamentos produtivos. Somente interessa aquela parcela dos custos que pode ser alocada aos departamentos produtivos (atividade de fabricação).[7]

Ainda existiriam centros de custo "abstratos", tais como o de matéria-prima, que poderia acumular o valor do estoque, bem como de todos os custos adicionais necessários para mantê-lo. Esse centro de custo "abstrato" alocaria os custos assim acumulados aos departamentos produtivos.

Alguns autores desejariam alocar todos os custos e despesas à produção e seria bom se pudéssemos fazer isso com algum critério adequado. O fato, todavia, é que, se temos

---

[7] Se alguns centros comuns também prestarem serviços à atividade comercial e administrativa, deveremos atribuir aos *centros auxiliares* e *principais* (produtivos) apenas a parte do custo relativo à atividade específica de cada centro, deixando o resto como despesa administrativa geral ou de venda.

dificuldades em discernir critérios justos de rateio, inclusive para os custos de fabricação, o que dizer então das demais despesas?

Os critérios de rateio nunca passarão de "razoáveis", mesmo que no senso comum apareçam como perfeitamente lógicos. Somente através de uma investigação rigorosa de fundo quantitativo, com análise de correlação e outras, é que poderíamos apurar critérios não enviesados ou não excessivamente enviesados de rateio.

Assim, teremos de confiar em critérios. Eis alguns dos critérios mais comuns de alocação de custos indiretos de centros auxiliares ou comuns:

Custos	Base de Rateio
1. *Custos de Almoxarifado*	Volume ou valor da matéria-prima utilizada nos departamentos produtivos, quantidade de requisições de matéria-prima emitidas pelos departamentos etc.
2. *Custos de Manutenção de Edifícios*	Área instalada de cada departamento, metros cúbicos etc.
3. *Despesa de Aluguel*	Metros quadrados ocupados por cada centro de custo.
4. *Departamento Médico*	Número de funcionários de cada departamento, número de consultas etc.
5. *Despesas de Manutenção de Máquinas*	Apropriação direta em cada departamento, normalmente quotas normais de manutenção preventiva etc.
6. *Energia Elétrica*	Apropriação direta em cada departamento, através de medidores. Se não for possível, através de algum critério que leve em conta o potencial de consumo do departamento.
7. *Impostos sobre Imóveis e a Propriedade*	Área de cada departamento etc.

Cada um desses critérios (e outros), conquanto pareça lógico, pode ser absolutamente falho em certas circunstâncias. Por exemplo, ao ratear os custos do departamento médico de acordo com o número de funcionários existentes nos centros principais, auxiliares e outros comuns que recebem os serviços, estamos atribuindo o mesmo grau de risco e carga a todos os departamentos, independentemente do que possa ocorrer na realidade. É provável que o número unitário de atendimentos ao pessoal da fábrica seja maior do que ao pessoal do escritório ou de outros departamentos comuns, inclusive pela maior faixa de renda a que pertencem estes últimos. Entretanto, a alocação será de peso igual, dependendo única e exclusivamente do número de funcionários.

Ao alocar custos de manutenção e administração geral de edifícios de acordo com a área ou metragem cúbica de cada centro de custo, estamos talvez equalizando em intensidade o tratamento e a manutenção. É possível que os departamentos produtivos exijam mais carga de manutenção e limpeza do que outros centros de custo. Em certas circunstâncias, pode ocorrer o inverso.

Enfim, todo critério pode ser falho em circunstâncias reais, por mais lógico que possa parecer. A análise de desempenho dos departamentos produtivos sempre fica complicada por causa das cargas de custo recebidas, por rateio, de outros departamentos. Se um centro comum tiver sido ineficiente em determinado período e se distribuir custos de acordo com algum critério de produção, o centro principal que produziu mais vai ter de absorver a maior parte da carga da ineficiência do centro comum.

Apesar de todas as limitações apresentadas, continua-se e provavelmente se continuará por muito tempo ainda a ratear custos de centros comuns para os centros auxiliares de custo e os produtivos. As noções de equivalentes de produção e de departamentalização auxiliam-nos a melhor compreender o exemplo a seguir, de produção por processo.

A empresa Novo Brasil S.A. compõe-se de três departamentos principais de produção, *A*, *B* e *C*. Um departamento Auxiliar de Almoxarifado, *D*, e três departamentos Comuns de Serviço: *Departamento Médico, Restaurante,* e *Manutenção, Conservação e Guarda de Edifícios*. Para o ano de 2019 são os seguintes os custos primários previstos dos centros de custo citados (todos custos indiretos):

	Em milhares de R$						
	A	B	C	D	C1	C2	C3
Mão de Obra Indireta	300	250	270	15	12	10	14
Materiais Indiretos	112	136	50	6	1	1	2
Depreciações	20	26	31	3	2	1	1
Aluguéis							5
Outros Custos Indiretos	16	15	21	2	5	3	4
Total de Custos Primários	448	427	372	26	20	15	26

O departamento Auxiliar *D* (Almoxarifado) alocava seus custos para os departamentos produtivos de acordo com o valor da matéria-prima requisitada (ou consumida), no mês, pelos departamentos. As requisições de matéria-prima somaram, para o mês, respectivamente: *A*, R$ 400; *B*, R$ 120; *C*, R$ 200. O departamento Comum C1 (Departamento Médico) prestava serviços para todos os demais, inclusive para setores puramente administrativos. Numa atribuição de porcentagem de funcionários (base de rateio), apenas 70% dos custos primários eram alocáveis à fábrica, em nossa ilustração. Entretanto, como os departamentos comuns prestam serviços inclusive a outros departamentos comuns, surge o problema, na prática, de as distribuições e alocações "não fecharem" (não se encerrarem). Para resolver esse problema, normalmente rateiam-se primeiro os custos do departamento comum que apresentar maior valor para os custos primários e, assim, sucessivamente, iremos encerrando os demais, pela ordem de prioridade.[8] Outra forma de evitar que o processo de encerramento se prolongue mais ou menos indefinidamente é

---

[8] Existem técnicas matemáticas que permitem encerrar o ciclo de rateios, admitindo a distribuição recíproca, sem maiores problemas.

ratear primeiro os custos primários dos departamentos de serviços que prestarem serviços ao maior número de outros centros de custo.

O departamento C2 tinha seus custos rateados aos demais também na base do número de funcionários existentes em cada departamento. Ainda, apenas parte do custo do restaurante é alocável à fábrica, cerca de 80%. O departamento C3 aloca seus custos na base da área ocupada pelas edificações dos demais centros de custo. Aqui também uma parte é apropriável como despesa administrativa, cerca de 15%.

O número de funcionários, bem como a área ocupada pelos centros de custo citados, eram os seguintes:

	A	B	C	D	C1	C2	C3	Total
Área/m²	900	990	600	300	100	150	200	**3.240**
N° de funcionários	50	45	36	5	3	13	21	**173**

ORDEM DOS RATEIOS (de acordo com o valor dos Custos Primários)

1. *Centro de Custo Comum C3 para os Demais*
   Base: área

Carga para os Centros de Custo[9]

para A	para B	para C	para D	para C1	para C2	**Total**
R$ 6,5	R$ 7,2	R$ 4,4	R$ 2,2	R$ 0,7	R$ 1,1	**R$ 22,1**

Note que alocamos apenas 85% dos custos totais de C3, pois 15% são despesa administrativa. Por outro lado, consideramos a despesa de aluguel, em si, primeiramente alocável ao centro de custo C3, sendo rateada depois, integralmente, aos demais. Poderíamos considerar a despesa de aluguel à parte e rateá-la de acordo com a área ocupada, inclusive pelo próprio C3. De qualquer forma, teríamos de, posteriormente, encerrar esse centro de custo. Obviamente, nessa forma simplista de rateio, supomos que os centros não prestem serviços a eles próprios, o que não é rigorosamente correto.

2. *Centro de Custo Comum C1 para Todos os Demais (Menos C3)*
   Base: número de funcionários

Observe que C1 prestava 70% de seus serviços para a área de fábrica. Entretanto, já recebeu um rateio de C3 da ordem de R$ 0,7. Esse R$ 0,7 parece ser totalmente alocável à parte fabril. Portanto, alocaríamos, de C1, os seguintes valores: 70% de R$ 20 e 100% de R$ 0,7. Esse raciocínio, todavia, é algo simplista e ninguém garante que os serviços rateados de C3 para C1 (manutenção e guarda de edifício) também não colaboraram para C1 realizar melhor suas tarefas, inclusive para a área administrativa. Assim, distribuiremos,

---

[9] As porcentagens da área de cada centro sobre o total são calculadas subtraindo-se deste a área de C3. Assim (3.240 − 200) = 100%.

como aproximação, 70% de R$ 20,7, isto é, R$ 14,49, considerando o restante despesa administrativa.[10]

para A	para B	para C	para D	para C2	**Total**
R$ 4,9	R$ 4,4	R$ 3,5	R$ 0,5	R$ 1,19	**R$ 14,49**

3. *Centro de Custo Comum C2 para os Demais (menos C1 e C3)*
   Base: número de funcionários

Além dos custos primários, C2 já recebeu cargas de R$ 2,29 dos rateios anteriores, totalizando custos de R$ 17,29, dos quais cerca de 20% eram administrativos. Apenas R$ 13,832 serão distribuídos, portanto, para a fábrica.

para A	para B	para C	para D	**Total**
R$ 5,09	R$ 4,58	R$ 3,66	R$ 0,502	**R$ 13,832**

4. *Centro de Custo Auxiliar D para os Principais*
   Base: Valor da Matéria-prima Requisitada

O Centro D, além de seus custos primários, recebeu mais R$ 3,202 nos demais rateios. Seu custo total a ratear, portanto, é de R$ 29,202. Este vai totalmente para os centros de custo principais:

para A	para B	para C	**Total**
R$ 16,223	R$ 4,867	R$ 8,112	**R$ 29,202**

5. *Resumo dos Custos Totais dos Centros de Custo Principais*

	A	B	C	**Total**
Primários	448	427	372	**1.247**
Rateados	33	21	20	**74**
Total	481	448	392	**1.321**

Esses custos, somados aos da matéria-prima e mão de obra direta aplicados em cada departamento produtivo, bem como divididos pelas unidades equivalentes produzidas em cada departamento, nos darão os custos unitários para as unidades produzidas e para as unidades que permanecem semiacabadas em estoque e que passam para o período seguinte.

---

[10] Uma forma de eliminar tal problema consiste em se subtrair, de saída, dos Centros Comuns, a parcela Não Fabril, antes de iniciar os rateios.

Teríamos, agora, que calcular as taxas departamentais de custos indiretos. Basta dispor do número de horas previstas de trabalho previsto para cada centro (entre outros critérios). Considere a distribuição a seguir:

A	B	C	Total
30.000	28.500	26.000	84.500 horas

A taxa departamental de cada departamento (após os rateios), por hora, seria de:

Centro A, $\dfrac{\$\,481\,M}{30.000}$ = R$ 16.033,33 por hora

Centro B, $\dfrac{\$\,448\,M}{28.500}$ = R$ 15.719,20 por hora

Centro C, $\dfrac{\$\,392\,M}{26.000}$ = R$ 15.076,92 por hora

Em seguida, apenas multiplicaríamos as taxas assim calculadas pelas horas reais efetivamente trabalhadas, e para cada produto teríamos os custos indiretos apropriados (absorvidos). Bastaria, adicionalmente, somar o custo de matéria-prima e mão de obra direta, para termos o custo total.

Em termos reais, estes últimos podem ser inseridos nos próprios departamentos e somados aos custos indiretos (conforme visto quando tratamos dos equivalentes de produção), sendo o total de todos os custos dividido pelas unidades equivalentes. Uma variante consiste em trabalhar apenas com custos indiretos e, após isso, calcular os custos da matéria-prima. É mais fácil quando a matéria-prima é introduzida de uma só vez num único departamento e transferida para os demais, até sair do produto final. Nesse caso, somamos mão de obra e custos indiretos e os denominamos "custos de conversão" e, em seguida, no fim, somamos a matéria-prima.

Quando existirem vários departamentos produtivos, cada um adicionando matéria-prima, o melhor critério será o analisado quando tratamos os equivalentes de produção. Entretanto, é necessário notar que o item *custos indiretos* (que naqueles exemplos aparecia apenas como um dado do problema) necessita frequentemente dos tratamentos de rateio vistos agora em termos previsionais e reais.

Os critérios e as formas de rateio vistos neste capítulo constituem apenas um exemplo da vasta fauna e flora de práticas e procedimentos observados na Contabilidade de Custos.

Para efeito de Contabilidade Gerencial, é preciso estarmos alertas:

a) Quanto ao nível de capacidade utilizado: capacidade normal, capacidade prevista corrente ou outro conceito. Também é preciso delinear bem o que significa, no sistema particular que está sendo estudado, "Capacidade Normal".

b) Quanto aos critérios de rateio utilizados: é preciso tê-los em mente, bem como as distorções que podem acarretar, numa análise de lucratividade de linha ou por produto. Também seria importante dispor de alguma metodologia de análise mais poderosa, que permitisse delinear o relacionamento entre os critérios empíricos utilizados e os métodos mais sofisticados. Isso pode ser feito, pelo menos em forma de teste, em algumas circunstâncias.

5.6 CICLO DE CUSTOS NUMA EMPRESA DE PRODUÇÃO POR ENCOMENDA

Ao contrário do que ocorre numa indústria de produção por processo, o custeamento de produtos numa empresa de produção por encomenda consiste essencialmente em aplicar custos para tarefas ou ordens específicas, que podem consistir em uma unidade física singular (como, por exemplo, um móvel de estilo) ou em algumas unidades iguais (tais como uma dezena de cadeiras) num lote ou ordem distintos dos demais.

A produção por processo, portanto, caracteriza-se por operações contínuas, pela acumulação de custos em departamentos e pela divisão de tais custos pelas quantidades produzidas durante determinado período, a fim de obtermos custos unitários médios, ao passo que a produção por encomenda caracteriza-se pela manufatura de bens "sob medida" ou únicos, tais como máquinas para finalidades especiais ou móveis de estilo etc.

Essas duas grandes formas de produção, obviamente, são apresentadas por constituírem os extremos da escala de variantes que podem ocorrer na prática.

Nem todas as produções "sob encomenda" apresentam esta característica extremada de singularidade do lote quando comparadas às de outro lote. Algumas empresas conseguem, através da experiência anterior, dimensionar a procura média de certos *designs* e, na verdade, acabam produzindo grandes lotes de bens que se distinguem por algumas características ligadas a detalhes ou a acabamento, ou observando algumas variantes que representam tão somente "ordens" de fabricação para efeito interno, pois irão para o estoque aguardando os pedidos dos compradores. Existem, portanto, sistemas mistos, que são comuns, na prática.

Neste ponto, é preciso desfazer uma imagem errada transmitida por alguns textos, não porque, obviamente, seus autores desconheçam o problema, mas por falta de esclarecimento. O problema é o seguinte: embora a departamentalização de custos seja essencial na produção por processo para efeito de custeamento do produto e para efeito de controle, ela continua importante na produção por ordem, pelo menos para efeito de controle. Isso é extremamente importante.

A acumulação de custos por departamentos deve ser feita, para finalidades de controle, qualquer que seja o modo de fabricação, por encomenda, por processo, ou alguma forma mista. O custeamento dos produtos na fabricação por encomenda é, apesar da aparência de maior facilidade para o leigo, por ser mais "intuitivo", de maior dificuldade prática, pois temos de nos preocupar com acumulação de custos por departamento e por produto, sendo usadas frequentemente contas distintas para isso.

Neste livro sobre Contabilidade Gerencial não abordaremos problemas de registro, sendo mais importante entender os conceitos da Contabilidade de Custos, e sua significância para a gerência no controle e planejamento, bem como no custeamento da produção.

Claramente, a fábrica poderá ter várias ordens em processamento, ao mesmo tempo, nos departamentos produtivos, cada uma exigindo maior ou menor esforço departamental. A peça formal essencial no custeamento por ordem é a "Ordem de Fabricação" ou "Ficha de Custo de Ordem".

Ela pode assumir a forma simplificada a seguir:

FICHA DE CUSTO DE ORDEM Nº 103	Quantidade = 100 Produto = Z	Data do Início 03/03/20X5 Data de Acabamento 07/03/20X5	
Elementos	Depto. A	Depto. B	Total
Matéria-prima Sumário de Requisições nº 5 e 6	R$ 350.000	R$ 600.000	R$ 950.000
Mão de Obra Direta Conf. Mapas de Apropriação nºˢ	R$ 100.000	R$ 180.000	R$ 280.000
Custos Indiretos Aplicados Conforme taxas predeterminadas multiplicadas por horas de mão de obra direta	R$ 56.000	R$ 98.000	R$ 154.000 R$ 1.384.000

Existem formatos diferentes para a ficha. O apresentado é dos mais resumidos. Outros existem em que, no final, são inseridos o preço de venda e o lucro bruto. Também varia muito o grau de detalhe na apresentação dos elementos.

> Obviamente, o arquivo de ordens em aberto, no fim de cada período, constituirá a base para a avaliação do estoque de produtos em processo.

O volume de trabalho de apontamento necessário para o preenchimento de uma ficha de custo de ordem é muito grande, acumulando-se dados e apropriações semanalmente e até diariamente. Tais procedimentos não serão analisados neste ponto, pois são detalhes de apontamento e registro muito bem tratados em livros especializados.

Um aspecto importante para finalidades gerenciais é saber se devemos trabalhar com taxas predeterminadas de custos indiretos em bases anuais, mensais ou em períodos menores. Os contadores têm preferido trabalhar com uma taxa "normalizante" anual. O uso de uma taxa mensal ou semanal poderia ser prejudicado pela variação do volume de unidades fabricadas em cada período e pela variação dos custos por motivos sazonais.

Outro ponto a esclarecer seria o que fazer com as variações de custos indiretos sub ou no final do exercício, ou do período, quando temos condições de apurar os superabsorvidos custos reais. Uma apropriação rigorosa deveria alocar tais variações para *custo das vendas*, para *produtos em processo* e para *produtos acabados*. Teoricamente, todas as ordens deveriam ser "ressuscitadas" e corrigidas. Entretanto, se a variação entre o custo absorvido e o real for irrelevante, é admissível a prática de encerrar tais variações apenas contra *Custo dos Produtos Vendidos*.

Quanto ao estabelecimento das taxas predeterminadas de custos indiretos, o procedimento é parecido com o visto anteriormente.

CÁLCULO DAS TAXAS PREDETERMINADAS DE CUSTOS INDIRETOS			
Elementos Previstos		**Depto. A**	**Depto. B**
Mão de Obra Indireta	R$	100	R$ 300
Materiais Indiretos	R$	50	R$ 30
Suprimentos	R$	5	R$ 12
Depreciações	R$	14	R$ 23
Diversos e Rateados	R$	– 2	R$ – 1
Total	R$	– 171*	R$ 366*
Horas de Mão de Obra Direta		123.000	150.000
Taxa Predeterminada	R$	1.390,24 por hora	R$ 2.440,00 por hora

*Em milhares de R$

Estas taxas serão aplicadas à produção (às ordens) durante o período na base das horas reais de mão de obra direta aplicadas em cada ordem e em cada departamento. Se uma certa ordem de produção (ficha de custo de ordem) gastou 150 horas no departamento *A* e 120 no departamento *B*, a carga de custos indiretos a ser-lhes atribuída será de: R$ 1.390,24 × 150 + R$ 2.440,00 × 120 = R$ 208.536,00 + 292.800,00 = R$ 501.336,00.

5.7 RESUMO DO CAPÍTULO

Grande parte da preocupação dos contadores de custo sempre residiu no custeamento do produto e na apuração de resultados. Isso é altamente compreensível, pois a ênfase de muitos sistemas contábeis está mais na apuração de resultados do que para finalidades de controle e planejamento.

Os processos de custeamento de produtos definidos como "por processo" e "por encomenda" representam apenas os extremos de uma variada gama de espécies de situações encontradas na realidade. Vimos que, embora os procedimentos de custeio sejam diferentes, nas duas grandes modalidades, dois elementos permanecem válidos e realçam sua importância:

a) a departamentalização é importante nos dois tipos, embora seja vital na produção "por processo";

b) o cálculo das taxas predeterminadas de custos indiretos e sua aplicação representam um dos pontos críticos de todo o sistema.

Para finalidades gerenciais, é importante entender a essência dos dois procedimentos e não limitar o uso da apropriação de custos a um problema de apuração de resultado por produto. Responsabilidade e desempenhos departamentais são de grande importância para a gerência, e todos os sistemas de custo devem ser desenhados para atingir os dois objetivos, a saber: um bom custeamento de produto e propiciar condições para avaliação do desempenho departamental, dentre outros que veremos mais adiante.

Este capítulo teve por finalidade apresentar os pontos fundamentais do processo de custeamento. É claro que inúmeros tópicos, tais como tratamento de perdas e desperdícios, processos analíticos de custeamento de matéria-prima e mão de obra, o problema da produção conjunta (coprodutos) e subprodutos etc., nem de leve foram abordados, mas o objetivo, neste capítulo, é não confundir o leitor com detalhes. Estes poderão ser estudados em livros especializados de Custos, ou ficarão claros em exemplos. O nosso escopo foi esclarecer as características fundamentais da Contabilidade de Custos, para efeito de custeamento da produção, e dentro das finalidades de um texto sobre Contabilidade Gerencial.

5.8 EXERCÍCIO PROPOSTO

Certa indústria trabalhava com três departamentos produtivos principais. Apresentamos, a seguir, algumas informações de custos e de trabalho realizado para determinado período:

	Unidades	R$ Matéria-prima	R$ MOD + R$ CIF[11]
• DEPARTAMENTO A			
• Estoque Inicial	10.000	80.000,00	162.000,00
• Unidades Iniciadas no Período	90.000		
• Custos Adicionados		600.000,00	920.000,00
• Unidades Terminadas e Transferidas para o Departamento B	80.000		
Grau de Acabamento			
• Estoque Final	20.000	100%	70%
DEPARTAMENTO B			
• Não Existe Estoque Inicial			
• Custos Recebidos de A	80.000	?	?
• Custos Adicionados		180.000,00	
• Unidades Transferidas para C			60.000
• Estoque Final	20.000	100%	95%
DEPARTAMENTO C			
Estoque Inicial	5.000	40.000,00	85.000,00
Custos Recebidos de B	60.000	?	?
Custos Adicionados			190.000,00
Unidades Terminadas e Transferidas para o Almoxarifado	55.000		
Estoque Final	10.000	100%	98%

---

[11] MOD = Custo de Mão de Obra Direta; CIF = Custos Indiretos de Fabricação.

Apure o valor dos produtos acabados no período e em processo, no fim do período, estes últimos para cada um dos departamentos produtivos.

EXERCÍCIOS

1. (MB – 2013 – QC) O conceito de Equivalente de Produção, que significa o número de unidades iniciadas e acabadas a que equivale, em custos, o quanto se gastou para chegar até certo ponto de outro número de unidades não acabadas, torna-se de grande importância quando se fala de produção

   a) contínua.
   b) acabada.
   c) conjunta.
   d) por ordem.
   e) intermitente.

2. (FCC – 2012 – MPE-PE) A Cia. Industrial Cajaíba registrava, em 31/12/2010, os seguintes valores nas contas do Balanço, relativos a estoques, em R$:

   Materiais 80.000,00
   Produtos em Processo 60.000,00
   Produtos Acabados 95.000,00

   Durante o ano de 2011, a Contabilidade registrou as seguintes informações:

   Compra de Materiais 100.000,00
   Mão de Obra Direta 85.000,00
   Custos Indiretos de Fabricação 243.000,00

   Em 31/12/2011, inventariaram-se os estoques, cujos valores foram avaliados, em R$, equivalentes a:

   Materiais 60.000,00
   Produtos em Processo 75.000,00
   Produtos Acabados 92.000,00

   O Custo da Produção Acabada pela companhia em 2011 correspondeu, em R$, a:

   a) 436.000,00
   b) 433.000,00
   c) 448.000,00
   d) 430.000,00
   e) 446.000,00

3. (CESGRANRIO – 2011 – Petrobras) A Indústria Kalan Ltda., fabricante de diversos tipos de calçados, apresentou os seguintes itens relativos a seus custos de fabricação:

Em reais R$

Colas	300,00
Couros e saltos	50.500,00
Depreciação de máquinas (método linear)	4.000,00
Encargos sociais s/ salários dos cortadores e montadores	6.000,00
Encargos sociais s/ salários do supervisor geral da fábrica	2.500,00
Energia elétrica da fábrica	5.000,00
Estopas	200,00
Lixas, vernizes e solventes	500,00
Salários dos cortadores e montadores	20.000,00
Salário do supervisor geral da fábrica	8.000,00
Seguro da fábrica	3.000,00

Com base nos dados informados, os valores do Material, da Mão de Obra Direta e dos Custos Indiretos de Fabricação, são, respectivamente,

a) R$ 50.500,00, R$ 26.000,00 e R$ 23.500,00
b) R$ 50.500,00, R$ 28.000,00 e R$ 21.500,00
c) R$ 50.800,00, R$ 28.000,00 e R$ 21.200,00
d) R$ 51.000,00, R$ 26.000,00 e R$ 23.000,00
e) R$ 51.500,00, R$ 26.000,00 e R$ 22.500,00

4. **(CESGRANRIO – 2012 – Petrobras)** Uma empresa produtora de sabão em pó, adquiriu, à vista, e com pagamento em cheque, no mês de março de 2012, 8.500 kg de matéria-prima, ao preço de R$ 17.000,00, e consumiu 4.000 kg no mesmo mês. Como devem ser os registros contábeis dos fatos descritos acima?

a) Débito: Banco R$ 17.000,00; Crédito: Estoque de matéria-prima R$ 17.000,00; Débito: Estoque de matéria-prima R$ 8.000,00; Crédito: Estoque de produto acabado R$ 8.000,00.

b) Débito: Estoque de matéria-prima R$ 17.000,00; Crédito: Caixa R$ 17.000,00; Débito: Custo das mercadorias vendidas R$ 8.000,00; Crédito: Estoque de matéria-prima R$ 8.000,00.

c) Débito: Estoque de matéria-prima R$ 17.000,00; Crédito: Banco R$ 17.000,00; Débito: Estoque de matéria-prima R$ 8.000,00; Crédito: Estoque de produto acabado R$ 8.000,00.

d) Débito: Estoque de matéria-prima R$ 17.000,00; Crédito: Banco R$ 17.000,00; Débito: Estoque de produto acabado R$ 8.000,00; Crédito: Estoque de matéria-prima R$ 8.000,00.

e) Débito: Caixa R$ 17.000,00; Crédito: Estoque de matéria-prima R$ 17.000,00; Débito: Estoque de matéria-prima R$ 8.000,00; Crédito: Custo das mercadorias vendidas R$ 8.000,00.

5. (CESGRANRIO – 2011 – Petrobras) A Industrial Egecar Ltda. utiliza como critério de rateio para os seus Custos Indiretos de Fabricação o número total de horas trabalhadas no mês por produto.

Produtor	Número total de horas trabalhadas
A	12.000
B	18.000

Sabendo-se que o total dos custos fixos no mês ficou em R$ 50.000,00, os lançamentos contábeis procedidos pela Industrial Egecar Ltda. para transferência dos custos de produção para Produtos em Elaboração, em reais, são

a) D: Produtos em Elaboração – Produto A _____ 20.000,00
   D: Produtos em Elaboração – Produto B _____ 30.000,00
   C: Custos de Produção – Custos Indiretos _____ 50.000,00
b) D: Produtos em Elaboração – Produto A _____ 25.000,00
   D: Produtos em Elaboração – Produto B _____ 25.000,00
   C: Custos de Produção – Custos Indiretos _____ 50.000,00
c) D: Produtos em Elaboração – Produto A _____ 30.000,00
   D: Produtos em Elaboração – Produto B _____ 20.000,00
   C: Custos de Produção – Custos Indiretos _____ 50.000,00
d) D: Produtos em Elaboração – Produto A _____ 20.000,00
   D: Produtos em Elaboração – Produto B _____ 30.000,00
   C: Estoque de Produtos Acabados _____ 50.000,00
e) D: Custos de Produção – Custos Indiretos _____ 50.000,00
   C: Produtos em Elaboração – Produto A _____ 20.000,00
   C: Produtos em Elaboração – Produto B _____ 30.000,00

6. (FGV – 2011 – SEFAZ-RJ) Determinada indústria possui três departamentos: X, Y e Z. Os gastos em cada um desses departamentos totalizam $ 2.000, $ 4.000 e $ 6.000, respectivamente. Sabe-se que, no Depto. X, são consumidos 70% das horas de trabalho em função do produto A e 30% em função do produto B. O Depto. Y, responsável pela cotação de preços de matéria-prima, consome 30% de seu tempo em função do produto A e 70% em função do produto B, conforme constatado por meio do número de cotações feitas por produto. O Depto. Z presta serviços aos Departamentos X e Y, e, com base nos serviços prestados a eles, constatou-se que o Depto. X recebeu 150 atendimentos, enquanto o Depto. Y recebeu 100 atendimentos. Assinale a alternativa que apresente os custos a serem alocados aos produtos A e B, respectivamente, empregando o critério ABC (para rateio de custos indiretos) e considerando apenas as informações acima.

a) $ 6.000 e $ 6.000.
b) $ 5.840 e $ 6.160.
c) $ 5.600 e $ 6.400.

d) $ 6.400 e $ 5.600.
e) $ 6.160 e $ 5.840.

7. (CESGRANRIO – 2010 – Petrobras) Na Indústria Aluminovo Ltda., o custo de depreciação é rateado, em reais, aos departamentos de serviço e de produção proporcionalmente ao valor das máquinas existentes em cada departamento, como segue abaixo.

Departamento de Administração Geral	35.600,00
Departamento de Almoxarifado	56.740,00
Departamento de Usinagem	138.918,00
Departamento de Montagem	187.350,00
Departamento de Acabamento	81.392,00

Sabendo-se que os custos de depreciação montam a R$ 42.500,00, o custo de depreciação rateado ao Departamento de Montagem foi, em reais, de

a) 11.808,03.
b) 12.918,32.
c) 13.427,95.
d) 15.924,75.
e) 30.260,00.

8. (FCC – 2010 – TCM-CE) Considere os dados a seguir.

Período inicial sem estoques anteriores
? Custos diretos e indiretos da produção do período: R$ 5.000,00.
? Unidades produzidas no período: 3.000 unidades (iniciadas e acabadas no período).

Segundo período
? Custos diretos e indiretos da produção do 2º período: R$ 5.500,00.
? Unidades iniciadas no período: 2.600.
? Unidades acabadas no período: 2.000.
? Unidades em elaboração no final do segundo período: 600.
? As unidades "semiacabadas" receberam 1/3 de todo o processamento necessário.
? A empresa utiliza o custeio por processo.

Utilizando-se o critério de "Equivalente de Produção", o custo unitário das unidades acabadas produzidas no segundo período foi, em R$,

a) 1,67.
b) 2,10.
c) 2,12.
d) 2,50.
e) 2,75.

9. (CESPE – 2018 – SEFAZ-RS) Determinada empresa industrial fabrica os produtos A e B e dispõe de um departamento de serviço e de um de produção. A tabela seguinte mostra informações relativas a determinado período de apuração de custos desses produtos.

Custos	Produto A	Produto B
Diretos	R$ 2.000	R$ 4.000
Totais	R$ 4.000	R$ 6.000

Os custos indiretos próprios do departamento de produção, que somaram R$ 3.000, bem como os custos indiretos recebidos por rateio do departamento de serviço da fábrica, foram alocados aos produtos na proporção dos seus custos diretos.

O total dos custos indiretos do departamento de serviço dessa empresa corresponde a

a) R$ 1.000, dos quais 1/3 foi alocado ao produto A.
b) R$ 1.000, dos quais 1/3 foi alocado ao produto A.
c) R$ 4.000, dos quais 1/3 foi alocado ao produto B.
d) R$ 4.000, dos quais 1/3 foi alocado ao produto B.
e) R$ 3.000, dos quais 1/3 foi alocado ao produto B.

10. (NUCEPE – 2018 – PC-PI) A empresa JD Indústria e Comércio Ltda. produz sabão e *shampoo* para higienização de cães de pequeno porte. No mês de março de 2018 apresentou as seguintes informações:

	Sabão	Shampoo	Total
Matéria-prima	R$ 13.000,00	R$ 22.000,00	R$ 35.000,00
Material consumido	R$ 7.000,00	R$ 10.000,00	R$ 17.000,00
Custos diretos	R$ 20.000,00	R$ 32.000,00	R$ 52.000,00

Durante o mês de março, foram produzidas e acabadas 600 unidades de *shampoo* e 400 unidades de sabão e ainda ocorreram os seguintes custos indiretos adicionais:

Depreciação: R$ 5.000,00

Energia elétrica: R$ 12.000,00

Sabendo que a empresa adota o método de custeio por absorção e faz o rateio dos custos indiretos aos produtos com base na quantidade produzida e acabada de cada produto no mês, o custo unitário do sabão no mês de março de 2018 foi de:

a) R$ 64,67.
b) R$ 67,00.
c) R$ 50,33.

d) R$ 75,50.
e) R$ 97,00.

11. (CESPE – 2010 – INMETRO) Um sistema de custos e informações gerenciais deve integrar os subsistemas de Contabilidade de Custos, Contabilidade Financeira e Contabilidade Gerencial, além do subsistema orçamentário. A cada um desses subsistemas compete o fornecimento de um tipo de dado e informação visando subsidiar a gestão da entidade. As informações fornecidas pelo subsistema de Contabilidade de Custos incluem o

a) indicador de lucro por ação.
b) valor dos dividendos a pagar.
c) plano de metas.
d) custo unitário do produto.
e) resultado do período.

12. (FCC – 2009 – TJ-PA) A transferência de papelão do almoxarifado para o setor de produção de uma empresa que produz embalagens gera um

a) débito na conta Custos Indiretos de Fabricação.
b) crédito na conta Estoques de Produtos em Elaboração.
c) crédito na conta Matéria-prima Consumida.
d) débito na conta Custos Fixos de Produção.
e) crédito na conta Estoques de Matéria-prima.

13. (UFPR – 2018 – COREN-PR) Durante junho/X1 uma indústria de móveis escolares produziu 200 mesas e 400 cadeiras. Os custos unitários com matéria-prima foram $ 45 para as mesas e $ 30 para as cadeiras. Já os custos unitários com mão de obra direta foram, respectivamente, $ 53 e $ 36. Com base nessas informações, assinale a alternativa em que é apresentado o custo total unitário de fabricação das mesas e cadeiras, respectivamente, considerando os custos unitários com matéria-prima o critério de rateio do montante total de $ 24.000 dos custos indiretos de fabricação do período.

a) $ 72 e $ 24.
b) $ 98 e $ 66.
c) $ 117 e $ 54.
d) $ 138 e $ 106.
e) $ 170 e $ 90.

14. (CESPE – 2016 – TCE-PR) Em relação à terminologia aplicada à Contabilidade de Custos e à classificação de custos, assinale a opção correta.

a) As principais características dos custos variáveis incluem atribuições mais precisas aos departamentos de produção, se comparadas aos custos fixos.

b) O custo dos produtos vendidos é superior ao custo de fabricação no período.
c) O custo da produção acabada é superior ao custo dos produtos vendidos.
d) Os termos custo de transformação, custo de conversão e custo primário são sinônimos.
e) A soma dos custos indiretos de fabricação no período e do custo primário no período resulta no custo da produção acabada.

15. **(CESGRANRIO – 2011 – Petrobras)** A Indústria Metal Ltda. utiliza, para apuração dos seus custos, o método de departamentalização.

Em determinado mês, a contabilidade de custos da indústria elaborou o seguinte mapa de custos departamentais:

Itens	Departamentos de Serviços			Departamentos de Produção			
	Adm. Geral	Qualidade	Transporte	Usinagem	Lavagem	Secagem	Total
MOI	3.100	4.850	10.200	29.880	9.500	12.000	69.530
Força e luz	4.500	750	5.800	15.120	23.500	32.500	82.170
Depreciação	12.400	2.400	14.000	45.000	37.000	15.500	126.300
Soma	20.000	8.000	30.000	90.000	70.000	60.000	278.000

Os custos dos departamentos de serviços são distribuídos aos departamentos de produção pelo seguinte critério:

Itens	Qualidade	Transporte	Usinagem	Lavagem	Secagem	Total
Adm. Geral	10%	10%	40%	20%	20%	100%
Controle	–	10%	50%	10%	30%	100%
Transporte	–	–	60%	30%	10%	100%

Considerando exclusivamente as informações acima, os custos totais atribuídos ao departamento de usinagem montaram, em R$, a

a) 70.300,00.
b) 84.900,00.
c) 98.000,00.
d) 103.000,00.
e) 122.800,00.

16. **(CESGRANRIO – 2008 – TJ-RO)** Dados extraídos da Contabilidade de Custos da Indústria Engarrafadora Paracambi S.A.

Custos indiretos de fabricação

Itens	Valor (R$)	Base de rateio
Aluguel de fábrica	2.500,00	Área ocupada
Depreciação das máquinas	30.000,00	Valor das máquinas
Superintendência	20.000,00	Número de empregados
Mão de obra indireta (MOI)	160.000,00	Horas de mão de obra indireta

Distribuição dos critérios de rateio

Base de Rateio	Departamentos de Serviços			Departamentos de Produção			Total
	Adm. Geral	Qualidade	Transporte	Usinagem	Lavagem	Secagem	
Área ocupada	40 m²	20 m²	40 m²	160 m²	140 m²	100 m²	500 m²
Valor das máquinas	25.000,00	10.000,00	62.500,00	127.500,00	87.500,00	62.500,00	375.000,00
Horas MOI	60 horas	20 horas	60 horas	250 horas	210 horas	200 horas	800 horas
Número de empregados	8	4	8	40	20	20	100

Considerando-se, exclusivamente, as informações acima, o rateio de depreciação das máquinas correspondente ao departamento de Usinagem, em R$, foi

a) 5.000,00.
b) 7.111,11.
c) 8.555,55.
d) 9.999,90.
e) 10.200,00.

17. (CFC – 2011 – CFC – Contador) Uma empresa iniciou suas atividades no mês de agosto fabricando mesas escolares. Nesse mês, foram acabadas 700 unidades e 75 ficaram na produção em andamento com acabamento médio de 36%.

Custos:
Matéria-prima   R$ 124.000,00
Mão de Obra Direta   R$ 50.000,00
Custos Indiretos   R$ 36.700,00

A matéria-prima é totalmente requisitada do almoxarifado antes de se iniciar a produção.

Os custos da produção acabada e da produção em andamento são, respectivamente, de:

a) R$ 105.350,00 e R$ 105.350,00.
b) R$ 190.309,68 e R$ 20.390,32.
c) R$195.480,06 e R$ 15.219,94.
d) R$ 202.874,83 e R$ 7.825,17.
e) R$ 105.350,00 e R$ 20.390,32.

6

Relações Custo/Volume/Lucro

6.1 INTRODUÇÃO

De grande relevância para todos os níveis de gerência tem sido o bom aproveitamento de noções de custo para "dissecar" a anatomia da estrutura de custos da empresa e acompanhar os relacionamentos entre as variações de volume e variações de custos (e, portanto, de lucro).

Para entender a natureza das relações entre custo, volume e lucro, é necessário primeiro definir, de forma simplista:

a) **Custos e despesas variáveis**: os que variam na mesma proporção das variações ocorridas no volume de produção ou outra medida de atividade. Exemplos comumente apresentados como sendo de custos variáveis: matéria-prima, mão de obra direta, comissões sobre vendas etc. Algumas despesas variam proporcionalmente à variação das vendas, mais do que da produção. É o caso típico de comissões sobre vendas.

b) **Custos e despesas fixas**: teoricamente definidos como os que se mantêm inalterados, dentro de certos limites, independentemente das variações da atividade ou das vendas. Exemplos muito citados de custos fixos: ordenados de mensalistas, depreciações, aluguéis etc.

Existem, ainda, segundo os autores, categorias intermediárias entre variáveis e fixas. São as denominadas semivariáveis e semifixas. Na prática não é fácil distinguir estas duas últimas espécies. Os custos semivariáveis se aproximariam mais dos variáveis do que dos fixos, quanto a seu comportamento. Possuem uma componente fixa a partir da qual passa seu comportamento a ser variável. Sob esse ponto de vista, energia elétrica seria um custo semivariável. Tem uma pequena parte fixa (que tem de ser paga independentemente do nível do consumo) e a partir daí a conta cresce na exata proporção do número de kWh consumidos.

Como exemplo de custo semifixo cita-se frequentemente o gasto com supervisão da fábrica. Mantém-se fixo dentro de certos intervalos de atividade (menores do que os citados para definir custo fixo) e, abruptamente, eleva-se para atingir outro "patamar" no qual ficará por mais algum tempo, até dar um novo "salto".

A validade de tais definições é, na melhor das hipóteses, apenas didática e de ordem prático-simplificadora, pois na realidade o comportamento dos itens de custo é o mais variado possível, em face das variações de volume.

Frequentemente, o valor total do custo da mão de obra direta e indireta de um período não guarda relação de proporcionalidade direta com as flutuações de volume, por uma série de problemas, dentre os quais, o fato de, no Brasil, devido aos altos custos de contratação e recrutamento, os empresários hesitarem em ajustar prontamente a força de trabalho às flutuações da demanda. Isso leva a incluir maiores cargas de tempo ocioso remunerado como custo indireto, no que se refere ao pessoal da fábrica. A mão de obra direta, todavia, deveria, rigorosamente, ser proporcional às variações das ordens completadas, pelo menos em número de horas, com exceção de pequenas diferenças de eficiência e ociosidade. Ela é variável na distribuição que podemos fazer a esta ou aquela ordem, mas frequentemente é fixa em seu total.

Os custos fixos, por sua vez, são fixos mais nas intenções dos que assim os classificam do que na realidade. Muitas vezes, embora fixos quanto à intensidade do esforço ou do serviço envolvido, sofrem variações devidas apenas à inflação ou ao acréscimo de preços. Somente algumas despesas, tais como ordenados do pessoal administrativo, são fixas, ou pelo menos previsíveis para o período orçamentário, desde que os reajustes sejam previsíveis.

Mesmo os custos variáveis, que presumivelmente não só acompanhariam proporcionalmente a variação de volume, como, também pelo mesmo fato, deveriam ser fixos unitariamente, sofrem, no médio prazo pelo menos, o impacto de economias e deseconomias de escala, de ineficiências e eficiências, variando mais ou menos proporcionalmente do que a definição possa admitir.

Entretanto, por aproximados e sofríveis que possam ser, os conceitos contábeis têm uma utilidade extraordinária na prática. O contador, ao admitir certas simplificações, está perfeitamente consciente do desvio cometido em relação ao conceito teórico da economia.

Isso é válido não só no que se refere ao custo, como à receita. Frequentemente a função-receita e a função-custo não são lineares, mas os contadores, embora perfeitamente sabedores disso, colocam as funções dentro da "camisa-de-força" da linearidade, por simplificação e para evitar os custos e as demoras das análises mais sofisticadas. Num bom número de casos, a simplificação acaba dando resultados práticos bastante próximos e razoáveis. Em alguns dos outros, todavia, o desvio pode ser grosseiro.

A figura a seguir representa a visão clássica do contador no que se refere às funções receita e custo. Assim, ambas são representadas com retas, sendo que a de receita se inicia na origem. A de custo inicia-se já em certa altura, independentemente do nível de atividade, devido ao custo fixo. O ponto de encontro entre as duas curvas representa o "ponto de ruptura" (ou de equilíbrio), a partir do qual a empresa aufere lucro e abaixo do qual incorre em prejuízos.

Poderíamos ter incluído no gráfico a reta de custo variável, que partiria da origem, da mesma forma que a de receita, mas com inclinação menor, porém nada de essencial seria adicionado; somente mostraria a diferença entre receita e custos variáveis (margem de contribuição), importante em algumas situações.

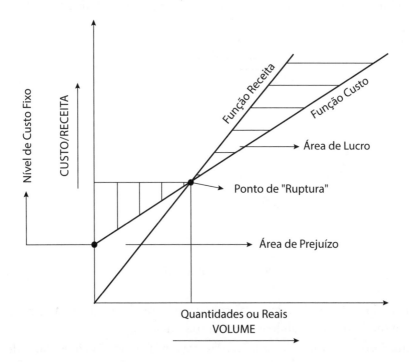

Como se vê, as premissas são bastante simplistas. Não somente trata-se de retas, mas elas, visualmente, continuariam indefinidamente em seus caminhos, ampliando cada vez mais o lucro, a partir do ponto de equilíbrio. É claro que o contador admite essas simplificações dentro de certos limites de produção.

CUSTOS PARA AVALIAÇÃO, CONTROLE E TOMADA DE DECISÕES

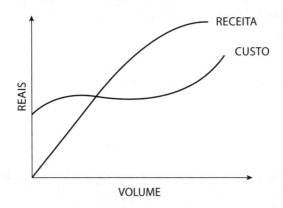

A figura anterior representa a visão do problema por parte do economista, sem dúvida mais válida do ponto de vista real, pelo menos setorialmente. Entretanto, dentro do que se denomina "intervalo de variação relevante", e desde que o volume não caia fora dos limites de tal intervalo (intervalo no qual a empresa tenha tido alguma experiência prática), a linearidade pode ser assumida, em algumas circunstâncias.

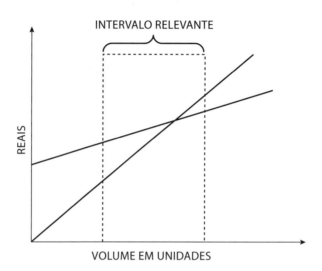

O "intervalo de variação relevante" consiste em traçar um corte no gráfico convencional, sem tomá-lo como válido em toda a sua extensão.

Na verdade, o "intervalo relevante" representa um "flagrante" daquela faixa de variação de volume suficientemente pequena para que nela a linearidade seja válida.

É importante conhecermos bem as limitações de certas simplificações admitidas pelos contadores a fim de podermos usar as técnicas sempre que possível, e socorrer-nos de outras mais apuradas quando necessário.

No fundo, o contador tenta descrever, como variável dependente, os Custos Totais (que denominaremos ou simbolizaremos por Y), em termos de 1 – uma parte fixa (que simbolizaremos por A) e de 2 – uma parte unitária variável (que simbolizaremos por b), a qual, multiplicada pelo número de unidades de volume (ou de vendas), redundará no total dos custos variáveis.

Logo,

Custo Total = Custo fixo + custo unitário variável × unidades produzidas (vendidas).

Assim,

$$Y = A + b \cdot X$$

O ponto de "ruptura", ou de equilíbrio, é aquele volume em que as receitas totais igualam os custos totais.

Simbolizando a Receita Total por $p \cdot X$, sendo p o preço unitário de venda e X o número de unidades produzidas (que a partir deste ponto passaremos a igualar às vendas, para maior facilidade), teremos para alcançar o ponto de ruptura, em número de unidades vendidas,

$$A + b \cdot X = p \cdot X, \text{ isto é, Custo Total = Receita Total}$$

isolando X para melhor visualizar

$$b \cdot X - p \cdot X = -A$$

ou

$$p \cdot X - b \cdot X = A$$

ou

$$X(p - b) = A$$

Assim,

$$X = \frac{A}{p-b} \qquad (1)$$

Esse resultado é muito importante, pois nos indica que o ponto de equilíbrio é alcançado num número tal de unidades vendidas igual ao quociente entre custos fixos e a diferença entre preço unitário de venda e custos unitários variáveis. Em palavras, poderíamos expressar:

$$\text{Ponto de Equilíbrio (em unidade)} = \frac{\$ \text{ Custos Fixos}}{\text{Margem de Contribuição Unitária}}$$

Isso pode ser intuitivamente entendido, pois, se os custos fixos independem do volume de atividade (premissa aceita), teremos de vender tantas unidades de produto quantas forem necessárias para, através da margem ganha em cada uma delas (preço de venda menos custo variável), cobrirmos os custos fixos e, assim, atingirmos o ponto de equilíbrio (os custos variáveis já foram cobertos, pois levamos em conta a diferença entre preço de venda e custos variáveis).

Exemplo: Custos Fixos, previstos em R$ 6.376.350
Preço de Venda   R$ 15
Custo Unitário
Variável   R$ 10

$$\text{Ponto de Equilíbrio} = \frac{\$\, 6.376.350,00}{\$\, 15,00 - 10,00} = \frac{\$\, 6.376.350,00}{\$\, 5,00} =$$

$$= 1.275.270 \text{ unidades do produto}$$

Testemos o resultado obtido. Se estiver correto, multiplicar o número de unidades pelo preço unitário de venda, deverá resultar num valor em reais-venda igual aos custos totais (lucro zero).

Assim, 1.275.270 × R$ 15 = R$ 19.129.050 (Vendas Totais)

O custo total, para esse nível de venda (e produção), será de:

$$R\$\ 6.376.350 \text{ (parte fixa)} + R\$10 \times 1.275.270 \text{ (parte variável)} =$$

$$R\$\ 6.376.350 + R\$\ 12.752.700 = R\$\ 19.129.050$$

Assim, de fato, ao vendermos o número de unidades indicadas alcançaremos uma receita total igual às despesas totais.

A fórmula apresentada, em quantidades, é importante, pois permite alcançar ou calcular o ponto de equilíbrio de cada produto, quando a empresa produzir mais de um, contanto que consigamos apropriar uma parcela do custo fixo total a cada produto (o que não deixaria de ser dificultoso). Além do mais, mesmo na hipótese de produto único, é muito importante, como indicação, para o setor de produção, conhecer quantas unidades deverá produzir.

Entretanto, frequentemente deseja-se um cálculo rápido que dê diretamente o valor de venda, em reais, do ponto de equilíbrio. Sempre poderemos calcular as quantidades dividindo o valor assim obtido pelo preço unitário de venda na data.

Vimos no exemplo que os custos variáveis representaram R$ 12.752.700, enquanto as vendas em reais seriam de R$ 19.129.050.

O quociente entre custos variáveis e vendas (que simbolizaremos por b')

$$= \frac{\$\ 12.752.700,00}{\$\ 19.129.050,00} = 0{,}6666\ldots \text{ é igual a, aproximadamente, } 0{,}67.$$

É fácil verificar a seguinte igualdade:

$$X \cdot p = \frac{A}{1 - b'}$$

No exemplo, a ser válida esta fórmula,

$$PE - R\$ = \frac{\$\ 6.376.350,00}{1 - 0{,}6666\ldots} = 19.129.050$$

isto é, Valor de Venda para o equilíbrio = $\dfrac{\text{Custos Fixos}}{1 - \dfrac{\$\ \text{Custos Variáveis}}{\$\ \text{Vendas}}}$

$$X \cdot p \cdot (1 - b') = A$$

$$X \cdot p = X\,pb' = A$$

Substituindo b' por b/p (contabilmente, a relação entre custos variáveis totais e vendas totais é igual à relação entre custo unitário variável e preço de venda), temos:

$$X \cdot p - X \cdot p \cdot \frac{b}{p} = A, \text{ donde, } X \cdot (p - b) = A,$$

Logo, $X = \dfrac{A}{p-b}$ (ver Fórmula 1).

Voltamos, assim, à fórmula de equilíbrio em número de unidades. Está demonstrada a igualdade. Dessa forma, as duas fórmulas básicas para determinação do ponto de equilíbrio são as seguintes:

$$\text{Ponto de Equilíbrio (em quantidades)} = \frac{\$ \text{ Custos Fixos}}{\$ \text{ Margem de Contribuição Unitária}}$$

$$\text{Ponto de Equilíbrio (em reais)} = \frac{\$ \text{ Custos Fixos}}{1 - \dfrac{\$ \text{ Custos Variáveis}}{\text{Vendas}}}$$

Exercício. Certa empresa está prevendo um nível de custos fixos de R$ 8.567.398. As vendas previstas somavam R$ 36.500.000 e os custos variáveis, R$ 21.546.789. Determine o ponto de equilíbrio em reais.

$$\text{PE \$} = \frac{8.567.396{,}00}{1 - \dfrac{21.546.789{,}00}{36.500.000{,}00}} = \frac{8.567.398{,}00}{1 - 0{,}5903229}$$

$$\text{PE \$} = \frac{8.567.396{,}00}{0{,}4096771} = 20.912.562{,}00$$

Se o preço de venda for, por hipótese, R$ 15,69 por unidade, poderemos obter o ponto de equilíbrio em quantidades de duas formas:

a) $\text{PEq} = \dfrac{\$\,20.912.562{,}00}{\$\,15{,}69} = 1.332.859{,}2$ unidades

b) $\text{PEq} = \dfrac{\$\,8.567.398{,}00}{15{,}69 - 9{,}261663} = \dfrac{8.567.398{,}00}{6{,}427834} = 1.332.859{,}2$ unidades

O custo unitário variável de R$ 9,26 foi determinado utilizando-se 59,03% do preço de venda. Assim, pudemos utilizar a fórmula completa do cálculo em quantidades.

6.2 A FÓRMULA DO EQUILÍBRIO COM O LUCRO DESEJADO

Muitas vezes é interessante incluir na fórmula o lucro desejado, que pode ser expresso em valores absolutos ou como porcentagem sobre as vendas (ou custos). Se uma empresa com custos fixos de R$ 5.000.000 e com porcentagem de custos variáveis em relação às vendas de 45% desejar um lucro de R$ 10.000.000, deverá vender R$ 27.272.727.[1]

O ponto de equilíbrio seria alcançado em = $\dfrac{\$ 5.000.000}{0,55}$ = R$ 9.090.909. O ponto que estamos procurando será igual a R$ 9.090.909 + 18.181.818 = R$ 27.272.727. Logo, teremos de vender R$ 27.272.727 para atingir a meta desejada.

Se a mesma empresa quisesse ter um lucro de 50% sobre as vendas no ponto de equilíbrio, teríamos:

$$\dfrac{\$ 5.000.000 + 0,50 \times \dfrac{5.000.000}{0,55}}{0,55} = \$ 17.355.371$$

O lucro representa 50% das vendas no ponto de equilíbrio, isto é, 50% das vendas de R$ 9.090.909.

6.3 O PONTO DE EQUILÍBRIO E AS VARIAÇÕES DE CUSTOS FIXOS E CUSTOS VARIÁVEIS

Um dos aspectos mais importantes de toda a análise das relações custo, volume, lucro é verificar o comportamento do custo total ao nível de equilíbrio diante de alterações:

a) nos custos fixos;
b) nos custos variáveis;
c) em ambos.

ALTERAÇÕES NOS CUSTOS FIXOS

Podemos facilmente generalizar nesse caso, afirmando que a uma alteração de $X\%$ no total dos custos fixos corresponde à necessidade de vendermos mais $X\%$ sobre o nível anterior de venda, a fim de recuperarmos o equilíbrio.

Exemplo: No período orçamentário de 2018, a empresa Brasil Vencedor S.A. mantinha a estrutura de custos abaixo:

Custos Fixos	R$ 3.560.000
% de custos variáveis em relação às vendas	65%

A empresa previa para 2019 um acréscimo de 10% no montante dos custos fixos.

Ponto de equilíbrio em 2018 = R$ 10.171.428
Mesmo ponto em 2019 = R$ 11.188.571

---

[1] Fórmula: *Custos Fixos + Lucro Desejado 1 − b'*.

Sabemos que o acréscimo no valor dos custos fixos foi de 10%. Vejamos o reflexo no valor das vendas. Esse reflexo será igual a:

$$\frac{11.188.571 - 10.171.428}{10.171.428} \times 100\% \quad \frac{1.017.143}{10.171.428} \, 0,10 = 10\%$$

Se chamarmos PE′ o ponto de equilíbrio após o acréscimo nos custos fixos e PE o de antes, temos a seguinte relação:

$$PE' = PE \cdot (1 + i),$$

sendo i a taxa de acréscimo nos custos fixos.

Assim, se tivermos, digamos, uma empresa com um ponto de equilíbrio em R$ 10.000.000 e ela divisar um acréscimo nos custos fixos de 30%, basta multiplicar os R$ 10.000.000 por 1,30 para obter o novo ponto de equilíbrio que se fixará nos R$ 13.000.000.

É crítica, do ponto de vista gerencial, a influência do custo fixo, e o controle de seu nível merece a mais detida atenção por parte da administração. Muitas vezes, um programa de controle de custos fixos e de redução dos custos desnecessários já dá um alívio considerável à estrutura de custos (e de lucros) da empresa.

Qualquer acréscimo ou redução percentual sobre os custos fixos irá afetar, na mesma proporção e no mesmo sentido, o esforço para atingir o ponto de equilíbrio.

ALTERAÇÕES NOS CUSTOS VARIÁVEIS[2]

As alterações nos custos variáveis provocam reflexos mais ou menos proporcionais no ponto de equilíbrio, dependendo da porcentagem que os custos variáveis representam sobre as vendas e o custo total inicialmente.

Exemplo 1: Custo fixo .... R$ 6.750.000

Porcentagem de custos variáveis em relação às vendas 50%

Acréscimo previsto nos custos variáveis 30%

Ponto de equilíbrio (antes do acréscimo) $= \dfrac{\$ 6.750.000}{0,50}$

$= \$ 13.500.000$

Ponto de equilíbrio (após o acréscimo) e sem alteração do preço de venda $= \dfrac{\$ 6.750.000}{0,35}$

$= \$ 19.285.714$

---

[2] Em todo o capítulo, por simplificação, estamos igualando as quantidades produzidas às vendas. A rigor, as considerações sobre *custos variáveis* e *fixos* deveriam girar primeiramente em torno das unidades produzidas.

Explicação:

$$\begin{cases} \$\,100-0,50 \\ \$\,130-x \end{cases} \quad \text{O } x \text{ também é igual a } 0,50 \times 1,30 = 0,65$$

$$x = 0,65$$

O x é a nova porcentagem dos custos variáveis em relação às vendas.

Se, na base R$ 100, os custos variáveis representavam 50% das vendas, com acréscimo de 30%, isto é, passando para R$ 130, representam $X\%$, isto é, 0,65 ou 65%.

O acréscimo de vendas necessário para atingir o ponto de equilíbrio, após o acréscimo nos custos variáveis, foi de:

$$\frac{19.285.714 - 13.500.000}{13.500.000} = 0,4285714 = 43\%, \text{ aproximadamente}$$

Exemplo 2: Custos fixos a R$ 6.750.000
Porcentagem de custos variáveis em relação às vendas   50%
0,50 × 1,70 = 0,85
1 − 0,85 = 0,15

Acréscimo de custos variáveis...   70%

$$\text{PE, após o acréscimo,} = \frac{6.750.000}{0,15} = \text{R\$ } 45.000.000$$

Acréscimo no ponto de equilíbrio: 233%

Exemplo 3: Custos fixos.... R$ 6.750.000
Porcentagem de custos variáveis...   50%
0,50 × 1,50 = 0,75
1 − 0,75 = 0,25

Acréscimo do custo variável...   50%

$$\text{PE, após o acréscimo,} = \frac{6.750.000}{0,25} = \text{R\$ } 27.000.000$$

Acréscimo no ponto de equilíbrio: 100%

O exemplo parece indicar que, quando a estrutura inicial de custos nivela o custo variável em 50% das vendas, ocorrem as seguintes situações:

a) Se os custos variáveis aumentarem menos que 50%, o acréscimo no ponto de equilíbrio será maior do que o acréscimo nos custos variáveis, mas menor que 50%.
b) Se os custos variáveis aumentarem mais que 50%, o acréscimo no ponto de equilíbrio será mais do que proporcional, chegando à necessidade de termos de vender mais de três vezes o volume original para alcançarmos o equilíbrio (Exemplo 2).
c) Se os custos variáveis aumentarem exatamente em 50%, o acréscimo necessário de venda para atingir o ponto de equilíbrio será de 100%. O dobro, portanto, do aumento nos custos variáveis.

Exemplo 4: Custos fixos .... R$ 6.750.000
Custos variáveis .... 30% das vendas
Acréscimo de custos variáveis 10%

$$\text{Ponto de equilíbrio (antes do acréscimo)} = \frac{\$\ 6.750.000}{0,70}$$
$$= R\$\ 9.642.857,14$$

$$\text{Ponto de equilíbrio (após o acréscimo)} = \frac{\$\ 6.750.000}{0,67}$$
$$= R\$\ 10.074.626$$

Porcentagem de acréscimo no ponto de equilíbrio = 48%

Exemplo 5: Custos fixos .... R$ 6.750.000
Custos variáveis .... 30% das vendas
Acréscimo de custos variáveis 50%
PE após o acréscimo .... R$ 12.272.727
Acréscimo no ponto de equilíbrio 27,27%

Exemplo 6: Custos fixos .... R$ 6.750.000
Custos variáveis .... 30% das vendas
Acréscimo de custos variáveis 30%
PE após o acréscimo .... R$ 11.065.573
Acréscimo no ponto de equilíbrio 14,75%

Em todos os casos analisados, o acréscimo de venda necessário para atingir o novo ponto de equilíbrio sempre foi inferior à porcentagem de acréscimo nos custos variáveis.

Importante notar que esses resultados, bem como os dos Exemplos 1 a 3 e dos que veremos a seguir, independem do valor do custo fixo. Poderíamos escolher outro valor para os custos fixos e, guardados os outros dados iguais aos apresentados, os *resultados percentuais* seriam os mesmos.

Exemplo 7: Custos fixos .... R$ 6.750.000
Custos variáveis .... 70% das vendas
Acréscimo 40%
PE antes do acréscimo .... R$ 22.500.000
PE após o acréscimo .... R$ 337.500.000
Acréscimo no ponto de equilíbrio 1.400%

Exemplo 8: Custos fixos .... R$ 6.750.000
Custos variáveis .... 70% das vendas
Acréscimo 70%
PE, após, dá *valor negativo* ....

EXPLICAÇÃO DO EXEMPLO 8

Suponhamos que o custo variável antes do acréscimo seja de R$ 100. Se representar 70% do preço unitário de venda, este último será de $\frac{100}{0,70}$ R$ 142,86. Se houver um acréscimo de 70% nos custos variáveis, estes passarão a R$ 170, superando o preço unitário de venda. Nesse caso, os custos variáveis representam 119% das vendas, e o 1 − *b′*, do denominador da fórmula do ponto de equilíbrio, passaria a ser 1 − 1,19 = − 0,19. O ponto de equilíbrio seria $\frac{\$\,6.750.000}{-0,19}$ = (R$ 35.526.315), um valor negativo de vendas! Portanto, um absurdo.

Exemplo 9: Custos fixos 6.750.000
Custos variáveis .... 70% das vendas
Acréscimo 90%

Solução irrealista, pelos mesmos motivos apontados no Exemplo 8.

ALGUMAS OBSERVAÇÕES SOBRE OS EXEMPLOS – GENERALIZAÇÃO

Observamos que tanto a percentagem de acréscimo quanto a percentagem inicial de custos variáveis em relação às vendas são importantes na determinação do reflexo no acréscimo do ponto de equilíbrio. Vamos generalizar, da seguinte forma:

$$Y = A + b' \cdot X$$

$$A = \text{custo fixo}$$

$$b' = \frac{\text{custos variáveis}}{\text{vendas}}$$

$$X = \text{Vendas em R\$}$$

$$PE_1 = \frac{A}{1 - b'}$$

– efeito de acréscimo nos custos variáveis à taxa *i*:

$$b'' = \frac{\text{custos variáveis}\,(1+i)}{\text{vendas}} = b' \times (1+i)$$

$$PE_2 = \frac{A}{1-b''}$$

$$PE_2 = \frac{A}{1-b' \times (1+i)}$$

A função resultante, portanto, é:

$$\frac{A}{1-b' \times (1+i)}$$

Em primeiro lugar, essa função apresentará valores positivos se:

a) o numerador e o denominador forem positivos;
b) o numerador e o denominador forem negativos.

Na prática, não se concebe uma empresa em plena operação com custo fixo negativo (nem nulo). Também não é normal a porcentagem de custos variáveis em relação às vendas ser maior que 1 (caso em que o denominador resultaria negativo).

Portanto, A é definido como valor positivo.

b' e $b' \cdot (1 + i)$ são valores positivos maiores que 0 e menores que 1.

Evidentemente, a análise da variação da função resume-se a:

$$\frac{1}{1-b' \times (1+i)}, \text{ já que 1 é uma constante.}$$

A variável independente é, obviamente, i, a qual pode assumir valores positivos quaisquer, até o ponto em que $b' \times (1 + i)$ iguale-se a 1. De forma mais prática, o máximo que podemos chegar para $b' \times (1 + i)$ é um valor imediatamente inferior a 1, de forma que o denominador dê sempre positivo, e nunca negativo (absurdo) ou nulo.

Por sua vez, b' é uma constante *em cada caso*. Poderá variar entre valores maiores que 0 e menores que 1.

Nos exemplos apresentados, fizemos b' assumir inicialmente um valor de 0,50. Em seguida, fizemos variar i em três posições: abaixo de b' (0,30), igual a b' (0,50) e acima de b' (0,70).

Quando $b' = 0,50$ e $i = 0$ (antes dos aumentos), a função fica:

$$f(i) = \frac{1}{1-0,50 \times (1+0)} = \frac{1}{1-0,50} = \frac{1}{0,50} = 2$$

Se $i = 0,50$, a função fica:

$$f(i) = \frac{1}{1-0,50 \times (1+0,50)} = \frac{1}{1-0,50-0,25} = \frac{1}{0,25} = 4$$

Verifica-se claramente que o valor da função dobrou, confirmando os cálculos realizados no exemplo.

Podemos afirmar, assim, que, se uma empresa partir de uma estrutura de custos em que os custos variáveis representam 50% do valor das vendas, um acréscimo de 50% nos custos variáveis representará a necessidade de um acréscimo de vendas de 100% a fim de atingirmos, novamente, o equilíbrio. Isso se os custos fixos não variarem.

Vejamos agora o que ocorre com acréscimos inferiores a 50%. Seguindo os mesmos valores dos exemplos, escolhemos 30%.

$$f(i) = \frac{1}{1-0,50\times(1+0,30)} = \frac{1}{1-0,50-0,15} = \frac{1}{0,35} = 2,86 \text{ aproximadamente.}$$

A função teve um acréscimo de 43%, aproximadamente.

Verifica-se que o efeito no ponto de equilíbrio foi mais do que proporcional ao acréscimo nos custos variáveis, mas foi *menos que o dobro*. Para testar definitivamente, vamos atribuir outro valor a *i*, digamos, 10%.

$$f(i) = \frac{1}{1-0,50\times(1+0,10)} = \frac{1}{1-0,50-0,05} = \frac{1}{0,45} = 2,22$$

O acréscimo foi de (no ponto de equilíbrio), aproximadamente, 11%. Foi maior o reflexo no ponto de equilíbrio do que nos custos variáveis, mas não chega a dobrar. Quanto menores os acréscimos de custos variáveis, menor será a diferença entre o impacto real no ponto de equilíbrio e o impacto da porcentagem de acréscimo nos custos variáveis.

Podemos afirmar assim que, se uma empresa partir de uma estrutura de custos em que os custos variáveis representam 50% do valor das vendas, um acréscimo inferior a 50% nos custos variáveis representará a necessidade de um acréscimo mais do que proporcional nas vendas a fim de alcançar novo ponto de equilíbrio, sem necessitarmos dobrá-las.

Finalmente, no caso de acréscimo superior a 50%, digamos 70%, conforme exemplo apresentado,

$$f(i) = \frac{1}{1-0,50\times(1+0,70)} = \frac{1}{1-0,50-0,30} = 6,67$$

aproximadamente. Isso representa um acréscimo no ponto de equilíbrio de

$$\frac{6,67-2,00}{2,00} \times 100\% = 233,5\%!$$

Se o acréscimo for de 650%, teremos

$$f(i) = \frac{1}{1-0,50\times(1+0,60)} = 5$$

O acréscimo no ponto de equilíbrio é de 150%.

Podemos afirmar, assim, que, se uma empresa partir de uma estrutura de custos variáveis em que estes representam 50% do valor das vendas, um acréscimo superior a 50% nos custos variáveis acarretará a necessidade de um acréscimo mais do que proporcional nas vendas a fim de alcançar novo ponto de equilíbrio. Esse acréscimo será sempre superior ao dobro.

Se considerarmos que muitas empresas, talvez a maioria, apresentam porcentagens de custos variáveis de aproximadamente 50% das vendas, vemos como é dramático o reflexo, no ponto de equilíbrio, de um acréscimo nos custos variáveis. Importante notar que o acréscimo no ponto de equilíbrio *sempre será superior à porcentagem de acréscimo nos custos variáveis.*[3]

Se levarmos em conta, adicionalmente, que os custos variáveis são representados primariamente por materiais e salários, e que tanto aqueles como estes têm subido bastante, está aí uma explicação simples, contábil, sem precisarmos recorrer a refinadas demonstrações econométricas de alguns dos porquês de o custo de vida e os preços em geral terem subido tanto (pelo reajuste dos preços de venda que acarretam).

Convidamos os leitores a exercerem o mesmo raciocínio nos casos em que a porcentagem de custos variáveis inicialmente está abaixo de 50%. Nesse caso, os reflexos sobre o ponto de equilíbrio são sempre menos que proporcionais. Por outro lado, quando a empresa inicialmente tem uma estrutura de custos variáveis superior a 50% das vendas, a situação é crítica no que se refere a qualquer acréscimo em tais custos. Vimos que, em um caso em que a empresa tinha 70% de custos variáveis em relação às vendas, um acréscimo de apenas 40% em tais custos forçava a necessidade (mantendo o preço de venda) de vendermos mais 1.400% para atingirmos o equilíbrio! De fato, analisando a função:

$$f(i)\,0,70 = \frac{1}{1 - 0,70 \times (1+0)} = 3,33,$$

antes do acréscimo.

$$f(i)\,0,70 \times \frac{1}{1 - 0,70 \times (1+0,40)} = \frac{1}{0,02} = 50,$$

após o acréscimo.

Acréscimo no ponto de equilíbrio $= \dfrac{50 - 3,33}{3,33} \times 100\% = 1400\%$, aproximadamente.

A situação é tão dramática que, se a empresa se encontrar defronte a um acréscimo de 70% nos custos variáveis e se, digamos que por absurdo, não tiver possibilidade de aumentar o preço de venda (mesmo que a capacidade do mercado fosse inesgotável, ou sua capacidade de produção), a empresa *nunca* atingiria o ponto de equilíbrio, pois daria um valor negativo.

---

[3] Nestes exemplos não estamos fazendo premissas de como conseguir aumentar as vendas: pela venda de mais unidades, pelo acréscimo no preço de venda ou ambas. Apenas sabemos o valor das vendas adicionais necessárias.

Essas considerações são extremamente importantes, não somente no caso de empresa em plena operação, mas antes de iniciar suas operações. Se, por fatores de mercado, o preço de venda não for alterável com muita facilidade e se para produzir uma unidade de um produto a porcentagem de custos variáveis for alta, é bom essa empresa pensar bem antes de entrar no negócio. Ela deverá controlar os custos fixos e, ainda, absorver com ganhos de produtividade os acréscimos nos custos variáveis.

O ideal é a empresa colocar-se numa faixa em que a porcentagem de custos variáveis seja inferior a 50% das vendas. Ela poderá absorver acréscimos de custos variáveis com muito mais facilidade.

Pelo visto até o momento, podemos inferir que:

A. Qualquer acréscimo isolado nos custos fixos redunda num acréscimo percentual igual no ponto de equilíbrio.
B. Um acréscimo nos custos variáveis terá reflexos variados no ponto de equilíbrio, dependendo da participação inicial de tais custos sobre as vendas, a saber:
   1. Se tal participação for igual ou superior a 50%, qualquer acréscimo terá efeitos mais do que proporcionais no ponto de equilíbrio.
   2. Se tal participação for inferior a 50%, qualquer acréscimo terá efeitos menos que proporcionais sobre o ponto de equilíbrio.[4]

EFEITO DO ACRÉSCIMO CONJUNTO NOS CUSTOS VARIÁVEIS E NOS CUSTOS FIXOS

Será bastante complexo realizar uma análise geral da função $f(i)$ quando se verificarem simultaneamente acréscimos nos custos fixos e variáveis. Entretanto, tendo já analisado os reflexos dos acréscimos nos custos variáveis e fixos isoladamente, podemos dizer que o reflexo do conjunto de acréscimo nos custos variáveis e fixos será igual ao reflexo nos custos variáveis (já visto) multiplicado por $1 + i'$, a porcentagem de acréscimo nos custos fixos.

Assim, escolhendo o caso em que $b = 0,50$, vamos supor que prevejamos um acréscimo de 50% nos custos variáveis e de 10% nos custos fixos. Sabemos que, nesse caso particular, o efeito do acréscimo isolado nos custos variáveis é dobrar o ponto de equilíbrio. Assim, $PE' = PE \cdot 2$.

Cumulativamente, se levarmos em conta o efeito do acréscimo nos custos fixos, teremos que: $PE'' = 2 \cdot PE \cdot (1 + 0,10) = 2,20 \cdot PE$.

Vejamos se isso é verdadeiro. Suponhamos uma empresa cujos custos variáveis representem R$ 125.000.000 e as vendas R$ 250.000.000, inicialmente. Vejamos os efeitos combinados de acréscimo de 50% nos custos variáveis e 10% nos custos fixos, sendo estes últimos, inicialmente, de R$ 4.568.900. Após os acréscimos, os custos variáveis e fixos passam, respectivamente, para:

Variáveis .... R$ 187.500.000
Fixos .... R$ 5.025.790

---

[4] Estas relações somente são válidas no que se refere ao esforço para alcançar o ponto de equilíbrio, novamente.

A nova relação entre custos variáveis e vendas é de $\dfrac{\$\,187.500.000}{\$\,250.000.000} = 0,75$.

Ponto de equilíbrio antes dos acréscimos = $\dfrac{\$\,4.56.900}{0,50}$ = R$ 9.137.800.

Ponto de equilíbrio após os acréscimos = $\dfrac{\$\,5.025.790}{0,25}$ = 20.103.160.

Esses valores foram calculados utilizando-se diretamente a fórmula. Nada precisaríamos saber sobre os relacionamentos vistos em tópicos anteriores. Se tivéssemos usado o relacionamento indicado, isto é, PE″ = 2,20. PE, obteríamos PE″ (após os acréscimos) = 2,20 · R$ 9.137.800 = R$ 20.103.160, exatamente igual ao valor obtido pela aplicação direta da fórmula.

O acréscimo na necessidade de venda para atingir o novo ponto de equilíbrio foi, portanto, de 120%. Teria sido de 100%, apenas, se somente os custos variáveis tivessem sido acrescidos. Como o acréscimo de custos fixos foi de 10%, este último, combinado com o primeiro, resultou em 120%, e não em 110%. O efeito combinado de acréscimos nos custos fixos e variáveis, portanto, não é a soma dos acréscimos, mas o produto dos dois (sendo que aqui estamos tratando de acréscimos no sentido de acréscimo no ponto de equilíbrio e não nos custos. Apenas nos custos fixos eles são iguais; nos custos variáveis podem ser mais ou menos proporcionais).

EFEITOS DE ACRÉSCIMOS DIFERENCIADOS NOS ELEMENTOS COMPONENTES DO CUSTO VARIÁVEL

Na prática, surge o problema de acréscimos diferenciados nos vários elementos do custo variável (matéria-prima, mão de obra direta e custos indiretos variáveis, bem como outras despesas variáveis).

Vamos supor que a empresa "Proporcional S.A." mantivesse seu custo variável com a seguinte composição:

Mão de obra direta	40%
Matéria-prima	25%
Custos indiretos variáveis	5%
Despesas variáveis	30%

Para o período orçamentário seguinte, esperam-se os seguintes acréscimos:

Na mão de obra direta	35%
Na matéria-prima	40%
Nos custos indiretos variáveis	25%
Nas despesas variáveis	30%

Antes dos acréscimos, os custos variáveis representavam 35% das vendas. O custo fixo é de R$ 9.567.346 e espera-se um reajustamento de alguns itens, o que resultará em novo limite de R$ 10.346.582.

O ponto de equilíbrio antes dos acréscimos é de $\dfrac{\$\,9.567.346}{0,65} = R\$\,14.718.993$

Não conhecendo os custos unitários variáveis nem o preço unitário de venda, podemos supor que as porcentagens refletem valores (quanto aos custos variáveis), e verificar o efeito dos acréscimos esperados:

Assim:

Mão de obra direta	R$ 40 × 1,35 =	R$ 54,00
Matéria-prima	R$ 25 × 1,40 =	R$ 35,00
Custos indiretos variáveis	R$ 5 × 1,25 =	R$ 6,25
Despesas variáveis	R$ 30 × 1,30 =	R$ 39,00
Total	R$ 100	R$ 134,25

Isso significa que, quaisquer que sejam os valores efetivos dos custos unitários variáveis, o efeito total dos acréscimos parciais ocorridos em seus elementos redunda num reflexo de 34,25% sobre o total. Se o custo unitário variável era de R$ 100, passará a R$ 134,25. Se era de R$ 134,25, passará a R$ 134,25 × 1,3425 = R$ 180,23062. Se era de R$ 500, passará a R$ 500 × 1,3425 = R$ 671,25, e assim por diante. Tanto faz o nível inicial do custo unitário variável.

Ora, sabíamos que, antes dos acréscimos, os custos variáveis representavam 35% das vendas. Após, representarão 0,35 × (1 + 0,3425) = 0,469875.

O novo ponto de equilíbrio será igual a:

$$\dfrac{\$\,10.346.582}{1-0,469875} = \dfrac{\$\,10.346.582}{0,530125} = R\$\,19.517.249$$

O acréscimo no ponto de equilíbrio final sobre o inicial foi de 32,6%, aproximadamente. Os custos variáveis cresceram 34,25% e os fixos aproximadamente 8%; entretanto, o efeito conjunto dos acréscimos foi de apenas 32,6% no ponto de equilíbrio, exatamente porque, inicialmente, a porcentagem de custos variáveis sobre as vendas estava abaixo de 50%, e sabemos que, nesses casos, os reflexos no ponto de equilíbrio são menos que proporcionais. Mesmo levando-se em conta o acréscimo concomitante de custos fixos, o reflexo final ainda ficou abaixo da soma dos acréscimos.

É claro que todos esses exemplos podem ser colocados em termos de: qual o acréscimo no preço unitário de venda a fim de, vendendo as mesmas quantidades de antes dos aumentos de custos, obtermos o equilíbrio (ou certa margem de lucro desejada)?

Em outras palavras, poderemos manter o preço unitário de venda, e teremos de vender mais unidades, ou poderemos aumentar o preço de venda e vender o mesmo número de unidades (ou uma combinação das duas medidas).

Suponha o seguinte caso:

Preço de venda .... R$ 19
Custo unitário variável .... R$ 7,60
Custo fixo .... R$ 3.000.000

Acréscimo previsto nos
   custos variáveis 35%

Acréscimo previsto nos
   custos fixos .... mais R$ 500.000

Porcentagem máxima de acréscimo no preço de
   venda que o CIP, presumivelmente, poderá conceder 15%
Margem de lucro desejada .... 25% das vendas

Quantas unidades teremos de vender?
Bem, vejamos o problema antes dos acréscimos:

$$\text{Receita} - \text{Custo Total} = 0,25 \times \text{Receita}$$

Essa é a premissa desejada, isto é, que o lucro seja de 25% das vendas. Se chamarmos X as unidades vendidas, teremos:

$19 X - (3.000.000 + 7,60 X) = 0,25 \times 19 X$
$19 X - (0,25 \times 19 X) = 3.000.000 + 7,60 X$
$19 X - (0,25 \times 19 X - 7,60 X) = 3.000.000$
$19 X = (4,75 X - 7,60 X) = 3.000.000$
$6,65 X = 3.000.000$

$$X = \frac{\$ 3.000.000}{6,65} = 451.127,81 \text{ unidades}$$

Vamos verificar se esse resultado obtido algebricamente é correto: 451.127,81 unidades, vendidas a R$ 19, resultariam numa receita de R$ 8.571.428,30.

O custo total seria igual a R$ 3.000.000 (parte fixa) + R$ 7,60 × 451.127,81 unidades = R$ 3.000.000 + 3.428.571,30 = R$ 6.428.571,30.

O lucro seria igual a R$ 8.571.428,30 − 6.428.571,30 = R$ 2.142.857. Esse lucro representa exatamente 24,9999... % das vendas, 25%, portanto, sendo corretas as soluções encontradas.

A fim de obtermos 25% de lucro sobre as *vendas, antes dos acréscimos* nos custos fixos e variáveis, precisamos vender 451.127,81 *unidades do produto*, ao preço unitário de venda de R$ 19.

Vejamos agora como resolver o problema levando em conta os acréscimos e restrições existentes.

Podemos formular a equação abaixo:

$$R\$\ 19 \times 1{,}15X - (R\$\ 3.500.000 + R\$\ 10{,}26X) = 0{,}25 \times R\$\ 19 \times 1{,}15X$$

Já incluímos, na enunciação da equação, o aumento máximo que poderemos conseguir no CIP. Assim, o máximo que prevemos é de 15%. Poderemos reajustar o preço de venda em até R$ 19 × 1,15 = R$ 21,85. Assim, a receita total será igual ao novo preço de venda multiplicado pelas unidades que forem vendidas (no caso, que terão de ser vendidas). Dessa expressão da receita subtraímos o custo total, formado do novo custo fixo e do novo custo unitário variável que, em sofrendo um acréscimo de 35%, passa para R$ 7,60 × 1,35 = R$ 10,26. A receita menos o custo é igual ao lucro, que impomos seja igual a 25% da receita. Por isso, multiplicamos a receita por 0,25. Resolvendo essa equação do primeiro grau em X, obtemos:

$21{,}85\,X - 10{,}26X - 5{,}4625X = R\$\ 3.500.000$
$6{,}1275X = R\$\ 3.500.000$

$$X = \frac{\$\ 3.500.000}{6{,}1275} = 571.195{,}43 \text{ unidades}$$

Verifiquemos

Receita Total = 571.195,43 × R$ 21,85	R$ 12.480.620,00	100%
Custo Total = (R$ 3.500.000 + R$ 10,26 × 571.195,43)	R$ 9.360.465,10	
Lucro	R$ 3.120.155,00	25%

O lucro obtido de R$ 3.120.155 é exatamente igual a 25% da receita total de R$ 12.480.620.

Assim, produzindo e vendendo 571.195 unidades, não somente absorvemos os acréscimos de custos, como mantemos a mesma margem de lucratividade em vendas. (Isso se efetivamente conseguirmos reajustar o preço de venda em 15%.)

Vejamos os percentuais dos acréscimos:

– acréscimo de custo fixo, cerca de	17%
– acréscimo de custo variável	35%
– acréscimo no preço de venda	15%
– acréscimo de unidades para alcançar a mesma margem de lucratividade anterior, cerca de	27%

Note-se que, inicialmente, a porcentagem de custos variáveis em relação às vendas era inferior a 50% (na verdade, 40%). Por isso os efeitos dos acréscimos de custos, mesmo levando-se em conta o acréscimo de apenas 15% no preço de venda, não tiveram consequências exageradas na necessidade de vendermos mais unidades a fim de atingirmos a meta de 25% de lucro sobre as vendas.[5]

Todavia, 25% das vendas antes ou após os acréscimos representam dois montantes distintos. De fato, antes do acréscimo, o lucro foi de cerca de 2 milhões. Após, alcançamos cerca de 3 milhões de lucro. Para isso, todavia, tivemos de produzir e vender muito mais unidades (a um preço 15% maior).

Nem sempre é tão fácil, na prática, aumentar produção e vender tudo. Restrições de suprimento de matéria-prima, de capacidade instalada e condições de mercado podem estabelecer limites para nossa capacidade de manobra. Mas é inegável a utilidade de um bom conhecimento e aplicação das relações custo/volume/lucro.

6.4 O MÉTODO DOS MÍNIMOS QUADRADOS

Em algumas circunstâncias, a avaliação do comportamento dos itens de custo com relação à variação de volume é de importância crítica.

No processo orçamentário, bem como de custo-padrão, uma das fases mais críticas é a determinação das retas de custos orçados, principalmente para os custos indiretos. No fundo, trata-se de acompanhar a evolução de itens estratégicos de custo com relação à variação da produção ou das vendas, no tempo. Esse critério é, às vezes, muito melhor do que atribuir determinado comportamento a um item de custo, sem uma análise estatística maior. Sempre dentro dos padrões de linearidade assumidos neste capítulo, observa-se o comportamento de um item de despesas ou custo com relação às variações de volume ou vendas, a fim de determinar sua parte fixa e variável. Isso pode ser feito de duas formas principais:

a) colocando num gráfico os pontos resultantes e escolhendo mais ou menos arbitrariamente uma reta que melhor una os pontos;
b) utilizando um método (mínimos quadrados) que determine uma reta tal que as distâncias dos pontos à reta sejam um mínimo, isto é, uma reta o mais ajustada possível à particular situação.

Suponhamos que queremos estimar uma reta que seja capaz de descrever, como função, o comportamento do custo de supervisão relacionado com a variação de volume. Claro que em muitos casos a função não seria uma reta. Mas, supondo que a função linear seja apropriada, poderíamos colocar num gráfico (gráfico de dispersão), no eixo horizontal, os volumes e, no eixo vertical, os valores correspondentes. Desenharíamos um ponto em cada caso e tentaríamos traçar uma reta, visualmente, que unisse da melhor forma ou descrevesse da melhor maneira o comportamento ou distribuição (dispersão) dos pontos. Esse método pode ser melhor que nada, mas somente por coincidência será adequado.

O gráfico descrito denomina-se gráfico de dispersão.

---

[5] Além do mais, o efeito dramático da porcentagem de custos variáveis sobre vendas se faz sentir mais até alcançarmos o equilíbrio.

Suponha a seguinte experiência:

Milhares de R$

Mês	Custo de supervisão de fábrica (em R$ de poder aquisitivo constante)	Volume de produção m²
Janeiro	13.560	10.000
Fevereiro	13.560	10.500
Março	14.300	10.900
Abril	14.300	11.000
Maio	14.300	11.700
Junho	14.400	12.300
Julho	15.600	15.000
Agosto	15.600	15.400
Setembro	15.600	15.600
Outubro	15.600	15.900
Novembro	18.000	16.700
Dezembro	18.000	18.000

O método dos mínimos quadrados exige a feitura de uma tabela e a solução de um sistema de duas equações com duas incógnitas, exatamente os parâmetros a (ponto em que a reta vier a interceptar o eixo vertical) e b (custo variável em relação ao volume), ou inclinação da reta. Note que a e b são exatamente o que precisamos para estimar a reta.

O sistema de duas equações a duas incógnitas pode ser enunciado da seguinte maneira:

$$\Sigma (Y) = n\,a + b\,(\Sigma X)$$
$$\Sigma (X\,Y) = a\,(\Sigma X) + b\,(\Sigma X2)$$

onde Y = custo, X = volume (ou venda)[6] e n = número de observações.

No exemplo em questão, vamos construir a tabela a seguir:

	Y	X	X · Y	X²
	13.560	10.000	135.600.000	100.000.000
	13.560	10.500	142.380.000	110.250.000
	14.300	10.900	155.870.000	118.810.000
	14.300	11.000	157.300.000	121.000.000
	14.300	11.700	167.310.000	136.890.000
	14.400	12.300	177.120.000	151.290.000
	15.600	15.000	234.000.000	225.000.000
	15.600	15.400	240.240.000	237.160.000
	15.600	15.600	243.360.000	243.360.000
	15.600	15.900	248.040.000	252.810.000
	18.000	16.700	300.600.000	278.890.000
	18.000	18.000	324.000.000	324.000.000
SOMAS	182.820	163.000	2.525.820.000	2.299.460.000

---

[6] Ou outra medida de atividade, como horas de mão de obra direta etc.

Estamos em condições de substituir os valores no sistema de equações. Ficaria assim:

$$182.820 = 12a + 163.000b$$
$$2.525.820.000 = 163.000a + 2.299.460.000b$$

O sistema acima pode ser resolvido de várias formas. Utilizando o processo de substituição, mais conhecido, teremos:

$$a = \frac{182.820 - 163.000 \cdot b}{12}$$

Substituindo essa expressão na segunda equação, temos:

$$2.525.820.820.000 = 163.000 \times \left(\frac{182.820 - 163.000 \cdot b}{12}\right) + 2.299.460.000 \cdot b$$

De onde:

$$30.309.840.000 = 29.799.660.000 - 26.569.000.000\, b + 27.593.520.000 \cdot b$$

Esses valores foram obtidos multiplicando-se os números sem denominador por 12. Eliminamos, assim, o denominador 12. Reduzindo os termos em b, temos:

$$510.810.000 = 1.024.520.000b$$
$$b = 0.4\,979\,697\,-$$

Substituindo esse valor em a, temos;

$$a = \frac{182.820 - 81.169,061}{12} = R\$\,8.470,9116$$

A expressão linear para esse custo de supervisão seria então:

Custo de supervisão, $Y = R\$\,8.471 + 0,50\,X$

Como os valores da tabela original estão expressos em milhares de reais, a função real é:

$$\boxed{Y = R\$\,8.471.000 + 500X}$$

Isso significa que a parte fixa do custo de supervisão é estimada, pelos mínimos quadrados, como R$ 8.471.000, e a parte variável (nesse caso não se trata de custos variáveis em relação às vendas, mas de custo unitário variável, pois nosso X, nesse exemplo, não é real-venda, mas volume físico) fixada em aproximadamente R$ 500 para cada unidade.

O fato de termos estimado essa reta não significa que, se substituirmos X pelos níveis efetivamente alcançados durante os 12 meses, iremos obter exatamente o Y real. Aliás, para esse tipo de custo, que se mantém aparentemente fixo durante certo intervalo de variação de volume para em seguida dar "um pulo", a função estimada pelos mínimos quadrados não costuma apresentar resultados espetaculares, mas ela nesse caso não errará por muito. Vejamos o desvio entre alguns valores observados e os calculados utilizando a função:

	Milhares de reais (R$)		
para X =	Y estimado	Y real	Desvio R$
10.000	13.471	13.560	– 0,66
10.500	13.721	13.560	1,19
10.900	13.921	14.300	– 2,65
11.000	13.971	14.300	– 2,30
11.700	14.321	14.300	0,15
12.300	14.621	14.400	1,53
15.000	15.971	15.600	2,39
15.400	16.171	15.600	3,66
15.600	16.271	15.600	4,30
15.900	16.421	15.600	5,26
16.700	16.821	18.000	– 6,55
18.000	17.471	18.000	– 2,94

Vê-se que em alguns casos a função subestima os valores reais e, em outros, superestima. Entretanto, o maior desvio não passou, percentualmente, de 6,55%.[7]

O problema desse item de custo é que, pelo método dos mínimos quadrados, em sendo uma reta a função atribuída, o custo total vai aumentando à medida que os volumes aumentam, enquanto, na realidade, o custo fica em seu patamar durante algum tempo, até dar um novo salto. Mas, dentro das limitações de ajustamento, em cada ponto, de uma função linear aplicada em tais circunstâncias, e considerando-se a praticabilidade, até que os desvios não foram acentuados. A diferença de comportamento entre a variação real dos custos do tipo apresentado no exemplo e a traçada por uma reta é reproduzida pelo gráfico a seguir:

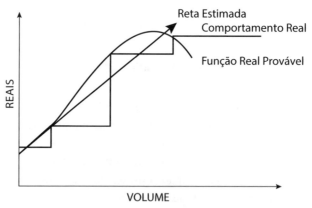

---

[7] Ver o Capítulo 12 para outros testes que podem ser realizados a fim de verificar se a aproximação linear é viável.

O gráfico anterior não reproduz exatamente o exemplo numérico apresentado, o qual apresentaria um comportamento mais normal do que o do exemplo gráfico. Nota-se, perfeitamente, que adotar uma reta como descrevente da função real, nesse caso, é uma grande simplificação, pois, efetivamente, a função mais ajustada não é certamente linear. Entretanto, cientes do grau de desvio, ainda é de bastante utilidade essa metodologia.[8]

Em nosso caso real, os desvios seriam bem menores. Diga-se de passagem que escolhemos um exemplo muito especial para, inclusive, focalizar as limitações de se utilizar sempre retas como descritoras de custos. Mas existem muitos exemplos de custos que se ajustam bastante, na prática, a uma reta. Existem casos em que o ajustamento chega a 90% ou mais.

De maneira geral, podemos dizer que o que estamos propensos a aceitar é igual ao grau máximo de desvio que aceitamos em nossas previsões em geral. Se um desvio de 10% sobre o orçado é considerado razoável, podemos aceitar funções cujos desvios máximos em relação ao real não passem de 10%, para baixo ou para cima.

Nesse caso, a função reta para o custo de supervisão poderia ser aceita ou não, dependendo do erro máximo tolerado.

É bom lembrar, todavia, que este é um exemplo de custo que caracterizamos, em parágrafos anteriores, como semifixo, isto é, permanece fixo durante certo intervalo de variação do volume, para em seguida dar um salto abrupto, manter-se no novo patamar por mais algum tempo, e assim por diante. Na verdade, através da reta, transformamos esse custo num custo semivariável, de acordo com nossa definição, um custo que tem um parâmetro fixo e outro diretamente proporcional às variações de volume.[9]

Em casos especialíssimos, a metodologia dos mínimos quadrados tem sido estendida à descrição da função custo total da empresa, em relação às variações do volume ou das vendas. Conquanto devamos estar sempre atentos aos perigos dessa supersimplificação, pode ser útil, em certas circunstâncias, desde que nos encontremos no "intervalo relevante" já descrito, no qual a reta é viável como descritiva da realidade.

O método é utilizado nos casos em que precisamos de rápida estimativa preliminar do custo total, dada uma variação no volume. Somente pode ser aceito, todavia, como estimativa preliminar, desde que investigações mais profundas sejam realizadas em seguida, para cada item relevante de custo. Teoricamente, se tivéssemos estudos estatísticos retrospectivos do comportamento de cada item de custo com relação às variações de volume, teríamos um orçamento quase perfeito.

Quando utilizamos o método dos mínimos quadrados para a empresa como um todo, temos de tomar os seguintes cuidados adicionais:

– Eliminar os anos em que o comportamento tenha sido excepcionalmente bom ou ruim devido a perdas ou ganhos extraordinários etc.
– Corrigir todos os anos em termos de poder aquisitivo de uma mesma data.

---

[8] Na verdade, trata-se de funções *step by step*, que somente podem ser analisadas aproximadamente. O fato de termos conseguido um relacionamento linear razoável pode ter sido devido a vários fatores fortuitos.
[9] Ver Capítulo 12, item 12.2, para um tratamento mais completo do assunto.

Aliás, essa segunda condição é imperiosa, mesmo se analisarmos itens individuais de despesa e custo.

No caso de empresa como um todo, portanto, nosso X será vendas ou produção em reais (pode ser quantidades, desde que tenhamos um só produto) e nosso y será o custo total, e a diferença será o lucro líquido.

Exemplo

A empresa Brasil Vencedor S.A. apresentava o quadro estatístico a seguir sobre suas receitas e custos totais. Os valores já foram corrigidos em termos de poder aquisitivo da data da última observação e foram eliminados os ganhos e perdas extraordinários, bem como itens não usuais dos resultados.

Em milhares de Reais (R$)

Ano	X Receita total	Y Custo total	X Y	X²
2014	123	89	10.947	15.129
2015	150	96	14.400	22.500
2016	168	111	18.648	28.224
2017	195	124	24.180	38.025
2018	175	115	20.125	30.625
Σ	811	535	88.300	134.503

Aplicando o sistema de equações minimizante, temos:

$$535 = 5a + 811b$$
$$88.300 = 811a + 134.503b$$

$$a = \left(\frac{535 - 811\,b}{5} \right)$$

logo,

$$88.300 = 811 \left(\frac{535 - 811\,b}{5} \right) + 134.503\,b$$

Assim,

$$441.500 = 433.885 - 657.721b + 672.515b$$

$$7.615 = 14.794b$$

$$b = 0{,}5\,147.357$$

$$a = R\$\ 23{,}51$$

A função descritiva do custo total seria, portanto:

$$Y = R\$\ 23{,}51m + 0{,}51X$$

Isso significa que existe uma componente fixa de 23,5 milhões e que os custos variáveis representam 51% das vendas.

Se fizermos estimativas dentro de um intervalo razoável, essa função poderá ser bastante válida, como estimativa apenas preliminar do que pode acontecer. Suponha que a empresa esteja prevendo vendas (em valor constante de 2018) de R$ 212 milhões para 2019 e que essas vendas não alterem a "escala de custos da empresa" ou estejam dentro do intervalo relevante.

O custo total estimado = R$ 23,51 + 108,12 = R$ 131,63 milhões.

Essa reta está mais ajustada ao comportamento real do que no exemplo anterior. Senão, vejamos:

Milhares de Reais (R$)

Valores de X	Y Calculado	Y Real	Desvio %
123	86	89	– 3,37
150	100	96	4,17
168	109	111	– 1,80
195	123	124	– 0,81
175	113	115	– 1,74

O desvio máximo não superou 4,17%. Pode-se dizer, portanto, que a reta estimada é um bom estimador da função de custo total da empresa,[10] desde que estejamos dentro do intervalo relevante e que não se altere a composição de participação de cada produto sobre as vendas totais.

6.5 PROBLEMAS DE ALAVANCAGEM OPERACIONAL

Vimos, ao analisarmos a influência da posição inicial da estrutura de custos da empresa, como ela absorvia com maior ou menor facilidade os impactos dos acréscimos nos custos, conforme a melhor ou pior situação inicial.

Vimos que as empresas cuja porcentagem de custos variáveis em relação às vendas era menor que 50% absorviam os acréscimos com muito mais facilidade no que se refere ao ponto de equilíbrio do que as empresas cuja porcentagem era igual ou superior a 50%.

---

[10] Ao nível do teste efetuado. Muitos outros testes podem (e deveriam) ser realizados. (Ver o Apêndice Especial no fim do livro.)

A alavancagem operacional pode ser visualizada da seguinte forma:

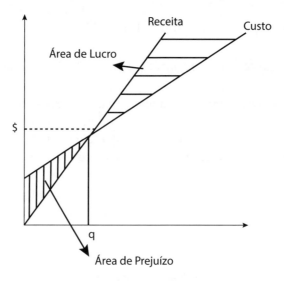

Gráfico da Empresa A

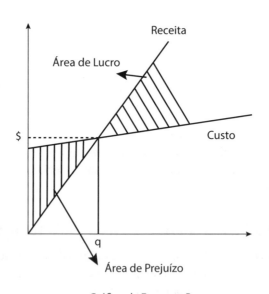

Gráfico da Empresa B

Embora o ponto de equilíbrio seja alcançado exatamente no mesmo volume e ao mesmo valor em real nas duas empresas, elas são completamente diferentes no que se refere às faixas de lucro e de prejuízo.

Na empresa A, os prejuízos são menores do que na empresa B antes de atingir o equilíbrio. Isso porque o custo fixo é baixo; a empresa B, por seu turno, tem ponto de custo fixo muito alto. É maior o prejuízo até chegar ao equilíbrio.

Em compensação, após superar o ponto de equilíbrio, a faixa de lucro da empresa B é mais dilatada que a da empresa A.

A alavancagem operacional pode ser mensurada em termos de acréscimo de vendas ou volume relacionado com acréscimo de lucro (ou diminuição de prejuízo).

Assim,

$$\text{Efeito da Alavancagem Operacional} = \frac{\Delta\ Resultado}{\Delta\ Volume\ (Receita)}$$

Exemplo

A empresa A possui nível de custos fixos de R$ 4.500.000 e porcentagem de custos variáveis em relação às vendas de 0,50. Seu ponto de equilíbrio, portanto, é alcançado em R$ 9.000.000 de vendas.

A empresa B possui nível de custos fixos de R$ 6.000.000 e porcentagem de custos variáveis em relação às vendas de 0,3333. O ponto de equilíbrio em vendas também seria alcançado em R$ 9.000.000 de vendas.

Vejamos o que ocorre acima do ponto de equilíbrio, nas duas empresas:

1. Acréscimo de R$ 500.000 de vendas.

Empresa A	–	Receita	9.500.000
		Lucro	9.250.000
		Lucro	**250.000**
Empresa B	–	Receita	9.500.000
		Custo	9.166.350
		Lucro	**333.650**

Nota-se claramente que a empresa A, uma vez atingido o equilíbrio, tem efeitos de "alavancagem" menores pelos acréscimos de vendas do que a empresa B, pois, uma vez superada a influência do custo fixo, ela gasta mais em termos de custos variáveis para produzir uma unidade adicional de mercadoria. Ou, em outra linguagem, a margem de contribuição unitária de A é menor que a de B.

O efeito de alavancagem é de

$$\frac{\$\ 250.000,00}{\$\ 500.000,00} = 0,50\ em\ A$$

e de

$$\frac{\$\ 333.650,00}{\$\ 500.000,00} = 0,6667\ em\ B \cong (1 - 0,3333)$$

Se isso for correto, ao vendermos R$ 11.000.000, representará um acréscimo de R$ 2.000.000 em vendas acima do ponto de equilíbrio, e deveremos obter um lucro de R$ 1.000.000 na empresa A (50%) e de aproximadamente R$ 1.333.400 na empresa B.

Vamos verificar (utilizando as funções de custo total):

Empresa	Receita	Custo Total	Lucro
A	R$ 11.000.000	R$ 10.000.000	R$ 1.000.000
B	R$ 11.000.000	R$ 9.666.300	R$ 1.333.700

Na verdade, o que vimos confirma o fato de que, a partir do ponto de equilíbrio, o fator determinante da maior alavancagem é a empresa ter uma margem de contribuição unitária maior.

Acima do ponto de equilíbrio, o lucro será igual ao volume de vendas multiplicado por:

$$\left(1 - \frac{Custos\ Variáveis}{Vendas}\right)$$

Isso é evidente, pois os custos fixos já foram recuperados e, simbolizando o que acabamos de dizer, o lucro = $X \cdot \left(1 - \frac{B}{X}\right)$.

Assim,

$$Lucro = (Vendas) - (Custos\ Variáveis)^{11}$$

Exemplo: Certa empresa tem custos fixos de R$ 8.500.000 e porcentagem de custos variáveis de 40%. Qual o ponto de equilíbrio?

$$PE = \frac{R\$\ 8.500.000}{1 - 0,40} = R\$\ 14.166.666,67$$

Pergunta Adicional: Qual o lucro correspondente a vendas de R$ 25.000.000?

Resposta: O acréscimo de venda acima do ponto de equilíbrio é de R$ 10.833.333,34, aproximadamente. Basta multiplicar este valor por (1 – 0,40); lucro = 0,60 (R$ 10.833.333,34) = R$ 6.500.000.

Vamos utilizar a função custo total para calcular o lucro:

Receita Total   R$ 25.000.000
(–) Custo Total = R$ 8.500.000 + (0,40 × R$ 25.000.000)   = R$ 18.500.000
= Lucro   R$ 6.500.000

De fato, confirma-se a validade da fórmula simplificada de cálculo.

---

[11] Essas vendas e custos variáveis são os adicionais, após termos alcançado o equilíbrio.

Nos exemplos anteriores, trabalhamos sempre com vendas acima do ponto de equilíbrio. Voltando às empresas *A* e *B*, vejamos o que ocorreria abaixo desse ponto:

Recapitulando, tanto a empresa *A* quanto a *B* alcançavam o ponto de equilíbrio nos R$ 9.000.000 de faturamento.

O que aconteceria se vendêssemos apenas R$ 8.500.000?

a) *Solução utilizando as funções de custo total*

Empresa *A*	Receita	R$ 8.500.000
	Custo	R$ 8.750.000
	Prejuízo	**R$ 250.000**
Empresa *B*	Receita	R$ 8.500.000
	Custo	R$ 8.833.050
	Prejuízo	**R$ 333.050**

Inverteu-se completamente a situação. Abaixo do ponto de equilíbrio, a empresa *A* tem prejuízos menores do que a empresa *B*, pois a influência do custo fixo é relativamente maior em *B*.

A fórmula simplificada vista anteriormente continua válida. Basta calcular a diferença entre a venda considerada e as vendas no ponto de equilíbrio (considerando essa diferença com sinal negativo, obviamente) e multiplicá-la por $(1 - b)$.

Exemplo: O ponto de equilíbrio de certa empresa é atingido num nível de R$ 5.000.000 de vendas. A porcentagem de custos variáveis em relação às vendas é de 70%. Se vendermos R$ 2.000.000, qual será o prejuízo?

Prejuízo = R$ 3.000.000 × R$ 0,30 = R$ 900.000.

Vamos verificar esse resultado aplicando a função Custo Total. Esta só pode ser: $Y = 1.500.000 + 0,70 \cdot X$ (por isso o ponto de equilíbrio é alcançado em R$ 5.000.000).

Receita Total	R$ 2.000.000
Custo Total = R$ 1.500.000 + (0,70 × 2.000.000)	R$ 2.900.000
Prejuízo	(R$ 900.000)

6.6 RESUMO SOBRE RELAÇÕES CUSTO/VOLUME/LUCRO

Este capítulo representou uma incursão inicial nos domínios da análise de custos, de extrema relevância para a Contabilidade Gerencial e para a agência.

Uma das maiores e mais antigas preocupações dos gerentes é avaliar os reflexos, no lucro, da variação de volume e de custos fixos e variáveis.

Os contadores têm fornecido respostas tão simples quanto despretensiosas a tais perguntas. Os contadores estão perfeitamente cientes das limitações de se supor a linearidade das funções custo e receita, em certas circunstâncias. Todavia, têm experiência suficiente para saber qual o intervalo de variação de volume em que a linearização é, se não ideal, pelo menos aceitável em termos de praticabilidade, tempo e custo. Os contadores devem estar preparados, entretanto, para admitir que, em certos casos, a linearização não representa uma boa solução.

A poderosa influência das variações de custos fixos e variáveis sobre os preços de venda (e, portanto, sobre o custo de vida) ficou clara neste capítulo. O posicionamento da empresa no que se refere à sua estrutura de custo relacionada com o preço de mercado de seus produtos já a condiciona a resultados melhores ou piores ou a maiores ou menores esforços para produzir certo lucro.

Pode-se sentir que o conhecimento profundo das relações custo/volume/lucro é uma das armas mais poderosas da Contabilidade Gerencial, a serviço da administração.

6.7 EXERCÍCIO PROPOSTO E RESOLVIDO

Uma empresa fabrica e vende dois produtos. O produto A apresenta uma contribuição unitária de R$ 15 e o produto B, de R$ 25. Os custos fixos totalizam R$ 1.050.000.

A empresa tem vendido os produtos conjuntamente. O ponto de equilíbrio, para cada produto individual, seria alcançado em:

$$\text{Produto A: } \frac{R\$\,1.050.000}{R\$\,15} = 70.000 \text{ unidades.}$$

ou

$$\text{Produto B: } \frac{R\$\,1.050.000}{R\$\,25} = 42.000 \text{ unidades.}$$

A empresa pretende vender os dois produtos conjuntamente numa proporção de 5 unidades de A para cada 8 unidades totais.

Qual é o ponto de equilíbrio?

Resposta

A margem de contribuição para cada "pacote" seria de 5 × R$ 15 + 3 × R$ 25 = R$ 150.

$$\text{A margem de contribuição média} = \frac{R\$\,150}{8\,\text{unid.}} = R\$\,18{,}75 \text{ por unidade.}$$

$$\text{Ponto de equilíbrio em reais de venda} = \frac{R\$\,1.050.000}{R\$\,18{,}75} = 56.000 \text{ unidades.}$$

Resposta: Produto $A = \dfrac{56.000}{8} \times 5 = 35.000$ unidades

Produto $B = \dfrac{56.000}{8} \times 3 = \underline{21.000}$ unidades

$\underline{56.000}$ unidades

Pergunta adicional:

Resolver, levando-se em conta,
ao mesmo tempo: lucro desejado: R$ 300.000,
e alteração nas margens: A passa a R$ 16
B passa a R$ 24.

EXERCÍCIOS

1. **(SEJUS-DF – 2010 – Nível Superior)** Um sistema de custeio consiste em um critério por meio do qual os custos são apropriados à produção. Assinale a alternativa correta a respeito dos sistemas de custo e o uso das informações gerenciais.

   a) O custeio por absorção é um sistema altamente flexível, por não apresentar um custo total do produto, e sim uma margem que seja suficiente para cobrir os custos fixos.
   b) No custeio baseado por atividade, os custos de fabricação, os custos de sustentação da organização e os custos da capacidade ociosa são apropriados aos produtos.
   c) No método de custeio direto, os custos fixos são lançados diretamente no resultado, como se fossem despesa, sem transitar pelo estoque.
   d) Usando-se o método de custeio variável para os estoques, a depreciação entra no custo de produção.
   e) No custeio por ordem de produção, os custos são acumulados por departamento.

2. **(SEFAZ-RS – 2009)** Considerando-se a relação existente entre os custos e os produtos fabricados, como os custos são classificados?

   a) Diretos e indiretos.
   b) Fixos e variáveis.
   c) Fixos, variáveis e semivariáveis.
   d) Fixos e diretos.
   e) Fixos e semifixos.

3. **(SEFAZ-SC – 2018 – Auditor Fiscal)** A Cia. das Indústrias, ao analisar o processo de produção e venda de seu único produto no mês de agosto de 2018, obteve as seguintes informações:

Custos fixos: R$ 270.000,00 no mês.
Custos variáveis:
Matéria-prima: R$ 20,00 por unidade.
Mão de obra direta: R$ 40,00 por unidade.
Despesas fixas: R$ 54.000,00 no mês.
Despesas variáveis: R$ 10,00 por unidade.
Preço bruto de venda: R$ 400,00 por unidade.
Comissões de venda: 5% do preço bruto de venda.
Impostos sobre venda: 10% da receita bruta de vendas.

Sabendo que a Cia. das Indústrias deseja obter um lucro de R$ 405.000,00 apurado de acordo com o método de custeio variável, o ponto de equilíbrio econômico da Cia. das Indústrias, em quantidade, é de

a) 1.000.
b) 1.200.
c) 1.500.
d) 2.500.
e) 2.700.

4. (SEFAZ-RJ – 2013 – Auditor Fiscal) A empresa Predileta S.A., ao analisar os custos do produto Predileto, obteve as seguintes informações:

	Quantidade produzida	Custo unitário	Custo total
Custo A	1.000 unidades	R$ 10,00	R$ 10.000,00
	2.000 unidades	R$ 5,00	R$ 10.000,00
	2.500 unidades	R$ 4,00	R$ 10.000,00

	Quantidade produzida	Custo unitário	Custo total
Custo B	1.000 unidades	R$ 4,00	R$ 4.000,00
	2.000 unidades	R$ 4,00	R$ 8.000,00
	2.500 unidades	R$ 4,00	R$ 10.000,00

Com base nas informações obtidas, é possível afirmar que os custos A e B são, em relação à unidade do produto Predileto, respectivamente,

a) fixo e fixo.
b) indireto e fixo.
c) variável e fixo.
d) fixo e variável.
e) variável e indireto.

5. (CESGRANRIO – 2018 – TRANSPETRO) Na análise dos custos de uma empresa, quando se verifica que esta atingiu seu ponto de equilíbrio em termos contábeis, isso significa que:

a) a entidade apurou o lucro desejado.
b) as despesas variáveis estão equilibradas.
c) as dívidas poderão ser liquidadas, pois há disponibilidade financeira para tal.
d) o custo de oportunidade foi recuperado.
e) os custos e as despesas fixos estão cobertos.

6. (CESPE – 2018 – PC-MA)

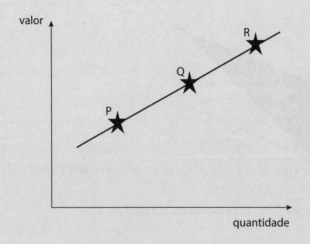

A figura precedente representa três tipos de pontos de equilíbrio que podem ser calculados a partir de informações contábeis e gerenciais e que expressam valores monetários e quantidades de vendas diferenciadas.

Os pontos de equilíbrio P, Q e R, respectivamente, são:

a) contábil, econômico e financeiro.
b) contábil, financeiro e econômico.
c) financeiro, contábil e econômico.
d) econômico, financeiro e contábil.
e) econômico, contábil e financeiro.

7. (COMPERVE – 2018 – UFRN) O Núcleo de Pesquisa em Alimentos e Medicamentos (NUPLAM) é uma unidade suplementar da UFRN que desempenha atividades de natureza fabril e suporte ao ensino, pesquisa e extensão na área de ciências farmacêuticas.

Nesse contexto, considere que o gráfico a seguir representa o ponto de equilíbrio em relação à produção e venda de um medicamento Alfa, no mês de junho de 2018.

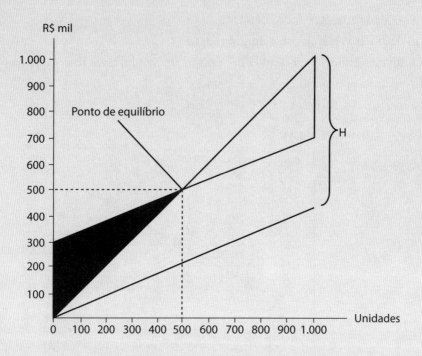

O ponto de equilíbrio representado no gráfico é o:

a) global.
b) econômico.
c) financeiro.
d) contábil.
e) econômico-contábil.

8. (CESPE – 2017 – TER-TO) Determinada fábrica de aparelhos sonoros tem capacidade para produzir 25.000 unidades de alto-falantes por mês. Em setembro de 2017 foram fabricados e vendidos 20.000 unidades desse produto. A tabela a seguir mostra a demonstração de resultado da empresa, elaborada com base no método do custeio variável.

Demonstração de resultado (em R$)	
Receita de vendas	1.200.000
Custos e despesas variáveis	960.000
Custos e despesas fixos	180.000
Lucro líquido	60.000

Nessa situação, o ponto de equilíbrio dessa empresa é:
a) inferior a 12.000 unidades.
b) superior a 12.000 unidades e inferior a 14.000 unidades.
c) superior a 14.000 unidades e inferior a 16.000 unidades.
d) superior a 16.000 unidades e inferior a 18.000 unidades.
e) superior a 18.000 unidades.

9. (CESPE – 2015 – TER-MT) Em determinada empresa, os custos variáveis de produção por unidade produzida correspondem a R$ 25; as despesas variáveis de administração e venda, a R$ 2 por unidade vendida; os custos gerais fixos de produção, a R$ 300.000; e as despesas de administração e venda fixas, a R$ 180.000. A empresa trabalha com uma margem de contribuição de 32% do preço de venda. No último exercício, foram produzidas 50.000 unidades de seu único produto, tendo sido vendidos 80% dessas unidades. Não havia estoques iniciais.

Nessa situação,

a) o ponto de equilíbrio econômico é menor que o ponto de equilíbrio contábil.
b) caso a empresa aumente suas vendas em 10%, ela terá um aumento no seu lucro antes do imposto de renda equivalente a 50%.
c) se a empresa tivesse vendido todas as unidades produzidas, teria obtido um lucro antes do imposto de renda superior a R$ 200.000.
d) o ponto de equilíbrio contábil é de R$ 1.500.000.
e) a margem de contribuição unitária é superior a R$ 13.

10. (Makiyama – 2012 – CPTM) A análise de custo-volume-lucro é uma ferramenta influente para identificar a extensão e magnitude de um problema econômico pelo qual a empresa esteja passando, assim como ajudá-la a encontrar as soluções necessárias. A respeito dessa análise, considere os itens a seguir:

I. É uma ferramenta poderosa no planejamento e na tomada de decisão.
II. Enfatiza os inter-relacionamentos de custos, quantidades vendidas e preços, agrupando toda a informação financeira de uma empresa.
III. Foca nos fatores que afetam uma mudança nos componentes de lucro.
IV. Aborda problemas como o número de unidades que precisam ser vendidas para atingir o ponto de equilíbrio.

Está correto apenas o que se afirma em:

a) I, II, III e IV.
b) IV.
c) I, II e IV.
d) II e III.
e) I, II e III.

11. (CESPE – 2010 – TER-MT) A análise custo-volume-lucro permite a simulação de situações para os gestores das organizações. A tabela a seguir abrange informações acerca desse assunto.

Componente	Custo por unidade produzida
Material direto	R$ 30,00
Mão de obra direta	R$ 20,00
Outros componentes diretos	R$ 8,00
Componente	Gasto mensal
Custos indiretos fixos	R$ 15.000,00
Despesas totais	R$ 14.500,00
Outras informações	
Tributos incidentes sobre receita	17%

Considere uma variação de custo de mão de obra favorável em 20%. Nesse caso, o lucro operacional da organização, ao produzir e vender em sua capacidade máxima, é um valor que se situa entre

a) R$ 20.000,00 e R$ 30.000,00
b) R$ 30.000,01 e R$ 50.000,00
c) R$ 40.000,01 e R$ 50.000,00
d) R$ 50.000,01 e R$ 60.000,00
e) R$ 60.000,01 e R$ 70.000,00

12. (FAURGS – 2006 – SEFAZ-RS) Considere-se uma firma com estrutura de custos em que haja custos fixos (CF) e custos variáveis (CV). Pode-se afirmar, ao operar a lei dos rendimentos decrescentes, que

a) os CF médios permanecem inalterados ao aumentar a produção, enquanto os CV médios, com o aumento da produção, inicialmente crescem, mas, a partir de certo ponto, começam a cair.
b) os CF médios caem ao aumentar a produção, enquanto os CV médios, com o aumento da produção, inicialmente também caem, mas, a partir de certo ponto, começam a crescer.
c) os CF médios permanecem inalterados ao aumentar a produção, enquanto os CV médios, com o aumento da produção, inicialmente caem, mas, a partir de certo ponto, começam a crescer.
d) os CF médios crescem ao aumentar a produção, enquanto os CV médios, com o aumento da produção, inicialmente crescem, mas, a partir de certo ponto, começam a cair.

e) os CF médios caem ao aumentar a produção, enquanto os CV médios, com o aumento da produção, inicialmente crescem, mas a partir de certo ponto, começam a cair.

13. (SEFAZ – PI – Auditor e Analista) A empresa ABC produz um único produto e realizou uma análise da relação custo-volume-lucro referente ao mês de novembro de 2014, obtendo as seguintes informações:

Margem de Contribuição por unidade: R$ 15,00
Ponto de Equilíbrio Contábil: 500 unidades
Ponto de Equilíbrio Econômico: 580 unidades
Margem de Segurança Operacional: 20%
Grau de Alavancagem Operacional: 5

Com base nessas informações, em novembro de 2014:

a) o lucro operacional apurado foi R$ 1.200,00.
b) um aumento de 5% no volume de vendas geraria um aumento de 5% no lucro operacional.
c) a produção e venda foi de 600 unidades.
d) o lucro operacional objetivado foi R$ 8.700,00.
e) a margem de contribuição total apurada foi R$ 9.375,00.

14. (Transpetro – 2016 – Auditor Júnior) O grau de alavancagem operacional indica o impacto que uma variação ocorrida na receita de vendas irá provocar no resultado operacional de uma empresa.

Nesse contexto, a indústria AZ, que pretende apurar seu grau de alavancagem operacional, fez, em reais, as seguintes anotações referentes a determinado período produtivo:

Custos fixos	160.000,00
Custos variáveis	380.000,00
Despesas fixas	40.000,00
Despesas variáveis	100.000,00
Receita de vendas	780.000,00

Considerando-se as anotações realizadas pela indústria AZ, o seu grau de alavancagem operacional, apurado no período produtivo das anotações informadas, é

a) 1,6.
b) 2,0.
c) 2,4.

d) 3,0.
e) 4,0.

15. (FECC – DNOCS – 2010 – Economista) O grau de alavancagem operacional de uma companhia indica:

a) a intensidade da utilização do capital de terceiros para o financiamento das atividades da companhia.
b) a variação percentual do lucro dividida pela variação percentual no volume de vendas.
c) a percentagem do valor dos custos fixos em relação ao custo total da companhia.
d) que a taxa de rentabilidade do capital próprio é maior que o custo de captação do capital de terceiros.
e) que a companhia deve reduzir a produção se quiser aumentar o seu lucro.

7

Utilização de Informações de Custo para Decisões do Tipo: Qual Produto Cortar?

7.1 GENERALIDADES

A contabilidade de custos para custeamento da produção tem legítimos interesses em avaliar o custo unitário global do produto. Em primeiro lugar, a noção intuitiva de custo já leva para aquela direção; em segundo lugar, na determinação de comportamento, a função custo unitário é importante no médio e longo prazos; em terceiro lugar, é necessária, em muitas circunstâncias, para fixação de preços de venda.

A contabilidade de custos, quando procura custear o produto atribuindo-lhe também uma parte do custo fixo, é conhecida como contabilidade de custos pelo método do custeio "por absorção" ou global. Os custos fixos são "absorvidos" na produção ou alocados a ela, de alguma forma, pelo menos os de fabricação.[1]

Alternativamente, existe um método de custeio da produção que aloca à produção apenas os *custos variáveis*, considerando todos os custos fixos *custos de período*. A premissa dessa concepção é que, independentemente dos custos fixos do volume de produção (dentro de certos limites), não tem sentido alocar tais custos à produção, resultando esse rateio em alocações arbitrárias e até enganosas.

Não é absolutamente finalidade deste capítulo discutir as vantagens e desvantagens do custeio "por absorção" e do custeio "direto" ou variável. Este autor considera que ambas as metodologias têm aplicação na prática empresarial. Na verdade, o problema da conceituação do custo fixo não é resolvido de forma adequada, nem pelos autores do custeio direto nem pelos de absorção. O autor considera que a produção, de qualquer maneira, exigiu um "esforço" por parte das facilidades da empresa, mensuráveis pelo nível de custos fixos, e, portanto, estes devem ser alocados à produção de alguma forma proporcional ao uso que cada produto fez de tais facilidades. Isso, todavia, leva, em muitas circunstâncias,

---

[1] Neste capítulo, como em outros anteriores e posteriores, utilizamos "custo" e "despesa" algo intercambiavelmente, por simplificação. Deveríamos lembrar, todavia, os conceitos do Capítulo 5.

a critérios de rateio absolutamente arbitrários, embora aparentemente lógicos. Um departamento produtivo eficiente é, por vezes, penalizado por uma grande carga de custos rateados de outro departamento ineficiente.

Os seguidores do custeio direto, por outro lado, levam demasiadamente a sério a definição contábil de custo fixo, isto é, de que o nível de custos fixos *independe* das variações de produção. Na verdade, poder-se-ia demonstrar que certos tipos de custos fixos poderiam ser evitados se não produzíssemos.

Assim, as duas concepções são incompletas. Entretanto, se tivéssemos de escolher entre elas para finalidades de tomada de decisões, principalmente do tipo que trataremos neste capítulo, sem dúvida escolheríamos o custeio direto. Cremos que, embora a definição contábil de custo fixo seja limitada, os efeitos perniciosos de rateios arbitrários (a não ser que através de métodos quantitativos se obtenha, efetivamente, a base científica para os rateios) são piores do que tais limitações. Em certas circunstâncias, como veremos mais adiante, poderemos atribuir aos departamentos (e, portanto, à produção) certos tipos de custos fixos perfeitamente identificados *com* e *no* departamento (por exemplo, depreciação das máquinas utilizadas no departamento), e deixar os demais como custo de período. Trata-se de um meio-termo entre o custeio direto puro e o custeio por absorção. Parece-nos uma abordagem bastante racional. Todavia, isso somente será possível se tivermos uma departamentalização de custos. De qualquer forma, todavia, as vantagens do custeio direto para certas tomadas de decisões são evidenciáveis.

7.2 EXEMPLO

Suponha o exemplo abaixo:

A empresa Brasil dos Sonhos S.A. trabalhava com três produtos distintos: produto *A*, produto *B* e produto *C*.

O desempenho dos produtos no período findo em 31/12/2019 foi o seguinte, no que se refere aos custos e receitas:

Produto	Receita	Custo Total	Lucro	Custos Variáveis	Custos Fixos Rateados
A	R$ 260.000	R$ 187.500	R$ 72.500	R$ 150.000	R$ 37.500
B	R$ 220.000	R$ 250.000	R$ (30.000)	R$ 200.000	R$ 50.000
C	R$ 140.000	R$ 62.500	R$ 77.500	R$ 50.000	R$ 12.500
Total	R$ 620.000	R$ 500.000	R$ 120.000	R$ 400.000	R$ 100.000

Informações adicionais: Não existem estoques iniciais e finais.

Foram produzidas e vendidas:

10.000 unidades de *A*;

7.500 unidades de *B*;

2.500 unidades de *C*.

A capacidade máxima de produção da empresa, medida em horas de mão de obra direta, foi totalmente utilizada e não ultrapassou 150.000 horas anuais.

Não existem problemas de mercado no que se refere a vender o produto isoladamente ou em conjunto (problema de imagem). As quantidades máximas que o mercado absorveria de cada produto são: A, 12.000; B, 9.500; C, 3.000.

Uma unidade de A demora 5 horas para ser produzida.
Uma unidade de B demora 2 horas para ser produzida.
Uma unidade de C demora 34 horas para ser produzida.

Os custos fixos são alocados aos produtos na base do valor da matéria-prima mais mão de obra direta mais outros custos variáveis incorridos para cada produto.

7.3 ANÁLISE DO CASO

Aceitando as informações da contabilidade de custos e utilizando o critério de absorção, seríamos levados a cortar o produto B, por apresentar prejuízo.

Entretanto, vamos apenas fazer uma listagem dos produtos em ordem decrescente de desempenho, segundo o custeio por absorção:

1º – produto C
2º – produto A
3º – produto B

A abordagem do custeio direto puro analisaria os dados de maneira diferente, senão vejamos:

Produto	Receita	Custos Variáveis	Margem de Contribuição
A	R$ 260.000	R$ 150.000	R$ 110.000
B	R$ 220.000	R$ 200.000	R$ 20.000
C	R$ 140.000	R$ 50.000	R$ 90.000
Total	R$ 620.000	R$ 400.000	R$ 220.000
(–) Custos fixos			R$ 100.000
= Lucro líquido			R$ 120.000

O *ranking* dos produtos seria o seguinte:

1º – produto A
2º – produto C
3º – produto B

7.4 AFINAL, QUEM ESTARÁ CERTO?

Não estamos, ainda, em condições de dizer quem está absolutamente certo. Apenas, o critério utilizado em segundo lugar é menos enganoso, no sentido de uma decisão do tipo: "qual produto cortar", pois demonstra claramente que os três produtos apresentam margem de contribuição positiva para a cobertura dos custos fixos. Se deixarmos de vender qualquer um deles, nem por isso os custos fixos baixarão (em alguns casos, isso pode ocorrer, todavia preferimos utilizar a definição "ingênua" de custo fixo). Entretanto, se com base na tabela efetuada pelo processo tradicional resolvermos eliminar o produto *B*, os efeitos líquidos da decisão, na premissa do caso, serão:

Margem de Contribuição de *A*	R$ 110.000
Margem de Contribuição de *C*	R$ 90.000
	R$ 200.000
(–) Custos Fixos	R$ 100.000
= Lucro Líquido	R$ 100.000

O lucro líquido diminuiu, portanto, após deixarmos de vender o produto B. Mesmo que conseguíssemos evitar alguma parcela de custo fixo, provavelmente seria menor do que R$ 20.000.

A solução dada pelo custeio direto puro é melhor do que a fornecida pelo custeio por absorção puro, pelo fato de ter chamado a atenção para a circunstância de que, enquanto um produto tiver uma margem de contribuição positiva (maior do que a economia de despesas fixas que eventualmente obteríamos retirando o produto da linha), vale a pena continuar oferecendo o produto.

Entretanto, não estamos certos, ainda, de que tenhamos escolhido o melhor *mix*, ou a melhor combinação de produtos.

O conceito de margem de contribuição total ou unitária tem suas vantagens, mas precisa estar acoplado a outro conceito, ou seja, o fator limitativo de capacidade.

Procurar o produto que tem maior margem não é, muitas vezes, suficiente. Precisamos investir insumos no produto que apresente a melhor margem de contribuição *por fator limitativo de capacidade*.

Nesse aspecto, o que vai interessar, no caso, é a margem de contribuição por hora de cada produto, já que horas-homem é nosso fator limitativo.

Produto	Margem de contribuição unitária	Margem de contribuição p/ hora
A	R$ 11,00	R$ 2,20
B	R$ 2,67	R$ 1,33
C	R$ 36,00	R$ 1,06

Pela margem de contribuição unitária, isto é, dividindo-se a margem de contribuição total pelo número de unidades vendidas, o *ranking* é o seguinte:

1º – produto C
2º – produto A
3º – produto B

A colocação é igual, no caso, à do conceito de lucro total por absorção.

A análise pela margem de contribuição unitária ainda pode levar-nos a erro, pois podemos ter um produto que apresente grande contribuição ao lucro total, mas baixa margem unitária.

7.5 QUAL O MELHOR PRODUTO?

A margem de contribuição *por fator limitativo de capacidade* dá sempre a resposta certa ao nosso problema.

Interessa produzir e vender (desde que haja condições de mercado) o produto no qual ganhamos mais para cada unidade de fator limitativo empregada. O fator escasso, no caso, são horas (poderia ser matéria-prima em outro caso etc.); logo, dentro daquilo que o mercado nos permite, devemos produzir o produto que melhor aproveite o fator limitado.

Pela margem de contribuição por hora (obtida dividindo-se o valor da margem de contribuição total pelo produto entre unidades e número de horas para produzir uma unidade), o *ranking* final é o seguinte:

1º – produto A
2º – produto B
3º – produto C

O exemplo, dramatizado em seus contornos, é claro, foi de uma evidência espetacular sobre os enganos que poderemos cometer se utilizarmos qualquer critério que não seja o de fator limitativo de capacidade.

Analisemos (dentro das hipóteses simplificadas de mercado admitidas) a composição ótima (a que maximiza o lucro) para a empresa: *teríamos de produzir o máximo do produto A que o mercado possa absorver.* (Em seguida, de B e, o que sobrar, de C.)

A – 12.000 unidades × 5 horas cada =	60.000 horas
B – 9.500 unidades × 2 horas cada =	19.000 horas
C – 2.088 unidades × 34 horas cada =	71.000 horas[2]
	150.000 horas

---

[2] Na verdade, com o produto C consumiríamos 70.992 horas, sobrando 8 horas que poderiam ser realocadas para A e B, se o mercado aceitasse, ou para estoque.

A composição supra resultaria no lucro máximo possível, dentro das condições apresentadas.

Produto	Receita	Custo Variável	Margem de Contribuição
A	R$ 312.000	R$ 180.000	R$ 132.000
B	R$ 278.667	R$ 253.333	R$ 25.334
C	R$ 116.928	R$ 41.760	R$ 75.168
Total	R$ 707.595	R$ 475.093	R$ 232.502
	(–) Custos Fixos		R$ 100.000
	= Lucro Líquido		R$ 132.502

Qualquer outra composição resultaria num lucro total menor. Aliás, esse é o tipo de decisão que pode merecer a aplicação de técnicas de programação linear. Todavia, foi perfeitamente possível resolver adequadamente o problema sem utilizar essa técnica explicitamente, mas levando em conta as restrições existentes.

Se o mercado pudesse absorver mais unidades de A e B, o lucro total seria muito maior. Note que, ao calcularmos o *ranking* de acordo com o fator limitativo de capacidade, conseguimos alocar as horas de forma a produzir tudo que o mercado pudesse absorver, dos produtos A e B, e gastamos o que restou das horas em C. Apesar de o lucro total obtido não ser dramaticamente maior do que o obtido por qualquer outra tentativa, fica demonstrada a validade da abordagem exposta.

Pelo critério da margem de contribuição total, a ordem de classificação seria: 1º, A; 2º, C; 3º, B.

Vejamos qual seria o lucro:

Produto	Receita	Custo Variável	Margem de Contribuição
A	R$ 312.000¹	R$ 180.000	R$ 132.000
C	R$ 148.232	R$ 52.940	R$ 95.292
B	R$ 29,33	R$ 26,67	R$ 2,66
Total	R$ 460.261,33	R$ 232.966,67	R$ 227.294,66
	(–) Custos Fixos		R$ 100.000,00
	= Lucro Líquido		R$ 127.294,66

O lucro líquido foi maior do que na alternativa custeio global, mas menor do que o obtido pela margem de contribuição por fator limitativo. Note que não é o método que faz aumentar ou diminuir o lucro; este aumenta ou diminui como consequência das

---

[3] Os valores para as tabelas foram obtidos utilizando-se o quadro inicial de lucro por absorção. Assim, o preço unitário de venda foi calculado dividindo-se R$ 260.000,00 por 10.000 unidades (para o produto A). Esse preço unitário foi multiplicado pelo número de unidades do produto a ser vendido, segundo cada alternativa. Assim, $\frac{260.000}{10.000} \times 12.000 = 312.000$ para o produto A, se vendermos as 12.000 unidades. O mesmo critério é utilizado para os outros produtos e para o custo variável.

classificações dos produtos, e estas, sim, resultam dos métodos. As 150.000 horas de capacidade podem ser esgotadas produzindo A, B ou C, em proporções variadas.

Se utilizarmos a *classificação* resultante da margem de contribuição unitária, obteremos o mesmo resultado alcançado com a *classificação* do custeio por absorção, pois foram idênticas.

7.6 RESUMO SOBRE CUSTOS PARA TOMADA DE DECISÕES DO TIPO: QUAL PRODUTO CORTAR?

Sem a pretensão de avaliar a controvérsia entre custeio por absorção e custeio variável, procuramos, neste tópico, realçar um dos casos em que a utilidade do custeio direto (ou variável) é mais acentuada.

Apoiados em noções amplamente discutidas com professores universitários e colegas de profissão, esclarecemos a importância de irmos mais além do que a apuração da margem de contribuição total, para aquele tipo de decisão.

Verificamos que o elemento crítico na decisão é a *margem de contribuição por fator limitativo de capacidade*, e não propriamente a simples margem de contribuição total e, muito menos, a margem de contribuição unitária.

Essa constatação permite-nos adotar, dentro das limitações de nossa capacidade instalada, decisões que maximizam os lucros, pois levam-nos a alocar nossa limitada capacidade nos produtos efetivamente mais lucrativos.

7.7 EXERCÍCIO PROPOSTO

Logo no início de janeiro de 2019, o presidente da Cia. Brasil Novo convocou seu time gerencial para uma reunião especial a fim de estabelecer a combinação de produtos para venda em 2019. O *controller* apresentou a seguinte informação:

1. Brasil Novo tem uma planta que pode ser usada para produzir quatro produtos em qualquer combinação. Aproximadamente 100.000 horas-máquina estão disponíveis para 2019.
2. Informação de custos padrão para 2019.

	PRODUTOS			
	A	B	C	D
Custos de materiais	3	6	1	4
Mão de obra direta	6	5	2	4
Custos indiretos apropriados	5	20	5	10
Custo total	14	31	8	18

3. Os custos indiretos são atribuídos aos produtos à taxa de R$ 5,00 por hora-máquina. A taxa de R$ 5 foi determinada dividindo-se os custos indiretos totais pelas horas totais do ano anterior.

4. A análise dos custos indiretos e dos dados de produção para os 12 meses anteriores forneceu a informação a seguir:

Mês	Unidades Produzidas				(X) H/MAQ.*	(Z) R$ MOD	(Y) R$ CIF
1	2.000	–	3.000	1.000	7.100	22.000	34.100
2	3.000	500	1.800	750	8.300	27.000	38.000
3	3.500	–	1.400	1.000	6.850	27.750	35.200
4	4.000	700	1.500	–	8.250	30.600	39.000
5	3.500	500	2.100	250	8.100	28.750	37.900
6	4.000	500	2.000	100	8.250	30.900	39.100
7	3.000	500	2.000	400	7.600	26.200	36.400
8	3.500	400	1.500	900	7.600	29.600	37.400
9	3.500	–	2.000	1.100	7.800	29.300	37.400
10	4.000	300	2.500	200	8.050	31.400	38.800
11	2.000	500	4.100	100	8.350	23.000	36.900
12	4.000	–	2.000	600	7.100	30.300	36.900

O *controller* achava que os custos indiretos variavam, em parte, com a mistura dos produtos produzidos. Essa variação dependia em grande parte das horas utilizadas, mas alguns elementos dos custos indiretos provavelmente dependiam mais da mão de obra utilizada.

5. A demanda para 2019 para os quatro produtos foi prevista assim:

Produto	Demanda	Preço
A	40.000	R$ 15,00
B	8.000	R$ 30,00
C	30.000	R$ 8,50
D	20.000	R$ 21,00

A demanda não precisa ser satisfeita e os preços são constantes.

6. As despesas administrativas e de venda são inteiramente fixas e são esperadas ao nível de R$ 100.000,00.

PEDE-SE: Qual a combinação ótima de produtos e qual o lucro estimado associado a essa previsão? Mostre todos os cálculos.

Encaminhamento da Solução: este exercício, proposto inicialmente por Horngren (op. cit.), exige, preliminarmente, a solução minimizante para uma equação do tipo:

---
* Horas/máquina.

Y = a + bX + cZ, pois trata-se de uma regressão linear múltipla. O sistema de três equações, com três incógnitas, minimizante, é o seguinte:

$$\Sigma Y = na + b\Sigma x + c\Sigma z$$
$$\Sigma X \cdot Y = a\Sigma x + b\Sigma x^2 + c\Sigma Z \cdot X$$
$$\Sigma Y \cdot Z = a\Sigma Z + b\Sigma X \cdot Z + c\Sigma Z^2$$

Uma vez estimados os valores para a, b e c (b e c os mais importantes), deveremos:

1. quanto tempo demora para fabricar cada unidade;
2. a margem de contribuição unitária;
3. a margem de contribuição pelo fator limitativo de capacidade; e
4. a mistura otimizante de lucro, baseada no *ranking* apontado em 3. Y é o custo indireto total; a, a parte fixa (ou intercepto); b, a parte unitária por hora-máquina e c a parcela unitária por R$ de mão de obra direta.

EXERCÍCIOS

1. (CESPE-2016 – TCE- PR) Determinada empresa, que utiliza o método de custeio por absorção, fabrica bicicletas ergométricas do tipo horizontal (BH) e do tipo vertical (BV). Nessa empresa, A e B são os departamentos de produção e C é o departamento de manutenção. O quadro a seguir mostra os custos indiretos incorridos em determinado período e as bases para alocação.

	A	B	C	Total
Custos indiretos (em R$)	30.000	10.000	10.000	50.000
Horas de manutenção	100	100		200
Horas de produção de BH	600	200		800
Horas de produção de BV	400	100		500

Os custos diretos, já alocados aos produtos, incorridos no período e o volume de produção foram os seguintes:

	BH	BV	Total
Custos direitos (em R$)	59.000	41.000	100.000
Quantidade produzida	100	100	

Com base nas informações apresentadas no texto, é correto afirmar que o custo unitário de fabricação da bicicleta ergométrica BH é igual a:

a) R$ 800.
b) R$ 700.

c) R$ 1.100.
d) R$ 1.000.
e) R$ 900.

2. (SEFAZ SC – 2018 – Auditor Fiscal) A Cia. Só Novelos produz os produtos X, Y e Z em um único departamento. Ao analisar o processo produtivo de determinado mês, a Cia. obteve as seguintes informações:

Produto	Matéria-prima	Mão de obra direta	Quantidade total produzida	Preço de venda	Horas de mão de obra direta
X	$ 100/unidade	$ 60/unidade	2.000	$ 400/unidade	1h/unidade
Y	$ 150/unidade	$ 80/unidade	1.000	300/unidade	2 h/unidade
Z	R$ 120/unidade	$ 20/unidade	500	$ 500/unidade	2h/unidade

Sabe-se que a Cia. Só Novelos utiliza o custeio por absorção, e os custos fixos indiretos totais incorridos nesse mês foram R$ 175.000,00, os quais são alocados aos produtos em função da quantidade de horas de mão de obra direta total utilizada. Com base nessas informações e sabendo que não havia estoques iniciais e finais de produtos em processo, o custo unitário de produção do produto

a) X foi R$ 210,00.
b) Y foi R$ 265,00.
c) Z foi R$ 175,00.
d) X foi R$ 195,00.
e) Y foi R$ 230,00.

3. (SEFAZ – SC – 2018 – Auditor Fiscal) A Cia. Produtos Especiais é uma empresa industrial e produz um único produto. Durante o mês de setembro de 2018, incorreu em gastos relativos aos seguintes itens:

– mão de obra direta: R$ 100.000,00
– compra de matéria-prima: R$ 350.000,00
– energia elétrica (consumida pela fábrica em setembro de 2018): R$ 35.000,00
– remuneração do supervisor da fábrica: R$ 18.000,00
– comissões dos vendedores: R$ 20.000,00
– aluguel da área administrativa: R$ 10.000,00

Considere ainda as seguintes informações:

– depreciação dos equipamentos industriais: R$ 60.000,00
– estoque inicial de matéria-prima em 31/08/2018: R$ 50.000,00
– estoque final de matéria-prima em 30/09/2018: R$ 40.000,00
– estoque inicial de produtos em processo em 31/08/2018: R$ 80.000,00
– estoque final de produtos em processo em 30/09/2018: R$ 25.000,00

Com base nessas informações, o custo da produção acabada no período, utilizando o custeio por absorção foi, em reais:

a) 573.000,00.
b) 608.000,00.
c) 628.000,00.
d) 658.000,00.
e) 610.000,00.

4. (SEFAZ – PI – 2014 – Auditor Analista) A Cia. Alfa produz três produtos e as seguintes informações sobre eles são conhecidas:

	A	B	C
Unidades produzidas e vendidas por mês	900	1.400	800
Preço líquido de venda unitário	R$ 12,00	R$ 22,50	R$ 15,00
Custos variáveis unitários	R$ 5,00	R$ 7,00	R$ 14,00
Despesas variáveis unitárias (fretes sobre vendas)	R$ 3,00	R$ 2,00	R$ 2,00
Custos fixos por unidade	R$ 3,50	R$ 4,00	R$ 2,00
Despesas fixas por unidade	R$ 1,00	R$ 2,50	R$ 0,50

Considerando que a Cia. Alfa NÃO consegue alterar a sua estrutura de custos e despesas fixos, é correto afirmar que se a empresa

a) eliminar o produto C terá seu lucro operacional mensal aumentado em R$ 800,00.
b) mantiver somente os produtos A e B terá um lucro operacional mensal de R$ 9.100,00.
c) eliminar os produtos A e C terá seu lucro operacional mensal aumentado em R$ 3.250,00.
d) mantiver somente o produto B terá um lucro operacional mensal de R$ 9.800,00.
e) eliminar o produto A terá seu lucro operacional mensal reduzido em R$ 3.150,00.

5. (SEFAZ – PI – 2015) Para responder à questão, considere as informações, a seguir, da empresa Canastra Ltda., que são referentes ao mês de novembro de 2014:

Itens	Queijo prato	Queijo minas	Empresas
Quantidade produzida (em kg)	10.000	15.000	
Quantidade vendida (em kg)	9.000	13.000	
Preço de venda bruto (por kg)	R$ 20,00	R$ 15,00	
Matéria-prima (por kg produzido)	R$ 9,00	R$ 8,00	
Comissões sobre o preço bruto de vendas	10%	10%	
Tributos sobre vendas	12%	12%	
Custos fixos indiretos (por mês)			R$ 50.000,00
Despesas fixas indiretas (por mês)			R$ 27.500,00

No início do mês de novembro de 2014, não havia estoques iniciais de produtos acabados e em elaboração e, no final deste mês, não havia estoques de produtos em elaboração. Nos casos necessários a empresa utiliza como critério de rateio a quantidade produzida. Os valores dos estoques finais de queijo prato e de queijo minas em 30/11/2014, pelo método de custeio por absorção são, respectivamente, em reais,

a) 10.100,00 e 18.200,00.
b) 13.000,00 e 23.000,00
c) 12.100,00 e 22.200,00.
d) 11.000,00 e 20.000,00.
e) 9.000,00 e 16.000,00.

6. (SEFAZ – PI – 2015) Para responder à questão, considere as informações, a seguir, da empresa Canastra Ltda. que são referentes ao mês de novembro de 2014:

Itens	Queijo prato	Queijo minas	Empresas
Quantidade produzida (em kg)	10.000	15.000	
Quantidade vendida (em kg)	9.000	13.000	
Preço de venda bruto (por kg)	R$ 20,00	R$ 15,00	
Matéria-prima (por kg produzido)	R$ 9,00	R$ 8,00	
Comissões sobre o preço bruto de vendas	10%	10%	
Tributos sobre vendas	12%	12%	
Custos fixos indiretos (por mês)			R$ 50.000,00
Despesas fixas indiretas (por mês)			R$ 27.500,00

No início do mês de novembro de 2014, não havia estoques iniciais de produtos acabados e em elaboração e, no final deste mês, não havia estoques de produtos em elaboração. Nos casos necessários a empresa utiliza como critério de rateio a quantidade produzida. No mês de novembro de 2014, a margem de contribuição total do queijo prato e a margem de contribuição total do queijo minas foram, respectivamente, em reais,

a) 31.500,00 e 7.800,00.
b) 59.400,00 e 48.100,00.
c) 59.400,00 e 41.600,00.
d) 66.000,00 e 55.500,00.
e) 41.400,00 e 22.100,00.

7. (SEFAZ – RJ – 2013 – Auditor Fiscal) A empresa Industrial produz um único produto e para produzir integralmente 1.000 unidades deste produto incorreu nos seguintes gastos durante o mês de junho de 2013:

Custos fixos	R$ 21.000,00/mês
Custos variáveis	
Matéria-prima	R$ 9,00/unidade
Mão de obra direta	R$ 4,00/unidade
Despesas fixas	R$ 5.000,00/mês
Despesas variáveis	R$ 2,00/unidade
Comissões sobre venda	10% do preço de venda
Informações adicionais	
Preço de venda	R$ 100,00/unidade
Impostos sobre a venda	10% da receita de vendas
Quantidade vendida	700 unidades

Sabendo que a empresa Industrial utiliza o custeio por absorção, o custo unitário da produção do período foi

a) R$ 51,00.
b) R$ 13,00.
c) R$ 15,00.
d) R$ 34,00.
e) R$ 41,00.

8. (CESGRANRIO – 2014 – LIQUIGÁS) Uma indústria, que faz suas análises gerenciais pelo método de custeio variável, ao final do processo produtivo de uma de suas linhas de produtos, apresentou suas anotações e registros, referentes exclusivamente à fabricação dos produtos dessa linha, como demonstrado a seguir.

Registro e anotações Período produtivo: junho/2014	Produtos		
	Alfa	Beta	Gama
Produção (em unidades)	2.500	2.000	3.000
Matéria-prima (quilos por unidade)	25	30	20
Mão de obra direta (horas por unidade)	6	8	5
Preço de venda unitário (em reais)	218,00	251,00	174,00
Custo fixo unitário (em reais)	12,00	10,00	13,00
Comissão de vendas p/ unidade (em reais)	3,00	5,00	8,00

Outras anotações:

- Preço do quilo de matéria-prima (em reais) = 5,00
- Valor da hora MOD (em reais) = 2,00

Limitação da capacidade produtiva: A indústria estima uma redução de 25% na quantidade de horas de mão de obra direta disponível para a fabricação da linha de produtos Alfa, Beta e Gama.

No contexto da expectativa de redução da quantidade de mão de obra direta necessária para a produção dessa linha de produtos e adotando os procedimentos da técnica da limitação da capacidade produtiva, o lucro bruto (margem bruta) total máximo possível, decorrente da limitação esperada para a linha dos produtos Alfa, Beta e Gama, em reais, é o seguinte:

a) 360.150,00.
b) 394.200,00.
c) 407.960,00.
d) 442.270,00.
e) 564.500,00.

9. (UFPR – 2018 – COREN-PR) Durante junho/X1 uma indústria de móveis escolares produziu 200 mesas e 400 cadeiras. Os custos unitários com matéria-prima foram $ 45 para as mesas e $ 30 para as cadeiras. Já os custos unitários com mão de obra direta foram, respectivamente, $ 53 e $ 36. Com base nessas informações, assinale a alternativa em que é apresentado o custo total unitário de fabricação das mesas e cadeiras, respectivamente, considerando os custos unitários com matéria-prima como critério de rateio do montante total de $ 24.000 dos custos indiretos de fabricação do período.

a) $ 72 e $ 24.
b) $ 98 e $ 66.
c) $ 117 e $ 54.
d) $ 138 e $ 106.
e) $ 170 e $ 90.

10. (CONSULPLAN – 2018 – CFC – Adaptada) Uma indústria produz um único produto e adota a análise de regressão linear para estimar os custos indiretos de manutenção fixos e variáveis. Ela fundamenta-se em dados históricos da sua capacidade normal de produção e utiliza a seguinte Função de Regressão Amostral (FRA):

$$Y = \hat{\beta}_1 + \hat{\beta}_2 x + \hat{u}$$

Onde:

Y = total dos custos indiretos de manutenção.
$\hat{\beta}_1$ = intecepto.

$\hat{\beta}_2$ = coeficiente angular.

x = volume de produção em unidades do produto.

$\hat{u}$ = termo de erro aleatório.

É sabido que o setor da indústria passa por um momento de retração e a mesma vem produzindo, há vários meses, menos de 50% da capacidade normal, sem, no entanto, reduzir sua estrutura de custos fixos. No mês de maio de 2018, a indústria produziu 2.000 unidades de seu produto, equivalente a 40% da capacidade normal de produção. O total dos custos indiretos de manutenção incorridos no mesmo mês foi de R$ 1.700.000,00. Em sua última estimação baseada em uma série histórica com dados mensais de produção em nível de capacidade normal, a indústria encontrou $\hat{\beta}_1$ = 1.000.000 e $\hat{\beta}_2$ = 350, sendo estes dados utilizados para alocação de custos no mês de maio de 2018.

Considerando-se apenas as informações apresentadas, assinale, entre as opções a seguir, o valor dos custos indiretos de manutenção fixos não alocados aos produtos que deve ser reconhecido diretamente como despesa no mês de maio de 2018.

a) R$ 0,00.
b) R$ 350.000,00.
c) R$ 600.000,00.
d) R$ 1.000.000,00.
e) R$ 824.570,00.

11. (CESPE – 2018 – SEFAZ-RS – Auditor do Estado) O custeio por absorção pode ser aplicado a partir de diferentes metodologias de acumulação de custos, as quais incluem a produção por ordem de serviços e a produção contínua que, apesar de apresentarem diferenças significativas, também apresentam algumas semelhanças. Essas semelhanças incluem

a) o emprego das mesmas contas básicas de produção.
b) a utilização de equivalentes de produção.
c) idêntico grau de complexidade: ambas trabalham com produtos significativamente diferenciados.
d) o fluxo regular de produtos ao longo de todo o processo de fabricação.
e) o uso do mesmo documento-chave de controle de custos.

12. (CESPE – 2017 – TRT-CE – Adaptada) Os sistemas de custeamento podem ser classificados quanto à forma de apropriação dos custos e quanto à forma de acumulação dos custos. Nesse sentido, o custeio por absorção indica a forma de

a) apropriação de custos utilizada em sistemas de fabricação contínua.
b) apropriação de custos que considera, na apuração, tanto os custos fixos como os custos variáveis para determinar o custo do produto.

c) acumulação de custos utilizada em sistemas de fabricação descontínua ou realizada mediante ordens.
d) acumulação de custos que considera, na apuração, somente os custos variáveis para determinar o custo do produto.
e) apropriação de custos variáveis e diretos para determinar o custo do produto.

13. (CESGRANRIO – 2018 – TRANSPETRO) A indústria P apresentou as informações que seguem, relativas à produção e à venda de um dos produtos da sua linha:

Quantidade de unidades produzidas	10.000
Quantidade de unidades vendidas	8.000
Preço unitário de venda	95,00
Matéria-prima consumida	300.000,00
Mão de obra direta consumida	200.000,00
Gastos gerais de fabricação	180.000,00
Comissão total sobre o volume de vendas	120.0000,00

Considerando os procedimentos técnico-conceituais da Contabilidade de Custos e do método de custeio variável, a margem de contribuição unitária praticada pela indústria P, em reais, é de

a) 15,00.
b) 27,00.
c) 30,00.
d) 33,00.
e) 45,00.

14. (CESPE – 2016 – TCE-PR) A margem de contribuição unitária de determinado produto é 80, o custo direto variável é 20 por unidade, o custo indireto variável é 5 por unidade e o custo indireto fixo por unidade é 8.

Considerando os dados apresentados e os conceitos inerentes aos sistemas de custeio direto e por absorção, assinale a opção correta.

a) A margem de contribuição deve cobrir os custos fixos e variáveis.
b) A margem de contribuição é um conceito utilizado, também, no âmbito do custeio por absorção.
c) A margem de contribuição apresentada decorre de um preço de venda de R$ 100.
d) A margem de contribuição apresentada decorre de um preço de venda de R$ 105.
e) A margem de contribuição apresentada decorre de um preço de venda de R$ 113.

15. (CONSULPLAN – 2018 – CFC) O departamento Alfa de produção possui um custo indireto total de R$ 17.000,00 e precisa distribuí-lo a três produtos: X, Y e Z. Os seguintes dados foram disponibilizados:

Cap. 7 • Utilização de Informações de Custo para Decisões do Tipo: Qual Produto Cortar?   211

Descrição	X	Y	Z	Total
(MP) Matéria-prima	10.000,00	12.000,00	15.000,00	37.000,00
(MOD) Mão de obra direta	2.000,00	2.000,00	2.000,00	6.000,00
(CD) Custo direto total	12.000,00	14.000,00	17.000,00	43.000,00

As horas-máquina (H/M) utilizadas para a fabricação dos produtos X, Y e Z foram de 1.500, 2.000 e 2.500, respectivamente. Verifica-se, portanto, um total de horas-máquina utilizadas de 6.000.

O custo total do produto X considerando o rateio com base na (MP), o custo total do produto Y utilizando o rateio com base no (CD) e o custo total do produto Z usando o rateio baseado em (H/M) têm, respectivamente, os valores:

a) R$ 16.594,59, R$ 19.534,88 e R$ 24.083,33.
b) R$ 16.744,19, R$ 19.513,51 e R$ 23.083,33
c) R$ 16.594,59, R$ 19.534,88 e R$ 23.083,33.
d) R$ 16.744,19, R$ 19.513,51 e R$ 24.083,33.

16. (FCC – 2015 – TCE-CE) A Cia. Produtora de Gás produz os produtos 1, 2 e 3 utilizando um único departamento. Ao analisar o processo produtivo no mês de dezembro de 2014, a Cia. obteve as seguintes informações:

Produto	Matéria-prima	Mão de obra direta	Quantidade total produzida	Preço de venda	Horas de mão de obra direta
1	R$ 30,00/unidade	R$ 10,00/unidade	3.000	R$ 120,00/unidade	1 h/unidade
2	R$ 20,00/unidade	R$ 30,00/unidade	1.000	R$ 80,00/unidade	1 h/unidade
3	R$ 10,00/unidade	R$ 10,00/unidade	2.000	R$ 100,00/unidade	2 h/unidade

Sabe-se que a Cia. utiliza o custeio por absorção, que os custos indiretos totais incorridos no mês de dezembro de 2014 foram R$ 48.000,00 e que a empresa os aloca aos produtos em função da quantidade total de horas de mão de obra direta utilizada.

Com base nestas informações e sabendo que não havia estoques iniciais e finais de produtos em processo, o custo unitário de produção, no mês de dezembro de 2014, para os produtos 1, 2 e 3 foram, respectivamente, em reais,

a) 30,00; 20,00 e 10,00.
b) 40,00; 50,00 e 20,00.
c) 46,00; 56,00 e 32,00.
d) 48,00; 58,00 e 28,00.
e) 45,00; 66,00 e 28,00.

17. (FCC – 2010 – SEFIN-RO) A empresa CHEIRO BOM fabrica sabonete líquido de uma única fragrância (erva-doce) que é comercializado em embalagem de 300 ml pelo preço líquido de vendas de R$ 13,00. No mês de janeiro, produziu integralmente 20.000 unidades e vendeu 15.000 unidades de seu produto, cujos custos e despesas unitários foram os seguintes:

Custos diretos variáveis	R$ 4,00
Custos indiretos fixos	R$ 3,00
Despesas variáveis	R$ 2,00
Despesas fixas	R$ 1,00
TOTAL	R$ 10,00

No mês de fevereiro, produziu integralmente 20.000 unidades e vendeu 18.000 unidades de sabonete líquido. Todavia, o preço da matéria-prima aumentou e os custos variáveis diretos passaram a ser R$ 5,00. Considerando que: não havia estoques iniciais no mês de janeiro; a empresa adota o custeio por absorção para fins fiscais e o custeio variável para fins gerenciais; e utiliza a média ponderada móvel como critério de avaliação de estoques, é correto afirmar que

a) o lucro bruto apurado assim como a margem de contribuição foram R$ 108.000,00 no mês de fevereiro.

b) a diferença no valor do estoque final do mês de janeiro pelo custeio variável e por absorção foi de R$ 5.000,00.

c) o lucro bruto apurado foi de R$ 120.000,00 e a margem de contribuição unitária foi de R$ 7,00, ambos referentes ao mês de janeiro.

d) a margem de contribuição total apurada no mês de janeiro foi igual àquela apurada no mês de fevereiro.

e) a diferença no resultado operacional pelo método de custeio variável e por absorção, no mês de fevereiro, foi de R$ 6.000,00.

18. (CESGRANRIO – 2013 – BNDES) Uma empresa pode fabricar dois produtos para comercialização: um produto espartano, que apresenta margem de contribuição unitária igual a R$ 400,00 e requer 2 horas de operação das máquinas; e um produto *premium*, que apresenta margem de contribuição unitária de R$ 900,00 e requer 6 horas de operação das máquinas. A empresa possui capacidade de 600 horas de operação das máquinas no mês. A demanda pelos produtos espartano e *premium* da empresa é de, respectivamente, 270 e 50 unidades por mês. Quantas unidades de cada produto devem ser fabricadas para maximizar a margem de contribuição total mensal da empresa?

a) espartano | *premium*
   150   10
b) espartano | *premium*
   150   50
c) espartano | *premium*
   270   10
d) espartano | *premium*
   270   50
e) espartano | *premium*
   297   55

Outras Aplicações do Custeio Variável (Direto)

8.1 GENERALIDADES

A utilização do conceito puro (extremado) de custeio direto envolve a apropriação ao produto de todos os custos variáveis, e a ao período, de todos os custos fixos.

Um demonstrativo típico dessa abordagem apareceria assim:

	VENDAS	R$
(−)	Deduções de Vendas	R$
=	Vendas Líquidas	R$
(−)	Custo dos Produtos Vendidos (somente os custos variáveis)	R$
=	1ª Margem de Contribuição	R$
(−)	Outras Despesas Variáveis	R$
=	2ª Margem de Contribuição	R$
(−)	Despesas Fixas	R$
=	Lucro Líquido (antes do IR)	R$

Existem variantes de apresentação, mas o conceito básico permanece o explorado supra.

Por outro lado, existe uma forma de alocar aos produtos pelo menos uma parte dos custos fixos de fabricação. Mediante a departamentalização, podem ser identificados diretamente com os departamentos produtivos certos custos fixos, como vimos, incorridos pelo departamento e no departamento. Desde que tais custos sejam primários, isto é, não provenham de rateios de outros departamentos, a hipótese pode ser acolhida para finalidades práticas.

8.2 EXEMPLO

A empresa Brasil Que Queremos S.A. operava três linhas de produção, que passavam pelos departamentos produtivos X, Y e Z. As receitas e custos diretos principais, para o exercício de 2018, foram as seguintes:

Linha	Receita	Matéria-prima e Mão de obra direta	Receita (MP + MOD)
A	R$ 500.000	(–) R$ 250.000	= R$ 250.000
B	R$ 600.000	(–) R$ 280.000	= R$ 320.000
C	R$ 400.000	(–) R$ 190.000	= R$ 210.000
Total	R$ 1.500.000	(–) R$ 720.000	= R$ 780.000

A matriz de horas diretas trabalhadas nos departamentos produtivos, em cada linha de produto, é reproduzida a seguir:

Linha	Depto. X	Depto. Y	Depto. Z	Total
A	300 h	200 h	80 h	580 h
B	120 h	350 h	180 h	650 h
C	–	400 h	12 h	412 h
Total	420 h	950 h	272 h	1.642 h

Os custos indiretos departamentais foram os apresentados a seguir:

Custos Indiretos	Depto. X	Depto. Y	Depto. Z	Total
– Suprimentos	R$ 30.000	R$ 25.000	R$ 50.00	R$ 105.000
– Outros Custos Indiretos Variáveis	R$ 15.000	R$ 62.000	R$ 13.000	R$ 90.000
– Depreciação	R$ 40.000	R$ 50.000	R$ 30.000	R$ 120.000
– Custos Indiretos Fixos Identificáveis	R$ 3.000	R$ 1.000	R$ 1.500	R$ 5.500
	R$ 88.000	R$ 138.000	R$ 94.500	R$ 320.500

Obs.: Outros Custos Fixos de Fabricação = R$ 35.000,00 (Não identificáveis nos Departamentos Produtivos).

Depreciação e Outros Custos Indiretos Fixos serão alocados à produção, como custo de produto, contrariando a filosofia mais restrita do custeio direto, por ser possível identificá-los nos departamentos.

Por outro lado, numa filosofia pura de custeio por absorção, os "Outros Custos Fixos de Fabricação" (os não identificados diretamente em nenhum departamento produtivo) seriam, de alguma forma, alocados, por rateio, aos departamentos produtivos e, portanto, à produção. Nessa variante, intermediária entre custeio direto e por absorção, serão alocados ao período, por não ter sido possível identificá-los diretamente nos departamentos produtivos (Centros de Custo Principais).

As taxas departamentais de custos indiretos são calculadas a seguir:

$$\text{Departamento } X = \frac{\text{R\$ 88.000}}{420} = \text{R\$ 209,5238 por hora}$$

$$\text{Departamento } Y = \frac{\text{R\$ 138.000}}{950} = \text{R\$ 145,26315 por hora}$$

$$\text{Departamento } Z = \frac{\text{R\$ 94.500}}{272} = \text{R\$ 347,42647 por hora}$$

Observe que, numa abordagem pura de custeio direto, a taxa departamental para X, por exemplo, seria calculada $\frac{\$ 88.000 - 40.000 - 3.000}{420} = \frac{\$ 45.000}{420} = $ R\$ 107,14285. Somente essa taxa seria alocada ao produto. A depreciação e os custos indiretos fixos se somariam, como despesa de período, ao item "Outros Custos Fixos".

Por outro lado, para efeito do lucro líquido final, este pode ficar inalterado pela utilização deste ou daquele tipo de custeio somente se não tivermos estoques iniciais ou finais e/ou se vendermos toda a produção do período. Se tal não ocorrer, a utilização deste ou daquele tipo de custeio irá afetar, não somente a proporção entre custo do produto e do período, mas também o resultado líquido final.

No exemplo apresentado, se deixarmos de vender parte da produção, o custeio direto irá alocar, de qualquer maneira, as despesas fixas para resultados, como despesa do período. Mas o sistema de custeio por absorção, por ter alocado as despesas fixas ao produto, não as transferirá totalmente para resultados (via "Custo dos Produtos Vendidos"), pois parte de tais custos fixos ficará incorporada, no ativo, ao valor do estoque de produtos não vendidos.

Voltando ao nosso exemplo, no qual admitimos inicialmente venda total da produção e inexistência de estoque inicial, falta agora calcularmos os custos indiretos alocáveis a cada linha de produção. Para isso, basta multiplicarmos as horas consumidas pelos produtos em cada departamento pela taxa departamental de custos indiretos, a qual, como vimos, contém uma parte de custo fixo, aquela parte diretamente identificável no departamento produtivo e com ele. (Como vimos, poderíamos ter taxas completamente isentas de custo fixo, numa abordagem pura de custeio direto, e taxas em que todos os custos fixos de fabricação estivessem incluídos.)

CUSTOS INDIRETOS DE FABRICAÇÃO ALOCÁVEIS ÀS LINHAS		
Linha	Horas x Taxa Departamental	Custo
DEPARTAMENTO X		
A	300 × R$ 209,52	R$ 62.856
B	120 × R$ 209,52	R$ 25.142
C		0,00
	Total	R$ 87.998
DEPARTAMENTO Y		
A	200 × 145,26	R$ 29.052
B	350 × 145,26	R$ 50.841
C	400 × 145,26	R$ 58.104
	Total	R$ 137.997
DEPARTAMENTO Z		
A	80 × 347,43	R$ 27.794
B	180 × 347,43	R$ 62.537
C	12 × 347,43 =	R$ 4.174
	Total	R$ 94.505

SUMÁRIO DOS CUSTOS INDIRETOS ALOCADOS				
Linha A	R$ 62.856 +	R$ 29.052 +	R$ 27.794 =	R$ 119.702
Linha B	R$ 25.142 +	R$ 50.841 +	R$ 62.537 =	R$ 138.520
Linha C	0,00 +	R$ 58.104 +	R$ 4.174 =	R$ 62.278
Total	R$ 87.998 +	R$ 137.997 +	R$ 94.505 =	R$ 320.500

SUMÁRIO DOS RESULTADOS POR LINHA DE PRODUTO			
Linha	Receita	Custo dos Produtos Vendidos	Margem de Contribuição
A	R$ 500.000	R$ 369.702	R$ 130.298
B	R$ 600.000	R$ 418.520	R$ 181.480
C	R$ 400.000	R$ 252.278	R$ 147.722
Total	R$ 1.500.000	R$ 1.040.500	R$ 459.500
(–) Outros Custos Fixos			R$ 35.000
= Lucro Líquido			R$ 424.500

O Custo dos Produtos Vendidos, do último demonstrativo, nada mais é que o custo de matéria-prima e mão de obra direta somado aos custos indiretos alocados às linhas.

O total de tais custos indiretos é que variaria, conforme o tipo de custeio adotado:

– hipótese: intermediária R$ 320.500 (como no exemplo)

– custeio direto puro R$ 195.000 (excluindo-se "Depreciação" e "Custos Indiretos Fixos")

– custeio por absorção R$ 355.500 (incluindo-se o item "Outros Custos Fixos" rateados de outros departamentos que não os produtivos)

8.3 UMA VARIANTE: VENDA MENOR QUE PRODUÇÃO

Suponhamos agora que os custos calculados para as linhas se refiram às seguintes unidades de volumes:

Linha A	5.000 unidades
Linha B	3.500 unidades
Linha C	2.000 unidades

Até o momento, supomos que não havia estoque inicial e que toda a produção do período foi vendida no período. Vamos introduzir uma modificação nesta linha de raciocínio: das unidades produzidas, foram efetivamente vendidas no período as unidades a seguir:

Linha A	3.300 unidades
Linha B	3.400 unidades
Linha C	1.800 unidades

Vamos verificar os efeitos, nos demonstrativos de resultados, da nova hipótese nas três alternativas: custeio intermediário (visto até o momento), custeio direto puro e custeio por absorção.

Para isso, teremos de retomar os cálculos departamentais de taxas de custos indiretos. No caso de custeio direto puro, bastará eliminar os custos fixos identificados nos departamentos. No caso do custeio por absorção, precisaremos alocar os R$ 35.000 de outros departamentos de serviços, de alguma forma. Vamos escolher como base o volume de horas consumidas em cada departamento.

A. CUSTEIO DIRETO PURO

SUMÁRIO DEPARTAMENTAL DOS CUSTOS INDIRETOS ALOCÁVEIS AOS PRODUTOS				
Custos Indiretos	Depto. X	Depto. Y	Depto. Z	Total
Suprimentos	R$ 30.000	R$ 25.000	R$ 50.000	R$ 105.000
Outros CIF variáveis	R$ 15.000	R$ 62.000	R$ 13.000	R$ 90.000
Total	R$ 45.000	R$ 87.000	R$ 63.000	R$ 195.000
+ Horas de MOD	420	950	272	
= Taxa departamental	R$ 107,14	R$ 91,58	R$ 231,62	

SUMÁRIO DE CUSTOS INDIRETOS ALOCADOS À PRODUÇÃO*				
Linhas	Depto. X	Depto. Y	Depto. Z	Total
A	R$ 32.142	R$ 18.316	R$ 18.530	R$ 68.988
B	R$ 12.857	R$ 32.053	R$ 41.692	R$ 86.602
C	0,00	R$ 36.632	R$ 2.778	R$ 39.410
TOTAL	R$ 44.999	R$ 87.001	R$ 63.000	R$ 195.000

B. CUSTEIO POR ABSORÇÃO

SUMÁRIO DEPARTAMENTAL DE CUSTOS INDIRETOS ALOCÁVEIS AOS PRODUTOS				
Custos Indiretos	Depto. X	Depto. Y	Depto. Z	Total
– Suprimentos	R$ 30.00	R$ 25.000	R$ 50.000	R$ 105.000
– Outros CIF variáveis	R$ 15.000	R$ 62.000	R$ 13.000	R$ 90.000
– Depreciação	R$ 40.000	R$ 50.000	R$ 30.000	R$ 120.000
– Outros CIF fixos	R$ 3.000	R$ 1.000	R$ 1.500	R$ 5.500
– Custos Fixos Rateados de outros Departamentos na base de horas de MOD	R$ 8.952	R$ 20.250	R$ 5.798	R$ 35.000
Total	R$ 96.952	R$ 158.250	R$ 100.298	R$ 355.500
(÷) Horas de MOD	420	950	272	
= Taxa departamental	R$ 230,84	R$ 166,58	R$ 368,74	

RESUMO DE CUSTOS INDIRETOS ALOCADOS À PRODUÇÃO

Estamos agora em condições de sumarizar os resultados obtidos, conforme utilizemos um ou outro critério de custeio, nas hipóteses de venda parcial da produção. Para isso, precisamos calcular o preço de venda unitário de cada linha e o custo unitário no que se refere a matéria-prima e mão de obra direta. Note-se que os custos fixos de período seriam de fabricação. Não existem outras despesas neste exemplo, tais como administrativas etc.

Custos de Período

1. custeio direto   R$ 160.500
2. custeio "misto"   R$ 35.000
3. custeio por absorção   R$ 0

Linhas	Preço Unitário de Venda	Custo Unitário de MP e MOD
A	R$ 100,00	R$ 50,00
B	R$ 171,43	R$ 80,00
C	R$ 200,00	R$ 95,00

(1) *Custeio Misto (intermediário)*

LINHAS	CUSTO INDIRETO UNITÁRIO ALOCADO À PRODUÇÃO
A	$R\$ 23{,}94 = \dfrac{119.702^{1}}{5.000}$
B	$R\$ 39{,}58 = \dfrac{138.520}{3.500}$
C	$R\$ 31{,}14 = \dfrac{62.278}{2.000}$

p. 218

(2) *Custeio Direto Puro*

A   R$ 13,80
B   R$ 24,74
C   R$ 19,71

(3) *Custeio por Absorção*

LINHA
A   R$ 26,41
B   R$ 43,54
C   R$ 35,53

---

[1] R$ 119.702 = R$ 62.856 + R$ 29.052 + R$ 27.794. As outras linhas são calculadas da mesma forma.

SUMÁRIO DOS CUSTOS UNITÁRIOS DE FABRICAÇÃO SEGUNDO CADA CRITÉRIO DE CUSTEIO E POR LINHA DE PRODUTO

Linhas/Custeio	Custo Unitário de Fabricação (MP + MOD + CIF Alocados)	
A		
Custeio "misto"	R$ 73,94	= 50,00 + R$ 23,94
Custeio direto	R$ 63,80	etc.
Custeio por absorção	R$ 76,41	
B		
Custeio "misto"	R$ 119,58	R$ 80,00 + R$ 39,58
Custeio direto	R$ 104,74	etc.
Custeio por absorção	R$ 123,54	
C		
Custeio "misto"	R$ 126,14	R$ 95,00 + R$ 31,14
Custeio direto	R$ 114,71	etc.
Custeio por absorção	R$ 130,53	

RESUMO DOS CUSTOS UNITÁRIOS DE FABRICAÇÃO

Tipo de Custeio	Linha A – R$	Linha B – R$	Linha C – R$
a) "misto"	73,94	119,58	126,14
b) direto	63,80	104,74	114,71
c) por absorção	76,41	123,54	130,53

Estamos, finalmente, em condições de formular os demonstrativos de resultados para cada uma das modalidades de custeio. Os custos unitários de fabricação, já obtidos, e os preços unitários de venda serão multiplicados pelas unidades vendidas (3.300 de A, 3.400 de B e 1.800 de C). A diferença irá para o ativo (estoque) em cada caso.[2]

---

[2] $ 13,80 = $\frac{\$ 68.988}{5.000}$, e assim por diante. Ver página 222.

DEMONSTRATIVO COMPARATIVO DE RESULTADOS

	Vendas	Custeio "Misto"	Direto	Por Absorção
	Linha *A*	330.000,00	330.000,00	330.000,00
	Linha *B*	582.862,00	582.862,00	582.862,00
	Linha *C*	360.000,00	360.000,00	360.000,00
		R$ 1.272.862,00	R$ 1.272.862,00	R$ 1.272.862,00
(−)	Custos dos produtos vendidos			
	Linha *A*	244.002,00	210.540,00	252.153,00
	Linha *B*	406.572,00	356.116,00	420.036,00
	Linha *C*	27.052,00	206.478,00	234.954,00
	Total dos custos	R$ 877.626,00	R$ 773.134,00	R$ 907.143,00
=	**Lucro em vendas**	**R$ 395.236,00**	**R$ 499.728,00**	**R$ 365.719,00**
(−)	Custos fixos do período	R$ 35.000,00	R$ 160.500,00	0,00
=	**Lucro líquido (antes do IR)**	**R$ 360.236,00**	**R$ 339.228,00**	**R$ 365.719,00**

Note-se que, voltando aos quadros originais da página 218, o custo total do período foi de R$ 720.000,00 (matéria-prima e mão de obra direta) + R$ 320.500,00 (custos departamentais) + R$ 35.000,00 (custos fixos não identificados com os departamentos) = R$ 1.075.500,00. Esse valor, entretanto, refere-se ao custo total da produção. Parte desse custo está no item Custo dos Produtos Vendidos do demonstrativo supra (parcela que se transforma, no fundo, em custo do período, pela venda) e parte está contida nos estoques finais.

Vejamos qual o valor do estoque em cada alternativa de custeio:

Custeio "misto"	= R$ 1.075.500,00	− R$ 877.626,00 + R$ 35.000,00)	= R$ 162.874,00
Custeio direto	= R$ 1.075.500,00	− R$ 773.134,00 + R$ 160.500,00)	= R$ 141.866,00
Custeio por absorção	= R$ 1.075.500,00	− R$ 907.143,00	= R$ 168.357,00

Nesse caso específico, o custeio direto apresentou um lucro menor, pois esse método tende a apurar lucros mais ligados à tendência das vendas do que da produção. Comparativamente a outros métodos, a carga de custo de período foi maior, pois descarregou todos os custos fixos em resultados, ao passo que outros métodos, principalmente o de absorção, somente descarregaram para Resultados a parcela de custo fixo incluída na produção vendida. Obviamente, essa parcela descarregada para Resultados foi menor do que no custeio direto, pois as quantidades vendidas foram menores do que as produzidas.

Se, no período seguinte, as vendas forem maiores do que a produção do período, a tendência se inverterá quanto ao resultado final. O custeio direto tenderá a apresentar um lucro maior do que o por absorção.

Em todos os casos, o tipo de custeio que chamamos (na falta de outra denominação melhor) *custeio misto* (ou intermediário) apresenta, efetivamente, resultados intermediários entre o custeio direto e o por absorção puro.

Como consequência, os estoques finais apresentaram valores mais altos no custeio por absorção do que no direto, sendo intermediários no custeio misto.

Note que a análise do ponto de equilíbrio é bastante simples e imediata no custeio direto, complicando-se nos demais, principalmente na absorção:[3]

$$\text{Ponto de Equilíbrio}^* = \frac{R\$\,160.500,00}{1 - \frac{773.134,00}{1.727.862,00}} = \frac{R\$\,160.500,00}{1 - 0,6073981}$$

$$\text{Ponto de Equilíbrio}^* = \frac{R\$\,160.500,00}{0,3926019} = R\$\,408.811,06$$

Tornou-se imediato calcular o ponto de equilíbrio no custeio direto, pois sabemos que o custo dos produtos vendidos somente é constituído por custos variáveis. O *b*, portanto, é calculado dividindo-se esse valor pelo valor das vendas. Os custos fixos aparecem diretamente no demonstrativo.

Obviamente, podemos aplicar o ponto de equilíbrio e toda a técnica de relações custo/volume/lucro nos demais conceitos, mas precisaremos voltar às informações de origem, ao passo que no custeio direto puro podemos elaborar uma série de cálculos e análises diretamente a partir do Demonstrativo de Resultados.

O custeio direto, todavia, a par das vantagens vistas, apresenta a desvantagem de subavaliar os estoques no balanço. Em vista de tudo o que vimos, acreditamos que o método que denominamos "custeio misto ou intermediário" é bastante razoável. Evita os rateios de custos que podem levar a absurdos, mas considera custo do produto aquela parte de custo fixo que pode ser identificada diretamente no departamento produtivo. Isso parece bastante razoável e pode ter aplicações interessantes na análise de resultados divisionais, como veremos em seguida.

8.4 ANÁLISE DE DESEMPENHO DIVISIONAL

O conceito de custo fixo identificável nos departamentos produtivos pode ser de aplicação útil em certos relatórios de análise e desempenho divisional.

---

[3] Obviamente, como se trata de exemplo com mais de um produto, o cálculo poderia ser bem mais complexo. Reduzimos a um produto só, apenas por simplificação.

RELATÓRIO DE DESEMPENHO DIVISIONAL

Mês de _____
Em milhares de Reais R$

		Divisão A		Divisão B		Total	
	RECEITA DE VENDA	**15.600**	100%	14.200	100%	29.800	100%
(−)	Custos Variáveis	7.800	50%	6.390	45%	14.190	48%
=	1ª Margem de Contribuição	7.800	50%	7.810	55%	15.610	52%
	Custos Fixos					**4.300**	
(−)	Identificáveis	2.000	13%	2.300	16%	11.310	14%
=	2ª Margem de Contribuição	5.800	37%	5.510	39%	1.310	38%
						10.000	
(−)	Custos Fixos Comuns (Não Identificáveis)						4%
=	**Lucro Líquido (antes do IR)**						**34%**

No âmbito da concisão, esse quadro analisa muito bem, em largos traços, o desempenho divisional. Foram atribuídos, como carga das divisões, os custos direta e inequivocadamente identificados nas divisões e, por outro lado, os custos fixos que não se enquadraram nessa rígida classificação foram alocados como responsabilidade da "entidade", como um todo. A "entidade", portanto, não é mera soma dos valores divisionais. Existem certas despesas, principalmente de ordem administrativa geral, tais como, honorários da diretoria, certas despesas financeiras associadas à avaliação de risco como um todo da empresa etc., que são responsabilidade corporativa da empresa ou, em alguns casos, da *holding*.

O exemplo que acabamos de focalizar é uma aplicação do conceito de *centro de lucro* e, ao mesmo tempo, de contabilidade por responsabilidade, embora esta última em forma muito embrionária. Voltaremos a tais assuntos em outro capítulo. Por ora, considere-se que:

O CONCEITO E A APURAÇÃO DE LUCRO DIVISIONAL DEVEM ESTAR RELACIONADOS COM UM CONCEITO E VALOR DE INVESTIMENTO REALIZADO EM CADA DIVISÃO.

Em outras palavras, é preciso relacionar o lucro com o investimento realizado, a fim de avaliarmos efetivamente o desempenho.

Com essa finalidade, conceituaremos *investimento* como o valor da soma dos ativos movimentados pela divisão e pela entidade como um todo.[4] Mais adequadamente, escolheremos somente *ativos operacionais*.

---
[4] Outros conceitos de investimento poderiam ser utilizados.

Se, no exemplo do quadro anterior, a Divisão A investiu, em média (ativo operacional médio), R$ 75.000, a Divisão B, R$ 60.00 e a "entidade" R$ 150.000 (nesse caso existem investimentos "indivisíveis" também), teríamos:

$$\text{Divisão A} \quad \frac{\$\,5.800,00}{\$\,75.000,00} = 7,73\%$$

$$\text{Divisão B} \quad \frac{\$\,5.510,00}{\$\,60.000,00} = 9,18\%$$

$$\text{Entidade} \quad \frac{\$\,10.000,00}{\$\,150.000,00} = 6,67\%$$

Apesar do lucro líquido da Divisão B ter sido, em valores absolutos, o menor dos três, seu posicionamento relativo ao investimento (esforço mensurado por insumos contidos nos ativos) foi maior.

Claramente, uma análise desse tipo ganha realce e significação à medida que lucro e investimentos estejam expressos em moeda de poder aquisitivo constante.

8.5 EXERCÍCIO PROPOSTO

A empresa Divisional mantinha três divisões principais, as quais apresentaram, ao final do exercício 2018, as seguintes margens de contribuição, ao nível de suas receitas menos as despesas variáveis:

Divisão A = R$ 250.000
Divisão B = R$ 380.000
Divisão C = R$ 420.000

As despesas fixas identificáveis nas três divisões são as seguintes:

Divisão A = R$ 150.000
Divisão B = R$ 170.000
Divisão C = R$ 195.000

O investimento médio em ativos operacionais das divisões pode ser assim detalhado:

Divisão A = R$ 550.000
Divisão B = R$ 1.000.000
Divisão C = R$ 1.300.000

As despesas fixas não identificáveis, bem como o investimento não identificável nas divisões, foram de R$ 80.000 e 150.000, respectivamente.

Tecer as considerações necessárias sobre o desempenho divisional e da empresa como um todo, considerando-se, adicionalmente, que o fluxo de capital de giro líquido proporcionado pelas divisões foi assim composto durante 2018:

Divisão A = R$ 90.000, proporcionado em grande parte pelo lucro.
Divisão B = R$ 290.000, proporcionado também em grande parte pelo lucro.
Divisão C = R$ 280.000, dos quais apenas R$ 190.000,00 proporcionados pelo lucro e o restante por financiamentos.

Em caso de persistirem dúvidas, ainda, quanto ao desempenho divisional relativo, quais outros fatores consideraria? (Exemplo: fluxo de caixa gerado.) Se uma das divisões é, reconhecidamente, mais difícil ou está em fase de reorganização, seria adequado julgar o desempenho do gerente apenas pela taxa de retorno conseguida em determinado período? Por quê?

EXERCÍCIOS

1. **(SEFAZ-SC – 2010 – Auditor Fiscal da Receita Estadual)** Analise as afirmativas abaixo e assinale com (V) as verdadeiras e (F) as falsas.

   ( ) Custo dos Produtos Vendidos é a soma dos custos incorridos na fabricação dos bens que estão sendo vendidos.
   ( ) Custo de Produção do Período é a soma dos gastos incorridos na empresa durante determinado período.
   ( ) Custo Direto é aquele que pode ser medido (identificado) objetivamente com o produto.
   ( ) Custo da Produção Acabada é a soma dos custos incorridos no período dentro da fábrica.
   ( ) Custo Fixo não depende do volume de produção.

   Assinale a alternativa que indica a sequência correta de cima para baixo.

   a) V – F – V – F – V
   b) V – F – F – V – V
   c) V – V – F – V – F
   d) F – V – F – F – V
   e) F – V – V – F – V

2. **(TRANSPETRO – 2011)** Uma indústria fabrica uma lanterna especial, que consiste em um corpo acrílico destacável e uma cabeça com rosca emborrachada, na qual é fixada uma lâmpada de 20 watts. A lanterna tem como unidade de produção 100 conjuntos de três peças e é vendida, exclusivamente, como conjunto de três peças em um saco plástico.

Processo produtivo da lanterna:

Corpo acrílico – fabricado com placa de acrílico, no qual:

100 corpos acrílicos pesam 5 kg

Perda normal do acrílico: 20%

Cabeça com rosca emborrachada – é fabricada com plástico emborrachado, na qual:

100 cabeças com rosca pesam 4 kg

Perda normal do plástico emborrachado: 20% Lâmpada de 20 watts - comprada pronta de um fornecedor

Tempo de Fabricação e Custo de Mão de Obra Direta (MOD)		
Itens	Tempo de MOD	Custo de MOD (R$)
Corpo acrílico	100 unidades por hora	5,00 por hora
Cabeça com rosca	150 unidades por hora	6,00 por hora
Montagem	200 unidades por hora	4,00 por hora

Custos dos Materiais	
Materiais	Valores (R$)
Placa de acrílico	2,00 por kg
Plástico emborrachado	1,50 por kg
Lâmpada de 20 watts	0,10 por unidade
Embalagem (plástico transparente)	0,02 por unidade

Com base exclusivamente nas informações acima, o custo direto de cada unidade de produção da lanterna, que é formada por 100 conjuntos de três peças, em reais, é:

a) 55,00.
b) 54,50.
c) 53,25.
d) 43,00.
e) 40,75.

3. (Petrobras – 2010) A diferença entre os resultados apresentados pelo critério de custeio por absorção e o critério de custeio direto ou variável está sempre na(o)

a) variação das vendas em função dos volumes diferentes.
b) margem de contribuição total.
c) forma de apropriar o custo fixo.
d) valor do custo variável.
e) custo fixo incorporado aos estoques.

4. (Petrobras – 2011) Em relação aos critérios de custeio por absorção e direto ou variável, afirma-se que o critério de custeio

   a) por absorção exige que a avaliação dos estoques seja feita pelo método do custo médio ponderado.
   b) por absorção leva em conta, na apuração do custo de produção, todos os custos incorridos no período.
   c) por absorção não é aceito, para fins de apuração dos custos de produção, pela fiscalização no Brasil.
   d) variável agrega os custos fixos ao custo de produção pelo emprego do rateio recíproco.
   e) adotado é indiferente, para efeito de apuração de resultados industriais, pois ambos apresentam o mesmo custo unitário.

5. (Petrobras – 2010) Considere os dados a seguir:

Informações extraídas da contabilidade da Cia. Industrial Pescafácil S.A. em dezembro de 2009	
Unidades fabricadas do produto	50.000
Custo fixo do mês	R$ 1.800.000,00
Preço de venda unitária do produto	R$ 80,00
Custo variável unitário do produto	R$ 20,00
Despesa variável unitária	R$ 5,00
Despesa fixa do mês	R$ 750.000,00
Unidades vendidas do produto	45.000

Considerando, exclusivamente, as informações acima, o resultado operacional da empresa em dezembro de 2009, pelo critério do custeio direto ou variável, será, em reais, de

   a) lucro de 105.000,00.
   b) lucro de 105,00.
   c) lucro de 75,00.
   d) prejuízo de 105.000,00.
   e) prejuízo de 75.000,00.

6. (CEPERJ – 2012 – DEGASE – CONTADOR) A Empresa Industrial Progresso Ltda., no seu processo de industrialização, adota o procedimento de apropriar ao seu custo de produção todos os gastos realizados, sejam eles custos diretos, indiretos, fixos ou variáveis. Esse método utilizado é denominado sistema de custeio

   a) por absorção.
   b) variável.

c) direto.
d) padrão.
e) ABC.

7. (IESES – 2017 – Adaptada) São as unidades nas quais são realizadas as acumulações de custos. Normalmente a acumulação é feita por um departamento, mas pode haver tantas subdivisões quantas sejam necessárias. Assim pode haver custeio por uma seção ou até por uma máquina, guardando-se sempre a noção de relevância dos valores que estas unidades representam, dos valores envolvidos ou da importância da informação gerencial evidenciada. Estamos definindo:

a) Centro de custos.
b) Custos.
c) Unidade de custos.
d) Departamentalização.
e) Centro de Receitas.

8. (CESGRANRIO – 2011 – PETROBRAS) A Indústria Metal Ltda. utiliza, para apuração dos seus custos, o método de departamentalização.

Num determinado mês, a contabilidade de custos da indústria elaborou o seguinte mapa de custos departamentais:

Itens	Departamento de Serviços			Departamento de Produção			Total
	Adm. Geral	Qualidade	Transporte	Usinagem	Lavagem	Secagem	
MOI	3.100	4.850	10.200	29.880	9.500	12.00	69.530
Força e luz	4.500	750	5.800	15.120	23.500	32.500	82.170
Depreciação	12.400	2.400	14.00	45.000	37.000	15.000	126.300
Soma	20.000	8.000	30.000	90.000	70.000	60.000	278.000

Os custos dos departamentos de serviços são distribuídos aos departamentos de produção através do seguinte critério:

Itens	Qualidade	Transporte	Usinagem	Lavagem	Secagem	Total
Adm. Geral	10%	10%	40%	20%	20%	100%
Controle	–	10%	50%	10%	30%	100%
Transporte	–	–	60%	30%	10%	100%

Considerando exclusivamente as informações acima, os custos totais atribuídos ao departamento de usinagem montaram, em reais, a:

a) 70.300,00.
b) 84.900,00.

c) 98.000,00.
d) 103.000,00.
e) 122.800,00.

9. (FCC – 2014 – TCE-GO) O departamento Zetta da Empresa Montevideo S.A. possui um custo indireto de R$ 9.000.000,00. Precisa distribuí-lo para três produtos: A, B e C por horas/máquinas. A empresa apurou os seguintes dados para o custeio:

	A	B	C
Matéria-prima aplicada	R$ 1.500.000,00	R$ 2.000.000,00	R$ 3.000.000,00
MOD aplicada	R$ 2.000.000,00	R$ 1.000.000,00	R$ 2.500.000,00
Horas-máquina utilizadas	1000 hm	500 hm	1.500 hm

Dessa forma, é correto afirmar que os produtos A, B e C receberão, respectivamente, de custo indireto:

a) R$ 1.500.000,00, R$ 3.000.000,00 e R$ 3.500.000,00.
b) R$ 2.000.000,00, R$ 1.000.000,00 e R$ 2.500.000,00.
c) R$ 3.000.000,00, R$ 1.500.000,00 e R$ 4.500.000,00.
d) R$ 4.500.000,00, R$ 1.500.000,00 e R$ 3.000.000,00.
e) R$ 5.000.000,00, R$ 2.500.000,00 e R$ 7.000.000,00.

10. (FCC – 2012 – TRF 2ª REGIÃO) A Cia. Industrial Monte Azul do Sul iniciou suas atividades em julho de 2011 com a fabricação de 60.000 unidades do produto X. No final do mês, existiam no estoque 20.000 unidades do produto em elaboração com grau de acabamento equivalente a 50% do produto pronto. O restante da produção foi acabado e foram vendidas 32.000 unidades ao preço de R$ 300,00 cada uma. As seguintes informações adicionais foram extraídas de dados fornecidos pelo departamento de custo da referida companhia:

Custos e Despesas Fixos .... R$ 1.500.000,00
Custos Indiretos Variáveis .... R$ 60,00 por unidade do produto
Materiais Diretos .... R$ 40,00 por unidade do produto
Mão de Obra Direta .... R$ 30,00 por unidade do produto

O lucro bruto da companhia no período corresponderá, se ela utilizar o custeio por absorção, em R$, a

a) 4.480.000,00.
b) 3.648.000,00.
c) 5.120.000,00.
d) 6.400.000,00.
e) 4.688.000,00.

11. **(CESGRANRIO – 2011 – TRANSPETRO)** A adoção do custeio variável nasceu como forma alternativa para o custeamento dos produtos devido aos problemas de apropriação dos custos fixos, existentes no custeio por absorção. Um dos problemas apontados para o custeio por absorção é que o

   a) custo de produção apurado pelo método é menor que no custeio variável, redundando numa superavaliação dos custos.
   b) custo de um produto pode variar em função da alteração do volume de outro produto, e não do seu próprio.
   c) estoque apurado por este método fica menor que o valor do estoque apurado com a adoção do custeio direto.
   d) lucro líquido apurado pelas empresas é menor no custeio por absorção, em decorrência do custo ser maior por acolher o rateio dos custos fixos.
   e) valor da diferença do custo de produção, comparado ao apurado com o custeio direto, decorre da apropriação dos custos e despesas fixas que a ele são alocados.

12. **(CESGRANRIO – 2011 – PETROBRAS)** Em um sistema tradicional de controle gerencial, a avaliação de desempenho baseada no resultado operacional obtido, utilizando-se o método de custeio por absorção, é inadequada.

   PORQUE

   Pode-se melhorar o resultado operacional no custeio por absorção simplesmente diminuindo o nível de atividade, reduzindo os custos variáveis totais e aumentando a capacidade ociosa da empresa.

   A esse respeito, conclui-se que

   a) as duas afirmações são verdadeiras, e a segunda justifica a primeira.
   b) as duas afirmações são verdadeiras, e a segunda não justifica a primeira.
   c) a primeira afirmação é verdadeira, e a segunda é falsa.
   d) a primeira afirmação é falsa, e a segunda é verdadeira.
   e) as duas afirmações são falsas.

13. **(CESGRANRIO – 2008 – TJ)** Dados extraídos da contabilidade de custos da Indústria Engarrafadora Paracambi S.A.

Custos Indiretos de Fabricação		
Itens	Valor (R$)	Base de Rateio
Aluguel de fábrica	2.500,00	Área ocupada
Depreciação das máquinas	30.000,00	Valor das máquinas
Superintendência	20.000,00	Número de empregados
Mão de obra indireta (MOI)	160.000	Horas de mão de obra indireta

Cap. 8 • Outras Aplicações do Custeio Variável (Direto)

Base de Rateio	Distribuição dos Critérios de Rateio							Total
	Departamentos de Serviços			Departamentos de Produção			
	Adm. Geral	Qualidade	Transporte	Usinagem	Lavagem	Secagem	
Área ocupada	40 m²	20 m²	40 m²	160 m²	140 m²	100 m²	500 m²
Valor das máquinas	25.050,00	10.000,00	62.500,00	127.500,00	87.500,00	62.500,00	375.000,00
Horas MOI	60 horas	20 horas	60 horas	250 horas	210 horas	200 horas	800 horas
Número de empregados	8	4	8	40	20	20	100

Considerando-se, exclusivamente, as informações acima, o rateio de depreciação das máquinas correspondente ao departamento de Usinagem, em reais, foi

a) 5.000,00.

b) 7.111,11.

c) 8.555,55.

d) 9.999,90.

e) 10.200,00.

14. (CESGRANRIO – 2018 – TRANSPETRO) O método de custeio é uma metodologia de apropriação de custos aos produtos e serviços. Nesse contexto, o método de custeio que, na apuração da margem de contribuição combina custos variáveis com despesas variáveis e que, na apuração do custo do estoque de produtos em elaboração, só considera os custos que se alteram de forma diretamente proporcional ao volume da produção, é o método de custeio

a) baseado em atividades.

b) por absorção.

c) variável.

d) por ordem.

e) padrão.

15. (COMPERVE – 2018 – UFRN) O Núcleo de Pesquisa em Alimentos e Medicamentos (NUPLAM) é uma unidade suplementar da UFRN, que desempenha atividades de natureza fabril e suporte ao ensino, pesquisa e extensão na área de ciências farmacêuticas.

Nesse contexto, considere que o gráfico abaixo representa o ponto de equilíbrio em relação à produção e venda de um medicamento Alfa, no mês de junho de 2018.

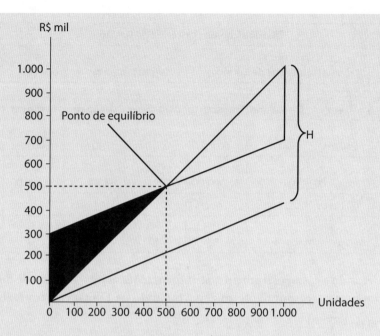

O valor dos gastos variáveis por unidade é de

a) R$ 400,00.
b) R$ 200,00.
c) R$ 500,00.
d) R$ 1.000,00.

16. **(COMPERVE – 2018 – UFRN)** Os custos são classificados sob vários enfoques, de acordo com a necessidade da gestão. Sobre a classificação dos custos quanto ao volume de produção e quanto à sua forma de alocação aos objetos de custo, analise as afirmações abaixo.

I	Todo custo variável é direto, mas nem todo custo direto é variável.
II	Todo custo fixo é indireto, mas nem todo custo indireto é fixo.
III	Um custo fixo tem o mesmo valor todos os anos, mesmo que seu valor possa variar a cada mês.
IV	Um custo variável pode ser nulo, e seu valor oscila em função do volume mensal de produção.

Estão corretas as afirmativas

a) II e IV.
b) I e II.
c) III e IV.
d) I e III.

9

Fundamentos de Custo-padrão, Inter-relação com Orçamentos e Análise de Variações

9.1 INTRODUÇÃO

Sistemas de custo baseados na apuração de "custos reais", isto é, custos já incorridos, são importantes para traçar, através do tempo, o perfil da estrutura de custos da empresa e para fornecer dados de grande valia para auxiliar na previsão de tendências.

Claramente, o custo real deve ser apurado, mesmo num sistema de custo-padrão, pelo menos periodicamente, a fim de efetuarmos as comparações entre o padrão e o realizado. Importante é realçar, entretanto, que a empresa ou baseia seu sistema de apuração em *custos reais* ou em *custos-padrão*, conquanto naquele sempre se integrem previsões, pelo menos no que se refere aos custos indiretos de fabricação, e neste se harmonizem as formas de se apurarem as variações com os custos reais. A filosofia dos dois sistemas, todavia, é completamente diferente. Enquanto o sistema baseado em custos reais se preocupa apenas em custear a produção para apuração de quanto "custou" determinado produto ou linha, um sistema de custo baseado em custos-padrão preocupa-se, basicamente, em delinear quanto "deveria" custar certa produção, levando-se em conta certas condições normais (ou ideais em alguns casos). Envolve uma noção de meta a alcançar, de eficácia e de eficiência; eficácia está relacionado com a decisão de que caminho seguir, como fazer melhor a coisa certa, e eficiência é fazer "certo a coisa" com o mínimo recurso.

A eficácia está relacionada com o nível tático (gerencial, logo abaixo do estratégico), e a eficiência ao nível operacional (como realizar as operações com menos recursos – menos tempo, menor orçamento, menos pessoas, menos matéria-prima etc.).

Normalmente, quando se fala em custo-padrão, limita-se sua amplitude à área de custos de produção, não obstante existam sistemas de custo-padrão abrangentes e estendidos às áreas administrativa, de distribuição, enfim, a toda a empresa. Limitaremos nosso enfoque à abordagem mais comum, isto é, à área fabril. Também costuma-se afirmar que o custo-padrão, por visar inclusive ao controle de eficiência das operações fabris, é mais detalhado e analítico do que a correspondente parcela do orçamento operacional da empresa que se dedica à produção.

De fato, o orçamento operacional é uma etapa de um processo mais amplo que denominamos planejamento empresarial. Essa etapa é integrada quanto aos vários aspectos ou setores da empresa que abarca. Inicia-se pelo orçamento de vendas, segue com o orçamento de produção, deste derivam os orçamentos de compras etc., o todo levando, em última análise, a um balanço e demonstrativo de resultados projetado. A visão orçamentária, portanto, é a de um todo.

Por outro lado, não podemos esquecer que o custo-padrão, além de ser baseado em previsões e metas, é consubstanciado em "padrões" ou *standards* técnicos algo mais detalhados que as previsões orçamentárias e, acima de tudo, o custo-padrão é, concomitantemente à sua finalidade de planejamento, um sistema de custeamento de produtos e tem filosofia de controle das operações.

No que concerne ao custo-padrão, controle tem um significado mais restrito, *quando necessário*, do que o sentido mais amplo, de avaliação de desempenho, comum em orçamento. Entretanto, também este último conteúdo pode ser atribuído ao custo-padrão, pois que da análise de variações surgem importantes consequências para a avaliação de desempenho no sentido de "quão bem atingimos o curso esperado". Num sentido mais restrito, o custo-padrão é um hábil instrumento de controle das operações, indicando se estas foram realizadas acima ou abaixo dos padrões de eficiência fixados. Certos padrões, como de mão de obra direta, podem ter em sua base estudos científicos de tempos e movimento. Um padrão assim estabelecido é, antes de mais nada, um parâmetro de controle de eficiência, num sentido pouco mais restrito do que comumente empregamos quanto ao termo *controle* em Contabilidade Gerencial.

9.2 UM PONTO DE CONTATO IMPORTANTE ENTRE ORÇAMENTOS E CUSTOS-PADRÃO

Um ponto em que é extremamente crítica a interface entre orçamento operacional geral e custo-padrão é o estabelecimento do *nível de capacidade* sobre o qual repousam todas as estimativas.

Nada impede que o orçamento seja expresso num nível de capacidade prevista como razoável para o período abrangido pela previsão orçamentária e que o custo-padrão seja baseado na *capacidade normal*, por ser esta última a base utilizada, usualmente, no estabelecimento dos padrões técnicos.

Se assim procedermos, o custo-padrão terá uma filosofia distinta da do orçamento operacional. Este tratará de estimar o que poderemos atingir, nas condições previsíveis para o período abrangido; aquele será uma sublimação dos padrões físicos predeterminados em condições normais de capacidade.

Não obstante existam sistemas que operam com tal dualidade de abordagens e mesmo em se considerando certas vantagens derivantes de comparações que daí possam advir, consideramos que, na prática gerencial, os dois instrumentos – o custo-padrão mais analítico e abarcando também o custeamento da produção, bem como o controle num sentido amplo e restrito, e o plano orçamentário global, verdadeira síntese da administração científica da empresa – devam estar expressos *ao mesmo nível de capacidade*, a capacidade normal, se for o caso. Se, entretanto, a capacidade normal for algo difícil de obter, por uma série de circunstâncias e fatores conjunturais, no período orçamentário, talvez o mais prático, mesmo correndo o risco de contrariar os "filósofos" e puristas da contabilidade de custos, seja projetar um nível de capacidade mais consentâneo com as condições possíveis de ser antecipadas para o período orçamentário.

Continuamos fiéis à perspectiva de que o ponto de partida de todo o processo é o que desejamos e o que podemos efetivamente vender. Se isso estiver dentro dos limites, mesmo que máximos, de nossa capacidade de produzir, levando-se em conta os fatores limitativos e as dimensões de nossa empresa, e se no volume de vendas escolhido o lucro é o maior entre as demais alternativas, esta será a altura ou o nível de capacidade pela qual devemos expressar todos os custos. A meta, portanto, não é a capacidade de produzir, mas sim as consequências, na produção e em seu volume, da capacidade de vender.

Em alguns casos, a empresa adota o "orçamento flexível", isto é, orça despesas para vários níveis da ocupação da capacidade. Para a contabilidade dos custos da produção, essa variante do orçamento flexível ou variável oferece a opção de maior facilidade na estimativa do comportamento de certas despesas.

Portanto, orçamentos flexíveis são preparados para um intervalo de variação e fornecem uma boa base comparativa pelo fato de terem sido construídos para captar as variações de volume.

Nas palavras de C. T. Horngren, em seu livro *Cost accounting: a managerial emphasis* (3. ed. Englewood Cliffs: Prentice Hall, 1972. p. 227), o enfoque do orçamento flexível nos diz "conte-me qual foi seu nível de atividade durante a semana ou mês passado e eu lhe darei um orçamento que especifique quais os custos que deveriam ter ocorrido. Eu lhe farei um orçamento sob medida para aquele volume particular, *após o fato*...".

Orçamentos flexíveis são muito importantes para comparar o custo real com o custo orçado no mesmo volume e para estabelecer comportamentos de custos com as variações do volume.[1]

Orçamentos flexíveis são elaborados mais para custos indiretos de fabricação, mas podem incluir matéria-prima e mão de obra direta.

9.3 NATUREZA E TIPOS DE PADRÃO

Afirmamos que o custo-padrão é uma meta a ser alcançada. Entretanto, é necessário fixar os critérios para estabelecer o próprio padrão. Quão ambiciosos deveremos ser no

---

[1] A esse respeito, C. T. Horngren classifica as despesas em: variáveis proporcionalmente, variáveis em degraus, fixas discricionárias, fixas imputadas e mistas. A primeira corresponde à definição clássica de custo variável. A segunda é a que varia de acordo com alguma outra medida de atividade que não volume ou venda. Exemplo: o número de pedidos de reparos em produtos com garantia pode não ter nenhuma relação com as vendas ou produção daquele período. Ainda assim, o custo é considerado variável. Os custos mistos são os que contêm elementos fixos e variáveis (semivariáveis e semifixos, segundo nossa classificação). Fixas discricionárias e fixas imputadas são categorias que recaem no gênero de despesas fixas.

estabelecimento dos padrões? Deveriam eles ser a expressão de condições ideais (ou da perfeição), ou deveríamos levar em conta vários eventos reais que contribuem para a não obtenção da perfeição?

De certa forma, voltamos aqui ao mesmo ponto conceitual discutido por ocasião do volume normal e do volume esperado, embora a ênfase seja outra.

Vários autores enumeram três tipos básicos de padrão:

a) Padrões Básicos de Custo;
b) Padrões Ideais de Custo; e
c) Padrões Correntes de Custo.

Os primeiros representam padrões básicos fixados em determinado período e nunca alterados. A hipótese seria de que os relatórios contábeis que reportam diferenças entre os custos reais e os custos expressos ao nível de padrão básico expressem tendências. Esse tipo de padrão é raramente utilizado, pois as tendências perdem seu significado porque mudanças no produto e nos métodos exigem mudança nos padrões.

Os segundos representam o ideal, em termos de ser alcançada a máxima eficiência técnica dentro da fábrica. São utilizados quando se deseja forçar a organização rumo ao desempenho excelente, mas podem ter, segundo nossa forma de ver, efeitos contraproducentes. Uma meta excessivamente ambiciosa pode desestimular, pela irrealidade com que transparece aos olhos dos operários, supervisores etc.

Já os padrões correntes (ou, segundo outras nomenclaturas, "padrões que podem ser atingidos"), embora sejam elaborados para estimular um bom desempenho, são possíveis de ser alcançados, bastando para tanto que a eficiência seja pouco maior do que a dos anos passados. São padrões "apertados", apresentando quase sempre pequenas variações desfavoráveis quando comparados com os custos reais, mas não ideais. Levam em conta certa proporção de desperdício, tempo ocioso etc., embora em níveis bastante reduzidos.

Preferimos o terceiro tipo de padrão. O primeiro é demasiado estático. O segundo, conforme foi dito, é uma espécie de "sonho de paraíso de engenheiro", uma fábrica ideal em que não existe ineficiência, desperdício, tempo ocioso, parada de máquinas etc.

9.4 O PROBLEMA DOS PADRÕES E A INFLAÇÃO – CONSIDERAÇÕES GERAIS

É comum ouvir-se no Brasil a expressão "custo-padrão é ideal, mas inaplicável no Brasil por causa da inflação".

A inflação, sem dúvida, empobrece todos os relatórios contábeis, bem como alguns considerados mais fundamentais do que um relatório de custo-padrão. A existência do fenômeno inflacionário deve levar-nos a procurar os instrumentos para corrigir seus efeitos, sem abandonar técnicas tradicionais e poderosas como a dos custos-padrão. Diríamos até que, quanto maior a incerteza com relação ao futuro, mais necessitamos de planejamento e previsão. O que se pode fazer, entre outras providências, é encurtar o período de previsão.

Previsões podem ser elaboradas a preços constantes da data em que está sendo realizada a previsão ou a preços nominais previstos das datas às quais as previsões se referem. Embora esta última hipótese seja de difícil tratativa, pois depende, entre outras variáveis, de uma estimativa da taxa de inflação, pode ser tentada em modelos orçamentários mais simples, ou adotando-se um modelo matemático da empresa, conforme vimos no final do Capítulo 3 deste livro. Os estados, notadamente o de São Paulo, costumam introduzir na previsão de receita de ICMS valores correntes do período a que se refere a previsão. Procuram-se estimar a taxa de crescimento da Economia do estado e a taxa de inflação para o período entrante. A arrecadação prevista de ICMS, então, é basicamente fixada partindo-se do montante do exercício findo (na verdade, a findar-se, pois ainda não sabemos o montante exato da arrecadação do ano X quando fazemos a previsão para X + 1) multiplicado pelo produto de crescimento × taxa de inflação prevista, reduzido ou aumentado por outros fatores, como crescimento de produtividade e eficiência do setor arrecadador etc.

Basicamente, se a arrecadação prevista para 2019 for de R$ 26.000.000 e a taxa prevista de inflação para 2020, bem como a de crescimento da economia, for, respectivamente, de 25% e 6%, o montante do ICMS previsto para 2020 será da ordem de R$ 26.000.000 × 1,25 × 1,06 = R$ 34.450.000.

Se estivéssemos trabalhando com valores da data da previsão, multiplicaríamos os R$ 26.000.000 apenas por 6%, que seria o crescimento real esperado: R$ 26.000.000 × 1,06 = R$ 27.560.000.

Claramente, ao adotar-se a hipótese de valores correntes nominais (e não de preços constantes), o grande problema reside na estimativa da taxa de inflação, embora a dificuldade de previsão do crescimento real da Economia não seja desprezível.

Ao adotarmos a hipótese de trabalho de preverem-se os preços nominais, as comparações entre o que for sendo efetivamente realizado e o previsto têm, *a priori*, a maior significação, desde que as previsões de taxa de inflação e de crescimento sejam realistas. Infelizmente, os administradores costumam superestimar a taxa de crescimento real e subestimar a de inflação, mais esta do que aquela. O resultado é que, sendo a inflação maior do que a esperada (ou fixada), a arrecadação de ICMS gera *superávit*, dando maior folga ao administrador financeiro público.

Conquanto, dentro de certos limites de conservadorismo sadio, essa prática seja razoável e até aconselhável, se levada ao exagero, torna-se injusta com alguns "recipientes" das receitas públicas.

O fato é que cada administração precisa estar bem ciente das premissas utilizadas para a feitura do orçamento. E é preciso, na análise das variações, levar em conta tais premissas.

No caso do estado, suponha que a arrecadação, para o exercício como um todo, tenha sido fixada em R$ 34.450.000, cabendo ao mês de janeiro de 2020, R$ 3.057.833. Se o efetivamente arrecadado for de R$ 2.950.000, a análise do desvio entre realizado e previsto terá significado completamente diferente no caso supra e no da hipótese da fixação do orçamento em nível de 2019, digamos, de R$ 27.560.000, cabendo a quota de R$ 2.446.264,10, para o mês de janeiro.

No segundo caso, comparar os R$ 2.446.264,10 com os R$ 2.950.000 tem pouco ou nenhum significado. O mínimo que devemos fazer é corrigir a estimativa pela taxa de inflação utilizada.

De fato, R$ 2.446.264,10 × 1,25 ≅ R$ 3.057.833. Houve, portanto, um excesso de receita prevista sobre a arrecadada de 3,7%.

Poder-se-ia, alternativamente, dividir os R$ 2.950.000 por 1,25. O resultado seria de R$ 2.360.000 e o desvio percentual com relação ao previsto seria o mesmo, mas a comparação estaria em termos de moeda da data da previsão.

Podemos dizer, em resumo, que:

a) as previsões a preços nominais do período a que se refere a previsão são mais trabalhosas, mas permitem comparação, sem maiores ajustes, com os valores reais, desde que não haja diferenças sensíveis entre as taxas de inflação prevista e real.

b) as previsões a preços constantes da data da previsão são mais fáceis de ser elaboradas, mas, de alguma forma, os valores devem ser corrigidos quando da comparação com os custos reais.

A variação entre previsto e realizado pode ser desdobrada em variação de preço e de quantidade, pelo menos.

Suponha que certa empresa prognosticou vender, para o exercício X, 10.000 unidades de um produto ao preço médio de R$ 19 (preço do exercício para o qual a previsão foi realizada). Os valores reais demonstram uma venda de 9.570 unidades ao preço médio de R$ 23,00.

Receita Total Prevista   R$ 19 × 10.000 = R$ 190.000
Receita Total Realizada R$ 23 × 9.570 = R$ 220.110
Diferença   = R$ 30.110

Embora o valor da receita realizada seja maior do que o da prevista, isso não significa, necessariamente, um desempenho tão bom quanto poderia parecer à primeira vista.

Variação da Quantidade = Diferença entre as quantidades × preço previsto = 430 × R$ 19 = R$ 8.170, desfavorável, por ter vendido menos do que o previsto.

Variação Pura de Preço = Diferença entre os preços × quantidade prevista = R$ 4 × 10.000 = R$ 40.000, favorável, por ter sido o preço real maior do que o previsto.

Variação Mista = Diferença entre os preços × diferença entre as quantidades = R$ 4 × 430 = R$ 1.720, desfavorável.

Consolidação das Variações Parciais = R$ 40.000 (R$ 1.720 + R$ 8.170,00) R$ 30.110, favorável.

Embora as análises realizadas (voltaremos mais especificamente a esse assunto em item posterior) sejam muito interessantes, e os valores previstos e realizados sejam, *a priori*, comparáveis por terem sido as previsões realizadas a preços do ano a que se refere a previsão, isso não quer dizer que não haja pequenos ajustes a serem realizados.

Por exemplo, a variação favorável de preço, derivante da variação entre R$ 23 de preço médio real e R$ 19 previstos, pode ter sido devido a uma equivocada estimativa da taxa de inflação média para o ano e para o reajuste médio realizado. Conquanto isso, de fato, tenha produzido mais valor nominal de receita, não significa necessariamente melhor desempenho operacional. (Além do mais, é provável que as despesas também se revelem maiores do que as previstas, por causa da maior taxa de inflação, anulando a vantagem supra.) O fato evidente é que vendemos abaixo do previsto em quantidade e, esta sim, é uma variação negativa, efetivamente.

Suponha que os R$ 19 foram estimados na base de uma taxa de inflação média de 25%, mas que a real foi de 32%. Se tivéssemos previsto adequadamente a taxa de inflação, teríamos previsto $\dfrac{132}{125}$ × R$ 19 = R$ 20,06 como preço unitário de venda.

Nesse caso, a previsão de venda teria sido de R$ 20,06 × 10,000 = R$ 200.600.

A diferença entre previsto e realizado seria de R$ 19.510, favorável.

Na realidade, se elaborássemos a análise de variações, teríamos:

Variação de quantidade = 430 × R$ 20,06 = (R$ 8.625,80), desfavorável
Variação de preço = R$ 2,94 × 10.000 = R$ 29.400, favorável
Variação mista = R$ 2,94 × 430 = (R$ 1.264,20), desfavorável
Variação líquida = R$ 19.510, favorável

A variação de preço que era favorável mantém-se como tal, embora bem menor em valor, indicando que, além do erro de previsão da taxa inflacionária, possivelmente a empresa não conseguiu agilizar seus pedidos de acréscimo de preço de venda para os órgãos governamentais, da forma como foi previsto. Pode ser também que uma maior porcentagem quantitativa de vendas tenha ocorrido antes dos reajustes, ao contrário do que se esperava.

Voltaremos a explicar em detalhes o sentido e o cálculo de tais variações, mas as considerações tiveram o objetivo de:

- demonstrar que, devido à inflação, efetivamente, prever e comparar no Brasil torna-se mais difícil, mas ao mesmo tempo mais necessário;
- embora a inflação adicione certa dificuldade no sistema previsional e comparativo, essas dificuldades são superáveis.

Adicionalmente, o padrão que, segundo Horngren, deve ser considerado um valor unitário orçado pode ser corrigido também por índices.

Foi o que fizemos, de certa forma, com o preço unitário padrão de R$ 19, o qual foi corrigido pela inflação real.

Assim, os padrões que, normalmente, referem-se a custos unitários, também podem ser corrigidos por índices. Podemos ter uma verdadeira "correção monetária" dos padrões.

Nesse caso, os padrões deveriam ser calculados a preços da *data da previsão* e seriam corrigidos trimestralmente (ou, no máximo, mensalmente), de acordo com as taxas de inflação.

9.5 SÃO OS PADRÕES RESULTADO DE ESTUDOS CIENTÍFICOS E DE ENGENHARIA, DE TEMPOS, MOVIMENTOS, ROTINAS ETC.?

É muito difundida a ideia de que os padrões, principalmente de quantidades, sejam sempre o resultado de estudos minuciosos de engenharia, resultantes de provas controladas e outras metodologias técnicas e de engenharia.

Até que isso seja verdadeiro (e até desejável) num bom número de circunstâncias, não significa que uma estimativa baseada em experiência passada (desde que o desempenho e a eficiência desta experiência sejam comparáveis com o que se deseja) ou um procedimento misto que leve em conta estudos técnico-científicos e outros elementos não possam ser considerados um padrão. Na verdade, *padrão* é um coeficiente que a administração, os homens de linha, os supervisores etc. acham razoável e adequado, bem como possível de ser alcançado, mesmo que para isso se necessite de um ótimo desempenho e, até mesmo, que isso se constitua um desafio. Entretanto, deve ser considerado razoável pelos supervisores na base de suas experiências. De nada adianta um padrão estabelecido em bases rigorosamente científicas se ele for considerado *utópico* ou *inatingível* pelos supervisores.

Apesar de tudo, a utilização de tais padrões técnico-científicos é importante, desde que os padrões sejam obtidos após uma série razoável de testes e mensurações, dando a possibilidade de ocorrerem desperdícios, ociosidades etc., o que somente irá ocorrer se os padrões forem estabelecidos após uma boa série de provas.

Importante também será comparar os padrões estabelecidos em nossa empresa com padrões nacionais ou internacionais que possam existir. Isso pode dar uma ideia de quanto afastados nos encontramos das melhores médias. De pouco proveito prático, entretanto, será utilizarem-se, pura e simplesmente, tais padrões como "nosso padrão", a não ser que não haja uma forma econômica de estabelecer nosso próprio padrão.

Voltamos a insistir, entretanto, que, qualquer que seja a origem dos padrões, eles somente serão válidos se forem aceitos por aqueles que irão ser julgados quanto a seu desempenho em relação a eles. Nem sempre essas pessoas deverão ter a palavra final sobre a fixação dos padrões, mas deverão achá-los "atingíveis", mesmo que tenham de admiti-lo de forma recalcitrante. Se todos os supervisores da empresa viverem comentando e até zombando dos padrões existentes, como irreais, utópicos e inatingíveis, sem dúvida tais padrões deverão ser reestudados.

9.6 EM QUE FASE DO PROCESSO SÃO INSERIDOS OS PADRÕES?

O custo-padrão pode ser inserido no esquema financeiro e de custos tão cedo quando da compra de matérias-primas, ou tão tarde quando da saída de produtos de fabricação. O caso mais comum, entretanto, é trabalhar com *custos reais* até a fase de débito na conta "Produtos em Processo", sendo esta creditada pela produção acabada e transferida para Produtos Acabados ao custo-padrão.

O importante é saber criar as contas de variação e inseri-las no ponto adequado. Tais contas representam diferenças entre custos-padrão e custos reais e podem ou não ser encerradas no fim dos períodos contábeis.

A nosso ver, um dos melhores pontos para inserir o custo-padrão é por ocasião da transferência de insumos para a conta "Produtos em Processo", de forma que tanto o débito quanto o crédito da conta "Produtos em Processo" sejam realizados a valores-padrão. Entretanto, frequentemente a conta "Fabricação" ou "Produtos em Processo" é movimentada da seguinte forma:

Débito:
– mão de obra direta e matéria-prima, pelos custos reais;
– custos indiretos de fabricação, pela taxa predeterminada multiplicada por alguma medida real de volume, normalmente número de horas de mão de obra direta.

Crédito:
– custo-padrão da produção transferida para o Depósito de Produtos Acabados.

Procedendo-se dessa forma, fica aparentemente facilitada a análise de variação de custos indiretos. Entretanto, o saldo final da conta "Produção em Processo" é uma mistura de valores históricos e valores-padrão, podendo ou não ser ajustada, no fim dos períodos contábeis, pelo custo real.

O mais prático é adotar-se o processo por nós preconizado, inserindo-se o padrão já no débito da conta "Produção em Andamento". As variações já são apuradas por ocasião da transferência dos fatores para a produção. Nesse caso, o saldo final da conta já vem expresso em valores-padrão. (É possível, todavia, que os custos indiretos continuem sendo apropriados na base da taxa-padrão × unidade de volume real.)

Um exemplo simples servirá para ilustrar as diferenças básicas entre os dois procedimentos. (Existe um terceiro procedimento, que consiste em debitar as compras de fatores pelos custos-padrão, apurando-se no próprio ato da aquisição, as variações.)

Exemplo
Não existem estoques iniciais de matéria-prima, produtos em processo e produtos acabados.

1. Compra de matéria-prima por R$ 150.000.
2. Transferência de 3.000 unidades para o processo de produção.
   Custo unitário real = R$ 45.
   Custo unitário padrão = R$ 43.
   Número de unidades que deveriam ter sido transferidas, pelo número de unidades de produto manipuladas: 2.980.
3. Foram consumidas, no mês, 10.000 horas de mão de obra direta à taxa média de R$ 3,50 por hora. A taxa-padrão seria de R$ 3,58 por hora e, para o nível de produção manipulada, dever-se-iam ter consumido 9.600 horas-padrão, apenas (cerca de 515 unidades de produto).
4. A taxa predeterminada de custos indiretos é de R$ 3 por hora de mão de obra direta prevista. Os custos indiretos reais somaram R$ 30.500.

5. A produção transferida para Produtos Acabados consiste em 500 unidades. Essas unidades contêm 9.300 horas-padrão de mão de obra direta e 2.900 unidades-padrão de matéria-prima.
6. Foram vendidas, por R$ 150.000, 350 unidades de produto acabado.

CONTABILIZAÇÃO EM RAZONETES PELO MODELO I
(padrão inserido somente no crédito da conta Produção em Processo)

Matéria-prima		Produção em Processo		Fornecedores	
(1) 150.000	135.000 (2)	(2) 135.000	185.894 (7)		150.000 (1)
		(4) 35.000			
		(5) 30.000			
		(a1) 500	106 (a2)		
R$ 15.000		R$ 14.500			R$ 150.000

Despesa de Salários		Produtos Acabados		Salários a Pagar	
(3) 35.000	35.000 (4)	(7) 185.894	130.125,8 (8)		35.000 (3)
		(a2) 106	74,2 (a3)		
R$ 0,00		R$ 55.800			R$ 35.000

Controle de CIF		Custo das Vendas		Contas a Pagar	
(6) 30.500	30.500 (5)	(8) 130.125,8	130.200,8 (a4)		30.500 (6)
	500 (a1)	(a3) 74,2			
	R$ 500	R$ 0,00			R$ 30.500

Vendas		Contas a Receber	
(a5) 150.000	150.000 (9)	(9) 150.000	

Resultados	
(a4) 130.200	150.000 (a5)
	19.800

Note que os débitos de matéria-prima e mão de obra direta foram realizados pelos custos reais. Por outro lado, consideramos igual a apropriação de mão de obra direta pela Contabilidade de Custos aos valores da Contabilidade Financeira, para facilidade do esquema, bem como ignoramos os descontos de salários.

O crédito na conta Produção em Andamento, no valor de R$ 185.894, é um valor puramente padrão. Foi obtido multiplicando-se as horas-padrão contidas na produção terminada pela taxa-padrão e adicionando-se as unidades-padrão de matéria-prima ao custo-padrão. Os custos indiretos também foram alocados na base da taxa (que é, de saída, uma taxa-padrão) pelas horas-padrão contidas na produção transferida.

Assim,

9.300 × R$ 3,58 = R$ 33.294 para mão de obra direta
2.900 × R$ 43 = R$ 124.700 para matéria-prima
9.300 × R$ 3 = R$ 27.900 para custos indiretos de fabricação
R$ 185.894 para a produção acabada transferida

Observe-se que os custos indiretos foram debitados à conta Produção em Andamento pelo valor da taxa (esta sempre é prevista, mesmo nos sistemas de custo real) multiplicada pelas horas reais de mão de obra direta consumida: R$ 3 × 10.000 = R$ 30.000. Esse é apenas um dos critérios de apropriação.

O custo das vendas foi debitado, é claro, pelo custo-padrão, a crédito de Produtos Acabados. De fato, se 500 unidades foram avaliadas a R$ 185.894, pelo custo-padrão, 350 unidades representam 70% da produção e serão avaliadas por 0,70 × R$ 185.894 = R$ 130.125,80.

O PROBLEMA DAS CONTAS COM SALDO

Sobram as seguintes contas (antes dos ajustes), sobre as quais teremos de tomar uma decisão:

1. Controle de Custos Indiretos de Fabricação, com saldo devedor de R$ 500, por terem sido os custos reais maiores do que os apropriados à produção.
2. A conta Produção em Processo, com saldo de R$ 14.106.
3. A conta Produtos Acabados, com saldo de R$ 55.768,20, totalmente expresso em custos-padrão.
4. A conta Custo das Vendas, com saldo devedor (padrão) de R$ 130.125,80.
5. As demais não seriam passíveis de alteração, qualquer que fosse o tipo ou forma de contabilização do padrão.

Se o conceito adotado for o de ajustar os saldos ao custo real, devemos avaliar o estoque final de produtos em processo pelo custo real.

Antes disto, teríamos de encerrar a conta "Controle de Custos Indiretos de Fabricação" a débito de "Produção em Processo" (a1). A soma dos débitos nesta conta, portanto, seria de R$ 200.500. O crédito pela produção terminada seria, pelo custo real, de R$ 186.000 (valor presumido).

O saldo devedor (a custo real) da conta seria de R$ 14.500, contra R$ 14.106, e estaria automaticamente ajustado.[2]

Por outro lado, os R$ 186.000 creditados em Produção em Processo iriam para débito de Produtos Acabados e o crédito dessa conta seria por R$ 130.200 (70% de 186.000,00), a débito de custo das Vendas.

---

[2] Frequentemente, o que seria avaliado a custos reais é o estoque de produtos em processo, procedendo-se aos ajustes para que o saldo final seja igual àquele valor.

Resumindo:

Op. (a1) – Débito de Produção em Processo por R$ 500, a crédito de Controle de CIF, encerrando esta última.
Op. (a2) – Crédito de Produção em Processo por R$ 106 a débito de Produtos Acabados.
Op. (a3) – Crédito de Produtos Acabados por R$ 74,20, a débito de Custo das Vendas.
Op. (a4) e (a5) – Encerramento de Custo das Vendas e Vendas contra Resultados.

O efeito líquido dos ajustes foi de:

R$ 394   a débito de Produção em Processo (R$ 500 – R$ 106).
R$ 31,80 a débito de Produtos Acabados (R$ 106 – R$ 74,20).
R$ 74,20 a débito de Custo das Vendas.
R$ 500   diferença total apropriada, exatamente a diferença devida aos custos indiretos subabsorvidos.

O lucro final foi de R$ 19.800.
Verifica-se que os ajustes são trabalhosos.

Se tivéssemos encerrado os R$ 500 diretamente contra Custo das Vendas, o lucro apurado seria de R$ 19.374,20, subavaliado em 2,2% com relação ao lucro real de R$ 19.800, fato que pode, eventualmente, ser considerado irrelevante pela administração, em face do grande trabalho exigido para se encerrarem as contas corretamente.

Quando as diferenças são pequenas, usualmente os contadores preferem encerrá-las contra Custo das Vendas ou Resultados. Rigorosamente, todavia, deveríamos ajustar "Produção em Processo", "Produtos Acabados" e "Custo das Vendas".

Pessoalmente, achamos que a conta "Produção em Processo" não deveria ser alterada, frequentemente, por qualquer motivo. Acreditamos que uma das vantagens de utilizar o custo-padrão é que uma unidade de produto fabricada tem um custo sempre igual a outra unidade semelhante. Sem dúvida que, se os ajustes vistos devem ser feitos, somente o serão no fim do exercício financeiro, mesmo porque o encerramento mensal das variações pode acarretar, em si, flutuações *random*. (Certos custos indiretos reais configuram-se em certos meses do ano, de forma que o encerramento mensal do saldo da conta "Controle de Custos Indiretos de Fabricação", ou equivalente, pode não ter significado, por serem os custos reais acumulados não proporcionais aos que teriam sido incorridos fosse a apropriação uniforme durante o exercício.)

Surgem, na utilização do Modelo II, três contas de variação: **Variação de matéria-prima, variação de mão de obra direta** e **Variação de custos indiretos de fabricação, todas com saldos devedores, indicando que os custos apropriados foram inferiores aos reais.**[3]

---

[3] Nesse caso, os CIF foram absorvidos na base das horas-padrão de MOD contidas na produção real. Para MP e MOD, foram consideradas as unidades-padrão contidas no produto real, ao custo-padrão.

CONTABILIZAÇÃO EM RAZONETES PELO MODELO II
(padrão inserido desde o débito na conta Produção em Processo)

Matéria-prima		Produção em Processo		Fornecedores	
(1) 150.000	128.140 (2)	(2) 128.140			150.000 (1)
	6.860 (2)	(4) 34.368	185.894 (7)		
		(5)* 28.800	106 (a2)		
		(a1) 9.192			
R$ 15.000		R$ 14.500			R$ 150.000

Despesa Salários		Produtos Acabados		Salários a Pagar	
(3) 35.000		(7) 185.894			35.000 (3)
	34.368 (4)	(a2) 106			
	632 (4)		130.125,80 (8)		
			74,20 (a3)		
		R$ 55.800			R$ 35.000

		Custo das Vendas		Contas a Pagar	
		(8) 130.125,80			30.500 (6)
		(a3) 74,20	130.200 (a4)		

Controle de CIF		Vendas		Contas a Receber	
(6) 30.500		(a5) 150.000	150.000 (9)	(9) 150.000	
	28.800 (5)*				
	1.700 (5)				

Variação de MP		Resultados		Variação de CIF	
(2) 6.860		(a4) 130.200	150.000 (a5)	(5) 1.700	1.700 (a1)
	6.860 (a1)				
			19.800		

Variação de MOD	
(4) 632	
	632 (a1)

Mais uma vez, o processo de ajustes de fim de período levaria em consideração a avaliação do estoque de produtos em processo (e acabados) a custos reais. Sendo essa avaliação de R$ 14.500, temos um ajuste líquido de R$ 9.086, devedor, pois o saldo da conta, antes dos ajustes, era de R$ 5.414.

Observe que, nesse modelo, o saldo da conta "Produção em Processo" é inteiramente "padrão" (antes dos ajustes).

A soma dos saldos devedores das contas de variação é de R$ 6.860 + R$ 632 + R$ 1.700 = R$ 9.192. O ajuste a ser realizado, como vimos, é devedor de R$ 9.086. Assim, a) encerramos as contas de variação, a débito de "Produção em Processo" (a1); e b) creditamos R$ 106 na mesma conta, a fim de transferir a produção do período pelo custo real a débito, obviamente, de "Produtos Acabados"[4] (a2).

Em seguida, creditamos esta última conta em R$ 74,20 a débito de "Custo das Vendas" (a3).

Finalmente, encerramos Vendas e Custo das Vendas, pelos seus saldos, contra Resultados, apurando o mesmo resultado do Modelo I, como não poderia deixar de acontecer (a4) e (a5).

CONSIDERAÇÕES ADICIONAIS

Parece-nos mais adequado esse modelo. Em primeiro lugar, as variações ficam claramente evidenciadas por ocasião da transferência dos insumos para o processo produtivo. Em segundo lugar, temos um saldo de "Produção em Processo", antes dos ajustes, que expressa um puro custo-padrão e não a mistura de valores históricos e reais do Modelo I.

No Custo Real, mesmo que apropriássemos os insumos para Produção em Processo fora do sistema de contas, a acumulação de custos reais exigiria um trabalho de apontamento e sumarização muito maior. Para o custo-padrão, preexistindo os *standards*, basta verificar quantas unidades-padrão de custo estão contidas na produção do mês ou do período. É um simples trabalho de multiplicação de unidades por quantidades. Por exemplo, se durante o período a produção de unidades equivalentes de certo produto for de 5.000, as fichas de custo-padrão fornecerão a indicação de quantas unidades de matéria-prima serão necessárias para fabricar uma unidade. É só multiplicar tais unidades por 5.000. O custo unitário padrão também existe. Assim ocorre para mão de obra direta e, em consequência, para os custos indiretos.

Exemplo

Ficha de Custo-padrão

$$\text{Produto Z}$$
$$1\ Unidade$$

Matéria-prima A, 3 kg a R$ 15 = R$ 45
Matéria-prima B, 1 kg a R$ 12 = R$ 12   R$ 57

---

[4] Importante notar que, a fim de iniciarmos o processo de ajustes, consideramos o custo real da produção transferida ou a avaliação, a custos reais, do estoque, o que for mais fácil. Por outro lado, no Modelo II, a Produção em Processo é debitada pelos insumos-padrão contidos na produção manipulada. Assim, R$ 128.140,00 (2) = 2.980 un. × R$ 43,00. O mesmo é feito para mão de obra e CIF. Esse modelo, entretanto, pressupõe um perfeito controle das unidades manipuladas. Devemos levar em conta que, em nosso exemplo, não existia estoque inicial de produtos em elaboração, fato que simplifica os cálculos.

Mão de Obra Direta

3 horas a R$ 15,50 = R$ 46,50
1 hora a R$ 3,50   = R$ 3,50   R$ 50

Custos Indiretos de Fabricação

4 horas a R$ 5,00   R$ 20
Custo Total para Fabricar uma Unidade R$ 127

Se, durante o período, forem produzidas 5.000 unidades do produto, o custo-padrão será de R$ 127 × 5.000 = R$ 635.000, e esse será o valor pelo qual creditaremos a conta Produção em Processo.

Esse processo é muito mais simples do que as laboriosas sumarizações e os trabalhosos apontamentos necessários para apropriar o custo real.

9.7 APURAÇÃO E ANÁLISE DE VARIAÇÕES ENTRE PADRÃO E REAL

9.7.1 Generalidades

Do ponto de vista gerencial, o que mais interessa é a apuração e o significado das variações entre o custo-padrão e o custo real.

Um exemplo simplificado de variação

Já antecipamos, no tópico 9.4, um exemplo de variação entre custo-padrão (previsto, naquele caso) e valor real. Tratava-se de um exemplo com previsão de vendas.

Voltemos a exemplo análogo e expliquemos, primeiramente, o cálculo das variações.

Exemplo

Previsão de Venda: 3.000 unidades a R$ 15 cada uma

Realização: 4.000 unidades a R$ 10 cada uma

Valor Total Previsto   = R$ 45.000
Valor Total Realizado   = R$ 40.000
Diferença (Var. Líquida) = R$ 5.000 Desfavorável

Variação de quantidade: a variação de quantidade foi positiva, pois vendemos mais quantidades do que foi previsto. A fim de que essa variação não seja afetada por variação de preços, devemos expressá-la em termos de preço-padrão (previsto).

A variação de quantidade é frequentemente atribuída como de responsabilidade dos vendedores, no caso. Atribuindo à diferença de quantidades o preço-padrão, estaremos sendo neutros com relação aos vendedores, pois escapa a eles o controle dos preços de venda.

Assim, variação de quantidade = 1.000 × R$ 15 = R$ 15.000, favorável.

Variação de preços: a diferença entre os preços previsto e real é desfavorável, pois o previsto foi superior ao real. Quem estabelece preços não pode ser responsabilizado pelas quantidades reais; logo, deveremos multiplicar a diferença entre os preços pelas quantidades-padrão, a fim de sermos neutros.

Variação pura de preços = R$ 5 × 3.000 = R$ 15.000, desfavorável.

Variação mista: (represente o exemplo graficamente, para entender melhor o sentido favorável ou desfavorável da variação mista).

Existe um efeito composto sobre a variação líquida derivante da superposição da diferença de preços e da diferença de quantidades.

No caso, variação mista = R$ 5 × 1.000 = R$ 5.000 desfavorável.

Na prática, os contadores frequentemente desprezam a variação mista (por ser de difícil entendimento por parte dos gerentes) e a englobam na variação de preço.

Nessa variante simplificada, a variação de preço = (preço-padrão − preço real) × quantidades reais (e não quantidades-padrão) = R$ 5 × 4.000 = R$ 20.000, *desfavorável*. Teríamos, assim, apenas duas variações: de quantidade e de preços.

Como poderiam ser interpretadas as variações

A variação de quantidade é, normalmente, a mais fácil de explicar e de atribuir, no que se refere à sua responsabilidade.

Se, no caso, foi imposta aos vendedores a meta de vender 3.000 unidades e essa meta foi realista, sem dúvida devemos interpretar a venda adicional de 1.000 unidades como bom desempenho por parte dos vendedores. Entretanto, também pode ter ocorrido maior venda em quantidades devido ao preço médio de venda mais baixo que o previsto.

Como veremos mais adiante, julgamentos precipitados sobre o sentido isolado de cada variação podem ser muito enganosos.

No exemplo em tela, a variação desfavorável de preço pode ser devido a vários fatores:

– Um erro de previsão.
– Uma falha do setor responsável pela proposição de reajustes de preços ao CIP, por exemplo.
– Por incrível que possa parecer, uma falha de distribuição das vendas durante o ano por parte dos próprios vendedores. Estes podem ter forçado maior volume de pedidos do que o previsto nos meses em que o preço unitário de venda era menor, resultando num *preço médio ponderado* das vendas menor do que o previsto (de R$ 15 para R$ 10,00). Com isso obtiveram uma variação de quantidade favorável, porém, pelo efeito desfavorável da variação de preços, a empresa perdeu como um todo.

Veja, portanto, que o julgamento aparentemente tão correto sobre o presumido bom desempenho dos vendedores pode ser algo precipitado *se não analisarmos todas as circunstâncias que podem ter ocorrido*.

Cap. 9 • Fundamentos de Custo-padrão, Inter-relação com Orçamentos e Análise de Variações   251

Nesse sentido, é comum e frequente afirmar-se que, da mesma forma que na análise de balanços, o cálculo de variações fornece mais uma gama de perguntas inteligentes a serem respondidas, e não as respostas.

9.7.2   As variações de matéria-prima

Os conceitos e fórmulas vistos no exemplo simplificado com vendas são válidos para o caso de matéria-prima.

Definimos, assim, duas variações básicas:[5]

Variação de quantidade[6] = preço unitário padrão × (quantidades-padrão − quantidades reais)

Variação de preço = quantidades reais × (custo unitário padrão − custo unitário real)

Prova da Validade Algébrica da Soma das Variações

Seja X = Custo Unitário Padrão
    Y = Custo Unitário Real
    Z = Quantidades-padrão
    W = Quantidades Reais

ao substituir, teremos:

$$VQ = X \cdot (Z - W) = XZ - XW$$
$$VP = W \cdot (X - Y) = XW - WY$$

Somando membro a membro, $VQ + VP = XZ + XW - XW - WY$

$$\boxed{VQ + VP = XZ - WY}$$

XZ = Custo Unitário Padrão x Quantidades-padrão
WXY = Quantidades Reais x Custo Unitário Real
VQ = Variação de Quantidade
VP = Variação de Preços

Fica evidenciado, assim, que a soma algébrica das variações é igual ao Custo Total Padrão menos o Custo Total Real, que é exatamente a variação líquida global.

---

[5] A Variação Mista fica englobada na Variação de Preços.
[6] Deve ser entendido que as quantidades-padrão referem-se às quantidades que deveriam estar contidas na produção real, caso contrário a comparação não teria sentido. Poderíamos gastar mais quantidade de matéria-prima real pelo simples fato de termos produzido mais quantidades de produto do que o previsto. Nem por isso a variação seria necessariamente negativa. Esse aspecto não está muito bem esclarecido em alguns textos.

Exemplo

O departamento produtivo Z requisitou ao almoxarifado e consumiu 4.000 unidades da matéria-prima A para fabricar 1.000 unidades do produto Y. O custo unitário padrão para essa matéria-prima era de R$ 5 por unidade. A ficha de custo de estoque apontou um custo real de R$ 5,20 por unidade. Pela ficha de custo-padrão, para fabricar 1.000 unidades do produto Y, seriam necessárias 4.020 unidades de matéria-prima.

Custo Total Padrão	= 4.020 × R$ 5	= R$ 20.100
Custo Total Real	= 4.000 × R$ 5,20	= R$ 20.800

Variação Líquida Desfavorável a
Ser Explicada .... R$ 700*
Variação de Quantidade = R$ 5 × (4.020 − 4.000) = R$ 100 Favorável
Variação de Preços = 4.000 × (R$ 5 − R$ 5,20) = R$ 800 Desfavorável
Variação Líquida Global .... = R$ 700 Desfavorável

---

*A variação de quantidade foi favorável, pois consumimos, ao nível da produção real, menos unidades de matéria-prima do que prevíamos.
A variação de preços foi desfavorável, pois o custo unitário real foi maior que o custo unitário padrão.

Como interpretar as variações?

É difícil interpretar o que pode estar ocorrendo, principalmente se não dispusermos de todo o quadro de variações calculado, isto é, variações de matéria-prima, variação de mão de obra direta e variação de custos indiretos de fabricação.

As possíveis interpretações do que possa ter ocorrido são semelhantes, embora com sentido oposto, às vistas, quando do exemplo com Vendas.

Aparentemente, houve eficiência do setor produtivo, pois este conseguiu consumir menos unidades *do que deveria,* de acordo com o padrão, desde que esse padrão, é claro, seja realístico.

A variação de preços de matéria-prima fica influenciada pela avaliação de estoques. Idealmente, deveríamos comparar um custo unitário padrão com um preço unitário instantâneo de compra. Entretanto, numa empresa que trabalha com muitas unidades de produto adquiridas em várias datas, temos de recorrer à avaliação por um dos conhecidos métodos, PEPS, UEPS ou Média Ponderada, mais amiúde este último, no Modelo II, por ocasião da requisição de materiais diretos, a fim de ajustarmos o saldo da conta de ativo a seu custo real.

A variação de preço é de difícil análise e atribuição, pois, além do problema da influência da avaliação de estoque, o padrão sempre é fixado numa data mais antiga. O padrão, todavia, pode ser corrigido por índices gerais de preços, pelo menos trimestralmente, ou calculado novamente, periodicamente.

Se, continuada e consistentemente, após terem sido levadas em conta todas as defasagens de data e de preços, ainda assim o custo unitário padrão estiver sempre menor que o custo unitário real, pode suspeitar-se de algum problema no setor de compras. Talvez os fornecedores não estejam sendo selecionados de forma adequada. Por outro lado, um custo real menor que o padrão nem sempre é fator positivo. O comprador pode estar adquirindo material de menor qualidade do que o especificado, a preços menores.

As variações de preço sempre são as mais complexas de ser entendidas e atribuídas as suas responsabilidades. Normalmente, certos preços escapam ao controle do setor de compras, aumentando simplesmente pela inflação ou por um fenômeno de oferta e procura. Mesmo que corrijamos o padrão frequentemente, os preços reais sempre estarão aumentando *antes* e mais rapidamente, por isso, existe uma tendência de os custos unitários reais serem maiores que o padrão.

Uma análise cuidadosa dos desvios, todavia, sempre poderá apontar se estes são devidos aos fatores supra, e portanto aceitáveis, ou se algo de anormal existe. Uma investigação minuciosa, a partir de uma suspeita de anormalidade, fatalmente levará à raiz do problema. Observa-se que uma das vantagens do custo-padrão consiste, também, em dificultar e coibir certas manobras do agrado de alguns e raros compradores, pois estes sabem que as diferenças estão sempre sendo apuradas e analisadas.

9.7.3 A representação gráfica das variações

Seja: R$ 100   custo unitário padrão
       R$ 150   custo unitário real
              300 unidades reais
              250 unidades-padrão

Vejamos a representação gráfica das variações, neste exemplo:

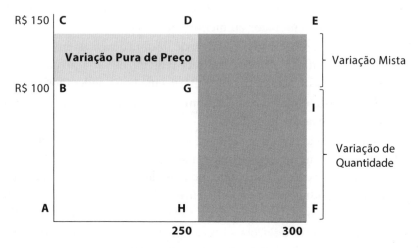

A área indicada pelo retângulo *A C E F* é a do custo real.
A área indicada pelo retângulo *A B G H* é a do custo-padrão.

A variação pura de preço é o retângulo B C D G, de lado 250 (quantidade-padrão) e R$ 150 – 100 (diferença entre os preços).

A variação de quantidade é o retângulo H G I F, de lados 300-250 (diferenças entre as quantidades) e R$ 100 (custo unitário padrão).

A variação mista é indicada pelo quadrado G D E I, de lados 300-250 (diferença entre as quantidades) e R$ 150 – 100 (diferença entre os preços).

Se usássemos a definição simplificada nas duas variações, a variação de preço seria dada pela área B C E I, de base 300 e altura R$ 50 (R$ 150 – R$ 100).

Todas as variações são desfavoráveis, pois o retângulo do custo previsto está totalmente contido no retângulo do custo real.

9.7.4 Variação de mão de obra direta

A fórmula de cálculo da variação de mão de obra direta é análoga à da matéria-prima. Entretanto, em vez de variação de quantidade, normalmente os autores referem-se à expressão *variação de uso* (ou de eficiência) e, em lugar de variação de preço, prefere-se a expressão *variação de taxa*.

Assim,

Variação de uso = taxa unitária padrão × (horas-padrão – horas reais)

Variação de taxa = horas reais × (taxa unitária padrão – custo unitário real)

Verifica-se, portanto, que o conceito é análogo ao utilizado em materiais. Na variação de uso, as horas-padrão referem-se, também, às *horas-padrão contidas na produção real*.

A interpretação das variações de mão de obra, conquanto análoga à de matéria-prima, em geral é mais complexa, pois *o próprio padrão* é muito mais difícil de ser estabelecido em mão de obra direta do que em materiais. O comportamento humano, por outro lado, é muito variável, refletindo em maior ou menor eficiência.

Se utilizarmos, numa tarefa, vários tipos de mão de obra direta, teremos taxas diferenciadas, tanto padrão quanto real. Ou efetuamos um cálculo de variação para cada tipo ou poderemos dispor apenas de taxas e custos unitários médios ponderados.

Por outro lado, o custo unitário real pode aumentar por acréscimos de salários inesperados por ocasião da fixação do padrão.

Numa Economia inflacionária, a tendência é sempre no sentido de obtermos variações de preços desfavoráveis, em matéria-prima e mão de obra direta, mesmo que reajustemos periodicamente os padrões. Entretanto, no caso de mão de obra direta, um reajuste semestral ou anual do padrão pode ser suficiente, pois inclusive sabe-se, de antemão, a data de reajustamento salarial das categorias e, às vezes, até o porcentual aproximado.

O significado da variação de uso está relacionado com a eficiência da utilização e com o desempenho da mão de obra direta. Entretanto, estabelecimento de turnos extras, por exemplo, pode diminuir essa eficiência, e isso deverá ser levado em conta, antes de atribuirmos responsabilidade por uma variação desfavorável ao supervisor encarregado.

Exemplo

Numa empresa industrial, foram consumidas no mês de janeiro 10.000 horas de mão de obra direta na produção de 600 unidades de produto. Pelos padrões, deveríamos ter consumido 10.100 horas. A taxa unitária padrão era de R$ 4,85 por hora. A contabilidade de custos real apropriou R$ 50.000.

Custo Total Padrão = 10.100 horas × R$ 4,85   = ... R$ 48.985
Custo Total Real   = 10.000 horas × R$ 5,00[7] = ... R$ 50.000
Variação Líquida Global a ser explicada   = ... R$ 1.015 (desfavorável)[8]

Cálculo das Variações Parciais
Variação de Uso = R$ 4,85 × (10.100 – 10.000) =   R$ 485 Favorável.
Variação de Taxa = 10.000 × (R$ 4,85 – R$ 5,00) =   R$ 1.500 Desfavorável.
Variação Líquida Global .... R$ 1.015 Desfavorável.
– A variação de uso é favorável, pois consumimos menos horas do que o previsto.
– A variação de taxa é desfavorável, pois a taxa real foi maior que a padrão.

9.7.5 Variações de custos indiretos de fabricação

Basicamente, os custos indiretos de fabricação expressam a melhor medida da capacidade da empresa, pois, embora nem todos os custos indiretos sejam fixos, a maioria dos custos fixos é indireta, e tais custos, principalmente os *custos comprometidos*, na terminologia de Horngren (depreciação, seguro de fábrica, imposto sobre a propriedade, salários de supervisores-chave etc.), de fato, representam a dimensão da capacidade fixa instalada. É claro que, quanto maior o número de maquinismos e equipamentos, quanto maior o número de edificações industriais, quanto maior o número de supervisores e gerentes de fábrica, maior a capacidade e maiores os custos indiretos respectivos.

Normalmente, as variações ocorridas entre os *custos indiretos reais* e os *custos indiretos absorvidos* (alocados à produção, segundo alguma base) devem-se a dois fatores básicos:

– Erros na previsão dos custos indiretos em reais e, consequentemente, na taxa unitária de custos indiretos.
– Diferenças, para mais ou para menos, no aproveitamento da capacidade instalada. Se produzirmos mais produtos do que o previsto, estaremos utilizando melhor a capacidade da planta, embora possamos ter custos de mão de obra e matéria-prima maiores do que os previstos, por causa da maior produção. Entretanto, agora estamos tratando de custos indiretos, apenas. Independentemente do custo da matéria-prima e da mão de obra, o fato de termos obtido uma produção maior do que a prevista significa, desde que a previsão tenha sido expressa a um nível razoável de capacidade (normal ou pouco mais que isto), um bom aproveitamento da capacidade.

---

[7] Este valor unitário de R$ 5,00 é obtido dividindo-se o custo total real pelas horas reais consumidas. É um custo unitário de período, portanto.

[8] A variação líquida será desfavorável se o custo real superar o padrão.

Esses dois fatores básicos dão origem, exatamente, às variações de previsão (gasto) e de volume (capacidade).

Adicionalmente, surge um terceiro tipo de variação nos casos em que a unidade de volume, para efeito de controle, é diferente da utilizada para efeito de apropriação de custos indiretos. Veremos em detalhe essa variação após um exemplo com somente as duas primeiras.

Diferença entre custo orçado e custo absorvido

Custo indireto orçado refere-se à previsão de uma parte fixa dos custos indiretos e de uma parte unitária variável, de acordo com alguma unidade de volume.

Estudos de comportamento de custos que a empresa possa ter feito no passado são de grande utilidade para definir a parte fixa e "variável" dos custos indiretos previstos. Conquanto seja relativamente fácil apontar quais custos indiretos são variáveis, por serem poucos, esse apontamento ficará apenas com mérito de parecer razoável e lógico, de resto como quase tudo em matéria de rateios e custos indiretos. Somente o acompanhamento, durante vários períodos, do comportamento dos custos de acordo com as variações de alguma medida de volume é que poderá apontar a função mais ajustada.

De qualquer forma, costuma-se, antes do início do ciclo orçamentário, prever os custos indiretos da seguinte forma:

Custos Indiretos Previstos = R$ (fixo) mais R$ por unidade de volume.

É claro que esse processo pode ser o resultado da somatória de várias previsões parciais realizadas para cada tipo de custo. Por outro lado, quando existem vários produtos sendo produzidos, a unidade de volume "homogeneizadora" será provavelmente expressa em horas de mão de obra direta ou, em alguns casos, em horas-máquina.

Exemplo: Após a acumulação previsional departamental e por item de custo, a empresa Brasil Vencedor S.A. pôde obter a seguinte expressão para seus custos indiretos:

Custos Indiretos   = R$ 3.500.00 + R$ 0,89 por hora-padrão
Previstos para 2020   de mão de obra direta[9]

Se previrmos consumir 1.238.400 horas de mão de obra direta num ano (fábrica com aproximadamente 500 operários), a previsão de custos indiretos em reais ficará:

Custos Indiretos = R$ 3.500.000 + R$ 0,89 × 1.238,40
= R$ 3.500.000 + R$ 1.102.176
= R$ 4.602.176

---

[9] No caso, trata-se, efetivamente, da previsão de número de horas de mão de obra direta que a empresa aplicará, de acordo com o nível de capacidade escolhido.

Claramente, podemos ter retas de custos indiretos orçados diferentes para cada departamento produtivo, o que nos levará ao cálculo das taxas departamentais de custos indiretos.

De qualquer maneira, *custo indireto orçado* significa a previsão que fazemos de qual o valor dos custos indiretos no nível de volume estabelecido. Entretanto, podemos fazer variar o volume à vontade, a fim de poder comparar o custo orçado com o custo real.

Assim, no exemplo citado, se as horas *realmente gastas* durante o período foram 1.250.000, podemos dizer que os custos orçados *ao nível (do volume) real* foram de R$ 3.500.000 + R$ 0,89 × 1.250.000 = R$ 3.500.000 + R$ 1.112.500 = R$ 4.612.500.

Podemos, efetivamente, comparar este último valor com o valor dos custos indiretos *reais* e tentar avaliar o quanto erramos na *previsão* dos custos indiretos, pois o volume será neutro para a comparação, isto é, tanto custo orçado como real estão expressos *ao nível de volume real*.

O Custo Absorvido. O custo absorvido parte, inicialmente, da própria reta de custos orçados. Apenas relacionamos os custos indiretos previstos com as unidades previstas, obtendo uma taxa unitária predeterminada.

No exemplo anterior, os custos indiretos orçados totalizaram R$ 4.602.176 (ao nível previsto).

$$\frac{R\$\ 3.500.000 + (R\$\ 0,89 \times 1.238.400}{1.238.400\ unidades}$$

$$TCIF = \frac{R\$\ 4.602.176,00}{1.238.400} = R\$\ 3,72\ por\ hora\ de\ MOD$$

Essa é a taxa unitária *aplicada* na produção durante o período, ou apropriada às ordens de fabricação.

Pode ser aplicada de duas formas principais:

a) Multiplicando-a pelo número de horas-padrão contidas na produção real, num sistema de custo-padrão, tipo Modelo II.[10]

b) Multiplicando-a pelo número de horas reais contidas na produção real, num sistema de custo real ou num sistema de custo-padrão do tipo Modelo I.

No caso em espécie, admitindo o Modelo II, o *custo absorvido* (que seria creditado na conta Controle de Custos Indiretos, ou equivalente, e debitado na conta Produção em Processo) seria o seguinte:

Custo Absorvido = R$ 3,72 × número de horas-padrão contidas na produção real.

---

[10] Normalmente, não tem muito sentido debitar os custos indiretos para "Produção em Processo" pelas horas-padrão contidas na produção prevista. Como unidade de controle, teremos de utilizar sempre produção real. É assim que são controlados os lotes de produção. O que está sendo trabalhado na produção é real. O quanto consumimos de matéria-prima, de horas de mão de obra direta etc. é que pode ser expresso em termos reais, e não a produção em si.

O número de horas-padrão contidas na produção real não é, necessariamente, igual às 1.238.400 horas previstas inicialmente, pois essas horas foram previstas admitindo-se um certo volume de atividade, de capacidade ou de produção.

1.238.400 horas = horas-padrão contidas na produção prevista
X = horas-padrão contidas na produção real

Assim, vamos supor que o número de horas-padrão contidas na produção real seja de 1.230.000. Isso significa que a produção real foi algo *menor* do que a prevista (pois o número de horas-padrão contidas na *produção prevista* foi *maior* que o das contidas na produção real). Como cada unidade de produto, seja prevista ou real, sempre leva o mesmo número de unidades-padrão de MOD, isso é verdadeiro. Entretanto, consumimos mais horas reais do que deveríamos: 1.250.000 contra 1.230.000. Isso pode indicar uma eficiência menor do que a prevista, como veremos mais adiante.

No caso e premissas do exemplo, portanto, os custos absorvidos (contabilizados a débito da Produção) seriam:

$$\text{Custo Absorvido} = R\$\ 3{,}72 \times 1.230.000 = R\$\ 4.575.600$$

Note que este último valor, usualmente, será diferente do valor dos

custos indiretos orçados (ao volume previsto),
custos indiretos orçados (ao volume real) e dos
custos indiretos reais (logicamente, expressos ao volume real).

Quando o custo orçado será igual ao custo absorvido?

Seja: A, o custo fixo orçado.
B, o custo unitário variável orçado.
X, a unidade de volume prevista.
X', a unidade de *volume para absorção*.

Sabemos que Custos orçados $= A + B \cdot X$

$$\text{Custos absorvidos} = \frac{A + B \cdot X}{X} \cdot X'$$

Temos de igualar as duas expressões:

Assim, $\quad A + B \cdot X = \dfrac{A + B \cdot X}{X} \cdot X'$

$$A + B \cdot X = \frac{A + B \cdot X}{X} \cdot BX'$$

$$A + B \cdot X = X'\left(\frac{A}{X} + B\right)$$

Cap. 9 • Fundamentos de Custo-padrão, Inter-relação com Orçamentos e Análise de Variações

Se $\quad X = X', A + B \cdot X = X\left(\dfrac{A}{X} + B\right)$

$$A + BX = A + BX$$

Fica evidente que os custos absorvidos somente serão iguais aos custos orçados se o *volume previsto* for igual ao *volume absorvido*.

Esses aspectos de detalhe que estamos analisando são raramente enfatizados, fazendo com que os alunos fiquem com dúvidas sobre o verdadeiro sentido e cálculo das variações. Fica um processo mecânico de cálculo; basta mudar um pequeno detalhe no problema e não sabemos como resolvê-lo.

Os conceitos com os quais trabalharemos, portanto, são:

- custo orçado;
- custo absorvido;
- custo real;
- variação líquida global;
- variação de previsão (gastos);
- variação de volume (capacidade);
- variação de eficiência.

Esquema contábil resumido

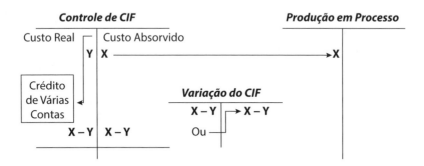

Importante, portanto, é assegurarmos a noção de que a variação a ser explicada consiste no saldo contábil da conta "Variação de Custos Indiretos de Fabricação", ou equivalente, isto é, a diferença entre o Custo Real e o Absorvido (e não entre Custo Real e Orçado).

A variação de previsão (gasto)

A variação de previsão é definida como:

VARIAÇÃO DE PREVISÃO = CUSTO ORÇADO (ao nível de volume real)
menos CUSTO REAL.

Já vimos anteriormente que, a fim de podermos isolar, de fato, o efeito do erro de previsão ou a variação de gasto, devemos ser neutros com relação ao volume. Ora, se a comparação é com o custo real (o qual somente pode estar expresso ao nível real), deveremos expressar os custos orçados ao *nível real*. Isto é, quais seriam os custos orçados se, no ato da previsão, tivéssemos previsto que o volume que iríamos alcançar fosse, de fato, o que efetivamente alcançamos?

Com os números do exemplo da página 259, o Custo Orçado =
Custo Orçado = R$ 3.500.00 + R$ 0,89 × 1.250.000 un.   = R$ 4.612.500
Custo Real (valor suposto agora)   = R$ 4.715.000
Variação de Previsão (gasto), desfavorável   = R$ 102.500

A variação é desfavorável, pois os custos indiretos reais foram maiores que os orçados ao nível real.

A variação de volume

VARIAÇÃO DE VOLUME = CUSTO ABSORVIDO (ao nível de volume real) – (CUSTO ORÇADO) (ao nível de volume real)

É importante notar desde já que, em alguns casos (quando houver variação de eficiência), o valor do *custo absorvido* utilizado na variação de volume pode ser diferente do valor creditado para Controle de *Custos Indiretos* e debitado para *Produção em Processo*. É que, na variação de volume, o custo absorvido sempre está expresso ao nível real, ao passo que na apropriação pode estar expresso em horas-padrão, mesmo que contidas na produção real.

A variação de volume compara, de certa forma, o que conseguimos produzir ao nível das facilidades existentes, com o que havíamos designado produzir ao mesmo nível.

No exemplo apresentado:

VARIAÇÃO DE VOLUME = R$ 3,72 × 1.250.000 horas – R$ 4.612.500 =
= R$ 4.650.000 – R$ 4.612.500 =
= R$ 37.500 Favorável

Note que multiplicamos a taxa unitária de custos indiretos pelo *número de horas reais contidas na produção real* (1.250.000, p. 257), e não pelo número de horas-padrão contidas na produção real (1.230.000, p. 258). Este último número será o utilizado para apropriar, durante o período, à conta Produção, os custos indiretos. Assim, nesse caso, o valor debitado à Produção e chamado *custo absorvido* é diferente do *custo absorvido* calculado para efeito da variação de volume (o porquê disto ficará claro mais adiante).[11]

---

[11] Alguns autores preferem calcular a variação de volume utilizando apenas a parte fixa dos custos indiretos, ao passo que a variação de eficiência seria atribuída aos variáveis.

Resumindo:

VARIAÇÃO DE VOLUME = Custo absorvido (nível real)
= R$ 4.650.000,00
− (custo orçado) (nível real)
R$ 4.612.500 (o mesmo calculado
por ocasião da variação de previsão)
= R$ 37.500, favorável, pois o
número de horas reais (medida de
volume) foi maior que o número de
horas-padrão originariamente
previstas (1.238.400), da p. 256

Vamos demonstrar por que a variação de volume se resume na comparação entre a medida de volume realmente alcançada e a inicialmente prevista.

Isto pode ser demonstrado, algebricamente, assim:

VARIAÇÃO DE VOLUME = CUSTO ABSORVIDO (nível real)
(−) (CUSTO ORÇADO) (nível real)

$$V V = \frac{A + B \cdot X}{X} \cdot X'' - (A + B \cdot X'')$$

sendo A = custo fixo previsto
X = volume previsto
X'' = volume real
B = custo unitário variável previsto

Ora, $\frac{A + B \cdot X}{X}$ é a expressão da taxa unitária de CIF que, multiplicada por X'' (real), dá o custo absorvido ao nível real.

Por outro lado, $A + B \cdot X''$ é a própria expressão do custo orçado ao volume real.

Simbolizamos, portanto, a definição da variação de volume. Simplificando, fica:

$$V V = \frac{A \cdot X'' + B \cdot X \cdot X''}{X} - A - B \cdot X''$$

$$V V = \frac{A + X''}{X} + \not{B} \cdot X'' - A - \not{B} \cdot X''$$

$$V V = A \cdot \frac{X''}{X} - A; \; V V = A \left(\frac{X''}{X} - 1 \right).$$

Note, portanto, que a variação de volume é igual a $A \cdot \left(\frac{X''}{X} - 1 \right)$

O sinal da variação é imediato: quando X'' for maior que X, isto é, volume real maior que o previsto (veja bem, trata-se do inicialmente previsto, por ocasião do cálculo, ou da previsão dos custos indiretos), o quociente será maior que 1. Subtraindo 1 de um número positivo maior que 1, temos um número positivo, o qual, multiplicado pelo custo fixo A, que é positivo, resulta positivo.

Portanto, a variação de volume será favorável quando o *volume real* for maior que o *volume previsto*, ao nível dos custos fixos (capacidade prevista).

Naturalmente, será desfavorável se o volume previsto for superior ao realizado.

A variação do volume será nula quando o volume previsto for igual ao realizado.

Note que, ao calcular essa variação, preocupamo-nos apenas com volume (eficácia), e não com quantas horas foram gastas em comparação a quantas deveriam ter sido gastas (horas-padrão contidas na produção real *versus* horas reais). Esta última comparação traduz preocupação com eficiência e será, adequadamente, calculada numa variação à parte.

O que interessa aqui é verificar se a unidade de volume escolhida, ao nível real, foi maior ou menor que a prevista. No fundo, se trabalhamos *mais* ou *menos*. A variação de volume traduz a preocupação de verificar se aproveitamos bem a capacidade instalada, mensurada pelo nível de custos fixos previstos.

Se quisermos utilizar a definição da página 263, o sentido da variação de volume será o seguinte:

– Se o custo absorvido (nível real) for superior ao custo orçado (nível real), a variação de volume será favorável.
– Se o custo absorvido for inferior ao custo orçado, a variação será desfavorável.
– Se o custo absorvido for igual ao custo orçado, a variação de volume será nula.

Por enquanto, portanto, calculamos, no exemplo, duas variações:

Variação de Previsão R$ 102.500 Desfavorável.
Variação de Volume   R$ 37.500 Favorável.
                     R$ 65.000 Desfavorável.

Será esse o valor da Variação Líquida Global? (Ou o valor do saldo da conta "Variação de Custos Indiretos de Fabricação?) Se for, não teremos a necessidade de calcular a *variação de eficiência*.

Variação Líquida Global = Custo Absorvido
 (ao nível das horas-padrão contidas na produção real, que foi a forma escolhida nesse exemplo)
 (–) Custo Real

Custo Absorvido (contabilizado) ao nível das
horas-padrão contidas na PR = R$ 3,72 × 1.230.000 = R$ 4.575.600
(–) Custo Real   = R$ 4.715.000
Variação Líquida Global   R$ 139.400
                                                    Desfavorável.

Esse valor é diferente do obtido somando-se algebricamente as variações de previsão e de volume. Tudo indica que temos uma terceira variação, desfavorável, de R$ 74.400.

Essa variação é, exatamente, a chamada *variação de eficiência*, e surge sempre que a unidade de produção real de controle (no caso, horas reais) for diferente da unidade de volume utilizada para absorção (no caso, horas-padrão contidas na produção real). Note que, se tivéssemos absorvido os custos indiretos, durante o período, na base das horas reais e não das horas-padrão contidas na produção real, a soma algébrica das variações de volume e previsão já liquidaria o problema, pois o custo absorvido (contabilizado) já estaria no mesmo nível do custo absorvido utilizado para calcular a variação de volume (ambos estariam ao volume real, "de cara").[12]

Variação de Eficiência = Taxa unitária de custos indiretos ×
(horas-padrão − horas reais)*

Assim, VE = R$ 3,72 × (1.230.000 − 1.250.000) = R$ 74.400, desfavorável.

A variação é desfavorável, pois houve ineficiência na utilização da capacidade, isto é, no volume real consumimos mais horas do que *deveríamos ter consumido*.

Nesse exemplo, portanto, surgem as três variações, pois a medida de volume de controle (horas reais contidas na produção real) é diferente da utilizada para a contabilização (horas-padrão contidas na produção real).

Vamos, agora, supor que os custos sejam absorvidos, durante o período, na base de horas reais, e não como foi feito.

Variação Líquida = R$ 3,72 × 1.250.000 − R$ 4.715.000 =
= R$ 65.00, desfavorável

Variação de Previsão = Custo Orçado (nível real) *menos* Custo Real = R$ 4.612.500 − R$ 4.715.000 = R$ 102.500, desfavorável (ver p. 259).

Variação de Volume = Custo Absorvido (ao nível real) − (Custo Orçado) (nível real) = R$ 4.650.000 − R$ 4.612.500 = R$ 37.500, favorável.

Sumário

Variação de Previsão = (R$ 102.500)
Variação de Volume = R$ 37.500
Variação Líquida   = (R$ 65.000), Desfavorável.

Interpretação das variações dos custos indiretos

A variação de previsão já foi analisada quanto à sua significação. Na verdade, no que se refere à atribuição de responsabilidade, essa previsão pode ser responsabilidade primária do encarregado ou do setor encarregado pelas previsões. Trata-se, na maioria dos casos, de

---

[12] Como vimos no rodapé da página 262, alguns prefeririam utilizar somente a parte variável da taxa de CIF, isto é, R$ 0,89/h de hora.

falhas na previsão dos itens de custo individuais, principalmente falhas na determinação do comportamento dos itens de custo com relação à variação de capacidade.

Normalmente, essas previsões são realizadas no início ou pouco antes do início do período orçamentário. Defasagens de preços, inflação e erro na fixação do volume de referência, são algumas das causas do erro de previsão.

Em outras palavras, o erro pode ter sido cometido devido à falha em prever o volume real a ser alcançado e, como consequência, haverá uma falha de previsão quanto aos preços. Podemos errar no que se refere aos preços, acertando ou não no que se refere ao volume. Mas, certamente, erraremos no todo, se errarmos no volume.

Exemplo: Se o volume for previsto acima da capacidade normal, digamos um nível de 120%, é possível que tenhamos de trabalhar com turnos extras, aumentando o volume de tempo ocioso, manutenção, desperdícios, quebras etc., acrescendo, portanto, o volume de custos indiretos. Quer indiquemos tais custos como variáveis ou como fixos (teoricamente, num orçamento flexível expresso a vários níveis de atividade, a linha de custos fixos seria imutável), o fato é que a taxa unitária de custos indiretos será influenciada pelo volume preconcebido. Se, na realidade, alcançarmos outro nível de volume, teremos dois efeitos na variação de previsão, no que se refere aos preços: a) erro de previsão simples; b) erro no preço devido à influência do erro cometido no volume. Entretanto, no cálculo da variação de previsão em si, tentamos isolar apenas o efeito do erro na previsão de custos, embora parte do erro seja talvez devido à má previsão do volume.

Neste último sentido, portanto, a supervisão *também* pode ser responsabilizada pela *variação de previsão* que surgir em seu setor de responsabilidade. Entretanto, é preciso convir que a reta de custos orçados não pode considerar todos os elementos que afetam o custo, alguns deles não controláveis, como preços de suprimentos, de material de manutenção etc. O simples fato de existir uma variação desfavorável de previsão, portanto, não é indício final ou evidência única para criticar em demasia o desempenho departamental. Mas, certamente, é um sinal de alarme de que mais investigações e explicações são necessárias (ver ANTHONY R. N. et al. *Contabilidade gerencial*. São Paulo: Atlas, 1975).

Por outro lado, frequentemente a responsabilidade pela *variação de volume* tem sido atribuída ao supervisor. Conquanto se possam imaginar situações em que isso é verdadeiro (falhas ou lentidão no escoamento dos produtos pelas várias fases operacionais dentro de um setor, por falha de supervisão), muitas vezes a responsabilidade provém de outras pessoas. Como muito bem afirma R. N. Anthony, a variação pode resultar porque o departamento de vendas não conseguiu obter o volume planejado de encomendas, ou porque algum departamento antecedente no processo de produção falhou em entregar a produção equivalente (que é matéria-prima para o departamento que recebe) à medida que era necessário.

Por outro lado, ao analisar a *variação de previsão*, podemos isolar o comportamento dos itens individuais que a compõem. Podemos calcular uma variação de previsão para cada item e demorar na investigação daqueles itens que apresentaram variação significativa.

A variação de eficiência, de outro lado, pode ser imputada mais tranquilamente ao supervisor responsável pelo centro de custo, principalmente se o padrão foi realisticamente concebido. Trata-se da eficiência relativa na utilização do volume e de sua influência nos custos indiretos em si. Quando a unidade de controle é diversa da unidade de absorção, podemos ter uma variação de volume positiva e de eficiência negativa, e vice-versa. Ter alcançado um volume maior do que o previsto não significa que isto tenha sido conseguido com a eficiência adequada.[13]

9.7.6 Exemplo completo de cálculo e análise de variações

A empresa Brasil Vencedor S.A. fez as seguintes previsões para o exercício fiscal de 20XX.

PREVISÃO DEPARTAMENTAL DE CUSTOS INDIRETOS

	Em milhares de R$		
Departamento Produtivo A	a 80%	a 100%	a 120%
Depreciação	15.000	15.000	15.000
Mão de Obra Indireta Fixa	5.000	5.000	5.000
Aluguéis e Outras Despesas Fixas	3.000	3.000	3.000
	23.000	23.000	23.000
Suprimentos	3.000	3.600	4.320
Mão de Obra Indireta			
Variável e Semivariável	1.000	1.200	1.350
Manutenção e Conservação	500	520	560
Outras	150	175	181
Soma dos Custos Indiretos	R$ 27.650	R$ 28.495	R$ 29.411
Horas Previstas	80.000	100.000	120.000
Taxas Departamentais	R$ 345,62	R$ 284,95	R$ 245,09
Retas de Custos Orçados			
a 80% = R$ 23.000 + 58,125 por hora			
a 100% = R$ 23.000 + 54,95 por hora			
a 120% = R$ 23.000 + 53,425 por hora			
Departamento Produtivo B			
Soma dos Custos Indiretos	R$ 35.000	R$ 40.650	R$ 50.000
Horas Previstas	90.000	108.000	129.600
Taxas Departamentais	R$ 388,89	R$ 376,37	R$ 385,80
Retas de Custos Orçados			
a 80% = R$ 30.000 + 55,56 por hora			
a 100% = R$ 30.000 + 98,61 por hora			
a 120% = R$ 30.000 + 154,32 por hora			

---

[13] Lembramos que o volume pode ser expresso não apenas em horas de mão de obra, mas também em outras unidades.

Note que o fato de a parte unitária variável ser diferente para cada nível de capacidade é devido à mistura de itens de despesa com vários comportamentos: semifixos, semivariáveis e variáveis proporcionalmente. Em outras palavras, a variação do volume afeta de forma diferente vários outros itens de despesa que não os efetivamente fixos, resultando, quando calculamos uma taxa unitária por hora, em valores unitários diferenciados para cada nível.

No caso do departamento A, os efeitos das alterações no volume foram menos que proporcionais, isto é, a taxa unitária por hora diminuiu à medida que aumentou o volume. Essa situação é a mais normal.

No caso do departamento B, houve um "superexcitamento" dos itens não fixos, resultando numa taxa horária crescente.

A empresa fez seu orçamento global num nível equivalente a 100% de volume de produção.

Dentro do nível de 100% fixado, os produtos produzidos pela empresa, X e Y, deveriam ter o seguinte consumo de horas de mão de obra direta:

Ordem por hora	Depto. A (horas)		Depto. B (horas)		Total (horas)
Produto X	48%	48.000	48%	51.840	99.840
Produto Y	52%	52.000	52%	56.160	108.160
Total		100.000		108.000	208.000

Obs.: Essas são horas-padrão contidas na produção *prevista* (padrão).

A empresa também previa certo volume de custos fixos de natureza geral, os quais não podiam convenientemente ser atribuídos aos departamentos produtivos. Tais custos de fabricação somavam R$ 8.000.000.

As porcentagens de utilização de horas, em cada produto, foram as mesmas do que no nível de 100%, isto é, 48% para X e 52% para Y.

O volume de produção realmente alcançado foi o correspondente ao que se esperava a 80% da capacidade. As horas diretas reais, para esse volume, foram de 185.000. Os custos indiretos reais foram de: a) parte não identificável, R$ 8.300.000; b) parte atribuível aos departamentos:

A. R$ 29.000.000 – 85.000 horas
B. R$ 35.000.000 – 100.000 horas

Os custos eram absorvidos na base das horas-padrão contidas na produção real.
PEDE-SE: Calcule e analise as variações de custos indiretos de fabricação.
Este exemplo clarifica a importância de um orçamento flexível. Os cálculos serão muito facilitados pela existência do orçamento flexível.

a) O Custo Absorvido

Custos indiretos foram absorvidos na base de horas-padrão contidas na produção real. Como o volume realmente alcançado foi o equivalente ao nível de 80% no orçamento flexível, as horas previstas nesse orçamento para o nível de 80% já são as horas que procuramos.

Produto X

Departamento A		Departamento B		
38.400 × R$ 284,95	+	43.200 × R$ 376,37	=	Total X
=				
R$ 10.942.080	+	R$ 16.259.184	=	R$ 27.201.264

Produto Y

Departamento A		Departamento B		
41.600 × 284,95	+	46.800 × R$ 376,37	=	Total Y
=				
R$ 11.853.920	+	R$ 17.614.116	=	R$ 29.468.036

Expliquemos como chegamos a tais valores: 48% das horas foram consumidas, nos dois departamentos, para o produto X, e 52% para o produto Y. O departamento A, como um todo, no nível de 80%, previa consumir 80.000 horas. Desse volume, 48% = 38.400 horas foram absorvidas por X em A. Entretanto, a taxa unitária utilizada foi a calculada para o nível de 100%, pois esse era o nível *que se esperava alcançar!* O mesmo raciocínio é usado no departamento B. Analogamente, calculamos os valores para o produto Y.

b) O Custo Orçado (ao nível real)

Produto X

Departamento A		Departamento B
R$ 11.040.000 + 40.800 × R$ 58,125	+	48.000 × R$ 55,56 + R$ 14.400.000

Produto Y

Departamento A		Departamento B
R$ 11.960.000 + 44.200 × R$ 58,125	+	52.000 x R$ 55,56 + R$ 15.600.000

Custo Orçado (ao nível real) – Resumo

Produto X

Departamento A	Departamento B
R$ 11.040.000 *mais* R$ 2.371,500 =	R$ 14.400.000 *mais* R$ 2.666.880 =
= R$ 13.411.500	= R$ 17.066.880
Total = R$ 25.440 + R$ 5.038.380 = 30.478.380	

Produto Y

Departamento A	Departamento B
R$ 11.960.000 *mais* R$ 2.569.125 =	R$ 15.600.000 *mais* R$ 2.889,120 =
= R$ 14.529.125	= R$ 18.489.120
Total = R$ 27.560.000 + R$ 5.458.245 = R$ 33.018.245	

Explicação dos cálculos efetuados

1. Tivemos de alocar, proporcionalmente ao número de horas, os custos fixos. Assim, os custos fixos dos departamentos A e B somam R$ 53.000.000, conforme p. 266. O Produto X absorve 48% da capacidade departamental em horas. E o Y, 52%. Assim, alocamos 0,48 × R$ 53.000.000 = R$ 25.440.000 para o produto X. Para Y, 52%, isto é, R$ 27.560.000, conforme calculado anteriormente. Por outro lado, as horas utilizadas foram as reais.
2. A parte unitária variável dos custos indiretos foi multiplicada pelas horas reais consumidas (48% para X e 52% para Y). Note que, ao contrário dos custos absorvidos, a taxa unitária utilizada no custo orçado é a do *nível real alcançado*, isto é, 80% da capacidade (isto somente é possível se tivermos orçamentos flexíveis).

Cálculo da variação líquida global

VLG = Custo Absorvido (contabilizado) − Custo Real
VLG = Produto X: R$ 27.201.264 − R$ 30.720.000 = (R$ 3.518.736,00)
Produto Y: R$ 29.468.036 − R$ 33.280.000 = (R$ 3.811.964,00)
Total .... (R$ 7.330.700,00)

O custo absorvido foi tomado da página 269; os custos reais, da página 268. Entretanto, a informação dos custos reais refere-se apenas à acumulação departamental, da qual fizemos uma alocação arbitrária para os produtos, na base das horas consumidas para cada produto em cada departamento (48 e 52%).

A variação líquida é desfavorável, e deverá ser explicada pelas variações individuais.

A variação de previsão

VP = Custos Orçados (nível real) − Custos Reais
Produto X: R$ 30.478.380 − R$ 30.720.000 = (241.620)
Produto Y: R$ 33.018.245 − R$ 33.280.000 = (261.755)
Total .... = (503.375)

A variação de volume

VV = Custos Absorvidos (nível real) − Custos Orçados (real)
Produto X: Departamento A: 40.800 × R$ 284,95 = R$ 11.625.960
Departamento B: 48.000 × R$ 376,37 = R$ 18.065.760
R$ 29.691.720
(−) Custos Orçados R$ 30.478.380
= Variação (R$ 786.660) (1)

Produto Y: Departamento A: 44.200 x R$ 284,95 = R$ 12.594.790
Departamento B: 52.000 x R$ 376,37 = R$ 19.571.240
R$ 32.166.030
(−) Custos Orçados R$ 33.018.245
= Variação (R$ 852.215) (2)

Variação Total de Volume = (1) + (2) = (R$ 1.638.875)

A variação de eficiência

VE = (horas-padrão contidas na produção real − horas reais) × TCIF

Produto X: Departamento A = (38.400 − 40.800) × R$ 284,95 = (R$ 683.880)
  Departamento B = (43.200 − 48.000) × R$ 376,37 = (R$ 1.806.576)
  Subtotal (R$ 2.490.456)

Produto Y: Departamento A = (41.600 − 44.200) × R$ 284,95 = (R$ 740.870)
  Departamento B = (46.800 − 52.000) × R$ 376,37 = (R$ 1.957.124)
  Subtotal (R$ 2.697.994,00)
  Variação de Eficiência (R$ 5.188.450,00)

Resumo das variações

Previsão	(R$ 503.375)
Eficiência	(R$ 5.188.450)
Volume	(R$ 1.638.875)
Variação Líquida[14]	(R$ 7.330.700)

Explicações sobre o cálculo das variações

A variação de previsão foi desfavorável, pois os custos reais foram maiores que os orçados. Observe que os custos orçados foram calculados assim:

Custo fixo orçado + horas reais × taxa unitária variável (a 80%).

Verifica-se um grau de aderência bastante grande no que se refere à previsão e ao custo real. Não parece haver tocado o "sinal de alarme" no que se refere a essa previsão, pois a variação desfavorável de R$ 503.375 representa, percentualmente, apenas 0,8% do custo real.

Aparentemente, a previsão de preços dos insumos foi correta, e os custos reais se comportaram conforme as previsões.

A variação de volume foi desfavorável. Os custos indiretos que foi possível absorver na base das *horas reais* foram ligeiramente inferiores aos orçados na mesma base. Isso indicaria um mau aproveitamento da capacidade instalada.

De fato, a previsão era trabalhar 208.000 horas ao nível de custos fixos previstos de R$ 53.000.000 (a 100%), e trabalhamos apenas 185.000 horas reais (ao nível de 80%). A variação teria sido maior se tivéssemos absorvido os custos na base das taxas unitárias globais ao nível de 80%, provavelmente. A variação de volume representou 22% da variação líquida global de R$ 7 milhões. É preciso investigar profundamente essa variação, a fim de verificar se a falha foi do departamento produtivo ou de algum outro setor anterior, na linha, ou do departamento encarregado das vendas. Aparentemente, entretanto, a variação de eficiência, amplamente negativa, vem confirmar que, possivelmente, a maior parcela de culpa cabe, mesmo, ao setor produtivo.

---

[14] Pode ser detalhada para Produto X e Produto Y, resultando nos mesmos valores das páginas 268 e 269.

A variação de eficiência teve também de ser calculada para cada produto e em cada departamento e mostrou-se amplamente negativa, pois as horas consumidas se revelaram maiores do que as que *deveriam ter sido gastas na produção real*. Nem existe o consolo de uma variação de volume positiva.

A variação de eficiência representou 71% da variação global, e juntamente com a de volume é responsável por 93% da variação líquida global.

Os métodos e rotinas de trabalho, bem como o desempenho e a programação dos departamentos, precisam ser revistos à cata de ineficiências. Tais ineficiências na utilização da mão de obra podem ser resultantes de vários fatores, tais como parada de máquinas, falhas de manutenção etc.

9.7.7 A análise de variações e a Contabilidade Gerencial

Uma adequada focalização na análise das variações entre padrão e real pode fornecer à gerência preciosas "dicas" sobre a eficiência e eficácia das operações fabris.

Esse item especial da contabilidade de custos deve ser tratado, na Contabilidade Gerencial e pelo contador com mentalidade gerencial, de forma menos ligada aos problemas de como encerrar, contabilmente, as variações, e mais relacionada com qual tipo de indagação realizar a partir da análise dos desvios.

A administração pode estabelecer, *a priori*, intervalos de confiança dentro dos quais uma variação pode ser desprezada e além dos quais deve ser enfatizada.

A experiência, a habilidade do analista e a tempestividade dos relatórios podem auxiliar no estabelecimento de quais variâncias merecem uma investigação mais aprofundada.

Nesse sentido, será surpreendente notar como os próprios encarregados dos setores técnicos, presumivelmente culpados pelas variações negativas, terão extrema habilidade em atribuí-las a outros setores. Mais surpreendentemente ainda, uma vez convencidos da parcela de responsabilidade que lhes cabe, e isso deve ser francamente demonstrado pelos superiores, sem rodeios e desculpas, revelarão uma grande criatividade em descobrir as causas que motivaram tais ineficiências e em corrigi-las. Para que todo esse processo se torne efetivo, entretanto, e, na verdade, se desencadeie, é *extremamente necessário* que os supervisores aceitem os padrões como adequados, suficientemente ambiciosos para estimular um desempenho eficiente, mas equilibradamente realistas para não ridicularizar todo o processo.

9.8 ANÁLISE DE VARIAÇÕES – FÓRMULAS ALTERNATIVAS

Alguns autores e contadores gerenciais consideram que no cálculo da variação de volume de custos indiretos somente a parcela fixa deve ser levada em conta, ao passo que na variação de eficiência deveremos considerar apenas a parte variável da taxa de custos indiretos. Consideramos justificáveis essas considerações, pois a parte fixa dos custos indiretos não é afetada por variações de curto prazo, na eficiência.

Para ilustrar melhor esse procedimento alternativo, apresentamos um exemplo numérico, o qual será resolvido pelas duas abordagens.

Exemplo: Reta de custos orçados: R$ 1.500.000 + R$ 0,25 por hora de mão de obra direta prevista. Foram previstas 150.000 horas. Horas reais: 160.000; Horas-padrão Contidas na Produção Real: 145.500. Custos Indiretos Reais: R$ 1.700.000,00. A base para contabilização é horas-padrão contidas na produção real.

SOLUÇÃO PELO MODELO TRADICIONAL

$$\text{Variação Global} = \left[\frac{R\$\ 1.500.000 + (0,25 \times 150.000)}{150.000} \right] \times 145.500 = R\$\ 1.491.375$$

R$ 1.491.375 − R$ 1.700.000 = R$ 208.625 (D)
D = Desfavorável; F = Favorável.
Variação de Previsão = R$ 1.500.000 + 0,25 × 160.000
menos R$ 1.700.000 = R$ 160.000 (D)

$$\text{Variação de Volume} = R\$\ 1.500.000 \times \left(\frac{160.000}{150.000} - 1 \right)$$

= R$ 100.000 (F)
Variação de Eficiência = R$ 10,25 × (145.500 − 160.000) =
= R$ 148.625 (D)
Resumo de Variações = R$ 160.000 + 148.625 = R$ 308.625 (D)
<u>R$ 100.000</u> (F)
Variação Líquida   R$ 208.625 (D)

SOLUÇÃO PELO MODELO ALTERNATIVO

Compreende-se que não é razoável responsabilizar o supervisor do departamento por R$ 148.625 de variação desfavorável de eficiência, pois nos R$ 10,25 de taxa de custos indiretos a maior parcela se refere aos custos fixos que não se alteram por pequenas alterações da eficiência, no curto prazo.

Assim, a Variação de Eficiência = R$ 0,25 × (145.500 − 160.000) =
= R$ 3.625 (D)

A variação de volume, nessa forma alternativa, é calculada levando-se em conta a parcela fixa dos custos indiretos. Pode ser subdividida em duas partes:

a) R$ 10 × 160.000 − R$ 1.500.000   = R$ 100.000 (F)
b) 10 × (145.500 − 160.000)   = R$ 145.000 (D)
    Variação Líquida de Volume .... R$ 45.000 (D)

Verifica-se que existe uma espécie de "variação de eficiência" dentro da variação de volume, isto é, não houve eficiência no aproveitamento dos custos fixos indiretos, embora tenha havido eficácia, apontada pela variação positiva de R$ 100.000, parte *a*. Assim, a variação líquida de volume, nesta alternativa, é desfavorável de R$ 45.000.

A variação de previsão é a mesma da tradicional, isto é, R$ 160.000 (desfavorável).

Resumo das Variações: Previsão   R$ 160.000 Desfavorável
                       Volume   R$ 45.000 Desfavorável
                       Eficiência R$ 3.625 Desfavorável
                       Global   R$ 208.625 Desfavorável

Embora a variação global seja a mesma, na solução alternativa as três variações são desfavoráveis, ao passo que na fórmula tradicional a variação de volume era favorável. A análise de atribuição de responsabilidade é, possivelmente, favorecida pela solução alternativa, pois podemos mais facilmente separar o que é responsabilidade exclusiva do setor e quais as variações negativas que podem ter sido originadas, em parte, de ineficiências de outros setores. A variação de volume na solução alternativa poderia também ser calculada da seguinte forma, numa etapa só:

Variação de Volume = R$ 10 × (145.500 − 150.000) = R$ 45.000, Desfavorável.

VARIAÇÕES DE CUSTOS INDIRETOS QUANDO O VOLUME DE ATIVIDADE É EXPRESSO EM QUANTIDADES DE PRODUTOS

Suponha o mesmo exemplo anterior, com os seguintes dados adicionais:

– quantidades que se previa produzir: 15.000;
– quantidades efetivamente produzidas: 14.550;
– unidade de volume para absorção = quantidades produzidas.

Nesse caso, a reta de custos orçados = R$ 1.500.000 + R$ 2,50/un. A taxa de custos indiretos = $\left(\dfrac{1.537.500}{15.000}\right)$ = R$ 102,50 por unidade.

Variação Global = R$ 102,50 × 14.550 − R$ 1.700.000 = R$ 208.625, desfavorável
Variação de Previsão = R$ 1.500.000 + R$ 2,50 × 14.550 − R$ 1.700.000
Variação de Previsão = R$ 163.625, desfavorável.

Variação de Volume = R$ 1.500.000 × $\left(\dfrac{14.550}{15.000} - 1\right)$ = R$ 45.000 Desfavorável.

Resumo das Variações: Previsão .... R$ 163.625 Desfavorável.
(forma tradicional)   Volume .... R$ 45.000 Desfavorável.
                           Global .... R$ 208.625 Desfavorável.

Muitas vezes é conveniente calcular as variações de custos indiretos com relação às unidades de volume que estão sendo consideradas. Temos, assim, uma variação de custos por produto ou por hora etc.

Por exemplo, no caso em que custeamos de acordo com as unidades efetivamente produzidas, a taxa de custos indiretos era de R$ 102,50 por unidade prevista de produto. A variação global, de R$ 208.625, desfavorável, poderia ser expressa unitariamente, ao nível da produção real, em $\left(\dfrac{208.625}{14.550}\right)$ = R$ 14,338 de variação desfavorável por unidade real ou, para cada unidade, houve uma subabsorção de custos indiretos de R$ 14,338. Na variação de previsão, houve um erro de previsão de R$ 11,246 para cada unidade efetivamente acabada, desfavorável, isto é, previu-se menos do que o real. A variação de volume unitária foi de R$ 3,09, desfavorável.

Resumo das variações

Previsão .... R$ 11,246 por unidade, Desfavorável
Volume .... R$ 3,092 por unidade, Desfavorável
Global .... R$ 14,338

VARIAÇÃO DE MISTURA DE PRODUTOS

Quando a empresa trabalha com mais de um produto e se eles tiverem certo grau de intercambialidade, isto é, quando tivermos certa margem, dentro da capacidade limitada instalada, de alterar as participações proporcionais de cada produto na mistura global, surge o *problema da variação de mistura*.

Através de um exemplo, o problema pode ser mais bem visualizado.

Suponha o orçamento abaixo para o Ano X.

	ORÇAMENTO PARA O ANO X Por unidade de produto									
	Produto X			Produto Y			Total		
DRE	Quant.	Preço	Total	Quant.	Preço	Total	Quant.	Preço	Total
Vendas	500	5,00	2.500	300	8,00	2.400	800	6,125	4.900
(–) Custos variáveis	500	3,00	1.500	300	5,00	1.500	800	3,75	3.000
= Margem de contribuição	500	2,00	1.000	300	3,00	900	800	2,375	1.900

Suponha que, na realidade, o preço de Y tenha-se alterado para R$ 8,30 por unidade e que vendemos, efetivamente, 400 unidades de X e 400 unidades de Y.

O quadro real apareceria conforme segue:

| | Produto X ||| Produto Y ||| Total |||
DRE	Quant.	Preço	Total	Quant.	Preço	Total	Quant.	Preço	Total
Vendas	400	5,00	2.000	400	8,30	3.320	800	6,650	5.320
(–) Custos variáveis	400	3,00	1.200	400	5,00	2.000	800	4,00	3.200
= Margem de contribuição	400	2,00	800	400	3,30	1.320	800	2,65	2.120

Podemos calcular três variações, a saber:

1. Variação de Margem de Contribuição
   Unitária = Diferença entre as margens de contribuição
   unitárias × Quantidades Reais.

   Para X – VMCU = (R\$ 2 – R\$ 2,00) × 400 = R\$ 0,00
   Para Y – VMCU = (R\$ 3 – R\$ 3,30) × 400 = R\$ 120 (F)
   Total = R\$ 120 (F)

2. Variação de Quantidade = Diferença entre as quantidades X Margem
   de cada contribuição unitária média orçada

   Para X – VQ = (500 – 400) × R\$ 2,375 = R\$ 237,50 (D)
   Para Y – VQ = (300 – 400) × R\$ 2,375 = R\$ 237,50 (F)
   Total = R\$ 0,00

3. Variação de Mistura = Diferença em unidades × (margem de
   contribuição orçada menos margem de
   contribuição média orçada)

   ParaA X – VM = (500 – 400) × (R\$ 2 – R\$ 2,375) = R\$ 37,50 (F)
   Para Y – VM = (300 – 400) × (R\$ 3 – R\$ 2,375) = R\$ 62,50 (F)
   Variação Total de Mistura R\$ 100 (F)

Resumo das Variações: R\$ 120 (favorável); R\$ 62,50 (favorável); e R\$ 37,50 (favorável) = R\$ 220 (favorável).

De fato, a diferença entre a margem total real obtida de R\$ 2.120 e a margem orçada total de R\$ 1.900 é de R\$ 220.

A variação de mistura para X exige uma explicação mais detalhada. Poderia parecer que a variação deveria ser desfavorável, por termos vendido menos unidades do que o orçado. Acontece que a contribuição unitária de X é menor do que a contribuição média unitária. É conveniente, assim, vender menos de X, em favor de Y. Convém vender mais os produtos cuja margem de contribuição seja superior à margem média orçada.

A variação de margem de contribuição unitária é uma espécie de variação de preço, já vista. A variação de quantidade é parecida com a variação de quantidade já vista em outros tópicos. Somente, não podemos multiplicar a diferença entre as quantidades pela margem orçada individual de cada produto, mas pela margem média orçada, pois, se calcularmos pela forma tradicional, eliminaremos a variação de mistura.

Existe outra forma de calcular a variação de mistura que apresentamos abaixo:

Produto	Quantidades Reais	Margem Orçada	Contribuição Real pela Margem Orçada
X	400	R$ 2,00	R$ 800,00
Y	400	R$ 3,00	R$ 1.200,00
	800	R$ 2,50	R$ 2.000,00

A nova margem média ponderada, de R$ 2,50, é superior à margem média orçada original de R$ 2,375 em R$ 0,125 por unidade. Se multiplicarmos R$ 0,125 por 800 unidades, obteremos R$ 100, que é a variação de mistura total, favorável.

Procedimento semelhante seria utilizado no caso de fabricação de produto no qual possamos variar, dentro de certos limites, a participação percentual de certas matérias-primas.

9.9 RESUMO SOBRE CUSTO-PADRÃO, ORÇAMENTO E ANÁLISE DE VARIAÇÕES

O processo orçamentário dentro de uma empresa é a fase mais dinâmica e relevante, no que se refere a instrumentos da gerência, para estimular um melhor desempenho e alcançar as metas previstas.

O custo-padrão insere-se perfeitamente na parte fabril do processo orçamentário, embora pudesse ser estendido a outras áreas que não a de produção. Entretanto, é nesta última que atinge sua maior potencialidade.

A diferença entre orçamento de fabricação ou produção e custo-padrão é mais de ênfase. Normalmente, o custo-padrão para a produção é mais detalhado do que o orçamento de produção. Outra diferenciação é que, quando pensamos em orçamentos de produção, normalmente pensamos em valores globais. Por exemplo, espera-se consumir R$ 10.000 de matéria-prima na produção do mês X. Já o custo-padrão se refere, primariamente, a uma unidade. Os padrões são, geralmente, unitários. Por exemplo, o *custo-padrão unitário da matéria-prima* é de R$ 5. Para fabricar uma unidade de produto Z, preciso de 15 unidades da matéria-prima A, e assim por diante. A diferença "filosófica" torna-se mais sensível quando o custo-padrão for baseado em capacidade "normal" ou "ideal", e o orçamento na capacidade corrente efetivamente atingível (ou que se prevê atingir) no exercício seguinte. Nossa visão gerencial do problema prefere considerar o custo-padrão um detalhamento precioso do orçamento de fabricação, sem fugir da filosofia deste último. Nessa visão, os padrões devem ser revistos todo ano. De qualquer forma, é sempre importante termos em mente que tipo de padrão estamos utilizando, a fim de potencializar a análise de variações. As técnicas neste capítulo, diga-se de passagem, se aplicam a qualquer filosofia de custo-padrão.

O inter-relacionamento entre custo-padrão e orçamentos torna-se mais intenso quando a empresa elabora orçamentos flexíveis ou variáveis, pois a análise de variações fica facilitada, conseguindo comparar sempre o que de fato aconteceu com o que deveria ter acontecido, no mesmo nível de produção que atingimos na realidade.

O custo-padrão, portanto, além de facilitar extraordinariamente o controle e o próprio custeamento de produtos, transforma-se, assim, num importante instrumento de avaliação de desempenho, através da cuidadosa análise das variações entre custos-padrão e custos reais, nos itens de matéria-prima, mão de obra direta e custos indiretos de fabricação.

Note-se que os conceitos e técnicas básicos utilizados no cálculo e análise de variações, na parte de fabricação, podem ser estendidos a outras áreas operacionais da empresa. Foi inclusive analisado um exemplo em que as vendas eram analisadas e desdobradas, apurando-se as causas das variações entre vendas previstas e vendas reais.

EXERCÍCIOS

1. (SEFAZ – RS – 2009) No custo-padrão, a variação de quantidade de materiais diretos utilizados é determinada por:

   a) Preço Real × Diferença de Quantidade.
   b) Preço Padrão × Diferença de Quantidade.
   c) Preço Real × Quantidade Padrão.
   d) Quantidade Real × Quantidade Padrão.
   e) Diferença de Preço × Diferença de Quantidade.

2. (BAHIAGÁS – 2010) A Indústria Amaralina Ltda. utiliza custo-padrão para controle e avaliação de desempenho e tem os seguintes registros-padrão para um de seus produtos:

   – Materiais diretos (2 unidades a $ 10) $ 20, Mão de obra direta (0,5 h a $ 20) $10, CIF fixos (0,5 h a $ 4*) $2, CIF variáveis (0,5 h a $ 8*) $ 4, Custo unitário padrão $ 36 (* = Taxa de CIF fixos baseada na atividade esperada de 2.500 horas).

   Os registros dos resultados reais para o período apontaram os seguintes dados reais:

   – Produção 6.000 unidades de produto, CIF fixos $ 12.000, CIF Variáveis $ 21.000, Materiais diretos (11.750 unidades comprados e consumidos) $ 122.200, Mão de obra direta (2.900 h) $ 59.160.

   A variação de taxa de mão de obra foi, em $, de

   a) 968 favorável.
   b) 1.016 desfavorável.
   c) 1.160 desfavorável.
   d) 1.240 favorável.
   e) 1.360 desfavorável

3. (SEFAZ-SP – 2009) A grande finalidade do custo-padrão é
   a) o planejamento e controle de custos.
   b) a gestão de preços.
   c) o atendimento às Normas Contábeis Brasileiras.
   d) a rentabilidade de produtos.
   e) o retorno do investimento.

4. (EsFCEx – 2011) A indústria de artefatos LUCA utiliza no custeio de seus produtos o método do custo-padrão. Para a produção do art. XIZ, o tempo-padrão é de 45 min por unidade produzida e a taxa salarial horária padrão é de R$ 10,00. Tendo em vista que na produção de 5.000 unidades foram aplicadas 4.000 horas num montante de R$ 44.000,00. A variação de eficiência foi de:
   a) R$ 2.000,00 favorável.
   b) R$ 2.500,00 favorável.
   c) R$ 2.500,00 desfavorável.
   d) R$ 2.800,00 desfavorável.
   e) R$ 6.500,00 desfavorável.

5. (MF – 2013 – PECFAZ) Em relação ao custo-padrão, pode-se afirmar que é:
   a) o custo que reflete os valores gastos e atribuídos no processo de produção, ao produto, em cada período.
   b) o custo atribuído ao produto, quando aplicado o conceito do ABC.
   c) o sistema de custeio que melhor distribui o custo variável ao produto.
   d) um sistema de custeio que permite o controle dos custos e a sua gestão, principalmente quando comparado ao real.
   e) aplicável às empresas que têm grandes oscilações (sazonalidade em seus custos durante o ano, permitindo uma melhor distribuição dos custos nos meses).

6. (MF – 2013 – Secretaria do Tesouro Nacional) A grande finalidade do custo-padrão é planejamento e controle dos custos. A comparação entre custo-padrão e custo real gera variações que nos permitem analisar a *performance* da empresa.

CUSTOS INDIRETOS DE PRODUÇÃO	PADRÃO	UNIDADE DE MEDIDA	REAL
Custo indireto variável	R$ 20,00	unidade	
Produtividade horas/máquina	1	hora/máquina	1
Custo indireto fixo	R$ 30.000,00	mês	
Volume em unidades/mês	1.000	unidade	800
Volume de horas-máquina total	1.000	hora	800
Total dos CIP	R$ 50.000,00	mês	R$ 50.000,00
CIP por unidade			

Tomando-se como base o quadro de informações anterior, as variações de volume e custo são respectivamente:

a) R$ 6,50 desfavorável, R$ 6,00 desfavorável.
b) R$ 5,00 desfavorável, R$ 7,50 desfavorável.
c) R$ 7,00 favorável, R$ 5,50 favorável.
d) R$ 7,50 desfavorável, R$ 5,00 desfavorável.
e) R$ 7,50 favorável, R$ 5,00 favorável.

7. (Petrobras – 2011) Um dos critérios mais eficientes de controle de custos é o custo-padrão, em virtude do detalhamento com que é determinado e verificado após a apuração dos custos reais. Na fase de comparação entre padrão e real, a mão de obra direta deve ser analisada em relação a três variações. Essas variações são

a) quantidade, preço e mista.
b) quantidade, eficiência e volume.
c) qualidade, preço e volume.
d) eficiência, taxa e mista.
e) volume, eficiência e custo.

8. (Petrobras – 2010) A Indústria de Perfumes Bom Odor Ltda. utiliza o custo-padrão para controle de seus custos. Em maio de 2010, foram extraídos os seguintes dados de sua contabilidade de custos:

Custos fixos previstos	R$ 1.000.000,00
Unidades produzidas	490.500 unidades
Custos fixos incorridos	R$ 975.000,00

Considerando-se exclusivamente as informações acima, a variação de custo entre o custo-padrão e o realizado foi, em R$, de

a) 19.000,00 D.
b) 19.000,00 F.
c) 11.000,00 D.
d) 6.000,00 D.
e) 6.000,00 F.

9. (EPE – 2010) Sobre a classificação dos sistemas de custeio, analise as afirmativas a seguir:

I – Por custo-padrão, entendem-se os custos calculados e contabilizados com critérios por indicação dos custos de fabricação, incorridos em determinado mês.

II – O denominado sistema *Activity Based Costing* (ABC) adota os critérios de rateio dos custos indiretos.

III – O método de custeio por absorção agrega todos os custos de produção do período aos produtos elaborados.

IV – O sistema de custeio variável ou direto conflita com os princípios, e as normas e convenções contábeis, por ferir os princípios da realização da receita, confrontação e competência.

Estão corretas APENAS as afirmativas

a) I e II.
b) I e IV
c) III e IV.
d) I, II, III.
e) II, III e IV

10. **(CESPE – 2018 – SEFAZ-RS)** Um pequeno frigorífico usa padrões para controlar o consumo de uma mistura de carnes de diferentes tipos de frutos do mar de alta qualidade utilizada como matéria-prima na fabricação de um produto para exportação: para cada quilo de produto, são utilizados 450 gramas da mistura, ao custo de R$ 125 o quilo. Em determinado mês, foram produzidos 2.000 kg do produto e constatadas as seguintes variações totais:

variação de preço: R$ 9.000 favorável;
variação total: R$ 3.500 desfavorável.

Nesse caso, é correto afirmar que o preço efetivamente pago pelo quilo de matéria-prima foi

a) inferior a R$ 110.
b) superior a R$ 110 e inferior a R$ 115.
c) superior a R$ 115 e inferior a R$ 120.
d) superior a R$ 120 e inferior a R$ 125.
e) superior a R$ 125.

11. **(CESGRANRIO – 2009 – BNDES)** A Indústria de Metais Ferradura Ltda. apresentou o seguinte quadro comparativo entre custo-padrão e custo real, em março de 2009, com valores em reais:

Itens	Custo-padrão	Custo real
Matéria-prima	1,10 kg a 3,00/kg = 3,30	1,15 kg a 2,90/kg = 3,335
Mão de obra	0,20 h a 6,00/h = 1,20	0,25 h a 6,10/h = 1,525
Materiais diretos	0,10 kg a 1,00/kg = 0,10	0,12 kg a 1,05/kg = 0,126

Legenda: D: Desfavorável, F: Favorável

Considerando exclusivamente os dados acima, a variação de preço da matéria-prima, em R$, montou a

a) 0,50 D.
b) 0,35 F.
c) 0,14 D.
d) 0,11 F.
e) 0,10 D.

12. (COMPERVE – 2018 – UFRN – Adaptada) À Coordenadoria de Gestão de Transportes (CGT) da UFRN compete coordenar a gestão da frota de veículos de uso comum e de uso institucional. A CGT calculou que o custo-padrão de combustível gasto numa viagem de micro-ônibus, entre o *campus* Natal e a Escola Agrícola de Jundiaí, é de R$ 28,00. Para esse cálculo, a CGT considerou a distância percorrida de 24 km, consumindo 8 litros de combustível, ao custo de R$ 3,50 por litro. No entanto, devido à greve dos caminhoneiros, uma viagem consumiu 9 litros de combustível, devido à necessidade de utilização de um desvio, e o preço do litro subiu para R$ 4,00. Analisando as variações de custo, em relação ao padrão, conclui-se que

a) ocorreu uma variação de volume no valor de R$ 3,50.
b) ocorreu uma variação de preço no valor de R$ 0,50.
c) ocorreu uma variação mista no valor de R$ 7,50.
d) ocorreu uma variação combinada de R$ 4,00.
e) ocorreu uma variação de volume no valor de R$ 5,50.

13. (CESGRANRIO – 2010 – Petrobras) A Indústria de Plásticos Plastimóvel Ltda. trabalha com custo

CUSTO-PADRÃO	
Custos Indiretos Variáveis (CIF Variáveis)	R$ 0,80 por unidade
Custos Indiretos Fixos (CIF Fixos)	R$ 600.000,00 por mês
Volume de produção prevista	120.000 unidades
CUSTO REAL	
Custos Indiretos Variáveis (CIF Variáveis)	R$ 0,85 por unidade
Custos Indiretos Fixos (CIF Fixos)	R$ 605.000,00 por mês
Volume de produção realizada	120.500 unidades

Sabe-se que a análise dos Custos Indiretos de Fabricação (CIF), pelo critério do custo-padrão, possui dois tipos de variação: de volume (VV) e de custos (VC). Considerando-se exclusivamente as informações acima, a Variação de Custo (VC)

dos Custos Indiretos Variáveis (CIF variável) referente ao volume total, em reais, foi desfavorável em

a) 5.825,50.
b) 6.025,00.
c) 6.400,00.
d) 6.425,00.
e) 6.815,00.

14. (FCC – 2009 – TJ-PA) Em relação ao custo-padrão, considere:

I. O custo-padrão é um custo predeterminado.
II. O custo-padrão corrente considera algumas ineficiências que a entidade julga não poder sanar.
III. Do ponto de vista gerencial, as diferenças verificadas entre custo real e padrão devem ser analisadas e, se necessário, o custo-padrão deve ser ajustado.
IV. Um produto deve deixar de ser produzido quando o custo-padrão não for atendido.
V. O custo-padrão não pode ser utilizado para a avaliação de desempenho.

É correto o que se afirma APENAS em

a) I, II e III.
b) I, III e IV.
c) II, III e IV.
d) I, III e V.
e) III, IV e V.

15. (FCC – 2009 – INFRAERO) Não deve ser confundido com custo orçado ou estimado o montante que a empresa determina que um produto ou a operação de um processo por um período de tempo deveria custar, com base em certas condições presumidas de eficiência, de situações econômicas e de outros fatores. Esta afirmação refere-se ao sistema de custeio

a) por absorção.
b) variável direto.
c) por atividade.
d) médio.
e) padrão.

UNIDADE III

AS FRONTEIRAS DA CONTABILIDADE GERENCIAL

10

Informações Contábeis para Decisões Especiais (Introdução)

10.1 INTRODUÇÃO

Quase tudo que foi visto até aqui, com exceção das aplicações de custeamento direto para decisões do tipo "qual produto cortar", está compreendido dentro do campo que poderíamos denominar sistema de informação gerencial normal.

Embora tratando-se de Contabilidade Gerencial, o tipo de acumulação de informações requerido, a forma de relatório e a frequência dos relatórios fazem recair o que vimos até o momento dentro do *sistema rotineiro* e, portanto, altamente repetitivo de informação contábil-gerencial.

Temos tido um grande cuidado em abordar apenas os pontos essenciais da Contabilidade Gerencial, sem entrarmos no campo das finanças, nem perdermos tempo e espaço com resumos de Contabilidade Básica, tão em moda em livros de Contabilidade Gerencial. Entretanto, os capítulos que, dentro das dimensões do livro, foram julgados essenciais, foram abordados com certa profundidade.

Os troncos básicos da Contabilidade Gerencial são, a nosso ver:

– A Depuração dos Relatórios Financeiros Fundamentais.
– A Análise e Avaliação de Desempenho a partir de Relatórios Financeiros Sumarizados.
– Fundamentos de Custos.
– Custos para Controle, Planejamento e Avaliação de Desempenho.
– Informações Contábeis para Decisões Especiais.
– Relatórios para a Gerência.
– Métodos Quantitativos e Contabilidade Gerencial.

Desenvolveremos, daqui para a frente, os três últimos tópicos, a fim de termos uma visão essencial em extensão e analítica em profundidade do que seja Contabilidade Gerencial.

Este capítulo abordará, de forma resumida, alguns problemas decisórios que a gerência costuma enfrentar e o tipo de informação contábil que pode auxiliar na tomada de tais decisões.

Elementos de Matemática Financeira, bem como conceitos de outras disciplinas, às vezes são "tomados emprestados" pela Contabilidade Gerencial a fim de satisfazer completamente as necessidades informativas.

10.2 DECISÕES DO TIPO: FABRICAR *VERSUS* COMPRAR

10.2.1 Introdução

Esse tipo de decisão normalmente desafia a gerência. A necessidade de tomar uma decisão entre as duas alternativas pode surgir em vários pontos do processo operacional. Mais frequentemente, todavia, refere-se às alternativas de fabricar ou adquirir partes componentes do produto principal que a empresa produz. É nesse sentido que trataremos do problema neste tópico.

Algumas das variáveis envolvidas na decisão:

– comparação entre custos;
– grau de ocupação da capacidade da fábrica antes de se tomar a decisão;
– problemas de mercado, tempos de espera e qualidade das partes;
– segurança no longo prazo.

10.2.2 Um exemplo

A administração da Cia. Brasil Que Queremos solicitou a opinião do contador a fim de decidir se valia a pena continuar fabricando uma peça de um produto seu ou se seria melhor adquiri-la de um fornecedor externo.

O preço de venda desta peça é de R$ 469,12. A empresa precisa, atualmente, de 5.009 unidades de tais peças. Os *custos diferenciais* para produzir as peças estão discriminados a seguir.

PEÇA XYZ   Quantidade: 5.009

Custos diferenciais

Materiais .... R$ 1.026.200
Mão de obra Direta .... R$ 1.641.920
Mão de obra Indireta .... R$ 351.840
Consumo de Força .... R$ 17.592
Outros Custos .... R$ 37.530

Outras informações

Se as peças forem adquiridas de um fornecedor, as máquinas utilizadas atualmente para produzi-las poderão ser vendidas pelo valor contábil (valor de aquisição mais correções monetárias menos depreciações e correções).

Além disso, com a adoção dessa medida, reduziríamos a depreciação total da máquina em R$ 58.640 (valor contábil) e os seguros sobre máquinas em R$ 29.320.

Por outro lado, no caso de adquirirmos de um fornecedor, incorreríamos nos seguintes custos adicionais:

- Fretes, R$ 1 por unidade.
- Mão de Obra Indireta Adicional para Recepção, Inspeção, Manuseio dos Materiais etc., R$ 293.200 (inclusive encargos sociais).

Que decisão tomaria?

Uma forma de visualizar o problema consiste em apresentar o quadro a seguir:

QUADRO DE COMPARAÇÃO DE ALTERNATIVAS		
Custos	Fabricando a Peça R$	Comprando a Peça R$
Matérias-primas	1.026.200	2.349.822
Valor das Peças	–	5.009
Fretes	–	293.200
Mão de Obra Indireta	351.840	–
Mão de Obra Direta	1.641.920	–
Força e Outros Custos	55.122	
Total	R$ 3.075.082	R$ 2.648.031

Como custo da alternativa de fabricar a peça deveríamos ainda considerar as economias que teríamos se tivéssemos decidido comprar a peça. De fato, ainda economizaríamos R$ 87.960, derivantes da redução na depreciação total e dos seguros sobre as máquinas.[1]

Assim, os R$ 87.960 são considerados um custo da alternativa de continuar fabricando, que passaria a R$ 3.163.042, valor claramente superior à alternativa de adquirir.

Na base de tais números, *provavelmente* decidiríamos pela aquisição, em vez da fabricação.

Explicação dos conceitos utilizados e outras considerações

Utilizamos, como vimos, um conceito novo, isto é, *custos diferenciais*.

O importante numa decisão desse tipo é, por um lado, apresentar os custos da compra, o que é mais fácil. Do lado dos custos de fabricar, é preciso tomar muito cuidado em selecionar apenas os *custos que não seriam incorridos caso as peças não fossem fabricadas*.

Os custos variáveis são claramente diferenciais, no caso. Todavia, se, por exemplo, na hipótese de não fabricarmos, as despesas com mão de obra indireta somarem R$ 100.000 e se tal volume de despesas não se alterar pelo fato de fabricarmos as peças, não poderemos incluir os R$ 100.000 como custo da alternativa de fabricar, pois claramente apenas utilizamos o mesmo volume de supervisão antes e após a fabricação.

---

[1] Estamos presumindo que venderíamos a máquina pelo seu valor residual contábil: de R$ 58.640,00.

Se, por outro lado, os custos de mão de obra indireta antes da fabricação forem de R$ 100.000 e com a decisão de fabricar subirem para R$ 120.000, somente a diferença de R$ 20.000 poderá ser apropriada como custo da alternativa de fabricar.

Antes de tomar uma decisão em termos de adquirir, precisaríamos avaliar os seguintes aspectos:

- Será a qualidade da peça adquirida comparável com a da peça fabricada?
- Como se comparam os prazos de entrega e o período necessário para fabricar a peça?
- É o abastecimento da peça fácil? Ou pode haver problemas futuros?
- Esgotamos todas as possibilidades de obter economias de mão de obra em outros setores da fábrica a fim de ser utilizada na fabricação da peça?

Normalmente, não é fácil avaliar financeiramente os riscos associados à alternativa de adquirir, reportados nos tópicos anteriores. Se a diferença a favor da alternativa de adquirir for muito pequena, frequentemente devido aos riscos inerentes, os gerentes preferirão fabricar na própria empresa.

10.3 DECISÕES SOBRE SUBSTITUIÇÃO DE EQUIPAMENTOS

10.3.1 Introdução

Esse tipo de decisão refere-se a se continuamos a utilizar um equipamento já existente, parcialmente depreciado, quase sempre necessitando de muita manutenção e oferecendo produtividade apenas razoável, ou se adquirimos um novo equipamento, assumindo o custo do investimento e tendo as vantagens de maior produtividade e menor manutenção.

É claro que a decisão de adquirir já pode ter sido tomada e então a alternativa de escolha recai sobre o tipo *A* de equipamento ou o tipo *B*. Entretanto, neste livro, trataremos mais do primeiro aspecto, já que envolve boa parte das dificuldades comuns numa decisão ou escolha entre dois equipamentos e ainda oferece dificuldades adicionais.

Sob um ponto de vista rigoroso, a decisão entre as alternativas deve ser tomada tendo-se em vista uma perspectiva de longo prazo dos efeitos de uma ou outra sobre os lucros, fluxos de caixa ou conceito equivalente. Uma decisão desse tipo, portanto, enquadra-se nos parâmetros e conceitos teóricos de todo o processo de orçamento de capital, do qual retiraremos apenas o essencial para ilustrar, de forma introdutória, o tipo de decisão pretendido.

10.3.2 Exemplo

A empresa Cia. Brasil Novo está estudando a possibilidade de adquirir uma nova máquina de beneficiamento de algodão para substituir a antiga, considerada parcialmente obsoleta.

A máquina atualmente em uso está relativamente bem conservada e poderá durar mais 10 anos. Não se comparam, todavia, a eficiência da antiga e da nova máquina. Os técnicos da Alternada presumem que, com a nova máquina, os custos de matéria-prima, materiais e outros custos diretos de operação serão reduzidos em R$ 50.000 por ano. A nova máquina custa R$ 150.000, já instalada. A taxa de retorno desejada pela companhia em qualquer investimento é de, pelo menos, 25%. A vida útil econômica da nova máquina é de 10 anos.

Informações adicionais: a máquina atual está sendo depreciada a uma taxa de R$ 15.000 por ano e seu valor contábil (custo mais correções menos depreciações corrigidas) é de R$ 90.000. Se for vendida agora, poderemos receber R$ 11.000. Se for vendida daqui a 10 anos, nada receberemos.

Que curso de ação tomaria?

Desprezando considerações fiscais, o problema consiste em calcular taxas de retornos ajustadas pelo tempo ou valores atuais. Dinheiro tem valor diferente, conforme seja recebido em épocas diferentes, como todos sabemos: não somente pelo fenômeno inflacionário, mas porque é muito mais proveitoso, sob todos os aspectos, receber R$ 100 hoje do que daqui a 1 mês ou 1 ano.

Preparação do caso

Existem, basicamente, duas metodologias de fluxo descontado de caixa, a saber:

– a taxa de retorno ajustada pelo tempo (taxa interna de retorno);
– o método de valor presente líquido.

Para decidir entre alternativas ou projetos que envolvam fluxos de longo prazo, ambas as metodologias podem ser utilizadas.

A metodologia da taxa de retorno ajustada pelo tempo

a) Utiliza tabelas de valor presente e computa a taxa de retorno ajustada pelo tempo por tentativa e erro (interpolação).

b) Se a taxa assim calculada igualar ou exceder a taxa mínima de retorno desejado, aceitamos a alternativa; caso contrário, não.

A metodologia do valor presente líquido

a) Calculamos o valor presente líquido dos fluxos futuros utilizando, como taxa de desconto, a taxa mínima de retorno desejada.

b) Se o valor presente líquido for zero ou positivo, poderemos aceitar o projeto.

Exemplo simples preparatório da aplicação dos dois métodos

Certa empresa poderia adquirir, por R$ 300.000, uma nova máquina, e esta economizaria R$ 29.000 por ano em despesas operacionais desembolsáveis. Sua vida útil estimada é de 20 anos e o valor residual estimado é nulo.

Solução pelo método da taxa de retorno ajustada pelo tempo

Na verdade, segundo essa metodologia, R$ 300.000 correspondem ao valor presente de uma anuidade de R$ 29.000 a x% (porcentagem que estamos, justamente, procurando), durante 20 anos.

Ou, em outras palavras, que fator (TR) poderá satisfazer na tabela de valores atuais de anuidades a equação a seguir:

$$R\$\ 300.000 = R\$\ 29.000 \times (TR)$$

$$TR = \frac{R\$\ 300.000,00}{R\$\ 29.000,00} = 10,345, \text{ aproximadamente}$$

Agora, basta irmos à tabela de Valor Presente de Anuidades e procurar, na linha de 20 anos, qual a coluna que mais se aproxima de 10,345.

Assim, encontramos a coluna de 6%, apontando 11,470, e a de 8%, apontando 9,818.

A verdadeira taxa ajustada pelo tempo estará entre estas duas (6 e 8%).

Assim, por interpolação, uma diferença de 9,818 (8%) menos 11,470 (6%), isto é, de 1,652, corresponde a uma diferença percentual de 2%.

A verdadeira taxa será de 8% (já que 10,345 se aproxima mais de 9,818 do que de 11,470) *menos alguma coisa*.

A diferença entre 9,818 e 10,345 é de −0,527.

Assim:

como   1,652   está para 2%
                0,527   está para x%

$$x\% = \left(\frac{0,527 \times 0,02}{1,652}\right) = \frac{0,1054}{1,652} = 0,0063801, \text{ isto é, } 0,64\%.$$

Logo, a taxa verdadeira será igual a 8% *menos* 0,64% = 7,36%.

O que significa taxa de retorno ajustada pelo tempo?

É a taxa que iguala o valor investido de R$ 300.000 ao valor presente das economias de despesas de desembolso (ou ao valor das entradas de caixa) de R$ 29.000 anuais durante 20 anos.

Essa taxa deve ser comparada com a taxa de juros sobre os recursos tomados emprestados. Se tomarmos um empréstimo à taxa de 7,36% ao ano para adquirir a máquina, as economias de despesas de R$ 29.000, durante 20 anos, produzidas pela máquina, pagariam exatamente o empréstimo e os juros durante os 20 anos. Se o custo de captação de capital for inferior a 7,36%, o projeto será lucrativo; caso contrário, será deficitário.

A taxa de retorno ajustada pelo tempo, portanto, foi de 7,36% a.a.

Solução pelo método de valor presente líquido

Neste caso, precisamos estabelecer uma taxa mínima desejada de retorno. A fim de podermos comparar com a metodologia do item anterior, vamos supor que a taxa mínima desejada seja igual à do custo de capital, digamos, 6% a.a. (é claro que, na realidade, teríamos taxas muito maiores devido à inflação).

A expressão inicial, para esse método, é a mesma do método anterior, isto é, R$ 300.000 igual ao valor presente de uma anuidade de R$ 29.000 a X% durante 20 anos.

Nesse caso, todavia, iremos substituir R$ 300.000 por uma incógnita e o X% será substituído pela taxa desejada de retorno de 6%.

X = valor presente de uma anuidade de R$ 29.000 a 6%, por 6 anos.

O fator, na tabela para 6% e 20 anos, é, como vimos, 11,470.

Substituindo esse fator na última expressão:

Valor presente .... R$ 332.630
(−) Custo .... R$ 300.000
= Valor presente líquido .... R$ 32.630

O projeto é favorável, portanto, pois o valor presente computado é superior ao custo do investimento.

Consideramos o método do valor presente líquido melhor do que o da taxa de retorno ajustada pelo tempo, pois não exige interpolações e é aplicável com igual facilidade quando os fluxos não são constantes. Entretanto, os contadores e gerentes parecem entender melhor o da taxa ajustada de retorno, pois comparamos uma taxa com outra, ao passo que no método do valor presente líquido comparamos um valor presente de um fluxo futuro com o custo do investimento.

No exemplo apresentado, aceitaríamos o projeto pelas duas metodologias.

Metodologia da taxa de retorno ajustada pelo tempo

– Projeto aprovado, pois a taxa ajustada, de 7,36%, é superior à taxa de juros de custo do dinheiro, de 6%.

Metodologia do valor presente líquido

– Projeto aprovado, pois o valor presente do fluxo futuro a uma taxa de 6% (taxa de desconto) é superior ao custo do investimento.

Solução do exemplo

Utilizando os conceitos explicados na preparação, podemos resolver agora o exemplo do item 10.3.2.

Vamos utilizar o método do valor presente líquido.

Assim, verificamos que as economias derivadas da compra da nova máquina são de R$ 50.000 anuais, durante 10 anos. O valor presente de uma anuidade de R$ 50.000 durante 10 anos, à taxa de 25%, é de R$ 178.550 (fator 3,571 para R$ 1).

O valor do investimento é de R$ 150.000; logo, aparentemente, vale a pena adquirir a máquina, pois o valor presente dos rendimentos futuros proporcionados pela nova máquina é superior a seu custo.

Entretanto, para tomar uma decisão final, precisamos levar em conta as informações sobre o provável valor de venda da máquina antiga e as depreciações.

As depreciações são alocações contábeis (de despesas pelo uso da máquina) que não implicam saídas específicas de caixa. As depreciações e os valores contábeis são, portanto, desprezados nas decisões envolvendo fluxos descontados de caixa, pois trata-se de custos "expirados".[2]

No que se refere ao valor de venda da máquina antiga, poderíamos receber R$ 11.000 se fosse vendida agora.

Portanto, ao adquirir o novo equipamento, venderíamos o antigo e receberíamos R$ 11.000. Isto faz com que o custo efetivo da nova aquisição seja de R$ 150.000 – R$ 11,00 = R$ 139.000.

Assim o fluxo futuro de economias resulta num valor presente de R$ 178.550 e o valor efetivo de custo do investimento é de R$ 139.000. O projeto seria, portanto, aprovado.

Outras considerações

Normalmente o problema da decisão é complicado por um ou vários dos seguintes fatores:

- Imposto de renda.
- Problemas de variação de custos indiretos, como consequência da adoção de uma ou outra alternativa.
- Horizontes desiguais para os projetos alternativos.
- Mudanças, no tempo, das taxas desejadas de retorno.

É preciso considerar, por outro lado, que o *fluxo descontado* não é a única forma de avaliar projetos. Contadores e administradores normalmente usam outros métodos, a saber: método do *payback*, método da taxa contábil de retorno e outros baseados em nenhuma fórmula, mas apenas no "bom-senso". Outros supervisores apenas decidem avaliar a alternativa de adquirir novo equipamento se o antigo literalmente "pifar". É o mesmo tipo de comportamento de um dono de automóvel que substitui seu carro quando realmente está "caindo aos pedaços". Provavelmente, todavia, as despesas de manutenção e reparos que ele teve para poder andar com o carro antigo por tanto tempo, ou os aborrecimentos, perdas de tempo (mensuráveis em dinheiro), falta de segurança etc., teriam tornado mais viável a alternativa de adquirir um carro novo, antecipadamente.

Conceituemos de forma simples tais métodos:

---

[2] Uma exceção é constituída pelo efeito da depreciação e da baixa de bens sobre o fluxo de caixa, "via" seus efeitos sobre o imposto de renda.

10.3.3 Método do *payback*

Dá muita ênfase ao *tempo* que demorará para recuperar o investimento, não ao foco da lucratividade do projeto. Entretanto, é, provavelmente, o método mais usado, na prática, para avaliação de projetos.

Suponhamos duas alternativas de investimento. Uma implica o desembolso de R$ 100.000, porém economiza (em despesas operacionais desembolsáveis) R$ 30.000 por ano. A vida útil estimada é de 6 anos.

Outra máquina custaria R$ 66.667 e economizaria R$ 33.000 por ano. Sua vida útil seria de 4 anos.

$$Payback = \frac{Custos}{Economias}$$

No caso da máquina 1, $P = \left(\frac{100.000}{30.000}\right) = 3{,}33$ anos

No caso da máquina 2, $P = \left(\frac{66.667}{33.000}\right) = 2{,}02$ anos

Se utilizássemos o método do *payback* puro, seríamos levados a escolher a máquina 2, pois o investimento inicial é recuperado mais rapidamente do que pela máquina 1.

Entretanto, a máquina 1 proporcionará 2,67 anos de economias (6 anos da vida útil menos 3,33 do *payback*) adicionais, ao passo que a máquina 2 proporcionará somente mais 1,98 ano (4 − 2,02).

É possível que, se levarmos em conta esse fato adicional, escolhamos a máquina 1 (seria necessário, de qualquer forma, para ter certeza, o cálculo dos valores atuais; logo, cairíamos no método do fluxo descontado). Entretanto, existem variantes do método do *payback* que podem ser realmente úteis em várias decisões.

Uma delas é conhecida como "*payback* recíproco" e é definida como:

$$PR = \frac{\text{Valor da anuidade (economias anuais)}}{\text{Valor do investimento}}$$

No caso do exemplo da página 293:

$$PR = \left(\frac{29.000}{300.000}\right) = 0{,}097, \text{ ou } 9{,}7\%.$$

Entretanto, com relação ao *payback* recíproco, pode-se demonstrar que é um método válido apenas se:

– os lucros ou economias forem constantes durante o horizonte;
– a vida útil do projeto for, pelo menos, o dobro da do período de *payback* simples.

Note-se, de qualquer forma, que o *payback* recíproco sempre será algo maior que a verdadeira taxa de retorno (no caso do exemplo citado, esta taxa era de 7,36%).

10.3.4 Método da taxa contábil de retorno

Apesar de as técnicas de fluxo descontados serem, normalmente, as melhores para o tipo de decisão que estamos tratando, alguns contadores e administradores ainda estão mais familiarizados com a taxa contábil de retorno. Conquanto seja superior ao *payback*, no sentido de preocupar-se com a lucratividade, tem o grave defeito de ignorar o efeito tempo nos fluxos.

A taxa contábil de retorno pode ser definida como:

$$TCR = \left(\frac{\text{Lucro médio adicional esperado}}{\text{Investimento adicional inicial}} \right)$$

Alguns preferem que o denominador seja representado pelo investimento médio.

No caso do 1º exemplo do item 10.3.3, a taxa contábil de retorno seria assim calculada:

$$TCR = \left(\frac{R\$\ 30.000 - R\$\ 16.667\ \text{(depreciação)}}{R\$\ 100.000} \right) = 13{,}3\%$$

Os problemas da taxa contábil de retorno na avaliação de projetos

Normalmente, o uso dessa metodologia inibe investimentos em equipamentos e fábricas que seriam premiados pelo método do fluxo descontado de caixa. O motivo para isso é que um investimento vultoso, principalmente se utilizarmos métodos de depreciação acelerada, tende a diminuir o numerador da fração nos primeiros anos (devido às maiores cargas de depreciação); por outro lado, o denominador fica influenciado pelo custo inicial do novo equipamento.

Porém, uma vantagem intrínseca do método contábil é que a avaliação passada e presente do retorno sobre o investimento usualmente é feita por essa metodologia.

Horngren afirma que normalmente isso leva a tomar decisões não ótimas sob o critério do valor atual, mas ótimas, pelo menos no curto prazo, sob os métodos convencionais de avaliar o desempenho.

Por outro lado, frequentemente os gerentes recebem transferências e promoções na base de avaliação de desempenho departamental realizada por critérios contábeis tradicionais. Isso exerce grande pressão a favor do uso de tais critérios na avaliação de projetos.

10.4 AVALIAÇÃO DE DESEMPENHO – DO CENTRO DE CUSTO AO CENTRO DE INVESTIMENTO

10.4.1 Introdução

Uma das funções mais importantes da Contabilidade Gerencial consiste em fornecer informações hábeis para a avaliação de desempenho. Esse desempenho pode ser considerado não somente em relação à apuração de resultados por produto ou por serviço, mas envolve uma apreciação de "quão bem" se comportaram os vários setores da empresa em relação às metas previstas.

Tradicionalmente, a contabilidade gerencial tem dado muita ênfase ao centro de custo e chegou-se a desenhar a Contabilidade por Responsabilidade limitando-a a mapear aqueles custos que seriam controláveis e os que não seriam controláveis.

Conquanto hoje em dia essa noção de Contabilidade por Responsabilidade já se tenha associado a conceitos mais avançados, como centro de lucro e centro de investimento, iniciaremos a descrição pelo *centro de custo* e pela noção de *custos controláveis e não controláveis*.

10.4.2 Centro de custo

É a menor fração de atividade ou área de responsabilidade para a qual é feita a acumulação de custos (HORNGREN, 1972, p. 691).

Centros de custos podem coincidir com departamentos, mas em alguns casos um departamento pode conter vários centros de custo. Por exemplo, um departamento de beneficiamento pode ter apenas um supervisor, mas podem existir várias linhas de beneficiamento. Para cada linha poderíamos criar um centro de custo à parte e avaliá-lo separadamente.

A noção inicial de Contabilidade por Responsabilidade dimensionou os centros de custo com a maior ou menor facilidade de seu responsável em poder controlar os custos de *seu centro de custo*.

Fatalmente, o problema recaiu numa definição e separação dos custos que seriam controláveis e dos que não seriam controláveis.

10.4.3 Custos controláveis e custos não controláveis

Podemos afirmar que *custos controláveis* são os passíveis de ser influenciados diretamente por um supervisor ou gerente durante certo lapso de tempo.

É importante notar que o maior ou menor grau de controle de um supervisor sobre um item de custo está diretamente associado ao nível e especificação de sua autoridade.

Um custo pode recair em determinado centro de custo, entretanto seu controle pode escapar de seu supervisor. Por exemplo, o custo da mão de obra indireta de certo departamento produtivo, numa empresa altamente centralizada quanto à política de pessoal e salários, pode não ser controlável pelo supervisor do departamento produtivo, mas pelo diretor ou encarregado de pessoal, e assim por diante.

Por causa de problemas desse tipo é que existe uma contradição entre a acumulação tradicional de custos em centros de custo e suas consequentes variações entre previsões e realizações, e a necessidade de se atribuírem responsabilidades em nível de pessoas, pelo desempenho.

A variável tempo também é importante, pois, no longo prazo, todos os custos são controláveis por alguém dentro da organização, ao passo que no curtíssimo prazo quase nenhum custo seria controlável.

Uma dificuldade adicional surge: na verdade, poucos custos são claramente controlados por uma pessoa apenas. Em tais casos, é preciso fazer recair a incumbência na pessoa que tem o maior grau de controle sobre o item de custo. Entretanto, normalmente, a responsabilidade é igual, ou dois supervisores têm responsabilidade cada um sobre uma parcela do item de custo. Na análise de variações de matéria-prima, vimos que, frequentemente, a responsabilidade pelo custo do material consumido na produção é dupla. O comprador teria (em parte) responsabilidade pelo *preço* e o supervisor do departamento produtivo pelo *uso* do material. A solução adotada é bastante engenhosa, no caso, pois responsabilizamos o supervisor do departamento produtivo pela variação de quantidade (uso), *a um preço determinado*, uma posição neutra, portanto, no que se refere ao preço.

No que se refere aos custos indiretos, então, a questão se torna mais complexa ainda, principalmente quando existem rateios de departamentos auxiliares ou comuns para os produtivos. Os custos ou parte dos custos de um departamento podem ser influenciados por decisões, eficiências e ineficiências originadas em outros departamentos. O caso da variação de volume de um departamento é típico, pois parte de uma variação desfavorável pode ser devido, não à deficiência do departamento produtivo em si, mas, por exemplo, a um mau desempenho do departamento de vendas.

Por mais complexa que possa ser, entretanto, a tarefa de designar quais custos são controláveis e quais não são, para cada nível de autoridade e relacionada com certo período, ela deve e pode ser tentada.

Claramente, isso exige uma separação entre custos fixos e variáveis, de início. Essa classificação auxilia na determinação dos custos controláveis e não controláveis, mas não é suficiente. Por exemplo, uma despesa de consultoria, embora seja um custo fixo, no sentido de não variar juntamente com o volume de produção, ainda assim é controlável por alguém dentro da empresa.

Vejamos um exemplo em que são colocadas algumas funções, vários itens de custo e sua controlabilidade ou não por parte das pessoas ocupando as funções citadas:[3]

Itens de Custos	Natureza do Custo	Custos Controláveis DV	SDP	DP
– Custo de Matéria-prima	Variável	não	sim	sim
– Mão de Obra Direta do Departamento de Montagem	Variável	não	não	sim
– Depreciação pelo método da linha reta no Departamento de Acabamento	Fixo	não	não	não
– Comissões a Vendedores	Variável	sim	não	não
– Honorário do Presidente	Fixo	não	não	não

DV = Diretor de Vendas
SDP = Supervisor de Departamento Produtivo - Acabamento
DP = Diretor de Produção

---

[3] Adaptado de Horngren, op. cit., p. 173.

Verifique que a depreciação pelo método da linha reta é incontrolável por qualquer setor ou função da empresa, pois seu volume da decisão independe de uma pessoa, estando associada ao uso de uma mera fórmula.

Sob um ponto de vista de contabilidade por responsabilidade pura, somente deveriam ser reportados como responsabilidade de um departamento os custos controláveis pelo responsável do departamento, excluindo-se os não controláveis, que seriam alocados como responsabilidade de mais alguém, dentro da organização.

10.4.4 Centro de lucro

Centro de lucro é um segmento da empresa, às vezes constituído por uma divisão, que é responsável não apenas por custos (centro de custo), mas também por receitas e, portanto, por resultados.

10.4.5 Centro de investimento

É um centro de lucro, porém, o sucesso ou insucesso relativo não é mensurado pela diferença entre receitas e despesas, mas por essa diferença relacionada com algum conceito de investimento realizado. É o melhor conceito de *centro*, pois o lucro deve ser relacionado com o que foi investido, a fim de obtermos a lucratividade relativa.

10.4.6 O problema da descentralização

Normalmente, uma descentralização de execução é acompanhada por uma adequada criação de centros de lucro ou investimento. Entretanto, nem sempre a recíproca é verdadeira.

Nada teremos descentralizado, simplesmente criando centros de lucro, se os gerentes de tais centros precisarem de autorização da administração central para quase tudo, desde gastos de capital para valores superiores a R$ 2.000 até a presença constante de "assessores" da administração central a fim de aconselhar na gestão.[4]

Decidir entre centralização e descentralização de execução é uma tarefa que envolve a análise de muitas variáveis.

Normalmente, a descentralização é mais vantajosa quando as unidades (divisões) são independentes. Isso não quer dizer que a descentralização seja desvantajosa nas outras circunstâncias. Segundo um consenso dos autores, existe independência de uma divisão (subunidade) quando:

- não existe concorrência com outras subunidades no que se refere ao uso de recursos escassos dentro do conjunto organizacional, tais como: dinheiro, pesquisa e desenvolvimento, pessoal habilitado etc.;

---

[4] Veja, de novo, Horngren, op. cit., p. 729-745.

- não fornece produtos ou serviços para outras subunidades e delas não depende para seus insumos básicos;
- não compete e não compra no mesmo mercado de outras subunidades;
- pode tomar decisões sem preocupar-se com os objetivos e metas das outras subunidades.

Todo esquema de descentralização envolve o estabelecimento de preços de transferência entre as subunidades. Várias teorias entrechocam-se a respeito da forma de calcular tais preços. A forma mais encontrada, na prática, é transferir na base do custo total mais alguma porcentagem de *mark-up*.

Uma das principais razões para a utilização deste critério é sua simplicidade. Por outro lado, o valor resultante é considerado uma aproximação "razoável" do valor externo de mercado. A alternativa que, teoricamente, seria a mais adequada, isto é, preços de mercado, é frequentemente considerada muito "custosa". Além do mais, algumas vezes não existirá um mercado intermediário para produtos altamente especializados, principalmente para partes e componentes. A polêmica sobre preços de transferência abrange tanto o campo da Contabilidade quanto o da Economia. Vários fatores, segundo Horngren, são críticos na escolha desta ou daquela forma para o preço de transferência: conciliação entre fatores econômicos e de avaliação de desempenho, existência de mercados intermediários, grau de interdependência das subunidades (o método do preço de mercado seria mais apropriado no caso de haver bastante independência entre as subunidades) etc.

O problema é muito complexo para ser tratado com profundidade neste livro sobre *aspectos essenciais* de Contabilidade Gerencial, e entra no campo específico da *Contabilidade Divisional*. Entretanto, será interessante resumir o assunto da avaliação de desempenho da seguinte forma:

1. A sistemática tradicional de acumulação de custos por centros de custo não significa que podemos atribuir a responsabilidade por qualquer desvio desfavorável, indiscriminadamente, ao supervisor do centro de custo.
2. É preciso verificar quais os itens de custo que, embora tendo recaído em seu centro de custo, são controlados por outras pessoas ou se várias pessoas influenciam certos itens de custo e, possivelmente, em que grau.
3. Para uma avaliação de desempenho mais adequada, deveríamos acumular as vantagens da Contabilidade por Responsabilidade com as do conceito de centro de investimento (alguns definem centro de lucro da mesma forma que definimos centro de investimento).
4. O propósito supra exigiria identificar, no centro de investimento, os custos e receitas controláveis pelo responsável dos não controláveis. Implicaria distinguir também entre o *investimento controlável* e o *não controlável*.

Embora não seja fácil imaginar e implantar um sistema de Contabilidade formalizado na base de responsabilidade × centro de investimento, importante é ter uma clara ideia das implicações e do significado da Contabilidade por Responsabilidade, da descentralização e dos vários conceitos de *centro*. De qualquer forma, será muito mais produtivo acumularmos em *centros de custo* para, na análise de variações, tentarmos atribuir responsabilidades na base dos conceitos analisados, do que utilizar, de forma mecânica, um sistema complexo de Contabilidade por Responsabilidade, sem nos demorarmos na exata expressão das variações e na tomada de decisões. Queremos com isso dizer que um sistema simples de acumulação conjugado com um sistema "preocupado" de análise é melhor que um sistema complexo de acumulação aplicado friamente. É claro que o ideal seria ter um sistema de acumulação (ou uma rotina de transformação) por responsabilidade e utilizá-lo ao máximo de sua potencialidade. Todavia, somente pode ser formalizado, em termos de sistema altamente repetitivo, aquilo que está amplamente assimilado e entendido. Isso está longe de acontecer, em certos casos, com custos controláveis e não controláveis. O maior problema surge quando há uma interação de vários gerentes no controle de certo item de custo. Em tais casos, deverá ser tomada uma decisão, mais ou menos arbitrária, quanto a quem controla o quê.

10.4.7 Descentralização e preços de transferência – análise mais aprofundada

A. A AVALIAÇÃO DO GERENTE E A AVALIAÇÃO DA DIVISÃO – DIFERENCIAÇÕES
O LUCRO COMO MEDIDA DE DESEMPENHO

Lucro é a medida de aferição de desempenho mais usada e conhecida nos negócios. Há muitas definições para um *centro de lucro*, porém nenhuma abrange o sentido de encorajamento nas iniciativas e tomada de decisões. Logo, pode-se definir centro de lucro como "unidade sobre a qual o gerente tem a autoridade para tomar decisões sobre fontes de fornecimento e mercados".

Além de terem seu desempenho medido com base no lucro, costuma-se relacionar o lucro obtido como investimento fixo necessário para gerá-lo; logo, introduz-se a figura do *"centro de investimento"*.

O lucro, simplesmente, não é capaz de captar todas as consequências econômicas das atividades de uma unidade descentralizada. Embora se conheça a fragilidade dos indicadores financeiros, deve-se ter em conta a necessidade de um sistema de informações com dados contábeis.

Nenhuma transação, seja de entrada, seja de saída, deixará de ser registrada, e toda atividade, de uma forma ou de outra, dentro de uma organização, irá desencadear um processo de desembolso que será contabilizado.

Os principais problemas para medir lucros são:

- Escolher um índice de lucro, incluindo alocação de custos e receitas ao centro de lucro.
- Atribuir preços à transferência de bens entre centros de lucros.

ESCOLHA DE UM ÍNDICE DE LUCRO

Tomam-se os seguintes dados de uma corporação:

- Receita de vendas das divisões — R$ 15.000
- Custo variável + Custos indiretos de fabricação variáveis — R$ 10
- Custo fixo (40% controlável, 60% não) — R$ 20
- Despesas gerais e administrativas alocadas — R$ 10

- Pode-se construir um demonstrativo divisional, como segue:
- Receita — R$ 15.000
- Custo variável — R$ 10.000
- Margem de contribuição (1) — R$ 5.000
- Custos fixos controláveis — R$ 800
- Margem de contribuição controlável (2) — R$ 4.200
- Custos fixos não controláveis — R$ 1.200
- Margem de contribuição divisional (3) — R$ 3.000
- Despesas gerais e administrativas alocadas — R$ 1.000
- Lucros antes do IR – divisional (4) — R$ 2.000

Podem-se escolher, no mínimo, quatro indicadores de desempenho da divisão:

(1) MARGEM DE CONTRIBUIÇÃO (R$ 5.000)
- Importante para entender a relação custo/volume/lucro dentro da divisão, mas não tão útil para avaliação de desempenho. O gerente da divisão tem controle sobre parte dos custos fixos; logo, essa parte deveria ser alocada ao resultado.

(2) MARGEM DE CONTRIBUIÇÃO CONTROLÁVEL (R$ 4.200)
- Receita menos custo variável e custo fixo, controlável. O custo fixo inclui os resultantes da mão de obra indireta, material indireto e utilidades. Podem ser reduzidos, se o gerente decidir operar a custos menores.

O problema da medida é a dificuldade em distinguir entre *controlável* e *não controlável*, por exemplo: depreciação, seguro, impostos etc. Níveis salariais podem ser centralizados, porém o gerente é quem decide quantos trabalhadores, supervisores devem trabalhar.

(3) MARGEM DE CONTRIBUIÇÃO DIVISIONAL (R$ 3.000)
- Mede mais o desempenho da divisão do que do gerente da divisão, uma vez que decisões de investir do passado influenciam o resultado presente.

(4) LUCRO ANTES DO IR – DIVISIONAL (R$ 2.000)
- Muitas empresas alocam as despesas gerais e administrativas às divisões, no sentido de alertá-las a gerar lucros suficientes para cobrir os gastos e despesas centrais. Normalmente, alocam-se com base nas vendas de cada unidade em relação ao total ou ao ativo empregado.

B. FIXAÇÃO DE PREÇOS DE TRANSFERÊNCIA – NOÇÕES

A descentralização demanda uma boa definição quanto ao preço que se irá transferir de uma divisão A para B. Para A, que transfere, será *Receita* e para B, que recebe, será *Custo*; logo, ambos os gerentes têm interesse em determinar bem os métodos, pois que isso afeta a rentabilidade das divisões. Decide-se, por exemplo, que a divisão A irá transferir com lucro baixo (ou até com prejuízo), visando à otimização fiscal, em ambas as divisões.

Principais métodos para estabelecer um preço de transferência

1. PREÇO DE MERCADO

Se houver um mercado altamente competitivo, o preço de mercado estará bem como preço de transferência, pois implica dizer que a unidade produtora pode vender tanto quanto queira a clientes externos e que a unidade compradora pode comprar de fornecedores externos, sem afetar o preço.

Quando o mercado não é perfeitamente competitivo, como não o é para a maioria dos produtos manufaturados, o problema do preço de transferência complica-se mais.

2. CUSTO MARGINAL

Exemplo

Suponha:

- Divisão *A*, única produtora do produto intermediário, usado pela Divisão *B*.
- Divisão *A* tem um custo fixo de R$ 500/dia e um custo variável de R$ 0,10/unidade.
- Divisão *B* incorre em um custo adicional na conversão do produto acabado. Pode processar até 10 unidades/dia a um custo fixo de R$ 1.250/dia e incorre num custo de R$ 0,25/unidade processada por dia.
- Divisão *B* enfrenta uma situação de curva de demanda não linear para o produto final. Sua previsão de vendas é a seguinte:

Unidades	Receita líquida por unidade em milhares de R$
1.000	R$ 1.750
2.000	R$ 1.350
3.000	R$ 1.100
4.000	R$ 925
5.000	R$ 800
6.000	R$ 666

Atualmente, *B* compra 2.000 unidades/dia de *A*. A Divisão *A* determinou que, a esse nível, os custos fixos são de R$ 0,25/unidade. E deseja um *mark-up* de R$ 0,05 por unidade; logo, estabelece um preço de R$ 0,40/produto (0,25 + 0,10 + 0,05).

A decisão de B é comprar as 2.000 unidades/dias ao preço de R$ 0,40, e parece perfeitamente racional.

Nota-se que:

- Analisando-se somente a Divisão B, as 2.000 unidades/dia geram o lucro ótimo; porém, quando combinadas, percebe-se que uma maximização do lucro seria a 4.000 unidades. Isso não ocorreu devido aos altos preços, enquanto na Tabela 10.1 verifica-se que, se A transferir ao custo variável, o consolidado maximiza o lucro em R$ 1.300 ou em 4.000 unidades/dia. O custo variável em si é o próprio custo de oportunidade. Ocorre que, se a empresa estiver em operação a plena capacidade, então o custo de oportunidade se transforma na incapacidade de gerar produto adicional, por demanda crescente.

Tabela 10.1 Cálculo do Lucro da Divisão B a vários níveis de produção

Produção da Divisão B (1)	Custos de Processamento de B (2)	Custo do Produto de A a 0,40 (3)	Custos Totais de B (4) = (2) + (3)	Receitas de B a cada 1.000 Unid. (5)	Receita Total de B (6) = (1) x a (5)/1.000	Lucros (Prejuízos) de B (7) = (6) − (4)
1.000	R$ 1.250	R$ 400	R$ 1.650	R$ 1.750	R$ 1.750	R$ 150
2.000	1.500	800	2.300	1.350	2.700	400
3.000	1.750	1.200	2.950	1.100	3.300	350
4.000	2.000	1.600	3.600	925	3.700	100
5.000	2.250	2.000	4.250	800	4.000	(250)
6.000	2.500	2.000	4.900	666	4.000	(900)

Tabela 10.2 Cálculo do lucro combinado para A e B

Produto (1)	Custos da Divisão A (2)	Custos da Divisão B (3)	Custos Totais (4) = (2) + (3)	Receitas Totais	Lucro (Prejuízo) (6) = (5) − (4)
1.000	R$ 600	R$ 1.250	R$ 1.850	R$ 1.750	R$ (100)
2.000	700	1.500	2.200	2.700	500
3.000	800	1.750	2.550	3.300	750
4.000	900	2.000	2.900	3.700	800
5.000	1.000	2.250	3.250	4.000	750
6.000	1.100	2.500	3.600	4.000	400

Tabela 10.3 Cálculo do lucro de B, a um preço de transferência de 0,10

Produção de B (1)	Custos de Processamento de B (2)	Custo do Produto de A a 0,10 (3)	Custos Totais de B (4) = (2) + 3	Receitas Totais de B (5)	Lucro (Prejuízo) de B (6) = (5) − (4)
1.000	R$ 1.250	R$ 100	R$ 1.350	R$ 1.750	R$ 400
2.000	1.500	200	1.700	2.700	1.000
3.000	1.750	300	2.050	3.300	1.250
4.000	2.000	400	2.400	3.700	1.300
5.000	2.250	500	2.750	4.000	1.250
6.000	2.500	600	3.100	4.0000	900

3. CUSTO INCREMENTAL MAIS UMA TAXA FIXA

Representa uma variação do custo marginal, em que a unidade compradora esteja disposta a pagar um prêmio, por comprar da fonte fornecedora. Essa taxa é geralmente calculada com base no retorno orçado. Pode-se, então, comparar esse preço interno com os de fontes externas e determinar-se a eficiência interna.

4. CUSTOS TOTAIS

Talvez o único argumento a favor seja a simplicidade dos cálculos, pois que esse método não premia a eficiência e não penaliza a ineficiência.

5. PREÇOS DE MERCADO NEGOCIADOS

Talvez o mais eficaz. Implica os dois gerentes negociarem preços e condições que têm, como ponto de partida, cotações de uma unidade produtora externa à empresa.

LIMITAÇÕES DOS PREÇOS DE MERCADO NEGOCIADOS
- Tomam tempo dos gerentes.
- Conduzem a conflitos.
- Induzem a que a medida de desempenho seja afetada pela habilidade de negociação das partes.
- Tomam tempo da administração central na intermediação de problemas.
- Podem induzir a volumes baixos, tendo como consequência a não maximização dos lucros.
- O sucesso do método também depende da boa vontade de fornecedores em continuarem a cotar preços, quando solicitados para concorrer com o fabricante interno (uma divisão forneceria para outra).

RESUMO

Embora se conheçam as vantagens da descentralização, isto é, "a decisão deve estar onde os fatos ocorrem", ainda não se sabe o suficiente sobre os preços de transferência.

RECOMENDAÇÕES
- Se houver mercado competitivo, o preço de mercado, deduzidas as despesas de vendas, distribuição e cobrança, forma uma boa parte para os preços de transferência.
- Se não houver mercado competitivo, então o sistema de preço negociado é o mais recomendável. Recomenda-se, também, colocar os pedidos, esporadicamente, no mercado, no sentido de dar credibilidade às cotações. Quando não houver mercado, então deve-se usar o custo incremental de produção.
- Quando não houver mercado e, internamente, houver limitações de capacidade, recomenda-se, então, o uso de programação linear, para mistura ótima de produção.
- Evitar, de todas as formas possíveis, o uso do custo total, apesar de sua simplicidade.

10.5 EXERCÍCIOS PROPOSTOS

1. A Companhia Delta está considerando dois projetos de investimento, os quais são mutuamente exclusivos. O custo de capital para a empresa é 10%, e os fluxos de caixa previstos estão discriminados a seguir (adaptado de Horngren, 1972, p. 527):

Projeto nº	Investimento necessário atualmente	Equivalentes de caixa dos lucros			
		Ano 1	Ano 2	Ano 3	Ano 4
1	160.000	192.000	0	0	0
2	160.000	0	0	0	280.000

Pede-se: 1. calcular a taxa de retorno ajustada pelo tempo para ambos os projetos;

2. calcular o valor presente líquido de ambos os projetos;

3. comentar brevemente os resultados em 1 e 2.

2. A taxa de retorno desejada pela Cia. Sigma em qualquer projeto de investimento é de, no mínimo, 20%. A empresa está considerando dois projetos alternativos, mutuamente exclusivos, cujo custo inicial é de R$ 1.500.000. O projeto A tem um horizonte de três anos e promete os seguintes lucros líquidos (AIR): 1º ano, 580.000; 2º ano, 800.000; 3º ano, 1.300.000. A depreciação já está deduzida dos lucros líquidos e a única diferença entre os lucros líquidos e os fluxos de caixa reside na depreciação.[5] No fim do 3º ano, a máquina poderá ser vendida pelo seu valor residual, fixado no início do período, de R$ 150.000. A taxa de imposto sobre a renda é de 30%. O projeto B tem um horizonte de apenas dois anos, com os seguintes lucros líquidos: 1º, 900.000; 2º, 1.500.000. O valor residual pelo qual poderá ser vendido o equipamento é de 190.000, no fim do segundo ano. As depreciações são calculadas na base do valor a ser depreciado (custo menos valor residual). Você aceitaria um dos projetos? Qual? Por quê? (taxa de imposto do projeto B = 40%). O método de depreciação é o de linha reta.

SOLUÇÃO DO EXERCÍCIO 1

1. Taxa de Retorno Ajustada pelo Tempo

Projeto 1 – R$ 160.000 = Valor Presente de R$ 192.000 a X% a ser recebido no fim do ano 1.

$$\text{Fator F} = \left(\frac{160.000}{192.000}\right) = 0,833.$$

Verificamos, na tabela, que corresponde a uma taxa de 20%.

Projeto 2 – R$ 160.000 = Valor Presente de R$ 280.000 a ser recebido (a X%) no fim do ano 4.

$$F = \left(\frac{160.000}{280.000}\right) = 0,571.$$

---

[5] Com exceção da influência do imposto de renda sobre o fluxo de caixa.

Na Tabela

	14%	0,592	0,592
Taxa Verdadeira			
	16%	0,552	0,571
		0,040	0,021

Taxa Verdadeira: $0{,}14 + \left(\dfrac{0{,}021}{0{,}040}\right) \times 0{,}02 = 0{,}1505 = 15{,}05\%$.[6]

Por esse método, o projeto 1 é mais atrativo.

2. Valor Presente Líquido

Projeto 1 — X = Valor Presente de R$ 192.000 a 10% a serem recebidos no fim do primeiro ano.

Valor Presente Líquido = 192.000 × 0,909 − 160.000 = 14.528

Projeto 2 — X = Valor Presente de 280.000 a 10% a serem recebidos no fim do 4º ano.

Valor Presente Líquido = 280.000 × 0,683 − 160.000 = 31.240

Obs.: $0{,}909 = \left(\dfrac{1}{1{,}10}\right)$

$0{,}683 = \left(\dfrac{1}{1{,}10}\right)^4$

Por esse método, o projeto 2 é mais atrativo.

3. Este problema procura verificar as ambiguidades que podem ocorrer quando utilizamos o método da taxa ajustada pelo tempo, sob certas condições. O método do valor presente líquido sempre deve ser utilizado para "checar" o método da taxa interna ajustada pelo tempo. Por este último método, presume-se que a taxa de reinvestimento é pelo menos igual à taxa computada de retorno de cada projeto, ao passo que, pelo método do valor presente líquido, presume-se que os fundos obtidos de projetos concorrentes possam ser reinvestidos à taxa de custo de capital da companhia.

---

[6] Numa calculadora, o resultado seria 15,02%, o correto.

CASO PROPOSTO E RESOLVIDO SOBRE PREÇOS DE TRANSFERÊNCIA[7]

Suponha que a Divisão B da Ômega S.A., um grande conglomerado, possa adquirir suas necessidades para o componente 109, ou dentro da própria empresa, da Divisão S, ou fora da empresa da Cia. Zeta. Esta empata com o preço de venda de mercado de R$ 3.000 por unidade da Divisão S. Acontece que a Cia. Zeta adquire algumas das subpartes para o componente 109 da Divisão L da Ômega S.A. por R$ 210 por unidade. O custo incremental para a Divisão L para fornecer tais subpartes é de R$ 80 por unidade.

Ao satisfazer os pedidos da Divisão B para o componente 109, a Divisão S incorreria em custos incrementais de R$ 180 por unidade que acabariam saindo da empresa. A Divisão S, ao contrário do fornecedor externo, não compra da Divisão L, porque essa empresa é tão grande e as comunicações são tão ineficazes que o gerente da Divisão S não sabia da alternativa.

Pede-se: Qual preço de transferência deveria guiar os gerentes das divisões B e S a fim de maximizar o lucro líquido para a companhia como um todo para o período corrente? Por quê? Ignore o assunto da avaliação de desempenho de gerentes individuais e assuma, para as finalidades de nossa análise, que todos os preços e custos sejam válidos e não estejam sujeitos a alterações.

Solução:
Esse problema focaliza o ponto de que um preço de mercado não leva, no caso, a uma decisão ótima.

Um diagrama pode clarificar as relações:

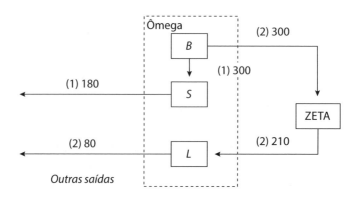

Os fluxos de caixa para a empresa como um todo favorecem uma compra fora da empresa.

---

[7] Adaptado de HORNGREN, C. T. *Cost accounting*: a managerial emphasis. 3. ed. Englewood Cliffs: Prentice Hall, 1972.

Se o componente 109 é adquirido

Dentro	Fora	R$	R$
Saídas de Caixa	Saídas de B		300
= 180	Entradas para L	210	
	Saídas de L	80	
	EL p/L		(130)
	Saídas Líquidas		170

Do ponto de vista da alta gerência, o preço de transferência deveria induzir o gerente a ir para o mercado. Uma regra de preço de mercado não assegurará tal decisão. O preço precisaria exceder R$ 300 para induzir o gerente da Divisão B a utilizar-se da Cia. Zeta.

Por outro lado, um preço menor de R$ 180, no qual a Divisão S recusaria o negócio, também forçaria a Divisão B a comprar fora.

A regra geral para o estabelecimento de preços de transferência produz um preço que forçaria a Divisão B a ir fora. Suponha que a Divisão S tem capacidade ociosa e não pode (por alguma razão) vender nenhum componente adicional para o mercado. Assim, a Divisão S teria um custo de oportunidade de zero se vender para Divisão B. Para a otimização global para a empresa, o preço de transferência deveria ser: R$ 180 + (130 + 0) = R$ 310, o que forçaria a Divisão B a ir para o mercado.

Suponha que a Divisão S possa vender os componentes fora. Então seu custo de oportunidade é R$ 300 − 180 = 120. A fim de a empresa otimizar, o preço de transferência deveria ser: R$ 180 + (130 + 120) = 430, que também forçaria a Divisão B a comprar fora.

Apêndice ao Capítulo 10: Relatórios para a Administração

1 INTRODUÇÃO

Todo o trabalho e esforço desenvolvidos pela Contabilidade Gerencial precisam ter sua cúpula em relatórios para os vários níveis de gerência. Sistemas contábeis sofisticados, análises contábeis financeiras realizadas com alta vivacidade ou perícia, apropriações de custo elaboradas com técnica e perfeição, todos perdem seu efeito se não forem consubstanciados em relatórios que tenham aceitação por parte dos gerentes, nos mais variados escalões. Comentaremos agora algumas características ou precondições para que os relatórios sejam ao menos lidos e compulsados.

2 IMPORTÂNCIA ATRIBUÍDA À CONTABILIDADE DENTRO DA ORGANIZAÇÃO

Quando nos referimos a organizações que, tradicionalmente, atribuem grande importância aos relatórios contábeis, como forma de avaliação de desempenho e de comunicação e motivação dentro da empresa, até relatórios sem qualquer informação atrativa são avidamente lidos (embora não com os resultados que seriam obtidos com relatórios bem elaborados). O problema surge nos casos, infelizmente ainda frequentes, principalmente na média empresa nacional, nos quais a Contabilidade, de saída, é considerada (e normalmente é) apenas um instrumento para apresentar certos dados para o governo, elaborar um balanço e DRE anual, e só. Em tais casos, se existir dentro da empresa um "contador com mentalidade gerencial", deverá, em primeiro lugar, realizar um trabalho de "venda" da importância e necessidade dos relatórios contábeis gerenciais para a tomada de decisões. Possivelmente, a melhor forma de fazê-lo é detectar uma das decisões erradas que a administração tenha tomado, por não consultar dados contábeis gerenciais, e demonstrar que a decisão poderia ter sido conduzida para outro caminho se os gerentes tivessem utilizado a informação possível.

Frequentemente, o trabalho do contador em tal tipo de empresa é extremamente árduo e difícil, se ele tiver noções de Contabilidade Gerencial e não se acomodar na situação descrita supra. Todavia, é surpreendente como contadores e administradores de tal tipo de empresa estão mais próximos do que se possa pensar. Muitas vezes, o contador se queixa de que não encontra apoio por parte da administração para realizar trabalho melhor, ao mesmo tempo que o administrador faz restrições à Contabilidade por não lhe apresentar informações aptas a auxiliá-lo nas tomadas de decisões. Além disso, a própria escrituração está sempre atrasada.

Nesses casos, a responsabilidade pela primeira aproximação cabe ao contador. A primeira providência que ele deverá tomar para dar credibilidade inicial à Contabilidade dentro da empresa será manter a escrituração rigorosamente em dia (numa empresa média a escrituração deveria estar apenas um dia atrasada em relação ao calendário) e apresentar aos administradores balancetes mensais bem resumidos, mostrando uma comparação do movimento do mês, com o do mês anterior, e o desvio.

Em seguida, deverá forçar pelo menos uma reunião mensal com o administrador a fim de apreciarem o relatório do mês. Por experiência própria, podemos afirmar que os resultados, usualmente, são excelentes. Se o administrador não é versado em princípios contábeis, será uma excelente chance para explicá-los. A par de certas críticas que o administrador sem dúvida fará, mesmo assim não deixará de reconhecer: "Puxa vida, até que a Contabilidade tem lógica..."

De seu lado, o contador ver-se-á em palpos de aranha para responder certas perguntas e provavelmente irá retomar aquele livro sobre Contabilidade Gerencial Avançada que estava jogado junto com as chuteiras velhas.

3 PARA CADA NÍVEL DE GERÊNCIA, UM TIPO DE RELATÓRIO

Uma das premissas mais simples e frequentemente mais esquecidas pelo contador, mesmo de boa qualidade técnica, é que os relatórios contábeis, via de regra, não são feitos para contadores, mas para gerentes dos mais variados níveis. Os níveis de gerência podem ser identificados a partir de seu interesse em informações de caráter global e estratégico ou setorial analítico. Existem, por outro lado, categorias intermediárias que gostam de analisar relatórios amplos quanto à área abrangida e, ainda assim, detalhados. Vejamos algumas características no que se refere ao tipo de informação desejada pelos vários níveis:

I – ALTO NÍVEL DE GERÊNCIA

Normalmente, envolve presidente e diretores, bem como certos acionistas proeminentes ou o Conselho de Administração, se existir.

Interessam a essa camada informações do tipo estratégico. Por exemplo: até que ponto estamos conseguindo a fatia de mercado estabelecida em nossas metas e políticas? Qual a taxa de retorno sobre o ativo e sobre o patrimônio líquido, quando comparada com a da concorrência? Foi a política de endividamento da empresa bem-sucedida (estrutura de capital)? Esse tipo de informação normalmente é do agrado do presidente. Os diretores hão de querer informações sobre seus setores de linha, adicionalmente. O diretor de marketing gostará, talvez, de um relatório que aponte as vendas mensais após a última campanha de promoção e propaganda comparadas com as vendas antes dessa campanha. O diretor financeiro talvez goste do mesmo tipo de informação do presidente, mas com mais detalhes, principalmente no que se refere aos aspectos de fontes e aplicações de recursos. O diretor técnico normalmente vai desejar mais detalhes sobre a produção. Nem sempre tais detalhes poderão ser obtidos a partir da Contabilidade. O contador, entretanto, tem o dever de reconciliar as análises que os engenheiros realizam com os grandes números da contabilidade de custos. Um dos maiores perigos, dentro de uma empresa, é dar liberdade excessiva à imaginação criadora dos técnicos, em matéria de administração e contabilidade. De vez em quando é preciso reconduzi-los à realidade, caso contrário nenhum número irá bater com nada dentro do sistema contábil.

II – NÍVEL INTERMEDIÁRIO DE ADMINISTRAÇÃO

Poderiam ser abrangidos nesse nível todos os gerentes, nas mais variadas áreas. Se tais gerentes tiverem controle e responsabilidade por receitas e despesas, o melhor tipo de relatório será um comparativo de receitas e despesas realizadas com os valores orçados. Frequentemente, é nesse nível que o "contador com mentalidade gerencial" encontrará a melhor receptividade para seus relatórios e análises. Uma indicação quanto às prováveis causas dos desvios entre realizado e previsto irá suscitar o interesse (às vezes até a raiva) dos gerentes, mas dificilmente a indiferença. Um bom contador gerencial (frequentemente o *controller*) caracteriza-se como uma pessoa que, embora não tenha autoridade de linha sobre os demais departamentos, é capaz de neles penetrar, colher informações e fazer retornar relatórios de desempenho aos setores. A finalidade principal é motivar a organização toda rumo a um desempenho melhor. Essa tarefa requer paciência e determinação, bem como um conhecimento perfeito da função Produção da empresa, das necessidades informativas de cada setor e de cada gerente.

III – NÍVEL INFERIOR DE ADMINISTRAÇÃO

Para esse nível (supervisores de processos, linhas de montagem, capatazes etc.), a informação deve ser detalhada e restrita quanto à amplitude. Deve focalizar aspectos tais como: comparação entre o padrão e o real, com a análise de variações; comparações entre programação da produção para o dia e unidades efetivamente produzidas e assim por diante. Conquanto muitos desses relatórios sejam gerados pelos próprios setores, o *controller* deverá ter perfeito domínio de seu conteúdo e formato e deverá influir no *outline* dos mesmos, a fim de que sirvam de base para os relatórios gerenciais citados nos itens anteriores.

4 AS INFORMAÇÕES E OS RELATÓRIOS QUANTO À SUA PERIODICIDADE

O *controller* ou contador gerencial deverá ter claramente definidos quais relatórios devem ser elaborados e quando. Nesse sentido, temos:

- Relatórios diários (ex.: posição de bancos, de duplicatas em carteiras, de produção, posição de itens estratégicos de estoque etc.).
- Relatórios semanais (ex.: produção da semana comparada com a previsão, faturamento comparado com o previsto etc.).
- Relatórios quinzenais (vários do tipo supracitado).

- Relatórios mensais: balancetes resumidos para a administração, comparando o orçado com o realizado e com o realizado no mesmo mês do ano anterior. Balanço e Demonstrativo de Resultados (DRE) mensal, Alterações na Posição de Capital de Giro Líquido etc., Relatórios de Desempenho Departamental etc.
- Relatórios trimestrais, quadrimestrais e semestrais.
- Relatórios anuais: balanço, variações patrimoniais, fluxo de fundos, análise financeira, análise de custos etc.

Normalmente, quanto mais tempestivo o relatório, menor a sua amplitude.
Não existem normas fixas, a não ser:

- A superprodução de relatórios, longe de melhorar a comunicação, cansa os usuários, que passam a não usá-los.

Cada *controller* deve adaptar-se à formação e necessidade de informação de seus diretores, sem deixar de tentar influenciá-los também, no sentido de canalizar suas necessidades informativas em formas repetitivas de relatório, emanadas do sistema contábil. Uma empresa em que o contador vive atarefado, elaborando relatórios de exceção, francamente não é de molde a utilizar os dados do sistema contábil com economia e eficiência.

5 CONCLUSÃO

Resumindo, as seguintes premissas deveriam ser observadas na esquematização do sistema de informação gerencial:

- Estude bem a função Produção da empresa.
- Situe perfeitamente o subsistema contábil dentro do sistema global de informações. Se a empresa utilizar processamento eletrônico de dados, isso significa que, juntamente com o gerente de sistemas, um *outline* do subsistema contábil-financeiro deve ser estudado, a fim de termos melhor eficiência e maior aproveitamento dos cadastros.
- Pergunte aos dirigentes dos vários setores quais as informações que eles necessitam para realizar suas funções e procure sistematizar a coleta, o tratamento e a apresentação integrada de tais informações como saídas normais do subsistema contábil-financeiro (o mais importante e maior subsistema da empresa).
- Adapte-se ao "estilo" da empresa, no sentido de adequar a periodicidade e o grau de complexidade dos relatórios àquilo que os gerentes podem entender.
- Apresente, de qualquer maneira, o relatório mais complexo da forma mais simples (inclusive visualmente) possível. Lembre-se de que relatórios extremamente intrincados têm, normalmente, um destino comum: a gaveta mais próxima.
- Se seus gerentes não forem versados em contabilidade, procure substituir termos e expressões contábeis pelo que eles significam. Lembre-se de que nem todos falam a sua linguagem (a contábil) com a perfeição que você o faz. Alguns apenas balbuciam,

outros pensam que falam e não sabem nada. Todos eles, todavia, principalmente se forem seus superiores hierárquicos, merecem entender em sua plenitude os relatórios emanados da Contabilidade.

– Naqueles casos em que as informações contábeis não são suficientes ou necessitam de um tratamento mais sofisticado (por exemplo, informações de custo para otimização de resultados), não hesite em consultar um especialista. Entretanto, não o deixe entrar em seu modelo. Quem deverá formular o modelo e suas restrições deverá ser você, o contador gerencial. O especialista será um mero solucionador matemático ou estatístico do problema "criado" por você. Além do mais, nem todas as soluções matemáticas são possíveis, na realidade.

Entretanto, tenha plena noção de suas limitações e das limitações do sistema de informação contábil e lembre-se de que muitos fatores e eventos importantes para a empresa não são mensuráveis em reais.

EXERCÍCIOS

1. (CESGRANRIO – 2018 – LIQUIGÁS) Um gerente da Liquigás foi convidado a analisar a compra de um novo equipamento que custará R$ 1 milhão e gerará uma economia anual de R$ 200 mil durante 10 anos. O gerente usou o método de *payback* simples para avaliar a compra desse equipamento e chegou à conclusão de que o *payback* simples desse investimento é de

   a) 2 anos.
   b) 4 anos.
   c) 5 anos.
   d) 8 anos.
   e) 10 anos.

2. (FUMARC – 2018 – Cemig-MG) Você encontrará abaixo 4 assertivas sobre o tema Projeções Financeiras. Identifique-as com V ou F, conforme sejam verdadeiras ou falsas.

   ( ) Após a projeção de vendas, os ativos necessários para atender as metas de vendas são determinados.
   ( ) As empresas bem administradas geralmente baseiam seus planos operacionais em uma série de demonstrações previstas.
   ( ) O processo de planejamento começa independente de qualquer projeção, como a de vendas, por exemplo.
   ( ) Assim que as demonstrações e os índices básicos previstos são preparados, a alta administração está pronta para fazer um exercício com perguntas necessárias ao processo de planejamento.

A sequência CORRETA, de cima para baixo, é:

a) F – V – F – F
b) F – V – V – F
c) V – F – F – V
d) V – V – F – V

3. (UFG – 2017 – CELG/GT-GO) A administração financeira é uma das áreas que compõem uma organização. Essa área tem interface direta com a área de

a) estratégia.
b) contabilidade.
c) pessoal.
d) qualidade.

4. (MB – 2012 – QT) Em relação a Métodos de Análise de Investimentos, o indicador que denota o tempo de recuperação do investimento, mas não deve ser utilizado, de forma isolada, na tomada de decisões sobre alternativas de investimentos, uma vez que não considera os valores dos fluxos de caixa a partir do ponto de retorno do capital investido, é denominado:

a) Taxa Média de Retorno.
b) *Payback*.
c) Valor Presente Líquido.
d) Índice de Rentabilidade ou Lucratividade.
e) Taxa Interna de Retorno.

5. (CESGRANRIO – 2012 – Petrobras) Uma empresa está analisando a possibilidade de adquirir uma nova máquina no valor de R$ 360.000,00. O valor esperado do retorno líquido no 1º ano é de R$ 106.000,00, no 2º ano é de R$ 112.360,00 e no 3º ano é de R$ 119.100,16. A taxa de retorno desejada pela empresa é de 6% ao ano.

Com base nessas informações, conclui-se que a compra da nova máquina

a) é recomendada, pois o VPL é positivo e igual a R$ 60.000,00.
b) é recomendada, pois o VPL é positivo e igual a R$ 120.000,00.
c) não é recomendada, pois o VPL é positivo e igual a R$ 120.000,00.
d) não é recomendada, pois o VPL é negativo e igual a R$ 120.000,00.
e) não é recomendada, pois o VPL é negativo e igual a R$ 60.000,00.

6. (FCC – 2012 – TCE-AP) Em relação à análise econômica de investimentos, considere:

I. As técnicas de análise de investimentos valem-se de alguns estratagemas como a análise da TIR e do VPL.

II. Quando o VPL é maior que zero, a organização obterá um retorno maior que seu custo de capital.

III. A TIR é a taxa de desconto que faz o VPL de um projeto de investimento igualar-se a zero.

IV. O *payback* é muito utilizado na análise de investimentos por considerar o valor do dinheiro ao longo do tempo.

Está correto o que se afirma em

a) I, II e IV, apenas.
b) I, II e III, apenas.
c) II, III e IV, apenas.
d) I, III e IV, apenas.
e) I, II, III e IV.

7. (SUGEP – UFRPE – 2016 – UFRPE) A análise do valor do dinheiro no tempo parte da compreensão de que a capacidade do poder aquisitivo da moeda, havendo períodos inflacionários, é reduzida. Nesse sentido, se um cidadão possui o valor de R$ 1.000,00 (mil reais) na data de hoje, ele não conseguirá adquirir um mesmo ativo em um tempo futuro. Considerando o exposto, analise as proposições a seguir

1) O valor futuro corresponde à quantia para a qual um fluxo ou uma série de fluxos de caixa evoluirá no tempo, considerando a aplicação de uma taxa de juros.

2) O valor futuro de uma anuidade constitui uma série de pagamentos variáveis realizados em intervalos fixos durante um número não especificado de períodos.

3) Custo de oportunidade compreende a taxa de retorno sobre o melhor investimento alternativo disponível de igual risco.

4) O processo de capitalização envolve quatro variáveis, a saber: valor presente, valor futuro, taxa de juros e tempo.

Estão corretas:

a) 1, 3 e 4, apenas.
b) 1, 2 e 3, apenas.
c) 1, 2 e 4, apenas.
d) 2, 3 e 4, apenas.
e) 1, 2, 3 e 4.

8. (CESGRANRIO – 2015 – LIQUIGÁS) Um profissional de uma empresa precisa decidir em qual de dois projetos mutuamente excludentes, X ou Y, deve ser investido o valor orçado de R$ 1 milhão. Os fluxos de caixa líquidos futuros previstos a serem gerados para a empresa pelos dois projetos são todos diferentes entre si

e sempre positivos. Ao calcular a Taxa Interna de Retorno (TIR) de cada projeto, encontrou-se TIR de X > TIR de Y. Sabendo-se que VPL significa Valor Presente Líquido do projeto e *Payback* significa tempo de retorno exato, nominal ou descontado, do capital investido no projeto, o profissional concluiu corretamente que

a) VPL X > VPL Y, logo, deve escolher o projeto X.
b) *Payback* X > *Payback* Y, logo, deve escolher o projeto Y.
c) VPL de cada projeto deve ser calculado para se tomar a decisão.
d) VPL Y > VPL X, logo, deve escolher o projeto Y.
e) *Payback* Y > *Payback* X, logo, deve escolher o projeto X.

9. (CESGRANRIO – 2011 – Petrobras) A Cia. Pantanal S.A. está estudando duas alternativas de investimento, com as características abaixo.

Projetos	Investimento inicial (R$)	Fluxo de caixa (R$)			
		Ano 1	Ano 2	Ano 3	Ano 4
P	3.000.000,00	600.000,00	800.000,00	1.500.000,00	1.800.000,00
Q	5.000.000,00	2.000.000,00	2.500.000,00	1.500.000,00	1.8000.000,00

Considerando-se exclusivamente essas informações, o período de *payback* efetivo da alternativa Q, em anos, é

a) 3,23.
b) 2,92.
c) 2,86.
d) 2,55.
e) 2,33.

10. (FCC – 2008 – TCE-SP) Em uma decisão de investimento, é recomendável utilizar o método da TIR em projetos

a) do tipo complexo, pois é certa a existência de mais de uma TIR.
b) para os quais não for possível determinar *a priori* a taxa requerida.
c) mutuamente excludentes, com o mesmo prazo de análise.
d) do tipo simples, que asseguram a existência de uma única TIR.
e) nos quais os capitais do fluxo de caixa apresentem mais de uma mudança de sinal.

11. (FUNDAÇÃO DOM CINTRA – 2010 – MAPA) Na avaliação de investimentos, o quociente entre o valor presente dos fluxos de caixa e o investimento inicial é definido como:

a) Taxa Interna de Retorno.
b) Valor Presente Líquido.
c) Retorno sobre o Patrimônio Líquido.

d) Índice de Rentabilidade.
e) Índice de *Payback*.

12. (FUNDEP – 2014 – IF-SP) São variáveis a serem envolvidas, na decisão de comprar ou fabricar peças componentes de um produto, EXCETO:

a) Na tomada de decisão, devem-se comparar os custos de se fabricar e os custos de aquisição.
b) O grau de ocupação da capacidade da fábrica deve ser levado em conta, antes de se tomar a decisão.
c) A situação do mercado, a agilidade na entrega e a qualidade devem ser analisados na tomada de decisão.
d) Não se deve levar em conta na decisão a possibilidade da venda das máquinas utilizadas para fabricação, já que em caso de venda, o dinheiro será aplicado em ações.

13. Sobre o preço de transferência – analise as afirmações abaixo e julgue (V)erdadeira ou (F)alsa:

I – Para analisar a questão do preço de transferências, os centros de investimentos são avaliados em termos de parâmetros de desempenho, que incluem o uso de capital. Um método comumente usado para determinar a rentabilidade relativa de um centro de investimentos é o método do retorno sobre o investimento. O retorno é o lucro obtido dentro de uma unidade de tomada de decisões em relação à sua base (nominal) de ativos.

II – Preços de transferência são procedimentos administrativos que imitam, dentro da organização, as funções de preço do mercado. A prestação de serviços por um centro de responsabilidade semiautônomo a outro é cobrada de acordo com algum mecanismo anteriormente combinado entre as partes.

III – Um caso óbvio de preços de transferência é o que ocorre quando as divisões trocam produtos entre si. Um preço de transferência menos óbvio é aquele que se agrega ao custo dos serviços prestados pelos centros de custos a outras partes da organização.

IV – O preço de transferência correto é aquele que induzirá todo mundo dentro da organização a tomar as decisões certas, isto é, as que maximizam o lucro. Uma regra comum para se chegar a esse preço de transferência é cobrar o preço de mercado, facultando às divisões comprar de outros fornecedores fora da empresa. Esse mecanismo mantém o ímpeto competitivo.

V – Num momento em que os preços do mercado estiverem deprimidos, os tomadores de decisões poderão optar por comprar de fora da empresa, deixando os custos fixos do fornecedor interno sem cobertura. Quando os preços do mercado estiverem altos, pode ocorrer o inverso: a divisão fornecedora vende para clientes fora da empresa, deixando ociosa a capacidade da cadeia interna de produção.

Procedimentos administrativos adicionais são necessários para controlar tais situações.

a) V-V-F-F-V.
b) F-F-V-V-F.
c) V-V-V-V-V.
d) F-V-F-V-F.
e) V-V-V-F-V.

11

O Gerente em Face da Descontinuidade – Algumas Considerações

11.1 INTRODUÇÃO

Embora este assunto não esteja, tradicionalmente, incluído entre os tópicos de Contabilidade Gerencial, o gerente é muitas vezes desafiado por decisões ligadas a alguma forma de descontinuidade do empreendimento. Neste tópico teceremos algumas considerações apenas no que se refere à perspectiva de negociação do empreendimento para grupos interessados, ou de compra de acervos por parte de nossa empresa. Que tipo de consideração deve ser realizado em tais circunstâncias? Será que a Contabilidade participa, com informações, na tomada de tais decisões? Até que ponto? Quais os ajustes necessários?

Obviamente, a teoria da avaliação de empresas escapa ao âmbito isolado da Contabilidade. Toda *avaliação do valor* de uma empresa admite uma noção de risco, uma apreciação por parte do investidor do risco e dos benefícios prospectivos da assunção dos riscos. Ora, a Contabilidade avalia os recursos à disposição de uma empresa e os reclamos de credores sobre tais recursos, daí resultando o patrimônio líquido, o qual é acompanhado em suas mutações. Entretanto, a Contabilidade não avalia a empresa como um todo, pois isso somente pode ser feito pelo investidor. Todavia, nenhum "contador gerencial" poderá furtar-se a oferecer algum aconselhamento aos proprietários da empresa quando estes receberem uma proposta por parte de um grupo, alegando a separação de funções entre investidor e contador. Deverá estar em condições de oferecer algum tipo de suporte ao proprietário em suas negociações e, se o caso for muito complexo, deverá saber quando é hora de pedir o auxílio de outros especialistas. Neste tópico serão tratados alguns aspectos da problemática, numa perspectiva equidistante entre os conceitos teóricos puros e as aproximações que muitas vezes são feitas na prática.

11.2 O VALOR CONTÁBIL COMO BASE PARA A AVALIAÇÃO

O ponto de partida defendido por alguns autores, para a avaliação do valor da empresa, seria o valor do patrimônio líquido contábil, subtraindo-se do ativo aqueles itens que não serão realizados, como, por exemplo, perdas em liquidação de crédito, perdas em estoques, bens inservíveis do imobilizado. Essa base de avaliação é, em geral, excessivamente conservadora, por considerar e limitar o valor da empresa apenas ao valor contábil do patrimônio líquido. Fatores como mudança nos preços específicos dos ativos, inflação etc. tornariam a avaliação inadequada, mesmo que fosse aceita como conceitualmente correta. Além do mais, nada retrata sobre a perspectiva de lucratividade futura da empresa. Esse método, salvo casos especialíssimos, não é aconselhável.

11.3 PATRIMÔNIO LÍQUIDO CORRENTE

Uma variante mais adequada consiste em se avaliarem todos os ativos a preços de reposição, admitindo-se que tenha sido realizado um inventário de todos os ativos e eliminados os inservíveis deles não fluirão benefícios futuros e as respectivas perdas com créditos incobráveis, bem como avaliados os equipamentos a valor de mercado ou conceito aproximado através de um laudo ou processo equivalente.

O patrimônio líquido assim resultante seria um valor adequado para o valor da empresa. Mais uma vez, embora melhor que o método anterior, em termos de valor para o comprador ou vendedor em perspectiva, ainda pouco nos diz (somente o patrimônio líquido, embora em termos correntes).

Para o eventual vendedor, equivaleria a vender o negócio quase que pelo exato valor do que nele foi investido e reinvestido pelos sócios durante os anos, sem prêmio. Se a empresa estiver numa perspectiva favorável de lucratividade, de vantagem competitiva de mercado e organização, será um valor conservador. Se estiver numa situação inversa, poderá ser até demais para o eventual comprador.

11.4 ALGUMAS CONSIDERAÇÕES SOBRE O VALOR TEÓRICO DA EMPRESA (MÉTODO DA CAPITALIZAÇÃO DE LUCROS)

Teoricamente, o valor da empresa no momento poderia ser encarado como sendo o valor atual dos lucros futuros, até o horizonte, descontado pelo custo de oportunidade do investimento em cada início de período em que se gerar lucro, somado ao valor de realização do patrimônio líquido no início do horizonte, o todo descontado a uma *taxa adequada*.

Temos, assim, que considerar os seguintes elementos:

– Horizonte do empreendimento.
– Lucro projetado ou fluxo de caixa projetado.
– Investimento inicial do período em que se gerar lucro, ou de cada período em que se gerar lucro.
– Taxa de desconto *adequada*.

Esta taxa deveria ser adequada: a) para calcular o custo de oportunidade do investimento; e b) para descontar as séries a fim de trazê-las ao momento presente, embora duas taxas diferentes pudessem ser utilizadas.

Assim:

$$VE = \frac{L1-C1}{1+i} + \frac{L2-C2}{(1+i)_2} + \ldots + \frac{Ln-Cn}{(1+i)^n} + Vr$$

onde:

VE = valor da empresa.
L1, L2... Ln = lucros esperados.
C1, C2... Cn = custos de oportunidade de ganhar tais lucros. Esses custos podem ser expressos como o montante de receita que foi desprezada por termos investido o patrimônio líquido, no início de cada período, na empresa.
i = taxa de desconto adequada.
Vr = valor de realização dos elementos tangíveis e identificáveis do patrimônio no momento zero.

Essa é apenas *uma* das formas de expressar o valor teórico da empresa, embora nos pareça uma das mais completas.

É imediato, todavia, verificar as dificuldades conceituais e práticas para apurar e definir certos fatores, a saber:

– Como prever os lucros futuros.
– Como determinar o horizonte do empreendimento.
– Que taxa de desconto, conceitualmente, seria a mais adequada e, uma vez definida, como calculá-la.

Do ponto de vista conceitual, a maior dificuldade reside na escolha da taxa *i*. Do ponto de vista prático, as maiores dificuldades residem em se estimarem os lucros futuros e o horizonte. Vejamos algumas considerações a respeito de tais itens.

Na análise de propostas alternativas de investimento, uma "taxa mínima desejada de retorno" tem sido considerada necessária para a avaliação das propostas.

O problema consiste em definir o que vem a ser esta taxa *i*, e como pode ser mensurada. Normalmente, essa taxa é denominada "custo do capital".

Uma das formas conceitualmente melhores para calcular o "custo do capital" é a indicada a seguir.

Custo médio ponderado do capital

Componentes individuais
– Empréstimos
– Ações Preferenciais
– Ações Ordinárias
– Lucros Acumulados

Procuraremos calcular um custo médio do capital (um dos métodos básicos para o problema).

O raciocínio envolvido sob o custo médio ponderado do capital é relativamente complexo, e alguns autores não concordam com esta abordagem. Van Horne é seu principal defensor.[1]

Este método considera que os dividendos pagos têm grande importância para a avaliação da empresa. Além do mais, supõe que a empresa obtenha recursos nas proporções indicadas pela média ponderada e que, aceitando propostas que rendam mais que o custo médio do capital, a empresa possa incrementar o valor de mercado de suas ações, no longo prazo. Três fatores são importantes neste método, e são mantidos constantes:

a) através do tempo, a empresa se financia nas mesmas proporções especificadas no modelo de ponderação para a estrutura de capital;
b) o risco da empresa, como um todo, não é afetado pela aceitação de qualquer projeto de investimento ou combinação de projetos de investimento.
c) a empresa pretende manter uma relação "dividendo-*payout*" constante.

Vejamos os itens individuais componentes da ponderação:

Empréstimos e ações preferenciais

Usualmente, o custo de um empréstimo é um custo considerado após o imposto de renda. Assim, se o custo antes do imposto é de, digamos, 20%, o custo após o imposto, a uma taxa de 30%, é de 14%. O custo das ações preferenciais é a taxa anual estabelecida de dividendos, se forem fixos. Essa taxa, normalmente, não é corrigida pelo imposto de renda, pois o dividendo preferencial é pago, usualmente, após os impostos.

Ações ordinárias

É um dos conceitos mais complexos de serem mensurados. Teoricamente, poderia ser conceituado como sendo "a taxa mínima de retorno" que a empresa precisa ganhar na parcela do projeto financiada por ações ordinárias, de maneira que o valor de mercado da ação não seja afetado.

Horngren, em seu citado livro, *Cost accounting: a managerial emphasis*, p. 517,[2] apresenta um exemplo interessante para esclarecer a abordagem para a mensuração do custo das ações ordinárias.

A suposição é de que a taxa requerida de retorno nas ações ordinárias seja de 15%, após os impostos, e que o custo do endividamento (empréstimos) seja de 8%, após o imposto.

---

[1] HORNE, James Van. *Financial management and policy*. 2. ed. Englewood Cliffs, N. J.: Prentice Hall, 1971.
[2] Os exemplos apresentados neste capítulo, bem como os dois primeiros casos do capítulo seguinte, foram adaptados de tópicos apresentados por HORNGREN, Charles T. *Cost accounting:* a managerial emphasis. 3. ed. Englewood Cliffs: Prentice Hall, 1972. p. 517, 451-480, 899-904 e 817-822.

Devemos supor, ainda, que todos os fundos fossem provindos: 50% de empréstimos e 50% de investimentos dos acionistas. A taxa mínima desejada de retorno num projeto seria:

Empréstimos $0{,}50 \times 0{,}08 = 0{,}04$
Ações ordinárias $0{,}50 \times 0{,}15 = 0{,}075$

Considere, agora, um projeto cujo custo seja de R$ 50.000, com um retorno (após os impostos) de R$ 5.750 anuais, indefinidamente.

Poderíamos elaborar o seguinte cálculo:

Retorno Total após o Imposto de Renda	R$ 5.750
(–) Juros (0,08 × R$ 25.000) =	R$ 2.000
= Retorno nas Ações Ordinárias	R$ 3.750
A taxa esperada de retorno nas ações ordinárias é de	R$ 3.750 =
	R$ 25.000

= 15%. Essa taxa (15%) é exatamente igual à taxa de retorno requerida pelos investidores. Se o projeto não conseguisse prover os R$ 5.750 anuais, o valor de mercado das ações declinaria.

Como poderia ser calculada a taxa requerida de retorno nas ações ordinárias? Um exemplo será, mais uma vez, necessário para demonstrar a forma adequada. Por suposição, imagine que o dividendo esperado por ação seja de R$ 48, o valor corrente de mercado da ação de R$ 400,00 e que se espera uma taxa de crescimento de 3% ao ano, no que se refere aos dividendos. O modelo de avaliação seria:

$$MP = MP = \frac{D1}{r-i}, \text{ onde}$$

MP = valor de mercado da ação ordinária.
$D1$ = dividendo por ação esperado no fim do período 1.
r = taxa de desconto de mercado (custo da ação ordinária).
I = taxa constante de crescimento.

Transformando, fica:

$$r = \frac{D1}{MP} + i$$

Em nosso exemplo:

$$r = \frac{48{,}00}{400{,}00}, + 0{,}03 = 0{,}15, \text{ isto é, } 15\%.$$

r, portanto, é o custo das ações ordinárias e, a fim de ser uma estimativa realista, os investidores no mercado deveriam, de fato, pensar que os dividendos por ação irão crescer, anualmente, à taxa i. O fato mais crítico, portanto, é mensurar a taxa de crescimento dos dividendos por ação, conforme "sentido" pelos investidores. Isso, como se pode perceber, chega a ser muito complicado.

Lucros acumulados: várias formas podem ser utilizadas para calcular os custos dos lucros acumulados. Uma delas é o custo de oportunidade, isto é, quanto a empresa poderia ganhar investindo os fundos que ficaram retidos, externamente. Essa taxa se aproximaria de r.

Média ponderada do custo do capital: é importante supor que a estrutura de participação dos elementos, na data mais próxima, seja a que a empresa pretende empregar para o futuro.

Suponha que seja esta a proporção:

Elementos	Valor	Proporção
Empréstimos	R$ 100	46,5%
Ações Preferenciais	R$ 15	7,0%
Ações Ordinárias	R$ 45	20,9%
Lucros Acumulados	R$ 55	25,6%
	R$ 215	100,0%

Essas porcentagens são aplicadas aos custos individuais (após o imposto de renda) da forma abaixo:

Elementos	Proporção	Custo*	Custo Ponderado
Empréstimos	46,5%	14%	6,51%
Ações Preferenciais	7,0%	12%	0,84%
Ações Ordinárias	20,9%	8%	1,672%
Lucros Retidos	25,6%	8%	2,048%
Custo Ponderado Médio do Capital			**11,07%**

* Taxas supostas apenas nesta tabela.

Como afirma Van Horne, essa média ponderada do custo do capital, se for calculada de forma cuidadosa, pode levar a excelentes decisões no que se refere a orçamentos de capital.

Horizonte e previsão do lucro projetado[3]

A taxa de custo médio ponderado de capital poderia, perfeitamente, ser utilizada para calcular o custo de oportunidade a ser descontado do lucro previsto em cada ano (nesse caso, multiplicaríamos a taxa pelo patrimônio líquido inicial a ser investido), e também como taxa de desconto para o valor atual.

Temos de tratar dos seguintes problemas, ainda:

– Previsão do lucro a ser projetado.
– Horizonte do empreendimento.
– Consideração do patrimônio líquido a ser investido em cada ano.

---

[3] Poderíamos projetar os fluxos líquidos de caixa em lugar dos lucros. Essa alternativa apresenta vantagens e desvantagens.

Se quisermos tratar teoricamente de tais problemas, poderemos entrar em complicações e sofisticações adicionais, não cabíveis neste texto. Discutiremos algumas formas "práticas" de resolver o problema.

Lucro a ser projetado: frequentemente, os analistas, em vez de tentarem prever o lucro, analisam um histórico retrospectivo de 5 a 10 anos, eliminam os anos de resultados excessivamente ruins ou bons e projetam uma média dos demais. Adicionaríamos a essa prática o processo de correção de todos os lucros em termos de poder aquisitivo da data próxima da decisão.

Horizonte do empreendimento: este é um problema da avaliação de empresas para o qual "regras de bolso" ou "caminhos curtos" são de difícil aplicação. Claramente, deverá ser estimado por especialistas, que levarão em conta a dinamicidade do setor, a existência de possíveis e prováveis sucedâneos, bem como farão uma análise do produto oferecido à luz da sua utilidade para o consumidor. Apesar da aplicação de toda essa metodologia, ainda as previsões poderão demonstrar-se completamente erradas. Uma boa máxima a ser aplicada é a seguinte: analise os setores que vêm "sobrevivendo" há dezenas e dezenas de anos. Pois bem, existe uma boa probabilidade de que esses setores ofereçam um horizonte adicional mais seguro do que outros setores pretensamente mais "avançados", pois estes últimos, por serem de vanguarda, estão sujeitos a grandes mudanças estruturais. Na verdade, desde que não haja suficiente evidência de que o horizonte de um empreendimento seja limitado no tempo, deveremos pressupor que, na verdade, seja ilimitado. Nesse caso, o lucro a ser projetado se transforma numa anuidade constante, e será dividido pela taxa de desconto.

O problema da dedução do custo de oportunidade de se investir o patrimônio líquido no início de cada período

Na verdade, fica muito complicado esse cálculo, pois vai depender da hipótese de reinvestimento adotada. Aliás, o próprio lucro deveria, a rigor, ser um lucro após o imposto de renda. Uma forma de prever ou calcular o patrimônio líquido inicial a ser investido é pressupor que o mesmo patrimônio que gerou o lucro gera o custo de oportunidade.

Em outras palavras, PL, ou nossa incógnita X, gera um lucro de R$ menos a taxa i (custo médio do capital) multiplicada pelo próprio patrimônio líquido.

Na prática, suponhamos que, após os cálculos todos, se consiga chegar a um lucro de R$ 100,00 como razoável para projeção. Suponha, por outro lado, que o custo médio ponderado do capital (taxa mínima de retorno desejado) seja de 10%.

PL ou X = um valor tal que gerou R$ 100 menos 0,10 X.

Em outras palavras, no fim do período, $PL_1 = PL_0$ mais R$ 100 *menos* $0,10 \times PL_0$.

Na prática, substitui-se o PL_0 pelo patrimônio líquido conhecido e calcula-se um certo custo de oportunidade, o qual é descontado do lucro a ser projetado. Entretanto, isso pode apresentar grandes distorções, pois é possível que o lucro projetado seja inferior ao custo de oportunidade de obtê-lo. Se isso for, efetivamente, uma tendência do empreendimento, realmente o valor atual será negativo. Todavia, suponha que a empresa acabe de realizar grandes investimentos em imobilizado, os quais somente irão gerar receitas apreciáveis a partir dos próximos dois anos. Ao aplicar um custo médio de capital ao patrimônio líquido de hoje, um valor grande resultará como custo de oportunidade, ao passo que o lucro terá sido calculado em base de valores passados. Por isso, o lucro projetado deverá levar em conta, na medida do possível, eventos que tendam a fazer mudar, no futuro, o histórico de lucratividade passada.

Na hipótese de distribuição total do resultado líquido anual, podemos adotar, quando fizer algum sentido, a simplificação descrita supra. Suponha que PL_0 seja igual a R$ 300. Dez por cento de R$ 300 = R$ 30. O lucro projetado de R$ 100 menos os R$ 30 (seu custo de oportunidade) dará os R$ 70 que projetaremos para o horizonte.

Se o horizonte for indefinido, ou melhor, se tender para o infinito, valor atual $= \dfrac{70}{0,10} = R\$ 700$. Deveremos adicionar aos R$ 700 o valor de realização do PL_0, a fim de obtermos o valor da empresa.

Esse será o valor atual dos lucros futuros (após os impostos), descontado de seu custo de oportunidade e trazidos ao presente pelo processo de desconto, utilizando-se a mesma taxa de desconto, ou seja, o custo médio ponderado do capital, calculado conforme vimos em tópico anterior.

Alguns autores não descontam dos lucros projetados seu custo de oportunidade, na premissa de que a empresa, tendo optado por certo tipo de investimento, já considerou os custos de oportunidade antes de tais decisões de investimento (investimentos na configuração patrimonial efetivamente existente), e que, após o investimento (ou a decisão), não interessam mais os custos de oportunidade.

Essa premissa não é válida no tipo de avaliação que estamos realizando, pois a avaliação de empresa, em seus aspectos teóricos, tem de ser neutra em relação a eventuais compradores e vendedores. Efetivamente, o próprio eventual vendedor, se continuasse operando a empresa, teria de admitir a existência de um custo de oportunidade, que é a receita desprezada da alternativa de igual risco ou risco equivalente. Sempre o custo de oportunidade está presente, quer o consideremos explicitamente, quer não. No caso do eventual comprador, então, seria inadmissível que ele pagasse por uma empresa mais do que o indicado pela expressão supracitada, ou a teórica vista em tópico anterior, pois, ao adquirir o empreendimento, imediatamente estará assumindo seus custos de oportunidade, da mesma forma que o faria o eventual vendedor, se continuasse operando.

Claramente, como perspectiva para um investimento, uma empresa deve ser capaz de gerar lucros em excesso a seu custo de oportunidade. Não podemos esquecer que *i* é uma taxa mínima desejada de retorno.

Em situações práticas, várias informações adicionais são utilizadas para uma tomada de decisão. Alguns autores aconselham (além dos métodos do valor patrimonial e da capitalização de lucros, que vimos até o momento) o método do valor de mercado. Basicamente, esse método consiste em tomar, como base de avaliação, o valor de mercado das ações da empresa no momento. Existem variantes desse método, mas um problema conceitual reside no fato de que nem sempre o mercado, num particular momento, está avaliando corretamente as potencialidades da empresa.[4] Além do mais, esse valor (de mercado) é muito flutuante. Pode muito bem acontecer que, no segundo dia do início dos cálculos para a estimativa do valor da empresa, o valor unitário de mercado mude. Fica muito difícil escolher uma base para cálculo, pois o valor pode flutuar bastante em certas circunstâncias.

Apesar das dificuldades, o método da capitalização de lucro deve ser tentado, pelo menos alternativamente, ou em conjunto com outros métodos e indicadores. Quanto ao problema da taxa de desconto i, vários atalhos podem ser tomados, em substituição ao um tanto complicado esquema apresentado de custo médio ponderado do capital. Podem ser utilizadas taxas médias ponderadas de retorno sobre o ativo ou patrimônio líquido já ocorridas na experiência da empresa, ou margem de lucro operacional sobre vendas etc. Cada variante, todavia, tem suas limitações conceituais.

Nenhum esquema teórico poderá abranger todas as variantes, atalhos, aproximações, regras de bolso etc. que são adotados na prática em tais circunstâncias, nem se pretendeu esgotar o assunto sob o ângulo teórico, mas cremos ter oferecido alguns padrões para que eventuais compradores e vendedores conheçam os intervalos de confiança entre os quais poderão movimentar-se e entre os quais, provavelmente, se encontrará o preço de acordo.

Resumindo, os três parâmetros básicos para se calcular o valor de uma empresa são:

- Calcular, da melhor maneira possível, um lucro projetável.
- Comparar o valor atual dos lucros futuros com retornos de investimentos alternativos. Uma das formas (apenas uma) foi sugerida no texto.
- Estimar, da melhor maneira possível (e praticamente), o provável valor de realização dos ativos identificáveis menos o passivo no momento zero.

Por outro lado, uma empresa com histórico regular de lucros, sem grandes sobressaltos (variações), oferece um grau de risco menor que outra com histórico tumultuado de lucros. Quanto menor a flutuação dos lucros, menor poderá ser a taxa de desconto e maior o valor atual.

---

[4] Embora, num sentido mais rigoroso da verdadeira função e atribuições do investidor, sejamos levados a pensar que, de fato, o valor de mercado de uma ação deveria representar a apreciação dos investidores quanto às possibilidades futuras da empresa, na prática, todavia, nem sempre isto pôde ser comprovado a *posteriori*.

11.5 EXEMPLO

A Empresa Brasil Novo S.A. apresentou o histórico de lucros a seguir nos últimos 10 anos:

Em milhões de (R$) (Valores já corrigidos pela inflação)

Ano	Receitas Operacionais	Despesas Operacionais	Lucro	Retorno sobre o Patrimônio Líquido*
1	500	320	180	25%
2	590	380	210	23%
3	650	430	220	21%
4	680	450	230	22%
5	735	490	245	25%
6	812	500	312	24%
7	990	657	333	23%
8	1.200	990	210	19%
9	1.500	1.100	400	21%
10	1.610	1.200	410	23%
Totais	9.267	6.517	2.750	
Médias	927	652	275	23%

* Patrimônios Líquidos Avaliados a valor de realização (R$ 1.783, o último).

Note-se que a empresa teve um histórico bastante regular de lucros. Nos dois últimos anos, o valor corrigido do lucro aumentou bastante.

O horizonte econômico do empreendimento, avaliado por empresa de consultoria especializada, foi estimado em 10 anos, no mínimo. A empresa efetuou investimentos em novas máquinas nos anos 9 e 10, com a finalidade de diminuir despesas e aumentar a produção e, portanto, os lucros.

O eventual vendedor estimou o valor de sua empresa da forma abaixo:

VE = R$ 1.783 + [450 (lucro esperado nos próximos anos) 0,10 × R$ 1.783] projetados para os próximos 10 anos. A taxa de 10% foi escolhida tendo-se em vista, aproximadamente, uma oportunidade de investimento com risco quase nulo, e levando-se em conta também a regularidade do histórico de lucros

$$VE = R\$\ 1.783 + \frac{272}{1+0,10} + \frac{272}{(1+0,10)^2} + \ldots + \frac{272}{(1+0,10)^{10}}$$

VE = R$ 1.783 + 1.671 ≅ R$ 3.454

O eventual comprador considerou muito alto o valor, na premissa de que a taxa de desconto deveria ser uma taxa de risco equivalente ao do empreendimento, mas não de risco nulo. Após demoradas consultas, chegou à taxa de 15%, como referência.

Por outro lado, na análise das contas constantes do balanço, chegou à conclusão (segundo parecer de seus auditores) de que, dos R$ 1.783, R$ 90 eram de difícil recebimento e R$ 100 de equipamentos, embora em condições de produção, estavam obsoletos. Após discussões, o comprador aceitou que se descontassem R$ 100 dos R$ 190 possíveis, com o que concordou o vendedor. Por outro lado, achou o valor do lucro de R$ 450 muito alto para ser projetado. Pediu que fosse projetado o último, de R$ 410.

$$VE' = 1.683 + \frac{158}{1+0,15} + \frac{158}{(1+0,15)^2} + \ldots + \frac{158}{(1+0,15)^{10}}$$

$$VE' = 1.683 + 793 \cong 2.476$$

158 = 410 − 0,15 × 1.683

O eventual vendedor não ficou satisfeito: alegava que, se simplesmente liquidasse seu ativo e pagasse suas dívidas, agora lhe sobrariam R$ 1.683 e que, se aplicasse os R$ 1.683 a 10% a.a., em 10 anos lhe renderiam M = R$ 1.683 × $(1,10)^{10}$ $\cong$ R$ 4.365. O eventual comprador contra-argumentou que esse raciocínio não era válido, pois, se o vendedor aceitasse sua oferta de R$ 2.476, também poderia aplicar o dinheiro a 10%, o que lhe renderia, em 10 anos, R$ 6.422. De fato, o raciocínio do vendedor estava viciado. O valor atual dos R$ 4.365 era o próprio R$ 1.683. Seria muito melhor, então, aceitar a proposta do comprador de R$ 2.476.[5]

Finalmente, o comprador e o vendedor concordaram em:

− R$ 1.400 para o valor do patrimônio líquido.
− R$ 1.232 para o valor descontado dos lucros futuros (aproximadamente a média da avaliação do comprador e vendedor).

A empresa foi vendida, portanto, por R$ 2.632 milhões.

O comprador ficou satisfeito, pois, a um lucro anual de R$ 450, o investimento seria recuperado em $\frac{2.632}{450}$ = 5 anos e 10 meses, aproximadamente. A continuar as coisas da mesma forma, haveria uma sobra líquida, no fim do horizonte, de R$ 450 × 4,16 = R$ 1.872. Sem considerar que a empresa apresentava sinais de lucros crescentes e que os R$ 450 poderiam ser aumentados para uma média de R$ 600 (o antigo dono era muito conservador em sua política de marketing e financeira).

O vendedor também ficou contente, pois, já com 65 anos de idade, sem herdeiros, estava cansado das atribuições da vida de empresário e queria passar seus últimos anos em Campos de Jordão, descansando.

---

[5] Todas as taxas de desconto utilizadas nos exemplos seriam enormemente aumentadas em nossa realidade devido à atual inflação.

Observação: O exemplo procurou demonstrar como as fórmulas teóricas, nesses casos de barganha, têm apenas um valor paramétrico de referência. Na verdade, muitos outros fatores entram em ação: poder de barganha, esperteza dos parceiros e motivos psicológicos. Além do mais, a avaliação do valor de uma empresa é tão difícil, pela incerteza ligada ao futuro, que nem mesmo a fórmula mais complexa (a apresentada é apenas uma delas) poderá dar-nos a verdadeira resposta. Dezenas de variantes, informações outras, argumentos, valores de mercado das ações etc. poderiam ser evocados nesse e em casos semelhantes, mas, acima de tudo, é necessário conhecer as bases sobre as quais efetuar os cálculos para não fazer ou propor alternativas que poderiam ser até ridicularizadas. A forma utilizada para descontar o custo de oportunidade do lucro anual foi, por exemplo, extremamente simplificada; mas são simplificações desse tipo que ocorrem, frequentemente, na prática. Ainda assim, colocadas num "módulo geral de referência" adequado, são muitas vezes, válidas.

EXERCÍCIOS

1. (IADES – 2018 – IGEPREV-PA) O balanço patrimonial da empresa Alfa evidenciou que o capital de terceiros corresponde a 60% do total de passivos. O custo para levantar recursos de terceiros é de 7% ao ano. O capital próprio é composto por 50% de lucros retidos e 50% de ações ordinárias, com custos respectivos de 8% e 10% ao ano. Se a empresa decidir financiar novos projetos usando essa mesma estrutura de capital, o respectivo custo médio ponderado de capital será

   a) 8,4% ao ano.
   b) 7,8% ao ano.
   c) 7,6% ao ano.
   d) 8,1% ao ano.
   e) 7,2% ao ano.

2. (FUNDEP – Gestão de Concursos – 2017) Considere que uma empresa dispõe de capital próprio correspondente a 40% de suas necessidades de financiamento e pretende obter junto ao banco os 60% restantes.

   Se o custo do capital próprio é de 5% ao ano e o banco financiador cobrar 4% de juros ao ano, considerando que o imposto de renda é igual a zero, é correto afirmar que o custo médio ponderado do capital é igual a:

   a) 1% ao ano.
   b) 2,4% ao ano.
   c) 20% ao ano.
   d) 4,4% ao ano.

3. (ESAF – 2016 – ANAC) WACC (*Weighted Average Cost of Capital*), ou **custo médio ponderado de capital, é uma metodologia adotada para a determinação do custo de capital de uma empresa, baseando-se na ponderação dos custos de captação,**

internos, por meio dos acionistas, e externos, por meio de captações no mercado. Sobre o custo de capital de uma empresa, é correto afirmar que:

a) não é afetada pelas políticas tributárias.
b) é sensível ao nível de taxas de juros praticadas no mercado.
c) é indiferente à política de distribuição de dividendos da empresa.
d) deve ser maximizado, para que se maximize a agregação de valor ao acionista.
e) independe da política de investimentos da empresa.

4. (FGV – 2015 – CODEMIG) Uma empresa de capital aberto montou uma equipe de analistas para determinar o custo médio ponderado de capital que deverá ser utilizado como taxa de desconto na análise da viabilidade econômico-financeira de projetos de expansão de seus atuais negócios. Para tanto, a equipe utilizou-se do último Balanço Patrimonial (BP) divulgado pela empresa e, a partir de suas contas patrimoniais, encontrou que a empresa apresentava um índice de participação de capital de terceiros (Dívida/Patrimônio Líquido) igual a 100%. De posse de tais percentuais calculados, a equipe estará no caminho:

a) certo, pois o custo de capital deve ser ponderado pelas suas fontes.
b) certo, pois os relatórios contábeis são fontes de informação confiáveis.
c) certo, pois essa é a proporção utilizada pela maioria das empresas.
d) errado, pois eles devem utilizar valores de mercado e não contábeis.
e) errado, pois essa não é a proporção utilizada pela maioria das empresas.

5. (FGV – 2015 – CODEMIG) Ao avaliar o valor operacional atual de uma empresa, um analista de negócios dividiu as projeções de fluxos de caixa livre para a empresa em um período explícito de 4 (quatro) anos e em um período posterior de perpetuidade. Considerando que o valor operacional atual da empresa levando-se em conta apenas o período explícito é de R$ 10,76 milhões, que o último fluxo de caixa livre para a empresa projetado no período explícito é de R$ 5 milhões, que o custo médio ponderado de capital da empresa (CMPC) é de 25% a.a., que se estima uma taxa de crescimento "g" para a perpetuidade de 5% a.a., e que o fator de atualização para 4 (quatro) anos de um fluxo de caixa futuro é de 41% para o CMPC informado (VP = 41%* VF), o percentual do valor operacional total atual da empresa que é gerado pelo período de perpetuidade é de:

a) 5%.
b) 10%.
c) 25%.
d) 41%.
e) 50%.

12

Outras Técnicas e Conceitos de Custeio para Empresas em Busca da Qualidade Total[1]

A partir de meados dos anos 1980, com a crescente automação das empresas e com a busca de padrões internacionais de qualidade, e, como consequência, devido à adoção de técnicas do tipo *Just In Time* e outras, que visam: a) diminuir o nível de estoques a um mínimo, se possível zerá-los; b) eliminar atividades que, do ponto de vista do cliente, não adicionam valor; e c) diversificar a produção de forma a atender, antes de mais nada, ao cliente, novas modalidades de alongar produtos e operações, bem como novas formas de trabalho em equipe, têm-se desenvolvido, como alguns novos parâmetros de custeio, e que explicaremos na sequência.

A nosso ver, fazendo um resumo crítico de toda a literatura, que é enorme e repetitiva, a maior inovação (de inspiração japonesa e hoje seguida em todo o mundo) não reside em máquinas sofisticadas, em pacotes de computador mais avançados, mas sim em dois fatores: 1. o aperfeiçoamento constante da força de trabalho, premiando a fidelidade à empresa, ampliando a cultura geral dos operários, bem como sua participação criativa; e 2. uma mudança da mentalidade e da forma de trabalho no setor produtivo, a saber, ao contrário do que era praticado até então, colocam-se, agora, no mesmo time, desde as fases embrionárias do desenvolvimento de um novo produto, os engenheiros de *design* e os de processo (e o contador de custos acompanhando), de forma a delinear um produto que, mais tarde, na hora de ser produzido de fato, apresentará o menor número de problemas possível, ou mesmo nenhum, evitando custos de redesenho, reprocessamento, e aumentando a qualidade e a satisfação dos clientes.

É claro que mudanças importantes na tecnologia também ocorrem, como a substituição do tradicional departamento produtivo *em linha*, em que apenas uma fase do processo de produção era completada pela "célula", na qual os operários completam todas as fases de fabricação de um produto.

---

[1] Partes deste capítulo foram extraídas do *Boletim IOB* 43/94, Temática Contábil e Balanços, de nossa autoria.

Por outro lado, o esforço de diminuir inventários (JIT), bem como a necessidade de eliminar atividades que não adicionam valor aos produtos, fizeram com que alguns conceitos e técnicas de custeio viessem a ser contemplados como mais capazes de evidenciar os custos de produção e de produtos do que as tradicionais técnicas de custeio, embora sem tirar, de forma nenhuma, os méritos do custeio variável (visto em capítulos anteriores) e do custo-padrão.

Em matéria de novos conceitos e técnicas de custeio, vale ressaltar, primeiramente, que nas empresas altamente automatizadas têm diminuído sensivelmente a importância e a participação, no custo total, da tradicional *mão de obra direta*, existindo casos-limites em que a produção, desde a entrada do pedido até a entrega ao cliente, é totalmente processada e controlada por computadores.

Devido a essas condições, à concorrência cada vez maior entre as empresas de competitividade mundial e à necessidade de melhor e mais racional forma de custeio por absorção, no custeio para avaliação de produtos, têm sido discutidos, nos últimos anos, os conceitos e técnicas apresentados nos tópicos seguintes.

12.1 *TARGET COSTING* (CUSTEIO-ALVO)

A nosso ver, constitui-se numa forma filosófica moderna de encarar o custo, ou seja, contrariamente à visão tradicional (principalmente no Brasil) de se obter um *produto*, quase a qualquer custo (sem muita preocupação em minimizá-lo), sobre cujo custo se colocava uma margem de lucro, hoje e, na verdade, sempre, naquelas economias competitivas, quem determina o *preço* é o mercado. Sobre esse preço de venda possível, calcula-se uma margem desejada de lucro e o que sobrar é o custo máximo que a empresa deverá perseguir, eliminando desperdícios e atividades que não adicionam valor. É o custeio-alvo, aquele custo que a empresa, de forma nenhuma, poderá superar, se quiser permanecer competitiva ou, em última análise, se não quiser sair do mercado.

Assim: preço de venda – margem de lucro desejada = custo unitário máximo.

12.2 *LYFE-CYCLE COSTING* (CUSTEIO POR CICLO DE VIDA)

O *Life-Cycle Costing* (Custeio por Ciclo de Vida) deriva das novas formas de encarar o ciclo de vida de um produto e do time que vai tratar dele desde as etapas mais embrionárias de seu *design*. Principalmente em empresas já com alta automação, grande parte dos custos de manufatura está *comprometida* bem no início do ciclo de vida do produto, segundo relata Kaplan. Quando o produto é lançado na produção, torna-se muito mais difícil obter reduções de custos significativas. De fato, a maior parte dos custos se torna compromissada muito antes da ocorrência das saídas de caixa mais vultosas.

Se dividirmos o ciclo de vida de um produto, desde sua concepção, em *Planejamento de Produto, Design Preliminar, Design Detalhado, Produção Suporte Logístico*, veremos que, nas empresas que buscam a competitividade global e nas quais os engenheiros de desenvolvimento de produto, de processo e o contador de custos formam um time integrado e que "embala" e acompanha o produto desde as fases mais embrionárias (no sentido de desenhar um produto o mais isento possível de defeitos de concepção e perfeito para o cliente), cerca de 65% dos custos já são conhecidos no fim da etapa de *Planejamento de Produto*. Já 85% dos custos são conhecidos (comprometidos) no final do *Design Preliminar*, e 95% são comprometidos no final da fase de *Design Detalhado*, antes de se iniciar a *produção* propriamente dita.

Os desembolsos de caixa, praticamente, só começam no *início* da fase de *Design Detalhado*, para se acentuarem a partir da *produção*. Agora, no sistema tradicional, os custos que são confrontados com as receitas praticamente só se iniciam na fase de *Produção*, embora, em alguns sistemas de Pesquisa e Desenvolvimento (PD), possa haver alguns confrontos na fase de *Design Detalhado*, como consequência de amortizações de gastos anteriormente feitos nessa área. Na verdade, contadores de custo antigos, mas dotados de sensibilidade e atentos ao desenvolvimento dos produtos, já vinham encarando os custos de forma semelhante, principalmente na área de construção civil, na variante de custeio denominada *custo por projeto*, como contraste ao tradicional custo por departamento (e, no final, por produto). Como se vê, aí é o caso de se despejar o mesmo vinho numa garrafa diferente, mas não deixa de ser interessante a visualização do *Life-Cycle Costing*.

12.3 *ABC COSTING* (CUSTEIO BASEADO EM ATIVIDADES)

Segundo Nakagawa, o reconhecimento de que os sistemas tradicionais de custeio já não atendem satisfatoriamente à administração das empresas, que passaram a caracterizar-se como manufaturas de produtos diversificados, vem estimulando o desenvolvimento de novos sistemas de apropriação de custos aos produtos.

Ainda segundo o referido autor, os sistemas tradicionais, conhecidos como sistemas de custeio baseados em volume, sempre foram desenhados para empresas que competiam no mercado com base em estratégias de redução de custos de produtos homogêneos e manufaturados em grande escala, para estoque. Como já vimos, esses sistemas rateavam os Custos Indiretos de Fabricação (CIF) na base de algum coeficiente calculado dividindo o valor previsto dos CIF por alguma medida de volume, como horas de mão de obra direta, horas de máquina, custo do material etc.

Segundo os que não apoiam esse tipo de custeio, a evolução mais recente das empresas de competitividade global fez com que elas aumentassem muito o número de produtos produzidos e, mesmo que fosse um produto básico somente, aumentassem demais os modelos e as variantes daquele produto a fim de atender à demanda dos clientes. Por outro lado, voltou-se a observar que são as *atividades* desempenhadas para fabricar um produto que consomem recursos (e custos).

Tais *atividades* são as mais variadas, como: estabelecer relacionamentos com fornecedores, comprar e receber materiais, preparar uma máquina ou uma célula de produção, fazer uma reorganização do fluxo de produção, redesenhar o produto etc.

Um elemento muito importante no *custeio baseado em atividades* é o chamado *direcionador de custos (cost driver)*, que é a base pela qual cada produto é custeado no sistema ABC. Se o produto tem mais de um *direcionador de custos*, isso deverá ser levado em conta.

Assim, nesse tipo de custeio, são utilizadas bases específicas na alocação dos custos para cada atividade, sendo possível, portanto, mensurar com mais precisão a quantidade de recursos consumidos para cada produto durante seu fabrico.

Um exemplo bem simples, adaptado do livro de B. J. Brinker, *Emerging practices in cost management* (Boston: Warren Gorham & Lamont, 1990), será muito mais esclarecedor para ilustrar as diferenças entre o *custeio tradicional* e o *ABC* do que mil palavras.

Suponha que a empresa Delta trabalhe com quatro produtos: A1, A2, A3 e A4. Os produtos A1 e A2 são de tamanho reduzido, enquanto A3 e A4 apresentam dimensões avantajadas. Por outro lado, considere que os produtos A1 e A3 apresentam um baixo volume de produção e venda, enquanto os produtos A2 e A4, pelo contrário, revelam um grande volume de pedidos e, portanto, de produção. Na tabela a seguir reproduzida, apresentam-se algumas características no que se refere aos custos unitários de materiais, taxas de mão de obra direta e de horas de máquina. O valor total dos CIF do período foi de R$ 1.736.700, sendo que as horas totais previstas de MOD (mão de obra direta) foram estabelecidas em 37.950 para os quatro produtos. Assim, a taxa de aplicação de CIF, pelo *custeio tradicional*, seria de: $\frac{R\$ 1.736.700}{37.950}$ = R$ 45,76 por hora de mão de obra direta

	Características dos produtos					
Prod.	Tam.	Vol.	Quant./ano	R$ Mat. (un.)	hMOD (un.)	hMáq (un.)
A1	P	P	1.725	6,00	0,5	0,5
A2	P	G	17.250	6,00	0,5	0,5
A3	G	P	1.725	18,00	1,5	1,5
A4	G	G	17.250	18,00	1,5	1,5

Uma apropriação pelo critério tradicional apresentaria o quadro a seguir (somente dos R$ CIF):

Produto	Quantidade/ano	hMOD	Taxa CIF (R$)	Valor apropriado Total (R$)	Unitário (R$)
A1	1.725	862,5	45,76	39.468	22,88
A2	17.250	8.625,0	45,76	394.680	22,88
A3	1.725	2.587,5	45,76	118.404	68,64
A4	17.250	25.875,0	45,76	1.184.040	68,64
TOTAL		37.950		= 1.736.700	

As horas totais de MOD, para cada produto, obviamente foram obtidas multiplicando-se as horas por unidades da tabela anterior pelas quantidades de produto. Assim, para A1, 0,5 × 1.725 = 862,5 horas etc.

O total da soma dos CIF apropriados não resultou exatamente igual a R$ 1.736.700, porque, no cálculo do coeficiente (taxa) de CIF, arredondamos para R$ 45,76, quando o valor exato seria de R$ 45,7628.

Uma análise mais acurada, entretanto, revelaria os seguintes fatores:

a) É muito provável que os produtos A2 e A4, por serem de grande volume de produção e venda, obtenham economias de escala com relação aos produtos A1 e A3. Entretanto, o valor dos custos indiretos unitariamente alocados é o mesmo para A1 e A2 e para A3 e A4, respectivamente, par a par.

b) Os produtos A3 e A4, ambos de tamanho grande, mas produzidos e vendidos em volumes diferentes, utilizam as mesmas atividades de produção e acabam recebendo a mesma carga de CIF, embora utilizem os serviços de algumas atividades com intensidades bem diferenciadas. O mesmo ocorre com os produtos A1 e A2, ambos de tamanho reduzido, mas igualmente produzidos e vendidos em volumes diferentes. Algo está errado na alocação dos CIF, da forma como foi feita. É que pretendemos expressar "o trabalho" para produzir os produtos em termos, apenas, de horas de mão de obra direta, e assim apropriar os R$ CIF, ao passo que as *atividades* ligadas à produção são variadas e influenciadas pelas características diferenciadas de volume e de tamanho dos produtos.

Se arrolarmos algumas *atividades* relativas aos produtos, como, por exemplo, *Número de Set-ups de Máquinas, Número de Ordens de Fabricação, Número de Manipulações Realizadas para o Produto*, e *Número de Partes e Componentes do Produto*, admitindo que essas são as atividades, no caso, chamadas custos indiretos, poderemos obter uma visualização e uma base mais ampla para o rateio. Denominemos as atividades, por brevidade, de SET, ORD, MAN e PART, e poderemos compor a seguinte tabela:

Produto	R$ Materiais	hMOD	hMáq	SET	ORD	MAN	PART
A1	10.350	862,5	862,5	1	1	1	1
A2	103.500	8.625,0	8,625,0	3	3	3	1
A3	31.050	2.587,5	2.587,5	1	1	1	1
A4	310.500	25.875,0	25.875,0	3	3	3	1
	455.400	37.950,0	37.950,0	8	8	8	4

O passo seguinte é de grande importância e complexidade. De alguma forma, temos de distribuir o montante de R$ CIF de acordo com *as atividades* e *as medidas de volume*. Vamos simplificar, no caso em questão, considerando que hMOD e hMáq apresentam o mesmo "esforço". Da mesma forma SET, ORD e MAN (somam 8 unidades e se distribuem de forma igual entre os produtos). Temos, assim, três bases de rateio:

B1 (*baseada em hMOD e hMáq*), B2 (*SET, ORD, MAN*) e B3 (*PART*)

Vamos supor que, por apropriação direta às atividades ou por outro critério mais simplificado, tenhamos chegado aos montantes de R$ CIF de cada base de rateio:

B1 .... R$ 1.008.675,36
B2 .... R$ 377.905,92
B3 .... R$ 350.118,72
                                                        R$ 1.736.700,00

Dividindo, em seguida, os valores totais dos CIF, para cada base, pelo *volume* da base, obtemos os coeficientes de rateio assim:

Taxa $B1$ = R$ 1.008.675,36/37.950   = R$ 26,58 por hMOD ($B1$)
Taxa $B2$ = R$ 377.905,92/8   = R$ 47.238,24 por $B2$
Taxa $B3$ = R$ 350.118,72/4   = R$ 87.529,68 por $B2$

Finalmente, podemos apropriar os R$ CIF de acordo com as novas bases:

				R$ CIF	
Produto	**Base B1 R$**	**Base B2**	**Base B3**	**Total R$**	**Unit.**
A1	22.925,25*	1 x 47.238,24	1 x 87.529,68	157.693,17	91,42
A2	229.252,50	3 x 47.238,24	1 x 87.529,68	58.496,90	26,58
A3	68.775,75	1 x 47.238,24	1 x 87.529,68	03.543,67	118,00
A4	687.757,50	3 x 47.238,24	1 x 87.529,68	17.001,90	53,16
				= 1.736.700,00	

* R$ 22.925,25 = R$ 26,58 × 862,50 etc.

Verifica-se, agora, que, embora o total de R$ CIF apropriado seja o mesmo, nos dois critérios de custeio (tradicional e ABC), de R$ 1.736.700,00, os valores para cada produto e, portanto, as cargas unitárias, são completamente diferentes.

No critério tradicional, recebiam a mesma carga unitária os pares de produtos $A1$ e $A2$ (R$ 22,88) e $A3$ e $A4$ (R$ 68,64).

Entretanto, $A1$ e $A2$, embora do mesmo tamanho, têm características diferentes de volume. O mesmo ocorre com $A3$ e $A4$.

No ABC, o valor é mais "racional", pois, para $A1$, que é um produto de tamanho reduzido e de baixo volume, o valor unitário alocado é bastante alto (R$ 91,42), o mesmo ocorrendo com $A3$, o qual, embora de tamanho grande, também apresenta volume reduzido (coeficiente de R$ CIF = 118,00). O produto $A2$ é de tamanho pequeno, mas de grande volume, carregando uma carga menor (unitária) de CIF (R$ 26,58). Analogamente, $A4$, que é um produto de tamanho grande e de volume grande, por um lado, aumenta sua carga pelo tamanho, e por outro, diminui pelo volume, chegando a um coeficiente unitário de R$ 53,16.

É claro que os valores finais apropriados dependem, em parte, do valor total dos R$ CIF que possam ter sido atribuídos a cada base.

EXERCÍCIOS

1. (CELESC – contador – FEPESE 2018) O conceito de custo-meta ou custo-alvo pode ser definido como sendo:

   a) uma estratégia de gestão de custos que, a partir de um minucioso estudo de engenharia e da comparação com os principais concorrentes, determina qual seria o custo verdadeiro do produto.
   b) uma estratégia de gestão de custos que, a partir do preço de mercado e de uma margem de lucro desejada, estabelece um teto de custo para os produtos ou serviços. Essa estratégia é mais eficaz quando ocorre na fase de projeto do produto.
   c) uma estratégia de gestão de custos que, a partir do levantamento de todos os custos que realmente importam na formação do preço de venda, determina qual seria o verdadeiro custo que deveria ser alcançado.
   d) uma estratégia de gestão de custos que foca na determinação de um custo-meta, considerando as melhores práticas de apuração de custos.
   e) uma estratégia de gestão de custos que, a partir de um preço de mercado, de uma margem de contribuição positiva, da capacidade ociosa e dos custos de oportunidade envolvidos na operação, determina por quanto um produto poderá ser vendido.

2. (TCE-ES – Analista Administrativo – Contabilidade – CESPE 2013) Em relação a custos, sistemas de custos e informações gerenciais, assinale a opção correta.

   a) Custo-meta é o processo de determinação do custo mínimo admissível de um novo produto, seguido do desenvolvimento de um protótipo que possa ser lucrativamente construído para esse custo mínimo.
   b) Enquanto o custo variável escalonado aumenta ou diminui em resposta a variações relativamente grandes no nível de atividades, o custo discricionário mantém-se constante, qualquer que seja a decisão dos gestores da empresa.
   c) Custo de qualidade refere-se ao custo marginal incorrido quando a empresa prefere matérias-primas que apresentem maior valor no mercado.
   d) Os custos irrecuperáveis não podem ser modificados por qualquer decisão, haja vista não serem custos diferenciais e, por isso, não devem ser ignorados na tomada de decisão
   e) No sistema de custeio por ordem, quando o custo indireto for estabelecido a menos do que deveria e for subaplicado, os estoques deverão ser ajustados para mais.

3. Analista Contábil (IBFC – 2019) A Fábrica de Doces Mineira Ltda, fabrica apenas dois tipos de doces: doce de goiaba e doce de abóbora, vendidos em lata de 5 kg. Os preços de venda são: $ 50,00 a lata do doce de goiaba e $ 45,00 a lata do doce de abóbora.

Em determinado mês, quando a empresa vendeu 5.000 latas de doce de goiaba e 6.000 latas de doce de abóbora, ocorreram os seguintes custos diretos:

Custos diretos	Doce de goiaba	Doce de abóbora
Matéria-prima	$ 20,00 por lata de 5 kg	$ 15,00 por lata de 5 kg
Mão de obra direta	$ 10,00 por lata de 5 kg	$ 12,00 por lata de 5 kg

Os Custos Indiretos de Fabricação (CIF), nesse período, foram de $ 70.000,00, referente às seguintes atividades:

Atividades	$
Inspecionar e armazenar matéria-prima	$ 30.000,00
Processar produtos	$ 40.000,00

Os direcionadores de custo dessas atividades foram:

Direcionadores de atividades	Doce de goiaba	Doce de abóbora	Total
Nº de lotes inspecionados e armazenados	30	30	60
Nº de horas-máquinas e processamento	6.000	4.000	10.000

Se a Fábrica de Doces Mineira Ltda utilizar o Custeio ABC (Custo Baseado em Atividades) para ratear os custos indiretos, o lucro bruto unitário do doce de goiaba e do doce de abóbora serão, respectivamente:

a) $13,40 e $ 13,80.
b) $ 12,20 e $ 12,83.
c) $ 37,00 e $ 32,83.
d) $ 37,80 e $ 32,17.

4. (Liquigás – Profissional Junior – Ciências Contábeis – Cesgranrio 2018) O Custeio Baseado em Atividades, ferramenta de forte utilidade na gestão de custos, é o método que objetiva eliminar as distorções ocorridas na distribuição subjetiva dos custos indiretos.

Desse modo, a atribuição de custos às atividades deve ser criteriosa e feita com base na identificação da relação causa e efeito entre a ocorrência da atividade e a geração dos custos, constituindo-se na seguinte prioridade de atribuição de custos, no método ABC:

a) alocação direta.
b) centro de atividades.
c) rastreamento.
d) rateio.
e) recursos.

5. (IF-SP – Professor – Administração – FUNDEP 2014) Se a empresa Delta preferir um método de custeio ABC para o setor de expedição, em detrimento da sua atual estrutura de custos indicada na tabela abaixo.

Atividade	Incidência	Rateio	Específico	Valor
Separação de estoques	Direta	Não	Sim	R$ 150,00
Luz, água e telefonia	Indireta	Sim	Não	R$ 2.500,00
Homem/hora	Direta	Não	Sim	R$ 870,00
Impostos	Indireta	Não	Sim	R$ 240,00
Custo de manutenção de sistemas	Indireta	Não	Não	R$ 90,00
Manutenção geral	Indireta	Sim	Não	R$ 150,00
Combustível	Direta	Não	Sim	R$ 1.200,00
Multas e despesas	Direta	Não	Sim	R$ 350,00
				Total R$ 5.550,00

Diante desses dados, a sua nova configuração de custo será

a) um valor maior que R$2.810,00 e menor que R$3.740,00.
b) um valor menor que R$2.740,00.
c) um valor menor que R$2.810,00 e maior que R$2.740,00.
d) um valor maior que R$5.550,00.

6. (MPE-GO – Técnico em Gestão – FUNIVERSA – 2010) O projeto do produto deve levar em consideração que todo produto tem um ciclo de vida, uns mais longos, outros mais curtos. Assinale a alternativa que apresenta todas as fases do ciclo de vida do produto.

a) início, crescimento e declínio.
b) introdução, maturidade e declínio.
c) introdução, crescimento e maturidade.
d) introdução, crescimento, maturidade e declínio.
e) maturidade, crescimento e declínio.

7. (BNDES – Administrador – NCE-UFRJ 2005) Em relação ao que preconiza a teoria do ciclo de vida dos produtos, NÃO é correto afirmar que:

a) os produtos geralmente têm uma vida limitada no mercado.
b) na fase introdutória há um crescimento lento das vendas.
c) os lucros são praticamente iguais nos diferentes estágios do ciclo de vida dos produtos.
d) o volume de vendas atinge seu maior nível no estágio da maturidade.
e) na fase de declínio a empresa deve buscar reduzir os custos de produção.

13

Conclusões e Horizontes da Contabilidade Gerencial

Os capítulos vistos representam apenas uma pequena amostra do que é possível fazer aplicando conscientemente a Contabilidade Gerencial. Bem como os métodos quantitativos (ver Apêndice Especial).

Ao mesmo tempo que nos deslumbramos, todavia, com esta nova abordagem, devemos claramente estabelecer suas limitações, no sentido de que nada substitui, na empresa, o conhecimento íntimo das informações por parte do contador gerencial e o *feeling* do gerente ou diretor financeiro que vai utilizar as informações. Entretanto, essas qualidades inatas e profissionais podem, sem dúvida, ser potencializadas através do fornecimento de melhores informações, através da aplicação de métodos quantitativos a dados contábeis primários.

É preciso, todavia, tomar cuidado com soluções matemáticas de certos problemas que não têm aplicabilidade prática (são impossíveis) na Contabilidade. Assim, somente o contador e o gerente saberão discernir o matematicamente correto do praticamente factível. Outra solução matemática deverá ser encontrada, ou um atalho que seja possível na realidade empresarial.

O desenvolvimento que a Contabilidade Gerencial pode ter com o uso inteligente de métodos quantitativos e com a difusão de sistemas de informações gerenciais em processamento eletrônico é difícil de dimensionar, mas certamente parece enorme. Sem entrar em nenhum campo vizinho, a Contabilidade Gerencial tem uma potencialidade de desenvolvimento muito grande, mas muito difícil de rotinizar e explicar em livros-texto. Muito irá depender do preparo, da imaginação e da profundidade de cada contador gerencial, em cada empresa, em saber utilizar todas as informações contábeis disponíveis para a apresentação de relatórios inteligentes.

Não obstante a Contabilidade auxilie bastante no fornecimento de informações para decisões cujo conhecimento e tratamento íntimo estejam afetos a outras disciplinas (a mais frequente é Finanças), e embora a terminologia e as informações contábeis normalmente sejam muito importantes para previsões e estimativas relativas ao futuro, não nos esqueçamos de que, dentro do binômio da função de controle em sentido amplo, isto é, previsto-realizado, a Contabilidade tem uma responsabilidade básica *pelo realizado* e auxiliar, acessória, *no previsto*.

Isso em nada vai diminuir a importância e a utilidade de nossa disciplina, pelo contrário, vai hierarquizar atribuições a fim de investirmos mais tempo e pesquisa naquilo que é essencial na disciplina, isto é, o relato fidedigno, imparcial, sem viés, tempestivo, em termos atualizados de valor, do que aconteceu.

Estamos ainda longe, na verdade, de resolver todos os problemas ligados a como descrever *o que aconteceu* para nos preocuparmos, em demasia, com o que irá ocorrer. O que irá ocorrer ou o que deveria ocorrer é função do administrador, do investidor, de quem toma o risco, e não, basicamente, da Contabilidade, embora, deixemos bem claro, esta auxilie amplamente no fornecimento de informações e, principalmente, na linguagem e terminologia utilizadas nas previsões.

Nosso livro foi uma visão condensada de como deve ser encarada a Contabilidade Gerencial. A originalidade dessa disciplina está mais na profundidade com que os dados contábeis são analisados, "pensados" e comunicados, do que como são gerados. Como vimos, os sistemas de Contabilidade Financeira e de Custos geram a maior parte de informações necessárias para a Contabilidade Gerencial. Esta, entretanto, dá um enfoque diferenciado aos dados, adaptando-os, reclassificando-os, analisando-os, detalhando-os, refinando-os, tudo para serem passíveis de utilização na tomada de decisões. A Contabilidade Gerencial nos mostra como fazer do jeito certo a coisa certa.

Não nos demoramos, neste livro, em diferenciar informações gerenciais para controle de informações gerenciais para planejamento, pois, na verdade, se olharmos o fato do ponto de vista global, o processo de avaliação e controle é uma etapa do processo de planejamento. Um é influenciado fortemente pelos resultados do outro. Se o planejamento de longo prazo, detalhado para o ano seguinte no orçamento operacional, for em bases probabilísticas, por exemplo, todo o processo de avaliação de desempenho (controle em sentido amplo) será afetado. As variações serão analisadas conforme se encaixem ou não certos em intervalos previamente planejados. O resultado das análises do processo de controle, por outro lado, irá afetar o planejamento para o período subsequente, e assim por diante.

Vimos apenas o que consideramos essencial em matéria de Contabilidade Gerencial, partindo de demonstrativos financeiros dos quais já tenha sido depurado o efeito da inflação. Não obstante muitos aspectos relativos a custos etc. não tenham sido detalhados, dados os limites que nos impusemos neste trabalho, cremos ter conseguido apresentar para os estudantes e iniciantes dos cursos de Contabilidade Gerencial, para os estudiosos e, principalmente, para os profissionais, uma visão consolidada e realista desta importante e desafiadora disciplina. Os avanços que a profissão poderá realizar, se soubermos aproveitar sabiamente as possibilidades imensas abertas por esta disciplina, descompromissada, ainda quase virgem, são muito grandes. Muito irá depender, todavia, da formação e dos instrumentos de "tratamento" dos dados (principalmente métodos quantitativos) que soubermos transmitir aos estudantes em formação e aos profissionais já com certa experiência na ciência contábil. Na verdade, se quisermos, efetivamente, fazer Contabilidade

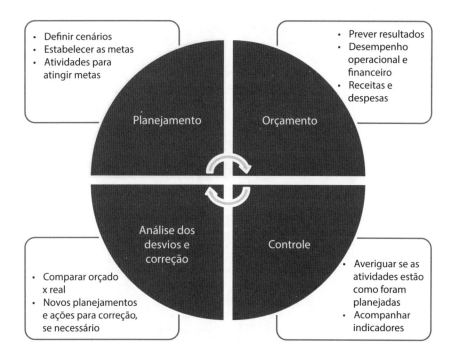

Figura 13.1 Contabilidade gerencial e o ciclo de informações gerenciais para planejamento.

Gerencial na empresa (e não deixar que outros profissionais com formação matemática mais apurada o façam), é preciso irmos um pouco além da Contabilidade ortodoxa, libertando-nos para, de fato, sermos mais úteis à empresa.

Destacamos os avanços no Brasil desde 2007 com a Lei nº 11.638, que adotou os padrões internacionais da Contabilidade e determinou que a ciência contábil tivesse seu caminho decidido e construído única e exclusivamente por entidades e órgãos que especificamente estudam, pesquisam e entendem o que o usuário da Contabilidade tem como necessidade de informação. Isso minimiza a grande lacuna entre a Contabilidade Financeira e a Contabilidade Gerencial, já que antes as matérias de assuntos contábeis eram definidas por lei, sempre carregada de viés político. Em 2014, pela Lei nº 12.973, a Contabilidade Fiscal ficou totalmente desvinculada da Contabilidade da empresa, permitindo que o administrador a use da maneira que melhor lhe convier, bastando apenas entregar ao governo para fins de impostos a Contabilidade Fiscal e fazendo os ajustes "de" "para" da Contabilidade da empresa para a do Fisco.

Apêndice Especial: Ilustração do Uso de Métodos Quantitativos na Contabilidade Gerencial

ESTUDO DE TRÊS CASOS[1]

1 INTRODUÇÃO

Um dos desenvolvimentos mais acentuados notados na gestão moderna das empresas consiste no emprego cada vez mais crescente de matemática e estatística, bem como de outras metodologias mais avançadas, na solução de problemas empresariais.

Pode-se dizer que os engenheiros têm estado dentre os primeiros, desde longa data, a aplicar tais métodos. Aplicações de programação linear na solução de problemas de transporte e otimização de resultados têm sido tradicionais na literatura. Na administração e, especificamente, em Contabilidade e Finanças, as possibilidades de aplicação de métodos quantitativos são esplêndidas. Eis alguns tipos de problemas nos quais podemos utilizar, com sucesso, métodos quantitativos:

- Rateio de custos fixos.
- Distribuição de custos de centros comuns para principais.
- Análise de relações custo/volume/lucro.
- Análise de variações entre orçado e real.
- Orçamentos probabilísticos.
- Otimização da utilização da capacidade limitada entre vários produtos etc.

O grau de potência do instrumental quantitativo utilizado também varia extraordinariamente, desde uma simples extensão do método de mínimos quadrados até a aplicação de complexos modelos que envolvem distribuições subjetivas de probabilidades.

---

[1] Este apêndice é de leitura facultativa, mas recomendável.

O fato é que, à medida que utilizamos tais métodos, dentro de limites razoáveis de tempo e de custo, obtendo melhores informações para a administração, vale a pena utilizá-los. Alguém dentro da empresa possuirá a habilidade suficiente e necessária para fazê-lo. Não queremos forçar que seja o contador gerencial o profissional mais habilitado para utilizar tais técnicas. Queremos apenas alertar que já é tempo de o contador saber que tais técnicas existem, que podem ser de grande valia para a administração e que, possivelmente, ele, contador, deveria, pelo menos, ter a sensibilidade para saber reconhecer em quais situações tais métodos devem ser empregados.

Grande parte dos problemas enfrentados pelos contadores perante os demais "profissionais gerenciais" é que eles normalmente apontam informações matematicamente corretas e não sabem generalizar o uso de tais exemplos numéricos. Falta o uso adequado da simbologia matemática para dar maior força e generalidade a certos cálculos realizados pelos contadores. Outras vezes, por outro lado, as informações prestadas e os métodos utilizados são por demais rudimentares para o tipo de decisão envolvido.

A não ser que o contador gerencial queira limitar-se a fornecer informações primárias, sem maior tratamento, deverá pelo menos ser capaz de entender, em traços gerais, no que consistem as técnicas mais avançadas e suas finalidades.

Este apêndice é apenas uma iniciação, extremamente despretensiosa, de algumas técnicas que podem ser empregadas na solução de certos problemas contábeis. Não se pretende dar um exemplo de cada problema contábil em que métodos quantitativos poderiam ser aplicados, muito menos utilizar o instrumental mais poderoso e sofisticado na solução dos problemas apresentados. Para cada caso, apresentaremos o tratamento matemático ou estatístico mais simples possível.

2 TESTES SUPLEMENTARES AO USO DE MÍNIMOS QUADRADOS

Caso 1 – **Análise de regressão**

Certa empresa de utilidade pública obteve o seguinte desempenho nos exercícios a seguir:

Exercícios de 2015 a 2019

Ano	Receita Total (R$)	Despesa Total (R$)	Volume (m^3)
	Em milhões de Reais (R$)		
2015	2.089	1.719	10.000.000
2016	2.150	1.849	9.995.000
2017	2.046	1.856	10.100.000
2018	2.466	2.140	10.300.000
2019	2.884	2.547	10.800.000

Apêndice Especial: Ilustração do Uso de Métodos Quantitativos na Contabilidade Gerencial **349**

Os índices gerais de preços foram os seguintes (hipotéticos):

Meados de 2015:	**100**
Meados de 2016:	**107**
Meados de 2017:	**115**
Meados de 2018:	**124**
Meados de 2019:	**135**
Fim de 2019:	**150**

Para 2020, antecipa-se um volume de 12.000.000 m³. Considera-se que esse volume esteja, ainda, contido no "intervalo relevante" (seção do gráfico de custo e lucro em que a linearização é aceitável). O preço unitário de venda em 31/12/2019 é de R$ 300,00 por metro cúbico. Você dispõe de poucas horas para apresentar algumas indicações sobre a função Custo Total e sobre os resultados em 2020, a preços de final de 2019.

PREPARAÇÃO DOS DADOS

É preciso convir que os dados estão demasiado sumarizados. Poderemos tentar uma aplicação de mínimos quadrados com algumas qualificações. Antes de qualquer outra providência, todavia, é preciso expressar os dados em poder aquisitivo constante, digamos de fins de 2019.

Construamos os coeficientes:

2015	= 150/100	**1,500**
2016	= 150/107	**1,402**
2017	= 150/115	**1,304**
2018	= 150/124	**1,210**
2019	= 150/135	**1,111**
Fim 2019	= 150/150	**1,000**

Vamos reelaborar a tabela original em termos de poder aquisitivo constante, a preços de final de 2019.

	Em milhões de reais (R$)		
Ano	**Receita Total (R$)**	**Despesa Total (R$)**	**Volume (m³)**
2015	3.134	2.578	10.000.000
2016	3.015	2.593	9.995.000
2017	2.667	2.420	10.100.000
2018	2.984	2.589	10.300.000
2019	3.201	2.828	10.800.000
2020	3.600	?	12.000.000

Vamos preparar o quadro de cálculo para aplicação dos mínimos quadrados.

Em milhões de reais (R$)				
N	X	Y	X . Y	X2
1	3.134	2.578	8.079.452	9.821.956
2	3.015	2.593	7.817.895	9.090.225
3	2.667	2.420	6.454.140	7.112.889
4	2.984	2.589	7.725.576	8.904.256
5	3.201	2.828	9.052.428	10.246.401
TOTAL	15.001	13.008	39.129.491	45.175.727

O sistema de duas equações com duas incógnitas fica:

$\Sigma(Y) = NA + B(\Sigma X)$
$\Sigma (X \times Y) = A(\Sigma X) + B(\Sigma X^2)$

Substituindo os valores da tabela temos:

$13.008 = 5 \times A + 15.001 \times B$
$39.129.491 = 15.001 \times A + 45.175.727 \times B$

$$a = \frac{\left(\sum y\right)\left(\sum x^2\right) - \left(\sum x\right)\left(\sum xy\right)}{n\left(\sum x^2\right) - \left(\sum x\right)^2}$$

$$b = \frac{n\left(\sum xy\right) - \left(\sum x\right)\left(\sum y\right)}{n\left(\sum x^2\right) - \left(\sum x\right)^2}$$

$$a = \frac{(13.008 \times 45.175.727) - (15.0001 \times 39.129.491)}{5 \times (45.175.727) - (15.001)^2} = \frac{664.362.325}{848.634} = 782,86084$$

$$b = \frac{5 \times (39.129.491) - (15.001 \times 13.008)}{5 \times (45.175.727) - (15.001)^2} = \frac{514.447}{848.634} = 0,606206$$

Efetuando os cálculos, fica:

B = 0,6062029.
A = R$ 782,8608 milhões.

A função de custo total, conforme estimada pelos mínimos quadrados, seria, portanto:

$$\hat{y} = 782,8608 + 0,6062029 \times X, \text{ aproximadamente}$$

Fazendo X = 12.000.000 × R$ 300,00 = R$ 3.600 *M*, o Custo Total para 2020 será de: R$ 783 (arredondando os R$ 782,8608 milhões) + R$ 3.600 × 0,6062029 = R$ 2.965 *M*.

Previsão para 2020 em Milhões de Reais (R$)				
Receita	Custo Total	Lucro	Volume	R$ de Lucro sobre a Receita
3.600	2.965	635	12.000.000	18%

ATÉ QUE PONTO TAIS CÁLCULOS SÃO AFIANÇÁVEIS?

A análise de regressão precisa de algumas premissas a fim de permitir inferências:

- Deve existir linearidade entre X e Y.
- O desvio entre o valor real de Y e o calculado pela função deve ter um valor médio esperado igual a zero.
- O desvio-padrão e a variância de $(Y - \hat{y})^2$ deveriam ser constantes.
- O desvio de um ponto sobre o diagrama de dispersão não está relacionado com o desvio de outro ponto (não existe correlação serial).
- Os pontos ao redor da linha de regressão são normalmente distribuídos (distribuição normal).

Na verdade, os pressupostos básicos para a análise de regressão nem sempre são satisfeitos com rigor absoluto em situações e casos práticos.

Todavia, devem ser sempre lembrados a fim de não extrairmos inferências demasiado ambiciosas dos dados.

Admitindo que o grau de aderência dos dados apresentados, no caso, aos quatro parâmetros enunciados supra seja suficiente para prosseguirmos na análise, precisamos agora entrar nos cálculos de *correlação*, ou seja, precisamos separar, da variação de custos, qual a devida a fatores aleatórios e qual a variação de volume (ou, melhor dizendo, no nosso caso, a receita).

Se a reta estimada se ajustasse perfeitamente aos pontos, o somatório dos quadrados das diferenças entre o custo total real e o custo total estimado, em cada ponto, seria igual a zero.

Em outras palavras, se os pontos caíssem exatamente sobre a reta estimada, o custo total calculado pela reta de regressão, atribuindo-se a X os valores realmente observados, seria igual ao custo total observado. É preciso, no nosso caso, elaborar uma tabela adicional:

Seja $\hat{y}$ = valores observados para os custos totais
$\hat{y}$ = valores calculados para os custos totais
X = valor das receitas (preço unitário × volume)
$\hat{y}$ = média dos valores observados (2.601,60)

---

[2] $\hat{y}$ = Custo Calculado.
Numa calculadora programada, a reta estimada seria: $Y_n = 782,8608 + 0,60620597 X^n$

Tabela para cálculo (valores aproximados)						
N	X	Y	ŷ	(Y - ŷ)²	(Y - ȳ)²
1	3.134	2.578	2.683	11.025	556,96
2	3.015	2.593	2.611	324	73,96
3	2.667	2.420	2.400	400	32.978,56
4	2.984	2.589	2.592	9	158,76
5	3.201	2.828	2.723	11.025	51.256,96
TOTAIS			2.601,60*	22.783	85.025,20

$$R^2 = \text{Coeficientes de Determinação} = 1 - \frac{\text{Variânça Inexplicada}}{\text{Variância Total}}$$

Os ŷ são os custos totais que resultariam da aplicação da reta de regressão, para cada valor de X.

$$R^2 = 1\, \frac{\Sigma(Y - \hat{y})^2}{\Sigma(Y - \hat{y})^2}$$

O que se pretende determinar, através do R^2 (e de sua raiz quadrada R), é a porcentagem da variação do custo total explicada pela variação da receita.

Substituindo,

$$R^2 = 1 - \frac{22.783}{85.025,20}$$

$$R^2 = 1 - 0,2679558 = 0,732044$$

Isso significa que cerca de 73% da variação de custo são explicáveis pela variação de receita e 27% são devido a fatores aleatórios.

O coeficiente de correlação, $R = + R = \sqrt{1 - \frac{\Sigma(Y - y)^2}{\Sigma(y - \overline{y})^2}}$

Em nosso caso, coeficiente de correlação = 0,8555956.

Note-se que esse coeficiente mensura a relação entre as duas variáveis e varia de 0 (não existiria correlação) a mais ou menos 1 (grau de correlação perfeita).

Conquanto o coeficiente de correlação, no caso, não seja dos mais altos, ainda é bastante razoável, para um caso prático, de maneira que procedemos na análise. Além de termos estimado a reta de custo total, precisamos estimar o erro-padrão da estimativa, de forma a estimarmos um intervalo de variação.

ERRO-PADRÃO DA ESTIMATIVA

Não podemos esquecer que a reta Y = R$ 782,8608 + 0,6062029 X é apenas uma estimativa da verdadeira reta de regressão. Se outra fosse a amostra, ou maior o número de anos da amostra, a e b sofreriam variações de valor (aliás, frequentemente, um maior número de observações do que apenas 5 seria desejável).

O erro-padrão da estimativa pode ser definido, em nosso caso, como:

$$EP^* = \sqrt{\frac{\Sigma y^2 - a \cdot \Sigma y - b \cdot \Sigma X \cdot Y}{n-2}}$$

A fim de podermos calculá-lo, precisamos primeiro apurar o somatório de Y^2.

N	Y	Y²
1	2.578	6.646.084
2	2.593	6.723.649
3	2.420	5.856.400
4	2.589	6.702.921
5	2.828	7.997.584
		33.926.638 = ΣY²

Assim, $EP = \sqrt{\dfrac{33.926.638 - 782,8608 \times 13.008 - 0,6062029 \times 39.129.491}{5-2}}$

$EP = \sqrt{\dfrac{33.926.638 - 10.183.453 - 23.720.410}{3}} = \sqrt{\dfrac{22.775}{3}} = \sqrt{7.592}$

= 87,13, aproximadamente.

Diante desse resultado, podemos dizer que:

a) se as quatro condições de regressão tiverem sido observadas (linearidade, independência, normalidade e variância constante);
b) se não existir erro de amostragem;
cerca de 2/3 dos pontos estarão compreendidos no intervalo Y *mais ou menos* R$ 87,13.

Por exemplo, para um valor de receita de R$ 3.900, o custo total estará compreendido entre (R$ 782,8608 + 0,6062029 × R$ 3.900) ± R$ 87,13 = R$ 3.147 ± R$ 87,13.

Ou podemos dizer que, para uma receita de R$ 3.900, o custo total estará compreendido entre R$ 3.060 e R$ 3.234, com cerca de 70% de probabilidade de estarmos certos.

É importante frisar, todavia, que, observadas todas as demais condições, poderemos aplicar a reta estimada apenas dentro do "intervalo relevante" a que nos referimos em páginas anteriores.

Se o valor atribuído à variável independente X for muito grande, ultrapassando a capacidade de produção da empresa em muito, o valor do custo total estimado pela função poderá ser completamente absurdo, pois toda a estrutura de custos da empresa se alterará em consequência da variação da dimensão da empresa e a reta de custos estimados não servirá mais como preditor, embora isto possa acontecer em algumas circunstâncias.

Temos agora de calcular o erro-padrão do *coeficiente da regressão*.

O fato de termos calculado um coeficiente de 0,606 (o nosso *b*) não garante que o coeficiente da regressão (o mesmo *b*) não tenha sido apurado por mera chance, numa amostra particular. É preciso, portanto, o *erro-padrão do coeficiente b*.

$$EPb = \frac{EP^3}{\sqrt{\Sigma X^2 - \bar{x}\Sigma X}}$$

O *EP* já é nosso conhecido e foi denominado *erro-padrão da estimativa*.

$$EPb = \frac{R\$ \, 87,13}{\sqrt{45.175.727 - (3.000,2 \times 15.001)}} = \frac{R\$ \, 87,13}{\sqrt{45.175.727 - 45.006,00}} = \frac{R\$ \, 87,13}{\sqrt{169.727}} =$$

$$= \frac{R\$ \, 87,13}{411,98} = 0,21,$$

aproximadamente.

COMO UTILIZAR ESSE RESULTADO?

Se não existir relação entre o valor da receita e os custos totais, *b* será nulo. Portanto, devemos testar as duas alternativas:

a) Hipótese Nula: *B* (coeficiente da regressão "verdadeira") = 0 (não existe relação).
b) Hipótese Não Nula: *B* diferente de 0 (isto é, o custo muda à medida que a receita muda).

O valor para o nosso *b* (da amostra) é de 0,606. Ora, se a hipótese nula for correta,
1. *b* = 0,606
2. *B* (parâmetro da regressão "verdadeira") = 0
3. nosso *b está distante* 0,606 unidades de *B*.

Em termos de *erro-padrão,* podemos relacionar:

$$\frac{0,606}{0,21} = 2,89$$

Dessa forma, nosso *b está distante* 2,89 *erros-padrão* de *B* = 0.

---
[3] $\bar{X} = \frac{\Sigma X}{N} = \frac{15.001}{5} = 3.002,02$

Normalmente, um desvio de mais de *dois erros-padrão* é considerado relevante.

Assim, nosso *b* está suficientemente distante de *B* = 0 para afirmarmos que existe uma probabilidade muito pequena de que um desvio tão significativo como 2,89 erros-padrão ocorra por acaso.

Logo, rejeitamos a hipótese nula e aceitamos a outra alternativa, isto é, de que existe uma relação significativa entre as variáveis *X* e *Y*.

O valor que acabamos de calcular de 2,89 *erros-padrão* é denominado *valor-t do coeficiente de regressão*.

Ou seja: $\dfrac{\text{Coeficiente } b}{\text{Erro-padrão do Coeficiente}} = \dfrac{0,606}{0,21} = 2,89$

Note que valores altos para esse coeficiente representam um fator de segurança, pois indicam que o coeficiente tem alto valor como fator de estimativa.

Normalmente, valores abaixo de R$ 2,00 são considerados de baixa afiançabilidade com relação ao coeficiente da regressão *b*.

VALORES-*T* E INTERVALOS DE CONFIANÇA

O erro-padrão do coeficiente de regressão e os valores-*t* nos propiciam calcular a probabilidade de que *b* esteja entre limites bem especificados. Esses limites são denominados *intervalos de confiança*. Existem tabelas especiais para valores de *T*.

Para nosso caso, com 5-2 graus de liberdade, se quisermos 80% para os limites de confiança, indo à tabela de *t*, encontramos:

$$b + t\,(Epb) = 0,606 \pm 1,638 \times 0,21 = 0,606 \pm 0,34$$

Isso significa que temos uma probabilidade de 80% de que o "verdadeiro" valor para *b* caia entre 0,27 e 0,95.

O intervalo é, efetivamente, bastante amplo. Mas isso é devido, em parte, ao fato de o erro-padrão do coeficiente ser relativamente alto (0,21 em relação a 0,606), embora dando um valor para *t* superior a 2 e, por outra parte, isso ocorre devido ao fato de termos utilizado uma amostra pequena.

Para termos todos os dados da regressão, falta somente calcularmos o erro-padrão para o custo fixo.

$$EP_a = EP \times \sqrt{\dfrac{1}{n} + \dfrac{x^2}{\Sigma(x-\bar{x})^2}}$$

$$EP_a = 86,90 \times \sqrt{\dfrac{1}{5} + \dfrac{9.001.200}{16.972.680}} = \text{R\$ } 74,26$$

$(X - \bar{X})^2$	N
1.790.244	1
21.904	2
11.102.224	3
26.244	4
4.032.064	5
16.972.680	= Σ

O valor-t seria igual: $\dfrac{R\$\ 782,86}{R\$\ 74,26} = 10,54$

Entretanto, o valor-t para a é de menor importância do que o de b.

INDICAÇÕES DA ANÁLISE

Algumas bases para aceitar ou não as retas estimadas como válidas são as seguintes, em resumo:

1. O coeficiente de determinação (r^2) deveria ser alto.
2. Os valores-t, isto é, os coeficientes de regressão de cada parâmetro divididos pelo seu erro-padrão, deveriam ser altos, pelo menos iguais a 2.
3. Uma análise mais "pente fino" deveria ser conduzida, de forma que os testes das premissas básicas subjacentes a uma análise de regressão sejam realizados. Existem, inclusive, programas de computador disponíveis para o desempenho de tais testes.
4. Finalmente, a regressão deveria fazer algum sentido, quase que intuitivamente, para o contador gerencial e para os gerentes. Isso é muito importante, pois a análise de sensibilidade dos gerentes e contadores nunca será substituída por nenhum teste estatístico ou programa de computador.

Uma apreciação pessoal do caso leva-nos a dizer que, estatisticamente, a regressão passou pelos testes, mas não com folga.

A porcentagem de determinação (R^2) foi de 73%. Poderia ter sido melhor. Por outro lado, o valor-t para o coeficiente b, de grande importância, foi, é verdade, superior a 2, mas não muito.

Uma análise visual dos dados já era suficiente desde o início para verificar que havia variação de custo não diretamente associada à variação de volume (ou receita).

Deveríamos efetuar uma análise relacionando custo com volume físico. Isso seria até mais apropriado, do ponto de vista de uma regressão. Apenas que o b emergente seria o custo unitário variável e não mais a porcentagem de custos variáveis sobre as vendas. A rigor, o que queremos testar é a relação entre as variações de volume e o custo total, e não entre receita e custo total. Entretanto, lembremos que as duas retas seriam assim expressas:

1. Relacionando

Receita e Custo, $\hat{y} = a + \dfrac{R\$\ \text{Custos Variáveis}}{R\$\ \text{Vendas}} \times R\$\ \text{Vendas}$

2. Relacionando

Volume com Custo, $\hat{y} = a +$ Custo unitário variável $\times$ Volume

O procedimento adotado foi o primeiro. Note, entretanto, que o nosso b estimado, isto é, custos variáveis/vendas, ao ser multiplicado pelas vendas (nossa variável independente), faz com que, no fundo, obtenhamos o custo variável, pois R$ vendas se cancela.

Por outro lado, na forma 2, quando o nosso b seria um custo unitário variável, ao ser multiplicado pelo volume (que seria, no caso, a variável independente), também acaba resultando em valor do custo variável.

Num sentido algébrico, portanto, as duas expressões são rigorosamente equivalentes. Entretanto, como a função receita sofre a influência dos preços unitários de venda, corremos o risco de introduzir mais um fator de variabilidade em nossos cálculos. A função receita, ao longo dos anos, pode até não ser linear. Embora por comodidade de cálculo tenhamos adotado a forma 1, normalmente a forma 2 seria a mais indicada.

Vamos calcular a *reta estimada*, em função da relação Custo/Volume (forma 2):

X = milhões de m³				(valores aproximados)
N	X	Y	X.Y	X²
1	10,0	2.578	25.780	100
2	9,995	2.593	25.917	99,9
3	10,1	2.420	24.442	102
4	10,3	2.589	26.667	106
5	10,8	2.828	30.542	117
	51,195	13.008	133.348	542,9

Resolvendo numa calculadora programada:

$$b \cong 0{,}0004$$
$$a = -986$$

e $R = 81\%$
p/ 12.000.000 m³
$\hat{y} = -986 + 0{,}0004 \times 12.000.000$
= R$ 3.814,00

3 APLICAÇÃO DE PROGRAMAÇÃO LINEAR NA OTIMIZAÇÃO DA UTILIZAÇÃO DE RECURSOS ESCASSOS[4]

Caso 2

Introdução: A programação linear é um método matemático de grande valia para selecionar um plano ótimo.

---

[4] Adaptado de HORNGREN, Charles T. *Cost accounting*: a managerial emphasis. 3. ed. Englewood Cliffs: Prentice Hall, 1972. p. 899-904.

Em alguns casos, a meta é maximizar o lucro total ao nível de certo montante de recursos escassos.

A programação linear é uma forma de generalizar as soluções de problemas do tipo vistos em tópico anterior, isto é, qual produto cortar ou como alocar a capacidade escassa ao *mix* de produtos, de forma a obter um lucro máximo. Entretanto, a aplicação de programação linear tem sido realizada com sucesso nas seguintes situações:

- Otimização de mistura de produção.
- Utilização de armazéns e almoxarifados.
- Programação de turmas de voo.
- Seleção de rotas de transporte.
- Formulação de misturas de vários produtos (gasolina, rações etc.).

Na prática, precisamos recorrer a programas de computador para resolver certos problemas, pois o número de variáveis e restrições é muito grande.

A solução de problemas de programação linear é afeta a pesquisadores operacionais, pelas dificuldades e especificidades que requer. Entretanto, o contador deveria ter condições para entender e formular o modelo geral e as restrições. Mais importante ainda será ter sensibilidade para saber quando a aplicação das técnicas de programação linear é adequada, ou mesmo necessária.

O exemplo que apresentaremos a seguir é muito simplificado; todavia, terá a utilidade de despertar a atenção para as variáveis básicas envolvidas na programação linear.

Enunciados do caso

Certa empresa tem dois departamentos produtivos, ou seja, Produção e Acabamento. Dois produtos são fabricados, A e B, e os dois sofrem processamento em cada um dos departamentos. Apresentamos a seguir alguns dados de interesse:

Produtos	CAPACIDADE (QUINZENAL) EM UNIDADES			Margem de Contribuição Unitária
	Departamento I Produção	Departamento II Acabamento	
A	2.800	1.680	R$ 20,00
ou			
B	1.400	2.800	R$ 25,00

Restrição: Devido a grandes e imprevistas dificuldades de abastecimento de matéria-prima para o produto B, somos obrigados a limitar a produção quinzenal a 1.260 unidades.

Pede-se: Quantas unidades de cada produto deveremos produzir a fim de obtermos o lucro máximo possível?

Comentários gerais: Este é um problema simples que poderíamos comodamente resolver aplicando métodos convencionais. Entretanto, a finalidade é demonstrar como se aplicaria a metodologia da programação linear.

Apêndice Especial: Ilustração do Uso de Métodos Quantitativos na Contabilidade Gerencial 359

Todos os relacionamentos entre a capacidade e o número de unidades produzidas são lineares (isso é importante, caso contrário não poderemos aplicar programação linear).

Por outro lado, embora distribuições de probabilidades possam ser utilizadas a fim de prever dados que serão usados na construção do modelo de programação linear, normalmente tais fatores são estabelecidos de forma determinística.

Etapas Básicas para a Aplicação da Programação Linear

Toda aplicação de programação linear tem algumas etapas básicas, que passamos a enunciar a seguir:

a) É preciso determinar as relações básicas do caso, bem como as restrições.
b) É preciso esclarecer bem os objetivos da aplicação. É muito comum, como dissemos, que isso tome a forma de: 1) maximização de lucro; ou 2) minimização de custo.
c) No estudo do caso, tente identificar alternativas disponíveis que sejam "possíveis".
d) É necessário calcular a solução otimizante. Pode haver grande variação nas técnicas, nesse ponto. Para situações simples, como a do nosso caso, a solução gráfica é mais fácil de visualizar. Para outros casos mais complexos, soluções algébricas são mais factíveis.

Pela ordem, vamos aplicar ao nosso caso as etapas básicas enunciadas.

a) DETERMINAÇÃO DAS RELAÇÕES

Aqui se trata de traçar *inequações*. Na verdade, para o departamento I, a desigualdade é: $A + 2 \times B$ 2.800. Para o departamento II, fica: $A + 0{,}60B \leq 1.680$. Por outro lado, a restrição devido à falta de matéria-prima para B seria expressa: $B \leq 1.260$. A e B devem ser maiores ou iguais a 0 (elimina-se a possibilidade de produção negativa, que, de fato, não pode ocorrer na realidade).

b) DETERMINAÇÃO DOS OBJETIVOS

Precisamos determinar a combinação de produção que maximize a função: R$ 20,00A + R$ 25,00B = Margem de Contribuição Total. Precisamos maximizar essa função, de forma que a margem de contribuição derivante seja a máxima possível para a empresa.

c) DETERMINAÇÃO DAS ALTERNATIVAS POSSÍVEIS

Uma representação gráfica que comporemos em seguida indicará as alternativas tecnicamente possíveis.

d) CÁLCULO DA SOLUÇÃO OTIMIZANTE

Relacionamos *a* e *c* com os objetivos expressos em *b*. O processo consiste em testar várias combinações de produção até acharmos a que maximiza a margem de contribuição total.

Solução gráfica

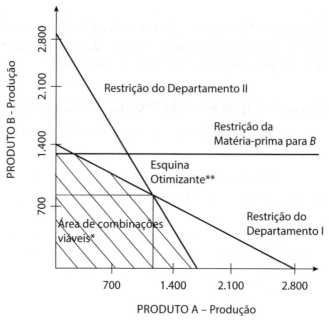

* Toda a área com traços.
** Representada pelo retângulo, apenas.

Nessa solução gráfica a solução ótima tem de estar em um dos cantos (esquinas) da área indicada como "Área de combinações viáveis". Existem formas de irmos de um canto a outro e verificar se a solução vai melhorando. Nesse caso, o canto ótimo (esquina ótima) mostra a melhor solução possível. Esta resulta em 1.204 unidades para A + 798 unidades para B.

O mesmo resultado pode ser calculado de forma algébrica. Seriam as seguintes as etapas a serem seguidas: a) inicie com uma combinação viável; b) calcule a contribuição dessa combinação; c) vá para outra das combinações possíveis e verifique se melhora a contribuição citada em b. Continue indo de um canto a outro até que não consiga nenhuma melhora adicional. Esse processo é uma versão simplificada do método *simplex*.

Os cálculos, canto a canto, são apresentados a seguir:

Tentativa	Canto	Mix Prod. A	Mix Prod. B	Margem de Contribuição Total
1	0,0000	0	0	R$ 20,00 × 0 + R$ 25,00 × 0 = R$ 0
2	0,1260	0	1.260	R$ 20,00 × 0 + R$ 25,00 × 1.260 = R$ 31.500,00
3	280,1260	280	1.260	R$ 20,00 × 280 + R$ 25,00 × 1.260 = R$ 37.100,00
4	1.204,798	1.204	798	R$ 20,00 × 1.204 + R$ 25,00 × 798 = R$ 44.030,00
5	1.680,000	1.680	0	R$ 20,00 × 1.680 + R$ 25,00 × 0 = R$ 33.600,00

Está claro que a solução ótima reside em 1.204 de *A* e 798 de *B*.

Utilizando métodos mais convencionais, poderíamos ser tentados a concluir que o produto *B*, por possuir a melhor margem por unidade, deveria ser maximizado. Qualquer capacidade remanescente deveria ser alocada em *A*. Entretanto, esse é um raciocínio errado, pois o fator escasso (limitativo) é a capacidade produtiva. O problema reside em calcular as taxas relativas de substituição e lucratividade por quinzena de capacidade produtiva. No Departamento I, cada hora produtiva alocada para uma unidade do produto *B* pode ser dada (sacrificada) em troca de duas unidades do produto *A*. Será que isso irá aumentar a lucratividade? A resposta é positiva, conforme veremos em seguida (movendo-nos do canto 280, 1.260 para o canto 1.204, 798).

Margem da Contribuição Total no Canto 280, 1.260	R$ 37.100
Margem Adicional pelo Produto *A*:	
924 unidades a R$ 20	R$ 18.480
Contribuição Perdida pelo Produto *B*:	
462 unidades a R$ 25	(R$ 11.550)
Contribuição Líquida Adicional	R$ 6.930
Margem da Contribuição Total no Canto 1.204,798	R$ 44.030

O problema não é comparar margens de contribuição unitárias, mas margens de contribuição pelo fator limitativo de capacidade, como vimos em capítulo anterior deste mesmo livro.

Alguns administradores e contadores criticam a aplicação da programação linear, alegando que os dados de custo necessários para a aplicação nem sempre são afiançáveis. Entretanto, é preciso entender que, se isso for verdadeiro, pelo menos a aplicação da programação linear irá tentar uma estratégia ótima na base de informações mais ou menos afiançáveis, que a administração teria de usar, de qualquer maneira.

A programação linear, da qual apresentamos um exemplo extremamente simplificado de aplicação, é um instrumental poderoso de análise e seleção de alternativas ótimas. É preciso que o contador gerencial esteja alerta para situações em que a aplicação do método é desejável e para outras em que é indispensável. Por outro lado, embora não deva possuir necessariamente as faculdades para levar a cabo as complexas operações, deve ser capaz de formular com clareza o modelo geral de otimização, bem como as restrições.

4 APLICAÇÃO DE AMOSTRAGEM ACIDENTAL SIMPLES COM AMOSTRA-PILOTO EM ESTOQUES

Caso 3

Uma empresa industrial mantinha um estoque de suprimentos e material de almoxarifado composto por 8.500 itens, em 31/12/2019. O valor de custo histórico era de R$ 590.000.

O valor médio de um item qualquer, portanto, era de R$ 69,41, aproximadamente.

Para finalidades gerenciais (levantamento do balanço a preços de reposição em 31/12/2019), precisava-se estimar o valor corrente do estoque de suprimentos e peças, obviamente sem ter de verificar o valor corrente de cada um dos componentes. Por isso resolveu-se utilizar a amostragem.[5]

O contador estimava que o valor do estoque de R$ 590.000 poderia estar corretamente determinado, com uma margem de erro de 5%, isto é, de R$ 29.500.

Dessa forma, foi possível calcular que o erro girava em torno de R$ 3,47 para cada item contido no estoque (R$ 29.500/8.500 = R$ 3,47).

Com a finalidade de estimar o tamanho da amostra requerida, procedeu-se da seguinte forma:

- Obteve-se uma amostra-piloto de 48 itens para determinar as variações de valor dos vários itens, dentro da população. Estes 48 itens de amostra-piloto poderão constituir o primeiro contingente da amostra global e definitiva. Os 48 itens foram selecionados ao acaso, utilizando-se a tabela de números ao acaso.
- Os 8.500 itens foram numerados seguidamente, para esse efeito.
- A amostra foi distribuída em 8 grupos de 6 elementos cada um, na ordem da seleção efetuada. Em cada grupo, determinamos a diferença entre o maior e o menor valor encontrado, da forma a seguir:

Valores Observados (R$)						Oscilação Máxima (R$)
Grupo I	155,33	150,84	159,26	151,53	213,03	153,59	62,70
Grupo II	69,06	75,08	126,27	60,13	8,93	39,00	117,34
Grupo III	193,28	194,82	195,16	196,02	201,35	195,68	8,07
Grupo IV	51,02	69,06	141,22	30,07	78,17	36,08	111,15
Grupo V	237,43	212,52	214,58	237,26	236,40	218,87	24,91
Grupo VI	75,59	73,02	159,26	66,14	189,32	96,21	123,18
Grupo VII	132,29	153,25	69,07	189,32	81,61	74,73	120,26
Grupo VIII	85,56	99,13	100,16	120,26	106,86	118,37	34,70
					Total das oscilações máximas....	R$ 602,31
					Média das oscilações máximas...	R$ 75,29

Empregando uma linguagem simplificada, podemos dizer que o desvio (erro) padrão estimado da população é obtido dividindo-se a oscilação média R$ 75,29 por 2,534 (esse número é um fator predeterminado para um grupo de 6 elementos, cuja dedução não vem ao caso neste tópico). Assim fazendo, obtemos:

$$DP = \frac{R\$\, 75,29}{2,534} = \mathbf{R\$\ 29,71}$$

---

[5] Em certos casos, amostragens estratificadas ou sequenciais são as mais adequadas do que a acidental simples.

Sabemos que a precisão requerida é de R$ 3,47, isto é, 5% do valor médio de R$ 69,41. Assim, dividimos R$ 3,47 por R$ 29,71 a fim de determinarmos o tamanho certo da amostra na fórmula que reproduzimos a seguir.

$$\frac{R\$\ 3,47}{R\$\ 29,71} = ,0117 = 11,7\%$$

Esse resultado pode ser denominado *razão entre o erro da amostra e o desvio-padrão*.

Sabemos que o tamanho da população é de 8.500 itens. Vamos à tabela adiante e tomemos o maior número mais próximo de 8.500, isto é, 10.000, e a menor relação mais próxima entre erro da amostra e desvio-padrão que, no caso, é de 0,10. Dessa forma, para um nível de confiança de 95%, população de 10.000 e quociente de erro da amostra e desvio-padrão de 0,10, obtemos um tamanho de amostra de 370 itens a serem escolhidos entre os 8.500, ao acaso. Uma vez que 370 itens representam apenas 4,4% da população, o fato foi julgado altamente satisfatório.

Para as finalidades para as quais foi usada a amostragem, deveríamos:

- escolher a amostra ao acaso (370 itens);
- pesquisar o valor de mercado (custo de reposição) para cada item;
- somar os valores de reposição assim obtidos;
- somar os respectivos valores históricos;
- calcular o acréscimo percentual da soma dos custos de reposição com relação à soma dos custos históricos;
- estender essa percentagem ao restante da população, estimando o valor de reposição para todo o estoque.

Vamos supor que a soma dos valores históricos para os 370 itens da amostra seja de R$ 25.681,70.

A soma dos custos de reposição para os mesmos itens acusou (supostamente) R$ 35.697,56.

O acréscimo percentual foi de $\dfrac{R\$\ 35.697,56 - R\$\ 25.681,70}{R\$\ 25.681,70} = 0,39 = 39\%$.

O valor histórico da população total foi de R$ 590.000.

Assim, R$ 590.000 × 1,39 = R$ 820.100 é estimativa do valor corrente de reposição para todo o estoque, inferida a partir das características da amostra.

Para as finalidades para as quais foi utilizada a amostragem (levantamento de balanço com valores de reposição na data, para efeito de análise gerencial), foi julgado altamente relevante o resultado obtido.

Estima-se que foram poupadas umas 300 h/H (horas-homem) de trabalho que teriam sido necessárias para avaliar o valor corrente, item por item. Além disso, o processo de amostragem revelou ser necessária uma porcentagem muito menor de amostra (4,4%) do que normalmente os contadores utilizam (como "regra de bolso"), que seria de 10%.

Razão do Erro da Amostra com o Desvio-padrão (Erro da Amostra/Desvio-Padrão)		Tamanho da Amostra Necessário com Níveis de Confiança		
		95%	99%	99,9%
Tamanho da População	**5.000**			
	0,03	2.303	–	–
	0,04	1.622	2.271	–
	0,05	1.175	1.737	2.328
	0,10	357	588	894
	0,15	165	279	441
	0,20	94	161	258
	0,25	61	104	168
	0,30	42	73	118
Tamanho da População	**10.000**			
	0,03	2.991	4.252	–
	0,04	1.936	2.938	4.050
	0,05	1.332	2.103	3.034
	0,10	370	624	982
	0,15	168	287	462
	0,20	95	164	265
	0,25	61	105	171
	0,30	43	73	120
Tamanho da População	**20.000**			

Observação:

O método empregado neste exemplo foi extraído do livro de John B. O'Hara e Richard C. Clelland, *Effective use of statistcs in accounting and business*, p. 160-171. A Tabela I, parcial, foi reproduzida do referido livro, p. 163.

Gabarito dos Exercícios

Capítulo 1

1. b	2. e
3. a	4. c
5. b	6. e

Capítulo 2

1. d	2. e
3. b	4. a
5. e	6. a
7. c	8. a
9. b	10. e
11. e	12. a
13. a	14. a
15. e	

Capítulo 3

1. b	2. c
3. Certo	4. b
5. d	6. b
7. d	

Capítulo 4

Quadro completo com os resultados apresentado no item 4.4.8:

COMPANHIA BRASIL DO FUTURO		Δ Vertical		Δ Vertical		Δ Vertical		Δ Vertical	Δ = Análise Horizontal			
BALANÇO PATRIMONIAL	2018 R$	%	2017 R$	%	2016 R$	%	2015 R$	%	2018	2017	2016	2015
ATIVO												
Circulantes	859	42,7%	636	45,8%	571	48,3%	485	48,8%	35,1%	11,4%	17,7%	100%
Caixa e Equivalentes de Caixa	125	6,2%	120	8,6%	90	7,6%	80	8,0%	4,2%	33,3%	12,5%	100%
Valores a Receber Líquido	500	24,9%	320	23,0%	290	24,6%	250	25,2%	56,3%	10,3%	16,0%	100%
Estoques	230	11,4%	191	13,8%	180	15,2%	150	15,1%	20,4%	6,1%	20,0%	100%
Despesas Antecipadas	4	0,2%	5	0,4%	11	0,9%	5	0,5%	-20,0%	-54,5%	120,0%	100%
Não Circulante	1.151	57,3%	753	54,2%	610	51,7%	509	51,2%	52,9%	23,4%	19,8%	100%
Valores a Receber Líquido	60	3,0%	60	4,3%	95	8,0%	93	9,4%	0,0%	-36,8%	2,2%	100%
Imobilizado (Líquido)	1.050	52,2%	660	47,5%	490	41,5%	399	40,1%	59,1%	34,7%	22,8%	100%
Investimentos	41	2,0%	33	2,4%	25	2,1%	17	1,7%	24,2%	32,0%	47,1%	100%
TOTAL DO ATIVO	2.010	100%	1.389	100%	1.181	100%	994	100%	44,7%	17,6%	18,8%	100%
		Δ Vertical		Δ Vertical		Δ Vertical		Δ Vertical	Δ = Análise Horizontal			
PASSIVO	2018 R$	%	2017 R$	%	2016 R$	%	2015 R$	%	2018	2017	2016	2015
Circulantes	550	27,4%	480	34,6%	420	35,6%	350	35,2%	14,6%	14,3%	20,0%	100%
Não Circulante (Exigibilidade de Longo Prazo)	800	39,8%	400	28,8%	300	25,4%	250	25,2%	100,0%	33,3%	20,0%	100%
Patrimônio Líquido	660	32,8%	509	36,6%	461	39,0%	394	39,6%	29,7%	10,4%	17,0%	100%
Capital	400	19,9%	280	20,2%	250	21,2%	200	20,1%	42,9%	12,0%	25,0%	100%
Reservas de Lucros	260	12,9%	229	16,5%	211	17,9%	194	19,5%	13,5%	8,5%	8,8%	100%
TOTAL DO PASSIVO + PATRIMÔNIO LÍQUIDO	2.010	100%	1.389	100%	1.181	100%	994	100%	44,7%	17,6%	18,8%	100%

1. e	2. a
3. a	4. c
5. e	6. b
7. d	8. a
9. d	10. c
11. Errado	12. e
13. d	14. d
15. a	

Capítulo 5

1. a	2. b
3. a	4. d
5. a	6. b
7. d	8. d
9. a	10. d
11. d	12. e
13. e	14. a
15. e	16. e
17. c	

Capítulo 6

1. c	2. a
3. e	4. d
5. e	6. c
7. d	8. c
9. d	10. a
11. e	12. b
13. e	14. d
15. b	

Capítulo 7

1. e	2. d
3. c	4. a
5. d	6. b
7. d	8. c
9. e	10. c
11. a	12. b
13. c	14. d
15. a	16. c
17. e	18. c

Capítulo 8

1. a	2. d
3. e	4. b
5. e	6. a
7. a	8. e
9. c	10. a
11. b	12. c
13. e	14. c
15. a	16. a

Capítulo 9

1. b	2. c
3. a	4. c
5. d	6. d
7. d	8. e
9. e	10. c
11. d	12. a
13. b	14. a
15. e	

Capítulo 10

1. c	2. d
3. b	4. b
5. e	6. b
7. a	8. c
9. e	10. d
11. d	12. d
13. c	

Capítulo 11

1. b	2. d
3. b	4. d
5. e	

Capítulo 12

1. b	2. e
3. b	4. c
5. a	6. d
7. c	

Bibliografia Básica

ANTHONY, Robert N. *Management accounting*. Homewood: Irwin, 1966.

BIERMAN, H.; DYCKMAN, T. R. *Managerial cost accounting*. New York: Macmillan, 1971.

BRASIL. Lei nº 11.638, de 28 de dezembro de 2007. Altera a Lei nº 6.404/76 estende às sociedades de grande porte disposições relativas à elaboração e divulgação de demonstrações financeiras. Disponível em: http://www.planalto. gov.br/ccivil_03/_Ato2007-2010/2007/Lei/L11638.htm. Acesso em: 9 jan. 2019.

_____. Lei nº 6.404, de 12 de dezembro de 1976. Dispõe sobre a Sociedade por Ações. Disponível em: http://www.planalto.gov.br/ccivil_03/leis/L6404consol.htm. Acesso em: 11 jan. 2019.

CONSELHO FEDERAL DE CONTABILIDADE – CFC. *Princípios Fundamentais e Normas Brasileiras de Contabilidade*. Brasília: CFC, 2008.

_____. Resolução nº 1.418, de 21 de dezembro de 2012. Aprova a ITG 1000 – Modelo contábil para Microempresa e Empresa de Pequeno Porte. 2012. Disponível em: http://http://www2.cfc.org.br/sisweb/sre/detalhes_sre.aspx?Codigo=2012/001418&arquivo=Res_1418.doc. Acesso em: 8 jan. 2019.

_____. Resolução nº 1.255, de 17 de dezembro de 2009. Aprova a NBC TG 1000 – Contabilidade para Pequenas e Médias Empresas. Disponível em: http://www2.cfc.org.br/sisweb/sre/detalhes_sre.aspx?Codigo=2009/001255&arquivo=Res_1255.doc. Acesso em: 08 jan. 2019.

_____. NORMAS BRASILEIRAS DE CONTABILIDADE. NBC PG 100, de 25 de março de 2014. Aplicação Geral aos Profissionais da Contabilidade. Disponível em: http://www2.cfc.org.br/sisweb/sre/detalhes_sre.aspx?Codigo=2014/NBCPG100&arquivo=NBCPG100.doc. Acesso em: 12 jan. 2019.

_____. _____. NBC TG – Geral Normas Completas. 2017. Disponível em: http://cfc.org.br/tecnica/normas-brasileiras-de-contabilidade/normas-completas/. Acesso em: 7 jan. 2019.

COMITÊ DE PRONUNCIAMENTOS CONTÁBEIS – CPC; CPC 00 (R1) – Estrutura Conceitual para Elaboração e Divulgação de Relatório Contábil-Financeiro. Disponível em: http://static.cpc.aatb.com.br/Documentos/147_CPC00_R1.pdf. Acesso em: 18 jan. 2019.

_____. Mensuração do Valor Justo. Disponível em: http://static.cpc.aatb.com.br/Documentos/395_CPC_46_rev%2012.pdf. Acesso em: 18 jan. 2019.

_____. Estoques. Disponível em: http://static.cpc.aatb.com.br/Documentos/243_CPC_16_R1_rev%2013.pdf. Acesso em: 18 jan. 2019.

_____. Ajuste a Valor Presente. Disponível em: http://static.cpc.aatb.com.br/Documentos/219_CPC_12.pdf. Acesso em: 18 jan. 2019.

GRAY, Jac; JOHNSTON, Kenneth S. *Contabilidade e administração*. São Paulo: McGraw-Hill do Brasil, 1977.

GRIFFIN, Williams e Larson. *Advanced accounting*. Homewood: Irwin, 1971.

HORNGREN, Charles T. *Cost accounting:* a managerial emphasis. 3. ed. Englewood Cliffs: Prentice Hall, 1972.

IUDÍCIBUS, Sérgio de. *Análise de balanços*. 11. ed. São Paulo: Atlas, 2017.

_____. *Teoria da contabilidade*. 11. ed. São Paulo: Atlas, 2015.

_____; MARTINS, Eliseu; GELBCKE, Ernesto Rubens; SANTOS, Ariovaldo dos. *Manual de contabilidade societária*. 3. ed. São Paulo: Atlas, 2018.

MARTINS, Eliseu. *Contabilidade de custos*. 11. ed. São Paulo: Atlas, 2018.

MOSIMANN, Clara Pellegrinello; FISCH, Sílvio. *Controladoria: seu papel na administração de empresas*. 2. ed. São Paulo: Atlas, 1999.

NAKAGAWA, Masayuki. *ABC custeio baseado em atividades*. 2. ed. São Paulo: Atlas, 2001.

O'HARA, John B.; CLELLAND, Richard C. *Effective use of statistics in accounting and business; illustrative cases*. New York: Holt, Rinehart and Winston, 1964.

SOLOMON, Ezra. *The theory of financial management*. New York: Columbia University Press, 1963.

TREUHERZ, Rolf Mario; SANTOS, Nelson dos; SILVA, Eduardo M. Filinto da. *Problemas de controladoria, contabilidade gerencial e finanças*. São Paulo: Pioneira, 1975.

VAN HORNE, J. C. *Financial management and policy*. Englewood Cliffs: Prentice Hall, 1971.

WELSCH, Glenn A. *Orçamento empresarial*. 4. ed. São Paulo: Atlas, 1983.

WESTON, J. F.; BRIGHAM, E. F. *Managerial finance*. Hinsdale: Dryden, 1975.

Índice Remissivo

A

ABC *costing*, 335
Ações
　ordinárias, 322
　preferenciais, 322
Alavancagem, 99, 100
　operacional, 181
Alterações nos custos
　fixos, 162
　variáveis, 161
Amostragem acidental simples com amostra-piloto em estoques, 361
Análise(s)
　de desempenho divisional, 224
　de regressão, 348
　de variações, 235, 265, 275
　　e a contabilidade gerencial, 270
　　entre padrão e real, 249
　　fórmulas alternativas, 270
　financeira e de balanços, 73
　　limitações da, 106
　horizontal, 80, 82
　vertical, 83, 85
Apuração e análise de variações entre padrão e real, 249
Ativos, 12, 16
　operacionais, 225

Avaliação
　de desempenho do centro de custo ao centro de investimento, 294
　do estoque de produtos em processo, 126

B

Balanço patrimonial, 16
　correção, 46
　informação que deve ser apresentada no, 17

C

Cálculo
　das variações, 265, 269
　　líquida global, 268
　de quocientes, 85
Capacidade normal, 236
Capital financeiro, 20
Capitalização de lucros, 320
Centro(s), 299
　de custo, 295, 299
　　auxiliares, 136
　　comuns, 136
　　principais, 136
　de investimento, 297, 299
　de lucro, 297, 299
Ciclo
　da contabilidade de custos, 124

de custos numa empresa de produção por encomenda, 142
Comparabilidade, 15
Comparação dos quocientes, 103
Compreensibilidade, 15
Contabilidade
  de custos, 6, 195
  dentro da organização, importância atribuída à, 308
    financeira e a contabilidade gerencial
    ponto de convergências entre a, 5
    principais diferenças entre a, 6
  gerencial, 4, 343
    análise de variações e a, 270
  uso de métodos quantitativos na, 347
  societária, 4
Contador gerencial como *controller*, 7
Continuidade, 15
Controladoria, 7
Controle de custos indiretos, 260
Correção
  de demonstrativos financeiros, 61
  dos balanços, 46
  monetária, legislação brasileira relativa à, 59
Critérios de rateio na departamentalização, 131
Custeio
  baseado em atividades, 335
  para empresas em busca da qualidade total, 333
  por ciclo de vida, 334
  variável (direto), aplicações do, 215
Custeio-alvo, 334
Custo(s), 123
  absorvido, 256, 257, 260
  comprometidos, 255
  controláveis, 295
  corrente(s), 20
    corrigidos, 43
  das vendas, 143
  de fabricação, 136
  de período, 124
  de produto, 124
  de reposição, 40
  diferenciais, 287
  dos produtos vendidos, 144, 218

fixo(s), 155, 156
  alterações nos, 162
  identificável, 224
  histórico, 20
  incremental mais uma taxa fixa, 303
  indiretos, 219
  absorvidos, 255
  alocados à produção, 220
    controle de, 260
  orçado, 256, 257
  reais, 255
  marginal, 301
1médio ponderado do capital, 321
1não controláveis, 295
  orçado, 256
  originais, 38
    corrigidos pelas variações do poder aquisitivo médio da moeda, 39
  para tomada de decisões, 201
  – reais, 235
  – totais, 303
  – variáveis, 155, 156
  – – alterações nos, 163
Custo-padrão, 135, 235, 236, 237, 242, 275

D

Decisões
– do tipo fabricar *versus* comprar, 286
– sobre substituição de equipamentos, 288
Dedução do custo de oportunidade, 325
Demonstração(ões)
  das mutações do patrimônio líquido (DMPL), 21
  de valor adicionado (DVA), 26
  do resultado
    abrangente (DRA), 17
    do exercício (DRE), 17
  dos fluxos de caixa (DFC), 22
  financeiras e contábeis, 14
    estrutura das, 11
    finalidade das, 11
Demonstrativos financeiros, correção de, 61
Departamentalização, 136
Departamentos, 136

Descentralização, 297
  e preços de transferência, 299
Descontinuidade, 319
Despesas
  fixas, 155
  variáveis, 155
DFC (demonstração dos fluxos de caixa), 22
DMPL (demonstração das mutações do patrimônio líquido), 21
DRA (demonstração do resultado abrangente), 17
DRE (demonstração do resultado do exercício), 17
DVA (demonstração de valor adicionado), 26

E
Economia de custo realizada, 42
Efeito do acréscimo
  conjunto nos custos variáveis e nos custos fixos, 170
  diferenciados nos elementos componentes do custo variável, 171
Elementos das demonstrações contábeis, 12
Empréstimos, 322
Endividamento, 89
Erro-padrão da estimativa, 353
Esforço de diminuir inventários (JIT), 334
Estoque de produtos em processo, 126
Estrutura de capital, 89

F
Fator limitativo de capacidade, 135
Fixação de preços de transferência, 301
Fórmula do equilíbrio com o lucro desejado, 161

G
Ganho realizado de estocagem, 42
Giro do ativo, 95
Grau
  de alavancagem, 100
  de imobilização do patrimônio líquido, 90
  de *leverage*, 100

H
Horizonte
  do empreendimento, 325
  e previsão do lucro projetado, 324

I
Índices de preços, 66
Inflação, 54, 238
  nas previsões gerenciais, 62
Informação(ões)
  contábil para tomada de decisão, 3
    para decisões especiais, 285
  contábil-financeira útil, 15
  e relatórios quanto à sua periodicidade, 310
Inter-relação com orçamentos, 235
Intervalos de confiança, 355
Investimento, 225
  controlável, 298
  não controlável, 298

J
JIT (esforço de diminuir inventários), 334

L
Legislação brasileira relativa à correção monetária, 59
Leverage (alavancagem) financeiro, 99
Liquidez imediata, 86
Lucro(s), 301
  a ser projetado, 325
  acumulados, 324
  divisional, 225, 300
  em relação ao patrimônio líquido, 97
  empresarial, 37
Lyfe-cycle costing, 334

M
Margem
  contribuição, 300
    controlável, 300
    divisional, 300
  de lucro em relação às vendas, 95
  operacional, 94
Materialidade, 15
Média ponderada do custo do capital, 324
Mensuração dos elementos das demonstrações contábeis, 20
Método(s)
  da capitalização de lucros, 320

da taxa
  contábil de retorno, 294
  de retorno ajustada pelo tempo, 289, 290
  de valor presente líquido, 289, 291
  do *payback*, 293
  dos mínimos quadrados, 175
  para estabelecer um preço de transferência, 301

N

Nível
  alto de gerência, 309
  inferior de administração, 310
  intermediário de administração, 310
Normas internacionais de contabilidade, 4
Notas explicativas, 27

O

Orçamento(s), 275
  e custos-padrão, 135, 236
  flexível, 237

P

Padrão(ões), 242
  correntes, 238
  e a inflação, 238
Passivo, 12, 13
  e patrimônio líquido, 16
Patrimônio líquido, 12, 13, 16
  corrente, 320
Payback recíproco, 293
PCLD (provisões para crédito de liquidação duvidosa), 79
Ponto
  de equilíbrio, 162
  de inflexão, 5
Preço(s)
  de mercado, 301
    negociados, 303
  de transferência, 299
    descentralização e, 299
    fixação de, 301
    método para estabelecer um, 301
diferen1ciais, 43

Problemas
  da descentralização, 297
  da taxa contábil de retorno na avaliação de projetos, 294
  de alavancagem operacional, 181
  dos padrões e a inflação, 238
Produção
  em processo, 260
  por encomenda, 142
  por processo, 142
Produtos
  acabados, 143
  em processo, 143
Programação linear, 359
  na otimização da utilização de recursos escassos, 357
Provisões para crédito de liquidação duvidosa (PCLD), 79

Q

Qualidade da informação contábil, 4
Quociente(s)
  calculados indicações extraídas dos, 111
  cálculo de, 85
  comparação dos, 103
  de alavancagem, 100
  de atividade, 90
  de balanço, 57
  de formação dos recursos globais, 89
  de liquidez
    corrente, 86
    geral, 87
    seca, 88
  de relacionamento estático, 86
  de rentabilidade, 93
  do ponto de vista do investidor, 101
  interpretar "em conjunto" os, 104

R

Regime de competência, 15
Relações custo/volume/lucro, 185
Relevância, 15
Rentabilidade, 93

Representação
  fidedigna, 15
  gráfica das variações, 253
Retorno sobre o investimento, 93

S

Sistema rotineiro, 285
Substituição de equipamentos, 288

T

Target costing, 334
Taxa(s)
  adequada, 320
  contábil de retorno, 294
    na avaliação de projetos, 294
  de retorno ajustada pelo tempo, 289, 290, 291
  única de custos indiretos de fabricação, 132
Tempestividade, 15
Tentativas parciais de enfrentar as variações de preços, 58
Termômetro da insolvência, 111
Testes suplementares ao uso de mínimos quadrados, 348
Tomada de decisões, 201

U

Unidades equivalentes, 126
Uso de métodos quantitativos na contabilidade gerencial, 347

V

Valor
  contábil como base para a avaliação, 319
  presente, 20
  líquido, 289, 291
  realizável, 20
  teórico da empresa, 320
Valores-t, 355
Valorização do estoque, 40
Variação(ões)
  análise de, 265
  cálculo das, 265, 269
  como interpretar as, 252
  de custos fixos e custos variáveis, 160
  de custos indiretos de fabricação, 255
  de custos indiretos quando o volume de atividade é expresso em quantidades de produtos, 272
  de eficiência, 262, 263, 264, 269, 270
  de mão de obra direta, 254
  de matéria-prima, 251
  de mistura de produtos, 273
  de preços, 37, 252
    nas demonstrações contábeis, 45
    tentativas parciais de enfrentar as, 58
  de previsão, 259, 263, 264, 268, 269
  de quantidade, 250
  de volume, 260, 268, 269
  dos custos indiretos, 263
  líquida global cálculo das, 268
Venda menor que produção, 219
Verificabilidade, 15
Volume
  absorvido, 259
  previsto, 259, 262
  real, 262